인공지능 기반 제조 품질관리

구민사

저자 약력

이승호 경기과학기술대학교 미래전기자동차과 교수

노규환 경기과학기술대학교 미래전기자동차과 겸임교수
한일산업 기술협력재단 모노즈쿠리 지도위원

최대봉 경기과학기술대학교 미래전기자동차과 겸임교수

인공지능 기반 제조 품질관리

초 판 인 쇄 | 2025년 6월 5일
초 판 발 행 | 2025년 6월 15일
개정 1판 발 행 | 2026년 2월 25일

저 자 | **이승호, 노규환, 최대봉**
발 행 인 | **조규백**
발 행 처 | 도서출판 **구민사**
(07293) 서울특별시 영등포구 문래북로 116, 604호(문래동 3가 46, 트리플렉스)
전 화 | (02) 701-7421
팩 스 | (02) 3273-9642
홈 페 이 지 | www.kuhminsa.co.kr

신 고 번 호 | 제2012-000055호 (1980년 2월 4일)
I S B N | 979-11-6875-675-5 (93550)

값 | **28,000원**

인공지능 시대를 시작하며..........

제조업에서 AI 학습을 통해 혁신을 이루고 생산성을 향상시킬 수 있는 다양한 방안과 적용 방법이 있으며, AI는 방대한 제조 데이터를 학습하여 패턴을 발견하고 예측 모델을 구축함으로써, 기존의 제조 방식을 혁신하고 효율성을 극대화하는 데 기여할 것이다.

품질 관리 혁신은 AI 기반 검사 시스템 도입으로, 이미지 인식, 자연어 처리 기술을 활용하여 제품 외관 검사, 불량 예측, 원인 분석 등을 자동화하고 정확도를 향상시킬 수 있고, 실시간 품질 예측을 통하여 생산 공정 데이터를 분석하여 잠재적인 품질 문제를 사전에 감지하고 예방하여 불량률을 감소시킨다.

생산성 향상은 공정 최적화 통하여, AI 모델링을 통해 제조 환경의 다양한 변수를 분석하고 최적의 운전 조건을 찾아 생산 효율성을 극대화하며, 설비의 센서 데이터를 분석하여 고장 시점을 예측하고 선제적인 유지보수를 수행하여 설비 가동 중단 시간을 최소화하고, AI 기반의 협업 로봇은 인간 작업자와 함께 안전하게 작업을 수행하며 생산성과 작업 효율성을 높일 수 있다.

또한 고객의 요구사항 데이터를 분석하여 맞춤형 제품 설계 및 생산을 지원하고, 제품 개발 기간을 단축하고, 새로운 제품 디자인이나 공정 방식을 AI가 스스로 생성하여 혁신적인 아이디어를 창출하고 개발 비용을 절감할 수 있다.

안전 및 환경 관리 측면에서는 AI 기반 영상 분석을 통해 위험 상황을 감지하고 작업자에게 경고하여 산업 재해를 예방하며, 에너지 소비 데이터를 분석하여 불필요한 에너지 낭비를 줄이고, 탄소 배출량 감축에 기여한다.

생산 설비, 품질 검사, 센서, 고객 데이터 등 다양한 제조 데이터를 수집하고, 수집된 데이터의 오류를 제거하고, 분석에 적합한 형태로 가공하는 전처리 과정을 거치며, 문제 정의 및 목표 설정에 따라 적절한 AI 알고리즘(머신러닝, 딥러닝 등)을 선택하여, 전처리된 데이터를 활용하여 AI 모델을 학습시키고, 성능을 평가 및 개선할 수 있다.

양질의 제조 데이터를 충분히 확보하고, 체계적으로 관리할 수 있는 인프라 구축이 중요하며, AI 모델 개발, 시스템 구축 및 운영을 위한 전문 인력 확보가 필수적이고. AI 시스템 도입 및 적용 과정에서 현장 작업자들의 적극적인 참여와 협력이 중요하다.

제조업에서 AI 학습을 통한 혁신은 생산 효율성 증대, 품질 향상, 비용 절감, 그리고 새로운 가치 창출에 크게 기여할 수 있고, 기업은 자사의 특성과 목표에 맞는 AI 도입 전략을 수립하고, 꾸준한 투자와 노력을 통해 스마트 팩토리로의 전환을 가속화해야 할 것이다.

저자

CONTENTS

PART 01 인공지능

PART 02 협동 로봇 운영

PART 03 스마트공장 소프트웨어

PART 04 현장생산관리

PART 05 품질개선관리

PART 06 ESG 기초실무

PART 01
인공지능 기초

CHAPTER 01

인공지능의 정의와 개념

01 인공지능(AI, Artificial Intelligence)의 정의 변화

[1] 인공지능의 정의 변화

인공지능(Artificial Intelligence, AI)은 명확히 정의하기 어려운 개념이다. 이는 "지능" 자체를 한마디로 정의하기 어려운 데에서 기인한다. 가장 넓게는 인간의 지능적 행동을 기계로 구현하는 연구 분야를 의미한다. 1956년 미국 다트머스 대학에서 열린 여름 워크숍에서 **"인공지능"이라는 용어가 공식적으로 탄생**했다. 이 때 인공지능 연구를 제안한 존 맥카시(John McCarthy)는 **"학습이나 그 밖의 지능의 모든 측면을 기계가 시뮬레이트할 수 있다"**는 추측하에 연구 계획을 세웠다. 다시 말해 **인간처럼 언어를 사용하고 개념을 형성하며 문제를 해결하는 기계를 만들 수 있으리라** 낙관한 것이다. 초창기 인공지능 연구자들은 이처럼 인간 지능을 포괄적으로 모방하려는 목표를 품었고, 이로부터 다양한 정의와 접근법이 파생되었다.

초기의 인공지능 개념은 주로 **인간처럼 "생각하는" 기계를 만드는 것**으로 이해되었다. 영국의 수학자 앨런 튜링은 1950년에 "기계가 생각할 수 있는가?"라는 물음을 던지며, 이 질문을 직접 검증하기 위해 **튜링 테스트**라는 아이디어를 고안했다. 이후 다른 연구자들은 인공지능을 "인간이 하는 지적인 행동을 기계로 수행하는 것"으로 정의하거나, "합리적으로 사고하거나 행동하는 시스템"으로 정의하기도 했다. 예를 들어, 한 정의에서는 인공지능을 **인간의 학습과 추론을 모방하는 프로그램**으로 보았고, 또 다른 정의에서는 **주어진 목표를 스스로 달성하는 에이전트**로 간주하였다. 이렇듯 **시대와 학자에 따라 인공지능의 정의는 조금씩 달라져 왔으며**, 현재까지도 단일한 합의는 없다. 다만 현대의 실용적인 관점에서 **"인공지능"이라고 하면 보통 인간의 특정 지능적 과제를 수행할 수 있는 컴퓨터 프로그램**을 뜻하는 경우가 많다. 예를 들어 **이미지 인식, 자연어 처리, 의사 결정** 등 인간이 지능을 발휘해야 할 작업을 기계가 수행하면 이를 인공지능이라고 부른다. 최근에는 **기계 학습과 딥러닝** 기술이 발전하면서, 인공지능은 곧 **방대한 데이터를 학습하여 패턴을 찾고 예측을 수행하는 시스템**을 지칭하게 되는 경향도 있다. 하지만 이러한 **실용적 정의**는 애초에 다트머스 회의에서 상정한 **강한 인공지능** 개념, 즉 **인간과 같은 폭넓은 지능을 가진 기계**와는 거리가 있다. 따라서 인공지능의 정의는 연구 초창기의 이상적인 비전에서 시작하여, **현재는 구체적인 기술 적용**을 가리키는 쪽으로 변화해 왔다고 할 수 있다.

[2] 인공지능 연구의 역사와 두 가지 접근법

인공지능 연구의 역사는 약 70년에 이르며, 그 동안 두 가지 큰 접근 흐름이 서로 경쟁하고 협력해 왔다. 첫 번째는 **기호주의 인공지능(Symbolic AI, 기호적 접근)**이고, 두 번째는 **통계주의 인공지능(Statistical AI, 통계적 접근)**이다. 이를 흔히 **"지식 기반 vs. 데이터 기반"**, 혹은 **"규칙 기반 vs. 학습 기반"** 접근의 차이라고도 부른다. 역사적으로 **초기에는 기호주의**가 중심이었고, 최근에는 **통계주의**가 주류를 이루고 있다. 두 접근법의 특징과 차이는 아래 표와 같다.

비교 항목	기호주의 인공지능(Symbolic AI)	통계주의 인공지능(Statistical AI)
핵심 개념	인간 지능을 **명시적인 기호(심볼)와 규칙**으로 모사한다. 사람이 이해할 수 있는 지식 표현과 논리 규칙에 따라 동작.	인간 지능을 **방대한 데이터로부터의 패턴 학습**으로 구현한다. 확률 모델이나 신경망 등 통계적 방법을 사용.
주요 방법	**규칙 기반 시스템**(예: 전문가 시스템), **논리 추론**(예: 수학 정리 증명), **탐색 알고리즘** 등을 활용. 명시적으로 프로그래밍된 규칙에 따라 작동.	**기계 학습(머신러닝) 알고리즘, 인공신경망(딥러닝 등)과 확률 모델을 활용. 주어진 데이터를 통해 귀납적으로 학습하고 일반화.**
장점	추론 과정이 **논리적**이고 **설명 가능**하여 결과에 대한 해석이 명확하다. 작은 규모의 문제에서는 완벽한 해결책 도출 가능.	**경험적 데이터**에서 복잡한 패턴을 발견하여 **고성능**을 달성할 수 있다. 명시적 프로그래밍 없이도 **유연하게** 적응하고 향상 가능.
한계	사람의 지식을 일일이 규칙으로 입력해야 하므로 **한계가 뚜렷**하고, 예외 상황에 약하다. 규칙 작성에 드는 **지식 획득 비용**이 높다.	대량의 **데이터**와 **연산 자원**이 필요하며, 결과가 어떻게 도출됐는지 **해석이 어려운** 경우가 많다. 또한 **데이터 편향**이나 **과적합** 문제에 민감하다.
대표 사례	1960~80년대 **전문가 시스템**(예: 의료 진단 시스템 MYCIN), 초창기 체스 프로그램 (규칙 기반 탐색), 로봇의 **규칙 기반 계획**.	2010년대 **딥러닝 시스템**(예: 이미지 인식에서 혁신을 일으킨 AlexNet, 바둑 챔피언을 이긴 **알파고**(신경망 + MCTS), 최신 **자연어 처리** 모델(ChatGPT 등).

표 3 기호주의 인공지능과 통계주의 인공지능의 특징과 차이점

기호주의 AI는 인간 전문가의 지식을 컴퓨터가 이해할 수 있는 일련의 규칙과 데이터베이스(지식베이스)로 만들고, 논리적 추론을 통해 문제를 해결하는 접근이었다. 예를 들어 1970년대 개발된 의료 진단 전문가 시스템 "MYCIN"은 의사가 사용하는 규칙을 수백 개 입력해 놓고 환자 증상에 대한 진단을 논리적으로 추론했다. 이러한 방식은 한때 큰 성공을 거두어 "지능형 전문가 시스템" 붐을 일으켰으며, 1980년대에는 여러 산업 분야에 적용되었다. 하지만 곧 한계에 부딪혔다. 복잡한 현실 세계의 지식을 모든 경우에 대해 규칙으로 명시하는 것은 불가능에 가깝고, 조금만 상황이 바뀌어도 규칙들이 깨지거나 예외 처리에 취약했던 것이다. 이로 인해 1970년대 중반과 1980년대 후반 두 차례에 걸쳐 "인공지능의 겨울"이라 불리는 침체기가 찾아왔다. 지나치게 낙관적이었던 초기 전망("몇 년 안에 기계가 인간처럼 대화하고 번역할 것이다")과는 달리, 실제 성과는 더디게 나타났기 때문이다.

한편, 초창기부터 존재했던 **통계주의 AI**(연결주의라고도 한다)는 1950년대 로젠블랫(Rosenblatt)의 **퍼셉트론**이라는 단층 신경망 연구로 시작되었다. 퍼셉트론은 기계가 **스스로 학습**할 수 있다는 가능성을 보여주었지만, XOR 문제 등을 해결하지 못하는 이론적 한계가 지적되면서 한동안 연구가 주춤했다. 그러나 1980년대 중반 룸멜하트와 힌튼 등이 다층 신경망에 역전파 알고리즘을 도입하면서 연결주의 연구가 부활했다. 1990년대

에는 통계적 기계 학습(의사결정나무, SVM 등)이 발전하고, 음성 인식이나 손글씨 인식 등 **패턴 인식 작업에 인공지능이 두각**을 나타내기 시작했다. 결국 **2000년대 이후 컴퓨팅 파워와 빅데이터의 축적**이 맞물리면서, 통계주의 접근은 폭발적인 성과를 내기 시작했다. **2012년 이미지넷(ImageNet) 대회**에서 딥러닝 신경망이 이전까지의 어떤 기법보다 월등한 정확도를 기록한 사건은 상징적이다. 이를 계기로 인공지능 연구의 주류는 완전히 통계적 학습 방식으로 이동했다. **2016년 알파고(AlphaGo)**는 세계 최정상급 인간 기사에게서 바둑 승리를 거두었는데, 바둑은 그때까지 **기호주의적 접근으로는 도저히 정복할 수 없다고 여겨진 분야**였다. 알파고의 성공은 **인공신경망과 강화학습** 등 통계적 AI의 위력을 대중에게 각인시킨 사건이었다. 이후 번역, 자율주행, 게임 플레이, 창작 등 다양한 영역에서 **데이터를 바탕으로 스스로 학습하는 인공지능**이 눈부신 성과를 내고 있다.

이러한 역사 속에서 **기호주의와 통계주의**는 경쟁하면서도 서로 보완적인 관계로 발전해 왔다. 현대의 최첨단 AI 시스템들은 두 접근을 절충하는 경우도 많다. 예를 들어 자율주행차의 AI는 **규칙 기반의 모듈**(교통법규 준수 등)과 **학습 기반의 모듈**(영상 인식 등)을 모두 사용한다. **인공지능의 개념적 역사**를 돌이켜보면, 초창기의 **"사람 같은 지능"**이라는 거창한 목표는 부분적으로 좌절을 겪었으나, 결과적으로 **특정 작업에서 뛰어난 성능을 내는 "약한 AI"** 기술들로 결실을 맺었다. 반세기 넘게 축적된 연구를 통해 이제 인공지능은 **학술적 개념**에서 벗어나 우리의 실생활 기술로 자리잡았다. 다만 이러한 **약한 인공지능**들의 성공에도 불구하고, 애초에 인공지능 분야가 꿈꾸었던 **인간 수준의 일반 지능**에 도달했는지는 별개의 문제로 남아 있다.

CHAPTER 02

인공지능의 사고 능력

01 앨런 튜링의 질문과 튜링 테스트

앨런 튜링(Alan Turing, 1912~1954)은 현대 컴퓨터 과학의 아버지로 불리는 영국의 수학자이다. 그는 제2차 세계대전 당시 독일의 암호(에니그마)를 해독하는 데 크게 기여했고, 전후에는 "지능이란 무엇인가"라는 문제에 깊은 관심을 가졌다. 1950년 튜링은 철학 저널에 발표한 논문에서 **"기계가 생각할 수 있는가?"**라는 도발적인 질문을 던지고, 이를 논리적으로 검토하였다. 튜링은 직접적으로 Yes/No를 주장하기보다는, **그 질문을 과학적으로 다뤄보기 위해 하나의 게임을 제안**했는데, 이것이 바로 유명한 **튜링 테스트(Turing Test)**이다. 튜링 테스트의 기본 아이디어는 다음과 같다. **어떤 컴퓨터와 인간을 상대로 블라인드 테스트**(정체를 숨긴 상태의 시험)를 진행하는데, 시험관은 두 대상에게 **자연언어로 질문**을 주고받으면서 **누가 인간이고 누가 기계인지를 맞히는 게임**이다. 시험관이 텍스트로만 대화하여 **끝까지 컴퓨터를 인간과 구별하지 못한다면**, 우리는 **그 컴퓨터가 "생각할 수 있다"**고 보아도 좋다는 것이 튜링의 주장이었다.

튜링의 기준에 따르면, **컴퓨터의 응답이 충분히 인간과 구별될 수 없을 정도**로 사람처럼 보인다면 그 컴퓨터를 **지능을 가진 것으로 인정**한다. 심판은 여러 차례 질의응답을 거듭하며 두 응답자의 일관성, 자연스러움 등을 평가한다. 튜링은 이 테스트에 통과하는 명확한 기준까지 제시했는데, **"5분간의 대화 후 평가자의 30% 이상을 속이면 합격"**이라는 것이다. (튜링은 2000년쯤 되면 이 정도는 달성할 것으로 예상했다.) 실제로 2014년에는 우크라이나 소년을 가장한 챗봇 **"유진 구스트만"**이 33%의 심사위원을 속였다고 발표되어 화제가 되었다. 그러나 이 챗봇이 **진정으로 이해하고 대답한 것인지**에 대해서는 회의적인 반응이 많았다. 애초에 튜링 자신도 **이 테스트가 "기계가 사람처럼 생각하는지"를 판별해줄 실용적인 방법**일 뿐, **기계가 인간과 같은 의식을 지녔는지 여부까지 알 수 있게 해주는 것은 아님**을 언급했다. 그럼에도 불구하고 튜링 테스트는 인공지능의 개념을 대중에게 알리는 데 큰 역할을 했고, 이후 인공지능 철학 논의의 출발점이 되었다.

튜링의 아이디어 이후, **기계가 지능을 가졌는지 판단하는 문제**에 대해 다양한 찬반 논의가 전개되었다. 일부 학자는 튜링 테스트에 통과하는 것이 **곧 기계가 지능과 마음을 지닌 것으로 볼 충분조건이다**라고 주장한 반면, 다른 이들은 **그것만으로는 부족하다**고 반박했다. 특히 1980년대에 들어, 한 철학자는 **"튜링 테스트를 통과해도 실제로 '생각'하거나 '이해'하고 있는 것은 아닐 수 있다"**는 주장을 직관적으로 보여주는 유명한 사고실험을 소개하였다. 그것이 바로 **존 설(John Searle)의 중국어 방(Chinese Room) 사고실험**이다.

02 존 설의 중국어 방 사고실험

존 설(1932~)은 미국의 철학자로서 1980년에 발표한 논문 「Mind, Brains, and Programs」에서 "중국어 방"이라는 흥미로운 가상 시나리오를 제시했다. 이 사고실험은 앞서 설명한 튜링 테스트에 대한 반박 논리로 고안되었다. 즉, **겉으로 보이는 지능적 행동만으로 그 내부에 실제 지능이나 이해가 있다고 볼 수는 없다는** 것을 보이기 위한 것이다. 중국어 방 사고실험의 내용은 다음과 같다.

- **중국어를 전혀 모르는 한 사람이 방 안에 갇혀 있다.** 이 방에는 두 개의 두루마리 목록(매뉴얼)이 있는데, 하나에는 **중국어 질문과 그에 대응하는 답변**이 쌍으로 적혀 있고, 또 하나에는 **질문-답변을 대응시키는 규칙**(예: "질문 X가 들어오면 답변 Y를 써서 내보내라")이 적혀 있다. 또한 방 안에는 종이와 필기도구가 있다.
- **중국어를 유창하게 하는 심사자가 방 바깥에 있다.** 이 심사자는 방 안에 있는 사람에게 질문을 보내기 위해, 종이에 중국어로 질문을 작성하여 문틈으로 밀어 넣는다. 심사자는 당연히 방 안에 있는 사람이 중국어를 알아들을 것이라고 기대한다.
- **방 안의 사람은 들어온 중국어 질문을 이해하지 못한다.** 그러나 당황할 필요 없이, 미리 준비된 매뉴얼을 참조한다. 우선 질문 목록에서 방금 들어온 **중국어 질문과 똑같은 문자열을 찾는다.** 그러면 그에 **대응하는 중국어 답변**이 옆에 적혀 있다. 방 안의 사람은 준비된 **규칙대로 그 중국어 답변을 종이에 그대로 필사**하여 다시 밖으로 내보낸다.
- **바깥의 심사자는 방 안에서 나온 중국어 문장을 읽는다.** 놀랍게도 **매우 적절하고 유창한 대답**이다. (애초에 이 Q&A 목록 자체가 일종의 훌륭한 대화 스크립트라고 가정한다.) 심사자는 **방 안에 중국어에 능통한 사람이 들어있을 것**이라고 생각한다. 하지만 사실은 방 안의 사람은 **중국어를 한 글자도 이해하지 못했고,** 다만 **사전에 주어진 규칙에 따라 기계적으로 대응했을 뿐**이다.

이 시나리오에서 바깥의 심사자 입장에서는 방 안의 응답자가 마치 **중국어를 완벽히 이해하고 대답**하는 지능적 존재처럼 보인다. **튜링 테스트 방식으로 보자면,** 이 방은 충분히 **"중국어로 대화할 수 있는 인공지능"**으로 통과할지도 모른다. 그러나 **방 안의 실제 인물은 중국어의 의미를 전혀 모르며 아무런 "이해"도 없이 규칙에 따라 움직였다.** 존 설은 바로 이 점을 지적하며, **단지 인간과 동일한 출력 행동을 보인다고 해서 그 내부에 진짜 이해나 의식이 있다고 볼 수는 없다**고 주장했다. **중국어 방 사고실험은 형식적인 기호 조작**(syntactic manipulation)만으로 이루어진 컴퓨터 프로그램은 **의미의 이해**(semantics)를 가질 수 없음을 직관적으로 보여준다. 설은 이로써 **강한 인공지능**(Strong AI) 관점을 반박하고, 동시에 **약한 인공지능**(Weak AI)의 한계를 강조했다.

사고실험을 제시한 존 설은 **강한 인공지능**을 다음과 같이 정의했다. "*적절하게 프로그래밍된 컴퓨터는 입력과 출력을 갖추기만 하면, 그 자체로 인간과 똑같은 방식의 마음(mind)을 갖는다고 볼 수 있다.*" 다시 말해, 올바른 프로그램과 하드웨어를 갖춘 컴퓨터는 **실제로 이해하고 생각하는 정신**을 지닐 수 있다는 주장이다. 이에 반해 **약한 인공지능**은 컴퓨터가 지능적으로 보이는 행동을 할 수는 있지만, 그것은 어디까지나 마음의

모델 또는 **시뮬레이션**일 뿐이며 실제로 "이해"를 가진 것은 아니라는 입장이다. 존 설은 강한 인공지능이라 불리는 견해—즉 기계가 **프로그램만으로 실제 마음을 얻을 수 있다는 믿음**—을 비판하면서, 현재 우리가 달성한 것은 **약한 인공지능, 곧 인간의 지능을 흉내 내는 유용한 도구**일 뿐이라고 보았다. 중국어 방 논증은 이러한 설의 주장을 극적으로 뒷받침하며, **튜링 테스트의 한계**를 보여준 사례로 널리 인용되고 있다.

물론 중국어 방에 대한 반론도 많다. **"시스템 전체로 보면 중국어를 이해한다고 볼 수 있지 않은가?"**라는 **시스템 응답**이라든지, **"기계도 충분히 정교하면 언젠가 의미를 습득할 수 있다"**는 등의 주장이다. 실제 인공지능 연구자 입장에서는, 설의 논증이 **소프트웨어적 접근의 한계**를 지적한 것은 일리가 있지만, 그것이 **곧 기계 지능의 발전 불가능을 뜻하지는 않는다**고 본다. 예컨대 뇌과학자들은 **인간의 뇌도 일종의 기계적 장치**이므로 적절한 프로그램을 가진 컴퓨터에 **의식이 생길 수 있다**는 가능성을 배제하지 않는다. 철학자 대니얼 데닛(Daniel Dennett)은 "인간이 특별한 마법의 불꽃이나 영혼 없이도 사고한다면, 컴퓨터도 충분히 복잡해지면 그렇게 될 수 있다"고 주장하기도 했다. 반면 존 설 본인은 **"인간 두뇌와 달리, 규칙에 따라 움직이는 컴퓨터 프로그램에는 이해라는 현상이 본질적으로 생길 수 없다"**는 입장을 고수했다. 이 논쟁은 아직도 결론이 난 것은 아니며, **강한 인공지능의 가능성**에 대한 철학적 토론은 계속되고 있다.

03 강인공지능과 약인공지능의 개념

중국어 방 문제를 통해 자연스럽게 제기된 철학적 논의는 AI의 목표와 한계를 다시 정의하게 하였다. 오늘날 AI를 이해하는 핵심적인 틀인 앞서 중국어 방을 통해 등장한 **강한 인공지능(강인공지능)**과 **약한 인공지능(약인공지능)** 개념을 조금 더 정리해보자. 이 용어는 존 설이 철학적으로 사용한 것에서 유래했지만, 이후 AI 분야 일반에도 널리 퍼졌다. **약한 인공지능**이란 현재까지 우리가 구현한 대부분의 AI처럼 **특정 작업에 국한된 지능**을 의미한다. 예를 들어 바둑을 두는 AI, 얼굴을 인식하는 AI, 음성으로 날씨를 답해주는 AI 등은 모두 약한 인공지능이다. 약한 AI는 **한정된 문제를 잘 풀도록 설계된 알고리즘과 데이터**로 이루어진다. 반면 **강한 인공지능**이란 **인간 수준의 범용 지능을 지닌 AI**를 가리킨다. 강한 AI는 국소적인 문제 해결을 넘어, **스스로 학습하고 추론하며 창의적으로 생각할 수 있는 자율적인 지능**을 뜻한다. 이상적으로는 **자의식(self-awareness)**까지 갖춘 인공지능을 상정하기 때문에, 공상과학에 자주 등장하는 **터미네이터**나 **HAL 9000**같은 존재가 강한 AI의 예시로 거론된다. 현재까지는 강한 인공지능은 **실현되지 않은 가설적인 개념**으로 남아 있다. 일각에서는 **인공지능 특이점**이 오면 강한 AI가 등장할 것이라고 예측하기도 한다. 미래학자 레이 커즈와일은 2030년경에 강한 AI가 나올 것으로 내다봤으며, 철학자 닉 보스트롬은 **인공지능이 인간을 추월하는 시점**에 대한 경고를 하기도 했다. 그러나 동시에 많은 전문가들은 **강한 AI의 실현이 매우 어려울 것**이라거나, 혹은 **이론적으로 불가능할 수도 있다**고 본다. 이는 곧 **지능(intelligence)**과 **의식(consciousness)**의 문제와 연결된다.

현대 AI 담론에서는 강/약 인공지능 구분 외에도 **인공지능의 의식 여부** 문제가 자주 제기된다. 강한 AI를 지지하는 쪽에서는 **"언젠가 AI도 의식을 가질 수 있다"**고 예상하지만, 반대쪽에서는 **"계산 기계에 의식은 불가능하다"**고 단언한다. 이 논의를 이해하려면 **지능과 의식의 차이**를 분명히 해야 한다. **지능**이란 보통 **환경에 대한 문제 해결 능력**이나 **정보 처리 능력**을 가리킨다. 한편 **의식**이란 **자신이 존재하고 느낌을 갖고 있음을 주관적으로 아는 상태**를 의미한다. 역사학자 유발 하라리는 이 차이를 간명하게 표현했다. *"지능은 문제를 해결하는 능력이고, 의식은 고통과 기쁨, 사랑과 분노 같은 감정을 느끼는 능력이다."* 다시 말해 **인공지능은 아무리 똑똑해도, 현재까지는 스스로 기쁨이나 고통을 "느끼지는" 않는다고 여겨진다.** 예를 들어 최신 AI 챗봇은 사람처럼 대화하고 퀴즈를 푸는 높은 지능을 보이지만, 그것이 **슬픔이나 행복을 느끼는지**에 대해서는 별개의 문제라는 것이다. 실제로 **사람과 AI는 모두 사실이나 상황을 인식(aware)할 수 있지만, 행복과 고통은 오직 의식을 통해서만 경험된다.** 반대로 생각해보면, 인간이 아닌 동물이나 아주 어린아이의 경우 **높은 지능은 없어도 고통이나 감각을 느끼는 의식은 있다**고 본다. 이렇듯 **지능과 의식은 구분되는 개념**이며, 현재의 AI는 전자만 있고 후자는 없는 것으로 이해된다.

강한 AI라는 개념에는 **의식의 유무**가 핵심적으로 자리한다. 존 설이 보기에 강한 AI가 실현되려면 기계가 **진정한 이해와 의식**을 가져야 하는데, 현재의 디지털 컴퓨터 방식으로는 불가능하다는 것이다. 반면 일부 철학자와 과학자는 **의식 또한 정보 처리의 산물이므로, 충분히 복잡한 정보 처리 시스템인 뇌를 모방하면 인공 의식도 가능**하다고 주장한다. 철학자 데이비드 채머스는 **향후 인공지능에 인간 두뇌의 반복적 신호처리나 자기반영적 구조 등이 도입된다면, 의식이 나타날 가능성을 배제할 수 없다**고 주장한다. 실험적으로도, 최근 거대 언어 모델(예: GPT 시리즈)이 보여주는 일부 **사고 유사 능력**때문에 "AI가 의식의 초기 단계를 보이는 것 아니냐"는 논의가 촉발되기도 했다. 하지만 대다수 전문가들은 아직은 **의식을 판단할 마땅한 방법도 없고, 현존 AI에 의식이 있다는 증거도 없다**고 본다. **의식**은 철학의 오래된 난제로서, 이를 **"설명하기 어려운 어려운 문제(hard problem of consciousness)"**라고 부르기도 한다. 인공지능이 이 난제를 풀어 **자기 자신을 자각하고 주관적인 경험을 가지게 될지**는 누구도 장담할 수 없다. 결국 **강인공지능 대 약인공지능의 논쟁은 지능의 범위 확장**뿐 아니라 **의식의 본질**에 대한 물음으로 이어진다.

04 대표적인 철학적 논의와 사고실험들

지금까지 살펴본 **튜링 테스트와 중국어 방**은 인공지능 철학에서 가장 유명한 사고실험들이다. 이 외에도 인공지능과 마음의 관계를 둘러싸고 다양한 **철학적 논의**가 있어왔다. 예를 들어 **기계가 느끼는 척만 할 뿐 실제로 느끼지 못한다면, 그것을 진짜 고통으로 볼 것인가?** 라는 문제는 철학적으로 **"철학적 좀비"** 개념과 연결된다. 또, **인공지능이 스스로 창의적인 아이디어를 낼 수 있는가?**의 문제는 **자유의지**와 **창의성의 본질**과 관련된다. 일부 철학자는 인간의 의식을 설명하는 데 **구조적 기능(Functionalism)**이 중요하다고 보며, 그런 관점에서는 **컴퓨터도 적절한 기능 구조를 갖추면 마음을 가질 수 있다**고 주장한다. 반면 **생물학적 자연주의** 입장에서는 **의식은 뇌라는 생물학적 기관에 내재한 현상**이므로 **규칙 가득한 컴퓨터 프로그램에 의식이 생길**

수 없다고 주장한다.

또 하나 흥미로운 사고실험으로 **"스왐프맨(Swampman)"**이란 것이 있는데, 이는 어떤 **존재가 순식간에 아무 기억 없이 복제되어도 그를 같은 인격체로 볼 수 있는가**를 묻는다. 이 역시 인공지능이 인간의 뇌 상태를 그대로 모방했을 때, 그 인공지능을 원본 인간과 동일한 인격체로 인정할 수 있는가 하는 문제와 닿아 있다. **토마스 네이글**의 에세이 「박쥐가 되는 것은 어떤 기분인가」는 **의식의 주관적 경험**을 강조하며, 우리가 아무리 지능적 존재를 만들어내도 **그 주관성을 재현할 수 있을지는 미지수**임을 시사한다. 이러한 철학적 사유들은 궁극적으로 **"마음이란 무엇인가"**, **"기계와 인간을 구분짓는 것은 무엇인가"**라는 근본적인 질문으로 귀결된다.

인공지능의 개념과 역사는 기술적 발전과 함께 진화해왔고, 이에 대한 **철학적 성찰**도 풍부하게 이루어져왔다. **다트머스 회의**에서 출발한 인공지능은 초기의 지나친 낙관을 겪고 여러 번의 도전을 맞이하면서 오늘날 우리 생활의 일부가 되었다. 그러나 "생각하는 기계"라는 궁극적 물음은 여전히 남아 있다. **투명한 지능**과 **주관적 의식** 사이의 간극은 좁혀지지 않았고, 강한 인공지능이 실현될지 여부도 불확실하다. 앨런 튜링은 시험을 통해 기계를 평가하자 했지만, 존 설은 그 이면을 들여다보자고 요청했다. 이 둘의 대화는 **AI 시대에 인간의 위치**를 성찰하게 한다. 인공지능에 관한 논의는 컴퓨터 과학, 뇌과학, 철학, 심리학 등 여러 분야를 아우르며 계속 진행 중이다. 앞으로 인공지능이 더욱 발전함에 따라 "지능"의 의미도 확장되겠지만, "의식"과 "마음"의 신비는 인공지능 시대에도 인류가 풀어나가야 할 숙제로 남을 것이다.

CHAPTER 03

머신러닝의 부상

인공지능 연구는 **기호주의(symbolist AI)**라 불리는 규칙 기반 접근으로 한때 황금기를 누렸다. 그러나 엄격한 규칙에 의존한 초기 AI 시스템들은 한계를 드러냈고, 이로 인해 1970년대와 1980년대에 이르는 이른바 **"AI의 겨울"**이 찾아왔다. 이러한 좌절을 딛고 1990년대부터는 데이터로부터 학습하는 **기계학습(머신러닝)** 패러다임이 부상하게 된다. 본 장에서는 규칙 기반 **전문가 시스템**의 전성기와 그 작동 방식, 그리고 해당 접근법의 한계로 촉발된 AI 겨울의 배경을 살펴본다. 이어서 **기계학습** 개념의 등장과 주요 학습 유형(지도/비지도/강화학습)을 개괄하고, 대표적인 머신러닝 알고리즘(KNN, SVM, 의사결정나무 등)의 원리와 특징을 소개한다. 또한 머신러닝이 두각을 나타낸 **이미지 인식과 음성 인식** 분야의 사례들을 살펴보고, 마지막으로 한때 침체되었던 **신경망** 연구가 어떻게 **연결주의**의 기치 아래 부활하여 딥러닝 시대의 문턱까지 이르게 되었는지 역사적 흐름을 짚어본다.

01 규칙 기반 AI의 전성기: 전문가 시스템 시대

1960년대부터 1980년대에 이르기까지 AI 연구의 주류는 사람의 지식을 컴퓨터에 **규칙**으로 명시적으로 입력하는 기호주의 접근이었다. 특히 1970년대 후반부터 1980년대 중반까지는 **전문가 시스템**이 큰 성공을 거두며 AI의 전성기를 이끌었다. 전문가 시스템이란 특정 도메인의 인간 **전문가 지식**을 If-Then 형태의 규칙들로 정리한 **지식 베이스**(knowledge base)와, 그 지식을 활용해 추론을 수행하는 추론 **엔진**(inference engine)으로 구성된 프로그램을 말한다. 사용자가 질의를 하면 시스템은 규칙에 따라 추론을 거쳐 결론이나 조언을 제공하며, 마치 해당 분야 인간 전문가처럼 행동하도록 설계되었다.

이 시기 개발된 대표적인 전문가 시스템으로 **DENDRAL**과 **MYCIN**을 들 수 있다. DENDRAL은 1960년대 중반 스탠퍼드대학교의 에드워드 페이겐바움(Ed Feigenbaum)과 조슈아 레더버그(Joshua Lederberg) 등이 개발한 화학 분석 전문가 시스템으로, 유기 화합물의 질량 스펙트럼 데이터를 해석하여 분자의 구조를 추론했다. 이는 특정 과학 분야 지식을 컴퓨터가 활용하도록 한 최초의 성공 사례로 꼽히며, AI 연구에 "지식의 중요성"을 일깨워준 획기적인 업적으로 평가받는다. 이어서 1970년대에는 의학 진단 분야의 전문가 시스템인 **MYCIN**이 등장했다. MYCIN은 혈액 감염증 진단을 위해 약 600여 개의 규칙을 사용하여 환자의 증상과 검사

결과로부터 세균 감염 여부와 항생제 처방을 제안했다. MYCIN은 한 실험에서 약 69%의 정확도를 보였는데, 이는 당시 인간 전문의들의 진단 정확도보다도 높은 수준이었다고 전해진다. 이러한 성과 덕분에 MYCIN은 학계에 널리 알려졌지만, **의료 현장의 불신과 법적 책임 문제** 등으로 실제 임상에서는 사용되지 못했다.

전문가 시스템의 **작동 방식**은 일반적인 소프트웨어와 달랐다. 전통 프로그래밍이 개발자가 직접 작성한 절차에 따라 동작하는 데 반해, 전문가 시스템은 지식 베이스에 저장된 규칙 모음과 추론 엔진에 의해 **논리적 추론**을 수행한다. 예를 들어 MYCIN의 규칙 중 하나는 다음과 같았다.

IF(균검사 결과 = 그람음성) AND (감염부위 = 혈액) AND (환자 나이 〈 20)
THEN(의심 세균 = Neisseria meningitidis) [확신도 0.7]

이처럼 조건들이 모두 만족되면 결론을 도출하고, 여러 규칙의 결론을 종합하여 최종 진단을 내리는 방식이다. 또한 MYCIN은 자신의 추론 과정을 "왜 그런 진단에 도달했는지" 설명해주는 기능도 갖추고 있어, 결과에 대한 **해석 가능성**을 부여했다는 점에서 높이 평가받았다.

전문가 시스템의 장점은 명확했다. 잘 구축된 시스템은 해당 도메인에서 인간 전문가 수준의 문제 해결 능력을 보여주었고, 지식을 규칙 형태로 체계화함으로써 지적 자산을 축적하고 공유할 수 있었다. 실제로 1980년대에는 미국의 대기업들이 경쟁적으로 전문가 시스템을 도입하여 생산성을 높이고 비용을 절감했다. 대표적으로 DEC(Digital Equipment Corporation)의 **XCON**이라는 전문가 시스템은 자사 미니컴퓨터를 고객 주문에 맞게 구성하는 데 활용되었는데, 10,000개가 넘는 방대한 규칙으로 구성된 이 시스템이 연간 80,000건 이상의 주문을 자동 처리하며 연간 약 2천5백만 달러의 비용 절감 효과를 거두었다고 한다. 이렇듯 전문가 시스템은 **좁은 영역에 한정된다면** 인간 못지않은 정확성과 일관성을 보여주었고, 피로나 감정 기복 없이 언제나 동일한 수준의 조언을 제공하는 "지식 자동판매기"로서 각광받았다.

그러나 **단점과 한계** 또한 뚜렷했다. 첫째, 이렇게 만든 시스템은 해당 도메인 이외의 상황이나 **예외적인 경우**에 대응하기 어려웠다. 즉, 프로그램된 규칙에 없는 새로운 상황을 만나면 전혀 해결책을 내놓지 못하거나 엉뚱한 결과를 내는 **취약성(brittleness)**을 보였다. 둘째, 유능한 전문가 시스템을 만들기 위해서는 방대한 양의 전문 지식을 일일이 규칙으로 추출해서 입력해야 했는데, 이 **지식 획득(knowledge acquisition)의 과정**이 몹시 번거롭고 비용이 많이 들었다. 도메인 전문가와 AI 프로그래머가 머리를 맞대고 수많은 인터뷰와 실험을 거쳐 규칙을 만들어야 했기에, 새로운 분야에 시스템을 개발하거나 기존 시스템을 유지보수하는 데 막대한 시간과 노력이 필요했다. 실제로 전문가 시스템의 선구자 페이겐바움조차 "컴퓨터에 지식을 넣어주는 작업이 너무도 지루하고 힘든 과정"이라고 토로했을 정도였다. 셋째, 그렇게 공들여 규칙을 추가하다 보면 규칙들 간에 상충되는 상황이 생기는 등 **관리의 복잡성**이 급격히 증가했다. 이미 완성된 수천 개의 규칙 중 하나를 변경하거나 새로운 규칙을 삽입할 때, 다른 규칙들과 충돌하거나 의도치 않은 부작용이 발생하여 시스템의 **유지보수가 악몽**처럼 변할 수 있었다. 넷째, 초기에는 흥미로운 성능을 보였던 전문가 시스템들이 점차 현실 세계의 복잡하고 불확실한 문제들을 다루는 데 한계를 드러내자, **성과 대비 과도한 비용** 문제도 부상했다. 개발 및 유지에 많은 인력이 들고, 적용 가능한 문제 영역도 좁다 보니 상업적으로 성공한 사례가 드물었으며, 일각에서는 투자 대비 효용이 부족하다는 회의론이 제기되었다.

02 "AI의 겨울": 전문가 시스템의 한계와 좌절

1980년대 후반에 이르러, 지나친 기대를 모았던 규칙 기반 AI 열풍은 급격히 식어갔다. 앞서 언급한 여러 문제점—**예외에 약한 경직성, 지식 획득의 병목, 규모 확장의 어려움**—으로 인해 많은 전문가 시스템 프로젝트들이 실용화에 실패하거나 유지비용을 감당하지 못하고 중단되었다. 그 결과 투자자들과 산업계는 AI에 회의를 느끼기 시작했고, 한때 **획기적 기술**로 찬양받던 전문가 시스템은 냉혹한 현실의 벽에 부딪혀 쇠퇴 국면에 접어들었다. 이 시기를 가리켜 **"제2차 AI 겨울"**이라고 부른다. (제1차 AI 겨울은 1960년대 후반 퍼셉트론 한계 및 기계번역 실패 등으로 1970년대 초에 찾아온 침체기를 말하며, 1980년대의 겨울은 그 두 번째에 해당한다.)

AI 겨울의 직접적 배경에는 몇 가지 사건들이 영향을 미쳤다. 우선, 1980년대 후반에 **전문가 시스템 전용 하드웨어** 시장이 붕괴한 점을 들 수 있다. 전문가 시스템 개발에 주로 사용되던 리스프 머신(Lisp Machine)을 판매하던 Symbolics社 등의 기업이 1987~88년경 급속히 쇠락하여 1990년대 초에 대부분 파산하거나 인력 감축을 겪었다. 이는 AI에 특화된 고가의 컴퓨터보다 범용 워크스테이션과 PC가 성능/가격 면에서 앞서기 시작한 기술 환경 변화도 한몫했다. 하드웨어와 함께 **투자 열기**도 식어갔다. 과거에는 정부와 대기업이 앞다투어 AI 연구에 자금을 대었지만, 1980년대 말부터는 "과대광고에 비해 실질적 성과가 부족하다"는 반성이 일며 연구 예산이 급감했다. 미국에서는 수백 개 기업이 AI 부서나 프로젝트를 축소하거나 폐기했고, 일본에서도 국가 차원의 거대 AI 프로젝트였던 **제5세대 컴퓨터 프로젝트**(프로로그를 활용한 AI 시스템 개발 계획)가 1992년 성과 부족을 이유로 조용히 막을 내렸다. 한편, 전문가 시스템 붐을 주도했던 학계 AI 연구자들 사이에서도 한계에 부딪힌 규칙 기반 접근에 대한 회의가 확산되었다. 1980년대 중반부터 발표된 논문들에서는 전문가 시스템의 취약점과 실패 사례를 분석·비판하며 새로운 돌파구의 필요성을 역설하기 시작했다. 요컨대, **기술적 한계, 경제적 실패, 과도한 기대의 좌절**이 겹쳐지면서 AI 분야 전반에 걸쳐 냉각기가 찾아온 것이다.

이러한 AI 겨울을 거치며 얻은 교훈은 분명했다. **암묵지**(暗默知, tacit knowledge)라고 불리는 인간 전문가들의 직관적이고 미묘한 지식까지 모두 규칙으로 열거하기에는 현실 세계가 너무 복잡하다는 점, 그리고 세상의 불확실성을 모두 규칙에 반영하기에는 한계가 있다는 점이었다. 결국 AI 연구자들은 **새로운 접근법**을 모색하지 않을 수 없었다. 일부는 지식 표현과 추론 체계를 개선하기 위해 퍼지 논리나 확률적 추론(베이지안 네트워크 등)을 도입하기도 했지만, 보다 근본적으로는 "규칙을 일일이 사람 손으로 코딩하는 대신, **컴퓨터가 스스로 학습하게 하자**"는 패러다임 전환이 필요한 시점이었다.

03 기계학습의 개념과 등장 배경

[1] 함수 근사로서의 학습 개념

기계학습(머신러닝)은 인간 프로그래머의 지시보다 **데이터로부터 패턴을 학습**하는 방법론을 가리킨다. 앞장에서 본 전문가 시스템이 "지식을 주입"하는 방식이었다면, 기계학습은 "경험으로부터 지식을 추출"하는 접근이라고 할 수 있다. 이를 조금 더 공식적으로 설명하면, 기계학습에서는 주어진 입력 X를 원하는 출력 Y로 변환하는 어떤 **목적 함수 f: X to Y**가 존재한다고 가정하고, 그 함수를 명시적으로 프로그래밍하는 대신 **훈련 데이터**로부터 함수를 **근사**하게 된다. 다시 말해, 입력과 출력의 쌍을 충분히 많이 제공하면 알고리즘이 내부적으로 최적의 함수를 찾아내어, 주어진 예제를 잘 맞추는 것은 물론 보지 못한 새로운 입력에 대해서도 적절한 출력을 예측해내도록 만든다는 것이다. 이때 함수의 형태는 선형 방정식일 수도 있고, 결정 트리나 신경망 같은 복잡한 모델일 수도 있다. 핵심은 **규칙 자체를 사람이 일일이 만들지 않고 알고리즘이 데이터로부터 규칙성을 학습**한다는 점이다.

기계학습이라는 용어는 1950~60년대에도 간헐적으로 쓰였지만, 본격적으로 한 연구 분야로 자리잡은 것은 1980년대 후반부터이다. 앞서 언급한 AI 겨울을 거치며, 귀납적 학습에 대한 관심이 높아진 것이 배경이 되었다. 1990년대에 들어서면서 컴퓨터 성능 향상과 데이터 축적이 맞물려 학습 기반 방법들이 점차 두각을 나타냈다. 특히 통계학과 패턴인식 분야에서 발전시켜온 알고리즘들이 AI 문제에 응용되면서 **확률적 접근**과 **데이터 마이닝** 기법들이 주목받았다. 예를 들어, 1990년대 초 IBM의 연구진은 기계번역에 인간 언어학자의 규칙 대신 통계적 학습을 도입하여 품질을 크게 향상시켰는데, 이는 **규칙 기반에서 기계학습으로의 전환을 상징**하는 사건으로 평가받는다. 또한 인터넷의 발전으로 방대한 **디지털 데이터**가 축적되자, 지식을 굳이 전문가에게 배울 필요 없이 데이터 속에서 찾아내자는 인식 전환이 일어났다. 이렇듯 배경이 무르익으며, 기계학습은 AI 연구의 중심으로 부상하기 시작했다.

[2] 지도학습, 비지도학습, 강화학습

기계학습은 학습 방식에 따라 크게 **지도학습**, **비지도학습**, **강화학습** 세 가지로 분류된다. 각각의 개념과 특징을 살펴보자.

- **지도학습(Supervised Learning)**: 지도학습은 정답이 주어진 데이터로부터 함수 관계를 학습하는 방식이다. 즉, 입력과 이에 대응하는 **정답 출력(레이블)**이 쌍으로 주어지는 **라벨된 데이터**를 활용하여 모델을 훈련시킨다. 가장 대표적인 예가 **분류(classification)**와 **회귀(regression)** 문제이다. 예를 들어 스팸메일 필터를 학습시킨다고 하면, 수천 개의 이메일(입력)에 대해 사람이 "스팸" 또는 "정상"이라고 라벨을 달아준 데이터를 모델에 제공한다. 모델은 이 데이터를 보면서 각 이메일의 내용과 라벨 간의 패턴을 학습하고, 새로 받은 이메일을 보고도 스팸 여부를 예측할 수 있게 된다. 이처럼 지도학습에서는 **정답을 맞히는 것**이 학습의 목표이므로, 손실함수(오차)를 정답과 비교해 계산하고 이를 최소화하도록

모델의 파라미터(예: 가중치)를 조정한다. 충분한 양의 좋은 훈련데이터가 있고 적절한 모델과 알고리즘을 사용하면, 새로운 입력에 대해서도 높은 정확도의 예측을 할 수 있다. 지도학습의 일상적 사례로는 이미지 속 객체 인식, 음성에서 단어 알아맞히기, 환자의 진단명 예측 등이 있다.

- 비지도학습(Unsupervised Learning): 비지도학습은 정답이 주어지지 않은 **비라벨 데이터**로부터 숨겨진 구조나 패턴을 발견하는 학습 방법이다. 이 경우 각 데이터에 대한 "정답"이나 목표값이 없기 때문에, 알고리즘은 데이터 자체의 분포나 규칙성을 찾아내는 것이 목적이 된다. 가장 대표적인 비지도학습의 형태는 **클러스터링**(clustering)이다. 예컨대 어떤 전자상거래 웹사이트의 고객 행동 로그 데이터에 비지도학습을 적용한다고 하자. 사전에 정해진 정답은 없지만, 알고리즘은 고객들을 구매 성향이 비슷한 그룹들로 자동 **군집화**할 수 있다. 이를 통해 마케팅 팀은 각 군집의 특성에 맞는 전략을 세울 수 있다. 또 다른 예로 **차원 축소**(dimensionality reduction) 기법이 있다. 이는 고차원 데이터를 요약해 주는 비지도학습 방법으로, 수백 가지 변수로 이루어진 데이터를 몇 개의 잠재 요인으로 축약하여 데이터의 본질을 파악하거나 시각화하는 데 사용된다 (예: Principal Component Analysis, PCA). 비지도학습은 데이터에 내재된 구조를 모델이 **스스로** 학습한다는 점에서 흥미롭지만, 해석이 모호할 수 있고 평가 방법이 명확하지 않은 경우도 많다. 그럼에도 군집 분석, 이상치 탐지, 생성 모델링 등 여러 분야에서 비지도 학습이 유용하게 활용되고 있다.
- 강화학습(Reinforcement Learning): 강화학습은 환경과 상호작용하는 에이전트(agent)가 보상(reward)을 최대화하도록 행동 전략을 학습하는 방법이다. 지도/비지도학습과 달리, 강화학습에서는 정답지 대신 보상 함수가 주어진다. 에이전트는 매 시점 환경을 관찰하여 하나의 행동을 취하고, 그 결과로 환경으로부터 보상 혹은 벌점을 얻게 된다. 이 보상 신호를 반복적으로 받으면서 어떤 행동이 장기적으로 높은 보상을 가져오는지 학습하게 된다. 강화학습의 고전적인 예시는 게임이다. 예를 들어 바둑이나 장기 같은 게임에서, 프로그램은 둘 때마다 어떤 수를 둬야 이길 확률이 높아질지를 스스로 학습한다. 초기에는 무작위로 수를 두면서 승패(보상)를 경험하고, 점점 승리에 기여하는 수들을 강화하여 최적의 정책(policy)을 찾아낸다. 2016년 화제가 된 딥마인드의 알파고(AlphaGo) 역시 지도학습으로 인간 기보를 모방하는 초기 단계를 거친 후, 자체적인 강화학습(셀프 플레이)을 통해 인간 최고 수준을 뛰어넘는 경지에 올랐다. 이처럼 강화학습은 순차적인 의사결정 문제(예: 로봇 제어, 자율주행, 금융 투자 등)에 많이 활용되며, 시행착오를 통해 배운다는 점에서 인간과 유사한 학습 형태로 여겨진다.

다음 표는 지도학습, 비지도학습, 강화학습의 차이를 핵심 항목별로 정리한 것이다.

학습 방식	지도학습	비지도학습	강화학습
입력 데이터	입력과 그에 대응하는 **정답 레이블**이 함께 주어짐	**레이블 없는** 순수 데이터만 사용	정답 없음. 에이전트가 **환경**으로부터 상태를 관찰
피드백	**오차**(예측-정답)를 계산하여 가중치 조정 (정답으로 지도)	**내재된 패턴**을 평가. 명시적 피드백 없음	매 행동 후 **보상/벌점**을 받음. 누적 보상 최대화 방향으로 학습
학습 목표	주어진 입력에 대한 **정확한 예측**수행	데이터의 **구조 발견**(군집, 연관성 등)	**최적 정책**획득 (장기적으로 최대 보상 얻는 행동 시퀀스)
적용 예시	이미지 분류 (손글씨 숫자 판별 등), 스팸 이메일 검출, 질병 진단	고객 **군집화**를 통한 세분화 마케팅, 이상치 탐지, 차원 축소를 통한 데이터 시각화	바둑, 체스 등의 **게임 플레이** AI, 로봇 제어, 자율주행 차량의 의사결정

표 13 지도학습, 비지도학습, 강화학습의 차이점

표에서 보듯 지도학습은 **정답이 있는 문제**에, 비지도학습은 **정답 없이 데이터 자체**를 탐구하는 데, 강화학습은 **행동과 보상**의 상호작용이 있는 상황에 각각 적합하다. 현대의 많은 AI 시스템에서는 이들 기본 유형을 조합하거나 변형한 **준지도학습, 자기지도학습, 딥 강화학습** 등 다양한 기법들이 사용되고 있지만, 근본적인 원리는 여전히 위 세 가지 범주로 설명할 수 있다.

04 주요 머신러닝 알고리즘 소개

기계학습에는 문제를 해결하기 위한 여러 **알고리즘**들이 개발되어 있다. 여기서는 그중 클래식하고 대표적인 세 가지인 **K-최근접 이웃(k-NN), 서포트 벡터 머신(SVM), 의사결정나무(Decision Tree)** 알고리즘의 개념을 간략히 살펴본다. (이외에도 **나이브 베이즈 분류, 인공신경망, 앙상블 기법** 등 다양한 알고리즘들이 존재하지만, 지면 관계상 상세한 설명은 생략한다.)

- **K-최근접 이웃(K-Nearest Neighbors, KNN)**: KNN은 새로운 데이터 포인트를 분류할 때, 미리 저장된 훈련 데이터 중에서 가장 가까운 **K개 이웃들의 레이블**을 참조하여 다수결로 결정하는 사례 기반 알고리즘이다. 예를 들어 두 개의 클래스로 분류된 데이터들이 평면 상에 산포되어 있고, 어느 클래스에 속하는지 모르는 새로운 점이 주어졌다고 하자. KNN은 우선 거리 개념(예: 유클리드 거리)을 이용해 기존 데이터 중 이 새로운 점과 가장 가까운 K개의 점을 찾는다. 그리고 그 이웃들 중 **가장 많은 표를 얻은 클래스**를 새로운 점의 클래스라고 예측한다. KNN의 장점은 **직관적이고 단순**하다는 것이다. 별도 모델 학습 과정이 없고, 저장된 데이터만 있으면 곧바로 분류를 수행할 수 있다. 하지만 데이터가 많아지면 예측 시 모든 훈련 샘플과 거리를 계산해야 하므로 **속도가 느려질 수 있고**, 또 고차원 데이터에서는 "거리"의 의미가 희석되어 성능이 떨어질 수 있다는 단점이 있다. 그럼에도 불구하고 KNN은 개념이 쉬워 기초 분류기법으로 자주 언급되며, 이상치 탐지나 데이터 보정 등 다양한 응용에서 여전히 유용하게 쓰인다.

- **서포트 벡터 머신(Support Vector Machine, SVM)**: SVM은 1990년대에 블라디미르 바프닉(Vapnik) 등이 제안한 **지도학습 분류** 알고리즘으로, **결정경계(decision boundary)** 중에서도 두 클래스를 **가장 크게 벌려 놓을 수 있는 초평면(hyperplane)**을 찾는 것이 핵심 개념이다. 주어진 데이터가 선형적으로 구분 가능하다면, SVM은 클래스 간 여유(margin)가 최대인 분리 초평면을 계산하여 새로운 데이터가 어느 쪽에 속하는지 판별한다. 이때 마진을 결정하는 경계상의 데이터 포인트들을 특별히 **서포트 벡터**라고 부른다. 선형적으로 구분이 어려운 복잡한 분포의 경우에는 **커널 트릭(kernel trick)**을 통해 입력 데이터를 고차원 공간으로 매핑한 뒤에 선형 분리를 수행할 수도 있다. SVM의 장점은 고차원에서도 비교적 **좋은 성능과 일반화 능력**을 보인다는 점이며, 한때 이미지 분류나 문자 인식(MNIST 손글씨 데이터 등)에서 최고의 정확도를 달성하기도 했다. 단점으로는 데이터 건수가 매우 많은 경우 학습 및 예측 속도가 느릴 수 있고, 여러 클래스 분류에는 기본적으로 이진 분류기를 확장해야 하는 번거로움이 있다. 또한 하이퍼파라미터(예: 마진 강도 C나 커널 함수의 종류)의 설정에 성능이 민감하여 튜닝이 필요하다. 그럼에도 SVM은 이론적으로 잘 정립되어 있고 적당한 규모의 데이터셋에 강력한 분류기로 여전히 널리 활용되고 있다.
- **의사결정나무(Decision Tree)**: 의사결정나무는 **분기 규칙**들의 집합으로 데이터를 분류하거나 예측하는 지도학습 알고리즘이다. 말 그대로 **나무(tree)**형태의 구조를 가지는데, 각 **내부 노드**에서는 하나의 입력 변수(feature)를 선택하여 데이터가 만족하는지 여부에 따라 분기하고, 이렇게 분기를 거듭해 내려가다 최종 **잎 노드(leaf)**에 도달하면 해당 분류나 예측값을 출력한다. 예를 들어 환자의 증상 데이터를 바탕으로 병명을 분류하는 의사결정나무라면, 뿌리 노드에서 "기침을 하는가?"라는 질문으로 Yes/No 분기, 다음 노드에서 "고열이 있는가?"로 분기… 이런 식으로 진행하여 끝에는 "독감" 또는 "감기" 같은 진단을 내리는 구조가 될 수 있다. 의사결정나무의 학습은 훈련 데이터로부터 **분지 조건과 순서**를 찾는 과정이다. 일반적으로 **정보 이득**이나 **지니 계수** 같은 척도를 사용해 데이터 불순도를 가장 많이 감소시키는 변수를 순차적으로 선택하며 나무를 자라나게 한다. 장점은 결과 모델이 일련의 if-then 규칙으로 표현되므로 **해석이 매우 용이**하다는 점이다. 또한 범주형/연속형 변수 가리지 않고 처리할 수 있으며, 전처리에 많은 신경을 쓰지 않아도 된다. 단점으로는 나무가 너무 깊어지면 **과적합**되기 쉽다는 점이 있는데, 이를 막기 위해 가지치기(pruning) 등의 기법을 사용한다. 의사결정나무 자체로도 유용하지만, 더 나아가 여러 나무를 묶어 성능을 높이는 **앙상블 학습**(예: 랜덤 포레스트, 그래디언트 부스팅)이 등장하면서 오늘날 머신러닝 현업에서 매우 중요한 알고리즘으로 자리잡았다.

상기 알고리즘들은 비교적 이해하기 쉬운 편이지만, 그 외에도 다양한 접근법들이 있다. 예를 들어 **나이브 베이즈 분류기**는 확률론에 기반한 간단하면서도 효율적인 알고리즘이고, **인공신경망**은 생물학적 뉴런 구조에서 영감을 얻은 모델로서 향후 딥러닝으로 발전하는 토대가 된다. **서포트 벡터 머신**과 같은 선형 모델들을 확장한 **커널 방법**도 있고, 앞서 언급한 여러 모델을 **앙상블**하여 성능을 끌어올리는 기법들도 있다. 머신러닝 실전에서는 문제의 특성과 데이터에 따라 이들 중 적절한 알고리즘을 선택하거나 조합하여 사용한다.

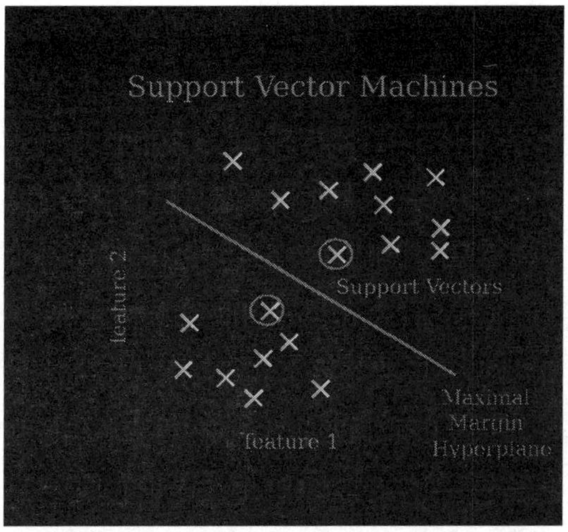

1. SVM을 이용한 이진 분류의 개념도. 붉은 선은 두 클래스를 구분하는 결정 초평면을 나타내며, 빨간 동그라미로 표시된 점들이 마진 경계를 형성하는 서포트 벡터들.

서포트 벡터 머신은 위 그림처럼 두 개 클래스를 분류할 때 **마진**(margin)이 최대가 되는 결정경계를 찾아낸다. 마진이란 양 클래스로부터 결정경계까지의 최소 거리를 말하며, SVM은 이 거리를 최대로 벌려주는 초평면을 구하는 것이다. 결정경계를 지정하는 데이터 포인트(서포트 벡터) 바깥쪽에는 더 이상의 데이터가 없도록 함으로써, 경계 근처의 작은 교란에도 분류가 안정적으로 이루어지도록 한다. 이러한 전략은 최대 마진 해법이라고 불리며, 신경망 등의 다른 분류기에서는 얻기 어려운 **이론적 일반화 보장**을 제공한다는 장점이 있다.

05 머신러닝 성공 사례: 이미지 인식과 음성 인식

[1] 이미지 인식 분야

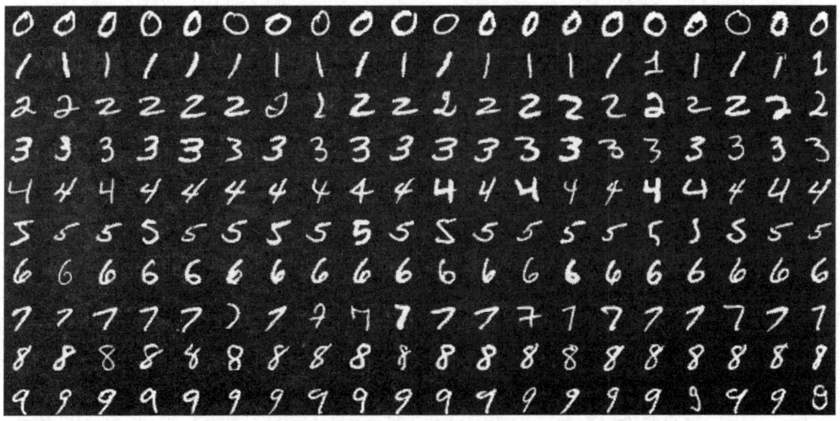

2. 손글씨 숫자 데이터셋(MNIST)의 예시 이미지들.
0부터 9까지 각 숫자에 해당하는 다양한 필체의 28×28 픽셀 이미지로 구성되어 있다.

이미지를 보고 그 내용물을 식별하는 것은 인간에게는 쉬운 일이지만, 컴퓨터에게는 오래도록 난제였다. 초기의 규칙 기반 접근법으로는 사람 얼굴이나 글자를 인식하는 성능이 매우 저조했으나, 머신러닝 기법의 도입으로 **이미지 인식** 분야는 비약적인 발전을 거듭해왔다. 특히 1990년대에 들어와, 앞서 소개한 SVM이나 인공신경망 등이 **필기 숫자 인식**(handwritten digit recognition) 문제에서 뛰어난 성능을 보이기 시작했다. 위 그림은 **MNIST** 데이터셋의 일부로, 0부터 9까지 손으로 쓴 숫자 이미지 7만 개를 모아놓은 유명한 벤치마크 데이터이다. 1998년 미국 벨연구소의 얀 르쿤(Yann LeCun) 등이 발표한 논문에서 이 MNIST 데이터셋에 **컨볼루션 신경망**(CNN)과 SVM 등을 적용한 결과, 오류율 0.8% 수준(99.2% 정확도)까지 달성되었음을 보고했다. 이는 기계가 인간 수준에 근접한 정확도로 손글씨를 읽을 수 있음을 보여준 첫 성과로 평가받는다. 이후 해당 기술은 실용화되어, 미국 우편공사(USPS)가 편지 봉투의 우편번호를 자동 인식하거나 은행이 수표에 쓰인 금액을 판독하는 작업 등에 활용되었다. 사실 우리가 일상적으로 사용하는 OCR(광학 문자 인식) 기술도 머신러닝의 성공적인 응용 사례라고 할 수 있다.

머신러닝을 통한 이미지 인식은 손글씨 같은 비교적 단순한 이미지를 넘어, 점차 **일반 사물의 인식**으로 범위가 넓어졌다. 2000년대 중반에는 캐나다 토론토 대학 등이 사물 사진을 10가지 부류로 분류하는 **CIFAR-10**이라는 데이터셋을 공개하여, 다양한 알고리즘의 성능을 겨루는 경연장이 마련되었다. CIFAR-10은 자동차, 새, 개구리, 비행기 등 일상 사물에 대한 저해상도 컬러 이미지 6만 장으로 구성된 데이터셋이다. 초기의 머신러닝 알고리즘들은 CIFAR-10에서 60~70%대의 정확도를 보였으나, 점차 기법이 개선되어 2010년경에는 80~85% 수준까지 성능이 향상되었다. 이 무렵에는 이미지 특징을 잘 잡아내기 위해 SIFT, HOG 같은 수작업 특징 추출 방법과 SVM 분류기를 조합하는 것이 좋은 성과를 보였는데, 이는 여전히 사람이 특징을 설계해야 한다는 한계를 갖고 있었다. 그러나 **딥러닝** 기법이 도입되면서 상황이 크게 바뀌었다. 2012년 토론토 대학의 제프리 힌튼(Geoffrey Hinton) 팀이 심층 신경망(CNN)을 이용해 대규모 이미지 셋인 **ImageNet** 경진대회에서 압도적인 우승을 차지한 것이다. 이 사건을 기점으로 이미지 인식 정확도는 급격히 높아져, 불과 몇 년 사이에 기계가 이미지넷 1000개 객체 분류에서 **인간의 오류율보다 낮은** 성과를 내는 지경에 이르렀다. 요컨대 머신러닝(특히 딥러닝)의 발전은 **컴퓨터 비전** 분야를 혁신하여, 오늘날 사진 속 사람이나 사물을 자동으로 태깅하는 것은 물론 자율주행차의 객체 인식 등 산업 전반에 걸쳐 활용되고 있다.

[2] 음성 인식 분야

음성 인식(automatic speech recognition, ASR) 또한 머신러닝이 큰 성공을 거둔 영역이다. 인간의 음성을 텍스트로 변환하는 것은 수많은 변수를 갖는 어려운 문제인데, 1980년대까지의 규칙 기반 접근은 이렇다 할 진전을 이루지 못했다. 하지만 **통계적 기법**의 도입으로 돌파구가 마련되었다. 1980년대 중후반에 등장한 **히든 마코프 모델(HMM)** 기반의 음성 인식기는 음성 신호를 작은 시간 단위로 쪼개어 확률적으로 모델링함으로써, 잡음이나 말속도 변화에도 비교적 견실한 인식을 구현했다. 이와 함께 음향학적 특징 추출과 언어 모델 등의 분야에서도 머신러닝 기법이 활용되면서 1990년대에는 연속 음성 인식률이 크게 향상되었다. 1990년대 말에는 PC용 상용 소프트웨어인 **드래곤 내추럴리 스피킹(Dragon NaturallySpeaking)**이 출시되어, 사용자가 말한 내용을 실시간으로 받아쓰는 음성 인식 입력이 가능해지기도 했다. 다만 이 시기의 시스템은 사용자 음성에 맞춰 사전 훈련이 필요하고, 한정된 어휘 내에서만 실용적 정확도를 보이는 등의 제약이 있었다.

2000년대에 접어들어 인터넷 검색, 스마트폰 등이 대중화되면서 방대한 음성 데이터와 높은 성능의 컴퓨팅 자원이 확보되자, 음성 인식 기술은 다시 한 번 도약하게 된다. 특히 **딥러닝 기반의 음향 모델**이 2010년대 초반에 도입되며 오류율을 크게 낮춘 것으로 유명하다. 2012년 구글은 자사의 음성 검색 시스템에 기존 GMM-HMM 대신 심층 신경망(DNN)을 채택하여 음성 인식 오류율을 30% 이상 개선했다고 발표했다. 곧이어 마이크로소프트 등 다른 기업들도 딥러닝을 적용하면서 음성 인식 정확도가 비약적으로 올라갔다. 이제는 수십만 시간의 음성 데이터로 학습된 거대한 모델들이 어떤 화자의 음성이라도 높은 정확도로 인식한다. **자연어 처리(NLP)** 기술과 결합된 음성 인식은 **음성 비서(voice assistant)**의 핵심 구성요소로서, 애플 Siri, 구글 어시스턴트, 아마존 Alexa 등의 상용 서비스에 탑재되어 수억 명의 일상 속에 스며들었다. 2016년에는 마이크로소프트 연구진이 전화 음성 대화 **스위치보드(Switchboard)** 평가에서 인간 평균 오류율(5.9%)과 비슷한 5.8%의 단어 오류율을 달성했다고 보고하기도 했다. 이처럼 머신러닝 기술의 발전은 음성 인식을 "흥미로운 데모" 수준에서 벗어나 **실용적이고 신뢰할 만한 기술**로 변모시켰다. 현재 우리는 스마트폰에 대고 문자를 받아쓰거나, 자동차 내비게이션에 목적지를 말로 입력하고, AI 스피커와 대화까지 나누고 있는데, 이 모든 것이 머신러닝 기반 음성 인식 기술의 성과이다.

06 신경망과 연결주의의 부활: 딥러닝 이전의 여명

머신러닝의 여러 갈래 중에서도 **인공신경망(Artificial Neural Network)**은 가장 극적인 부침을 겪은 기법이라고 할 수 있다. 신경망 모델은 1940~50년대에 이미 개념이 제안되고 1958년 로젠블랫(Rosenblatt)의 **퍼셉트론(Perceptron)**으로 구현되어 큰 관심을 끌었지만, 단층 퍼셉트론으로는 XOR 문제조차 해결할 수 없다는 한계가 수학적으로 증명(Minsky & Papert, 1969)되면서 한동안 학계에서 외면당했다. 이는 1970년대 초 제1차 AI 겨울의 한 요인이 될 정도로 영향이 컸다. 그러나 1980년대에 들어와 소위 **연결주의(connectionism)** 운동이 일어났고, 뇌의 시냅스 학습을 모방한 다층 신경망을 부활시키려는 시도가 본격화되었다. 특히 1986년 럼멜하트(Rumelhart), 힌턴(Hinton), 윌리엄스(Williams) 등이 발표한 **역전파 알고리즘(Backpropagation)**은 다층 퍼셉트론의 가중치를 효율적으로 학습시킬 수 있음을 보여주어 신경망 연구에 새로운 활력을 불어넣었다. 역전파란 출력에서 계산된 오류를 은닉층 쪽으로 거슬러 전파하여 각 계층의 가중치를 조금씩 조정하는 기법으로, 현재까지도 모든 신경망 학습의 기본 알고리즘으로 활용되고 있다.

1980년대 중후반은 연결주의 진영이 기호주의 진영과 학술적으로 격렬히 논쟁하던 시기이기도 했다. 신경망 연구자들은 "두뇌의 동작을 본떠 다수의 단순한 노드 연결로부터 지능이 출현하게 할 수 있다"는 주장을 폈고, 그에 비판적이던 기호주의 진영은 "설명 가능하고 논리적인 추론 체계 없이 어떻게 고차원 지능을 구현하겠는가" 반문했다. 이 논쟁은 마치 뇌과학과 인지과학의 대결 구도처럼 비춰지기도 했다. 결국 1990년대에 들어서면서 양 진영은 점차 융합 내지 절충을 모색하게 된다.

한편, 부활한 신경망 기법은 **실용적인 성과**를 통해 회의론을 누그러뜨렸다. 1989년, 얀 르쿤은 다층 CNN에 역전파를 적용하여 손글씨 우편번호 인식에 높은 정확도를 달성했음을 보고했고, 이는 신경망이 실전 문제에도 통할 수 있음을 입증한 사례가 되었다. 이후 르쿤의 CNN은 **LeNet-5**로 발전되어 1990년대 후반 미국 금융기관들의 수표 자동처리 시스템에 채택되는 등 성공적으로 상용화되었다. 음성 인식 분야에서도 1990년대 중반 일부 연구자들이 HMM과 신경망을 결합한 음향 모델을 선보여 전통적 기법보다 성능을 향상시키기도 했다. 다만 1990년대 말까지도 신경망은 SVM 같은 다른 방법론에 비해 **두각을 나타내는 분야가 제한적**이었고, 이 때문에 "신경망은 한물간 기술"이라는 인식이 퍼지기도 했다. 실제로 2000년대 초반의 머신러닝 경진대회나 연구 논문들에서는 신경망보다 앙상블 결정나무나 SVM이 주력으로 등장하는 경우가 많았다.

그런 신경망이 다시 주목을 받기 시작한 전환점은 2006년이었다. 제프리 힌턴과 그의 제자들은 **딥 신경망**의 학습을 개선하는 새로운 방법들을 발표했다. 힌턴이 제안한 **딥 신뢰망(Deep Belief Network)**은 층층이 **사전 훈련(pre-training)**을 거쳐 초기 가중치를 잘 설정한 뒤 미세조정(fine-tuning)하는 방식으로, 매우 깊은 신경망도 효과적으로 학습될 수 있음을 보였다. 이는 그동안 층이 많으면 학습이 어려워진다는 "기울기 소실" 문제를 완화한 기법으로 환영받았고, 곧이어 여러 변형된 모델들이 등장하며 딥러닝 붐의 서막을 열었다. 비슷한 시기 슈미트후버(Schmidhuber) 등의 연구진은 GPU를 이용해 신경망 학습을 가속하는 실험을 통해, **병렬 처리 자원**을 활용하면 과거에는 불가능했던 규모의 신경망도 돌릴 수 있다는 것을 입증했다. 2010년 전후로는 대규모 이미지나 음성 데이터셋에 딥러닝을 적용한 연구들이 속속 등장하여, 종전의 최첨단 성능을 연이어 갱신하기 시작했다.

이러한 흐름은 마침내 2012년, 토론토 대학의 알렉스 크리제브스키(Alex Krizhevsky) 등이 **ImageNet 이미지 인식 챌린지**에서 딥러닝 모델로 압도적 성능을 보이자 정점을 찍었다. 이것은 신경망이 오랜 암흑기를 극복하고 **연결주의의 완전한 부활**을 알리는 상징적인 사건이었다. 이후 신경망 기반 **딥러닝(deep learning)**은 음성 인식, 기계 번역, 자율주행, 추천 시스템, 의료 영상 분석 등 AI의 거의 모든 응용 분야를 혁신하며 **제3차 AI 열풍**을 견인하고 있다. 2010년대 후반에는 힌턴, 르쿤, 벤지오(Yoshua Bengio) 등 신경망 부흥을 이끈 주요 인물들이 투어링상(Turing Award)을 수상하며 그 공로를 인정받았다.

이상과 같이 인공신경망 기술은 초기의 좌절을 딛고 1980년대 연결주의 붐과 함께 부활했으며, 역전파 알고리즘의 힘으로 점진적인 발전을 이어왔다. 비록 한때 다른 알고리즘에 밀려 주춤하기도 했지만, 결국 데이터와 연산 자원의 폭발적 증가라는 시대적 기회를 만나 다시 한 번 도약함으로써 딥러닝 시대를 열었다. 딥러닝의 등장은 기계학습 패러다임의 승리를 공고히 하였고, "경험을 통해 스스로 지능을 획득한다"는 AI의 오랜 꿈에 한 발짝 더 다가서게 했다.

CHAPTER 04

딥러닝의 발전과 챗GPT

인공지능 연구의 한 갈래인 **딥러닝(Deep Learning)** 기술은 지난 수십 년 간 비약적인 발전을 이루며 현대 AI의 핵심으로 떠올랐다. 딥러닝은 인간 뇌의 신경망을 모방한 **인공신경망(Artificial Neural Network)**에 기반한 학습 기법들을 말한다. 본 장에서는 딥러닝 기술의 발전사를 살펴보며, 초기 신경망 모델부터 현대의 대규모 AI 모델에 이르기까지 중요한 개념과 사례를 정리한다. 특히 퍼셉트론으로 대표되는 신경망의 기초 개념, 이미지 인식 분야에서의 합성곱 신경망(CNN)과 ImageNet 혁신, 강화학습과 **알파고(AlphaGo)**의 등장은 물론 자연어 처리에 쓰이는 순환신경망(RNN), 그리고 2017년 이후 **트랜스포머(Transformer)** 구조의 등장과 BERT/GPT 계열 모델의 진화 과정과 거대한 **언어 모델(LLM)** 시대를 연 GPT 시리즈의 파급력을 소개한다.

01 신경망 기초 개념(퍼셉트론과 다층 퍼셉트론)

1960년대부터 인공지능 연구자들은 뇌의 뉴런 구조를 본뜬 **인공신경망** 모델을 고안해왔다. 그 출발점이 된 것이 **퍼셉트론(perceptron)**으로, 1957년 프랑크 로젠블랫(Frank Rosenblatt)이 제안한 가장 단순한 형태의 신경망이다. 퍼셉트론은 여러 입력 값을 가중치와 함께 합산한 뒤 활성화 함수(activation function)를 적용하여 이진 출력(예: 0 또는 1)을 내보낸다. 한마디로, 여러 입력 신호의 선형 결합을 임계값과 비교해 참/거짓을 판별하는 **선형 분류기**이다. 퍼셉트론을 구성하는 요소로는 가중치가 부여된 다수의 입력노드, 이들을 합산하는 누산기(Σ), 그리고 임계값을 넘겼을 때 출력 신호를 발생시키는 활성화 함수 φ 등이 있다.

이러한 단층 퍼셉트론은 AND, OR 같은 **선형적으로 구분 가능한 문제**들을 해결할 수 있었으나, XOR 문제처럼 선형 결정경계로는 분류할 수 없는 문제를 풀지 못한다는 한계가 있었다.

1969년 마빈 민스키와 세이모어 페퍼트는 저서 「퍼셉트론(Perceptrons)」에서 퍼셉트론의 이러한 한계를 지적하며, **다층 퍼셉트론(MLP)**을 도입하면 XOR과 같은 비선형 문제도 해결 가능함을 이론적으로 보였다. 그러나 당시에는 퍼셉트론 연구에 대한 회의론이 대두되었고, 이로 인해 1970년대에는 신경망 연구가 침체되는 **"퍼셉트론 논쟁"**과 AI 겨울이 찾아왔다. 이후 1980년대 중반에 이르러 Rumelhart, Hinton 등의 연구를 통해 다층 퍼셉트론을 효과적으로 학습시키는 **오차역전파(backpropagation)** 알고리즘이 소개되면서 신경망 연구가 부활하였다. 다층 퍼셉트론은 입력층과 출력층 사이에 하나 이상의 **은닉층**(hidden layer)을 포함하여 신경망의 깊이를 늘린 구조로, 복잡한 비선형 함수를 근사할 수 있는 강력한 모델이다. 특히 1986년 발표된 오차역전파 기법은 출력에서 계산한 오차를 역으로 전파하여 각 층의 가중치를 조금씩 조정함으로써 신경망을 체계적으로 학습시킬 수 있게 했다. 이를 통해 XOR 문제를 비롯한 다양한 복잡한 패턴 인식 문제가 해결 가능해졌고, 한동안 소외되었던 신경망 기법이 다시 주목받기 시작했다.

1980년대 말에서 1990년대에는 다층 신경망을 활용한 실용적인 성과들도 나타났다. 예를 들어, 얀 르쿤(Yann LeCun)이 개발한 합성곱 신경망인 **LeNet-5**는 우편번호나 수표에 쓰인 손글씨 숫자를 인식하는 작업에 적용되어 뛰어난 정확도를 보였다. 다층 퍼셉트론 기반 신경망은 음성 인식, 문자 인식 등 제한된 분야에서 점진적인 진전을 이루었으나, 아직까지는 규모가 작은 문제들에 국한되었고 전반적인 AI 분야의 주류로 도약하지는 못했다. 1990년대에는 오히려 SVM과 같은 다른 머신러닝 기법이 각광받기도 했다. 하지만 **"딥러닝"**이라 불릴 더 깊고 큰 신경망 모델의 가능성은 계속 타진되고 있었다. 2000년대 중반에 이르러 계산 능력의 향상과 데이터 축적이 맞물리면서, 인공신경망은 새로운 도약의 기회를 맞이하게 된다.

02 합성곱 신경망(CNN)과 이미지 인식의 발전(AlexNet과 ImageNet 혁신)

합성곱 신경망(CNN, Convolutional Neural Network)은 이미지나 영상 데이터를 다루기에 특화된 신경망 구조로서, 다차원 배열 형태의 입력으로부터 계층적으로 **공간적 특징**(feature)을 추출하는 데 뛰어난 모델이다. 일반적인 다층 퍼셉트론이 모든 입력 노드와 출력 노드 간 완전 연결을 학습하는 데 반해, CNN은 **합성곱 계층**(convolutional layer)을 통해 **국소 영역 연결과 가중치 공유**를 활용한다. 이는 이미지처럼 인접한 픽셀간 상관관계가 높은 데이터의 특성을 반영하여, 동일한 필터(filter)가 전체 이미지에 걸쳐 적용되도록 함으로써 학습해야 할 가중치의 수를 크게 줄이고 **평행 이동 불변성** 등을 갖춘 강인한 특징을 추출할 수 있다. CNN의 전형적인 구조는 입력 이미지에 여러 개의 합성곱 필터를 통과시켜 **특징 맵**(feature map)을 얻고, 필요에 따라 **풀링**(pooling)으로 공간 해상도를 축소한 뒤, 이러한 과정이 여러 층에 걸쳐 반복된다.

말단에는 추출된 고차원 특징들을 모아 전결합층(완전히 연결된 층)과 소프트맥스(softmax) 함수를 통해 각 클래스에 속할 확률을 산출한다. 초층에서는 에지나 모서리 같은 저수준 특징을, 깊은 층으로 갈수록 개 또는 자동차와 같은 고수준 개념을 추출해내는 계층적 특성 학습이 이루어지는 것이 CNN의 강점이다.

CNN은 1990년대에 LeNet 등의 초기 성과로 가능성을 보였으나, 복잡한 이미지 인식 분야 전반으로는 크게 주목받지 못하다가 2012년 역사적인 전환점을 맞이한다. 그 해 열린 **이미지넷 대규모 시각인식 챌린지**(**ILSVRC 2012**)에서, 토론토 대학의 알렉스 크리제브스키(Alex Krizhevsky)와 동료들이 제출한 AlexNet 모델이 압도적인 성적으로 우승을 차지했다. AlexNet은 5개의 합성곱 계층과 3개의 완전연결 계층으로 이루어진 깊은 신경망으로, 당시로서는 매우 많은 약 6천만 개의 파라미터를 갖고 있었다. 이 모델은 엔비디아(NVIDIA)의 GPU 두 장을 병렬 활용하여 방대한 이미지넷 데이터를 학습함으로써, **1000개**의 객체 범주를 구분하는 이미지 분류에서 **15.3%**의 Top-5 오류율을 달성했다. 이는 기존 최고 성능이었던 약 26% 오류율을 크게 앞지른 결과로, 2위와도 10%p 가까운 격차로 벌어진 **획기적인 향상**이었다. 이 사건을 통해 깊은 합성곱 신경망의 위력이 처음으로 널리 입증되었으며, 컴퓨터 비전 분야 전체가 딥러닝 기법으로 급격히 전환하는 계기가 마련되었다.

AlexNet의 성공 요인으로는 **층을 깊게 쌓은 구조적 우수성** 외에도, 당시에 새롭게 도입된 몇 가지 기법들이 있다. 첫째, 활성화 함수로 기존의 시그모이드나 하이퍼볼릭탄젠트 대신 **ReLU(렐루, Rectified Linear Unit)** 함수가 사용되어 기울기 소실을 줄이고 학습 속도를 높였다. 둘째, 학습 시 **드롭아웃(dropout)** 기법을 적용하여 모델의 일부 뉴런을 무작위로 비활성화함으로써 과적합을 방지했다. 셋째, 거대한 모델을 효율적으로 학습시키기 위해 대용량의 **이미지넷 데이터셋**(약 120만 장의 라벨링된 이미지)과 GPU 가속 연산을 활용하였다. AlexNet의 성공 이후, 딥러닝 기반 모델들이 연이어 이미지넷 대회 우승을 차지하며 성능을 향상시켰다. 2014년 옥스포드 대학의 **VGGNet**은 19층의 매우 심층 네트워크로 세밀한 성능 개선을 이루었고, 2015년 마이크로소프트의 ResNet은 무려 152개의 층을 쌓는 대신 **잔차 연결(residual connection)**을 도입하여 기울기 소실 문제를 해소했다. 그 결과 ResNet은 이미지넷 분류 오류율을 3.6% 수준까지 낮추어 인간의 인식 정확도를 뛰어넘는 기록을 세웠다. 이처럼 **"이미지넷 혁명"** 이후 컴퓨터 비전에서 합성곱 신경망은 사실상의 표준으로 자리매김하였고, 자율주행 자동차의 객체 인식, 의료 영상 분석 등 다양한 현실 응용에 깊숙이 활용되기 시작했다.

03 강화학습과 알파고 사례(딥러닝과의 결합)

강화학습(Reinforcement Learning)은 기계학습의 한 분야로, 환경과 상호작용하는 **에이전트(agent)**가 보상(reward)을 극대화하는 행동 정책(policy)을 학습하는 방법론이다. 에이전트는 매 시점 환경의 **상태(state)**를 관찰하고, 가능한 **행동(action)** 중 하나를 선택하여 환경에 영향을 미친다. 그러면 환경은 그 행동의 결과로 새로운 상태와 보상을 에이전트에게 돌려주며, 에이전트는 이를 바탕으로 다음 행동을 결정한다.

이러한 **순환 구조**를 통해 에이전트는 시도를 거듭하면서 장기적으로 누적 보상이 최대가 되는 행동 전략을 습득해나간다. 전통적인 강화학습에서는 주어진 상태에서 행동의 가치를 근사하는 **가치 함수**나 최적 정책을 찾는 알고리즘들이 연구되어 왔는데, 상태공간이 거대할 경우 일반적인 테이블 기반 방법으로는 학습이 어렵다는 문제가 있었다.

2010년대 들어 딥러닝의 부흥과 함께, 신경망을 함수 근사기로 활용하여 복잡한 상태의 가치를 평가하거나 정책을 모델링하는 **딥 강화학습**이 등장했다. 대표적인 예로, 2013년 딥마인드(DeepMind) 연구진은 컨벌루션 신경망을 사용한 **DQN(Deep Q-Network)** 알고리즘을 통해 인간처럼 **비디오 게임**을 학습하는 에이전트를 선보였다. 이 에이전트는 과거의 게임 화면 픽셀 데이터를 입력으로 받아 현재 상태의 가치를 평가하고 최적의 조이스틱 움직임을 출력하였다. 아무런 게임 규칙도 주입받지 않은 채 수십 종의 고전 Atari 게임을 수시간씩 자율 학습한 결과, 대부분의 게임에서 인간 전문가 이상의 점수를 얻는 **초인적 게임 실력**을 발휘하여 세상을 놀라게 했다. 이처럼 **딥러닝 + 강화학습**의 조합은 고차원 상태공간을 다루는 문제에서도 효과를 보여주었고,

곧 더 복잡한 영역으로 도전 범위를 넓혀갔다.

그 정점에 선 사례가 바로 2016년 인공지능 **알파고(AlphaGo)**의 등장이었다. 알파고는 딥마인드가 개발한 바둑 AI로서, 기존 강화학습 알고리즘에 **심층 신경망**과 **몬테카를로 트리 탐색(MCTS)**을 결합한 하이브리드 구조를 갖고 있었다. 알파고의 핵심은 두 가지 신경망인데, 하나는 현재 바둑판 상태에서 다음에 둘 수 있는 수들의 확률 분포를 예측하는 **정책망(policy network)**이고 다른 하나는 현재 국면의 승리 기대값을 평가하는 **가치망(value network)**이다. 이 두 신경망은 인간 기보를 학습한 후 셀프 플레이(self-play) 대국을 통해 강화학습으로 성능을 더욱 향상시켰다. 최종적으로 알파고는 MCTS 알고리즘과 결합하여 수많은 수 읽기 시뮬레이션 중 가장 유망한 수를 신경망이 추천하는 방향으로 효율적으로 탐색하였다.

2016년 3월, 알파고는 대한민국 서울에서 열린 역사적인 대국에서 세계 최정상급 기사였던 이세돌 9단과 맞붙어 **4승 1패**로 승리했다. 이는 컴퓨터가 인간 프로 바둑기사를 이긴 첫 번째 사례로, AI 발전사에 큰 획을 긋는 사건이었다. 바둑은 경우의 수가 우주의 원자 개수보다 많다고 일컬어질 정도로 복잡하여, 이전까지는 체스와는 달리 기계가 인간 최고수를 이기려면 아직 수십 년은 더 걸릴 것으로 예상되었다. 그러나 알파고는 딥러닝 기반의 직관적인 패턴 학습과 강화학습 기반의 수읽기 전략을 결합함으로써, 인간조차 예측하기 어려운 창의적인 수를 두며 승리를 거머쥐었다. (특히 2국에서 알파고가 둔 이른바 "신의 한 수"로 회자된 37번째 수는 바둑계의 정석을 벗어난 독창적인 수로, 전문가들을 놀라게 했다.) 이세돌 9단은 4국에서 단 한 판을 만회하는 데 그쳤고, 알파고의 승리는 인공지능의 새로운 가능성을 대중에게 각인시켰다.

알파고 이후 딥마인드는 **AlphaGo Zero**와 **AlphaZero** 등 자가 대국만으로 학습해 인간 지식을 초월하는 버전들을 연이어 발표했고, 강화학습을 이용한 AI는 장기, 스타크래프트, 도타2 등 다양한 게임 영역에서 인간 고수를 넘어서는 성과를 달성했다. 이러한 사례들은 강화학습과 딥러닝의 결합이 고정된 데이터셋 학습을 넘어 **경험을 통한 학습** 영역에서도 탁월한 능력을 발휘할 수 있음을 보여주었다. 오늘날 강화학습은 게임뿐 아니라 로봇 제어, 자율주행 차량의 주행 전략, 산업 공정 최적화 등 여러 분야로 확장되고 있으며, 딥러닝을 접목한 강화학습 기법들이 난관으로 여겨졌던 문제들을 차례로 정복해 나가고 있다.

04 순환신경망(RNN)의 역할과 자연어 처리에서의 활용

이미지나 바둑과 달리 자연어는 순차적인 특성이 강한 데이터다. 문장 속 단어들은 앞뒤 문맥에 영향을 주고 시계열 데이터에서는 과거의 정보가 현재에 중요할 수 있다. 이러한 **순차 데이터(sequence data)**를 다루기 위해 고안된 신경망 구조가 바로 **순환신경망(RNN, Recurrent Neural Network)**이다. RNN은 은닉 상태(hidden state)를 통해 **시간 방향으로 연결된** 신경망을 형성한다. 구체적으로, RNN 셀은 현재 입력과 이전 시점의 은닉 상태를 함께 받아들여 새로운 출력과 다음 시점의 은닉 상태를 만들어낸다. 이렇게 하면 마치 신경망을 시간축으로 펼쳐놓은(unroll) 모양이 되어, **시간 순서에 따른 의존성**을 모델링할 수 있다. 한마디로 RNN은 이전까지 처리한 입력을 **기억(memory)**하여 이후 처리에 반영함으로써, 단순한 피드포워드 신경망으로는 다루기 힘든 **연속적 맥락 정보**를 활용할 수 있게 한 것이다.

순환신경망의 개념은 1980년대 후반~1990년대 초반에 엘만(Jeff Elman)과 조던(Michael Jordan)의 연구 등으로 정립되었다. 하지만 RNN을 학습시키는 데는 난제가 있었다. 시계열이 길어질수록 역전파 과정에서 그래디언트가 사라지거나 폭발하는 문제가 발생하여, 장기 의존 관계(Long-term dependency)를 학습하는 데 어려움을 겪은 것이다. 1997년 슈미드후버(Jürgen Schmidhuber)와 호크라이터(Sepp Hochreiter)는 이러한 한계를 극복하기 위해 **장단기 메모리 네트워크(LSTM)**를 고안했다. LSTM은 기억 셀과 게이트 구조(입력 게이트, 망각 게이트, 출력 게이트)를 통해 중요한 정보를 오래 유지하고 불필요한 정보를 지우는 메커니즘을 제공했다. 이후 2014년 경희 조(KyungHyun Cho) 등은 LSTM의 변형인 GRU(Gated Recurrent Unit)를 제안하여 RNN 구조를 단순화하면서도 성능을 유지하도록 했다. 이러한 개선된 RNN 셀들 덕분에 순환신경망은 비교적 긴 시퀀스의 학습도 안정적으로 수행할 수 있게 되었다.

자연어 처리(NLP) 분야에서 RNN은 단어 순서를 고려한 언어 모델링에 본격 활용되었다. RNN을 사용하면 문장 속 앞부분 단어들의 의미가 뒷부분 단어 해석에 반영될 수 있다. 예를 들어 감정 분석을 위해 문장의 극성을 판단할 때, RNN은 문장의 앞에서부터 순차적으로 단어를 처리하며 맥락을 축적한 뒤 최종 출력으로 문 전체의 감정을 예측할 수 있다. 2010년대 초반까지 기계 번역 등 Sequence-to-Sequence 문제가 큰 진전을 보이지 못하다가, 2014년 수츠케버(Ilya Sutskever) 등의 연구진은 인코더-디코더 **RNN** 구조를 통해 처음으로 순차적 신경망에 의한 기계번역을 성공적으로 시연했다. 이 방식에서는 소스 언어 문장을 RNN 인코더가 순차적으로 읽어 하나의 고정된 벡터 표현(문맥 벡터)을 만들고, 이를 RNN 디코더가 참조하여 목표 언어 문장을 한 단어씩 생성한다. 다만 인코더가 긴 문장을 하나의 벡터에 압축하다 보니 정보 손실이 발생할 수 있었고, 이에 대한 개선으로 2015년 바다나우(Alexander Bahdanau) 등은 **어텐션 기법(attention mechanism)**을 도입했다. 어텐션은 디코더가 매 타임스텝에서 인코더의 전체 출력 중 특히 **참조할 가치가 높은 부분**에 가중치를 두어 보다 유연하게 정보를 활용하는 방법이다. 어텐션을 통해 RNN 번역기의 성능은 크게 향상되었고, 이는 곧 다른 NLP 작업들에도 파급되어 질문답변, 음성 인식 등 다양한 영역에서 RNN+어텐션 모델이 쓰이게 되었다.

RNN은 2010년대 중반까지 자연어 처리의 주력 기술로 활약하며, 구글이나 마이크로소프트 같은 기업들은 RNN 기반 딥러닝을 번역, 음성비서 등에 적용하여 품질을 높였다. 예컨대 2016년 구글 번역(Google Translate)은 RNN 인코더-디코더 모델로 구조를 전면 개편하여 번역문의 유창성과 정확도를 크게 향상시켰다. 또한 **문장 생성** 분야에서도 RNN은 흥미로운 결과를 보여주었는데, 학습된 언어 모델을 활용하면 한 글자씩 또는 한 단어씩 문장을 생성하여 소설과 유사한 문장을 쓰거나 특정 작가의 문체를 흉내내는 것이 가능했다. 그러나 RNN은 순차적으로 계산이 이뤄져 **병렬화가 어렵고** 긴 문장에 대해서도 효율이 떨어지는 문제가 여전히 존재했다. 이에 대해 연구자들은 RNN의 장점을 살리면서도 병렬 처리가 가능한 새로운 대안을 모색하게 되었고, 그 결과 탄생한 것이 **트랜스포머(Transformer)** 기반 모델이다.

05 트랜스포머 모델과 BERT/GPT 계열의 진화

2017년 구글의 바스와니(Ashish Vaswani) 등은 논문 「Attention is All You Need」를 통해 혁신적인 **트랜스포머(Transformer)** 신경망 구조를 발표했다. 트랜스포머는 **어텐션(attention)** 메커니즘을 기반으로 한 시퀀스 처리 모델로, RNN이나 CNN을 사용하지 않고도 순차 데이터를 효과적으로 인코딩/디코딩할 수 있다는 것을 보여주었다. 트랜스포머의 기본 아이디어는 각 위치의 토큰(token)이 자기 자신을 포함한 입력 시퀀스의 모든 위치에 **관심(attend)**을 기울여 상호 연관성을 계산하는 것이다. 이를 위해 **자기 어텐션(self-attention)**이라는 모듈이 사용되는데, 간단히 말해 문장 내 각 단어가 다른 단어들과 얼마나 관련이 깊은지 가중치를 할당하여 자기 자신의 표현에 그 영향력을 반영하는 방법이다. 예를 들어 "그 동물은 너무 피곤해서 길을 건너지 못했다"라는 문장에서 "못했다(it)"가 가리키는 대상을 해석할 때, 트랜스포머의 자기어텐션은 "동물(animal)"에 높은 가중치를 두어 "it"의 의미를 보완한다. 이런 식으로 각 단어가 문맥 속 다른 단어들과 관계맵을 동적으로 형성하여 문장의 의미를 풍부하게 인코딩한다.

트랜스포머 모델은 인코더와 디코더 블록으로 구성된다. **인코더**는 입력 문장을 자기어텐션과 피드포워드 신경망 계층으로 반복 처리하여 점차 추상적인 은닉 표현을 만들어내고, **디코더**는 인코더의 출력과 자기어텐션을 조합해 출력 시퀀스를 한 단계씩 생성한다. 트랜스포머의 큰 혁신은 RNN처럼 순차적인 의존으로 인한 연산 병목을 제거하고, **병렬 처리**를 가능케 했다는 점이다. 입력 문장의 모든 토큰에 대한 어텐션 계산은 행렬 연산으로 구현되어 GPU 병렬화에 매우 효율적이며, 시퀀스 길이가 길어져도 각 토큰간 거리가 어텐션 메커니즘 상에서는 동등하게 취급되므로 **장거리 의존성** 학습에도 유리하다. 실제로 트랜스포머는 발표 당시 기계번역 벤치마크에서 RNN 기반 모델들을 능가하는 성능을 보였으며, 이후 번역 외 다양한 자연어 처리 작업에서 표준 구조로 떠올랐다.

트랜스포머의 등장은 곧 **사전 학습(pre-training)**을 통한 언어모델 발전으로 이어졌다. 2018년 구글의 연구진은 트랜스포머 인코더를 활용해 방대한 텍스트로 사전 학습된 언어모델 **BERT(Bidirectional Encoder Representations from Transformers)**를 공개했다. **BERT**는 위키피디아 등 대용량 말뭉치를 읽으면서 몇 가지 예측 과제를 풀도록 훈련되었는데, 대표적으로 문장 내에 가려진 단어를 맞추는 **마스크드 언어모델(MLM)**과 인접 문장이 이어지는지 판별하는 과제를 수행했다. 이 과정을 통해 BERT는 **문맥 양방향** 정보가 풍부히 담긴 형태로 언어 표현을 학습하게 된다. 이렇게 학습된 BERT 모델을 다양한 NLP 과제에 파인튜닝(fine-tuning)하면, 기존 최첨단 모델들을 뛰어넘는 정확도를 보여주었다. 예를 들어 질의응답(Q&A), 감성 분류, 자연어 추론 등에서 BERT 기반 모델들은 사람 수준에 근접하거나 그 이상의 성능을 달성하며 큰 화제가 되었다. BERT의 성공은 **사전훈련 + 미세조정**이라는 새로운 NLP 패러다임을 확립했고, 이후 ALBERT, RoBERTa 등 BERT를 개선하거나 변형한 모델들이 속속 등장하였다.

한편, OpenAI에서는 트랜스포머 디코더 구조에 기반한 **GPT(Generative Pre-trained Transformer)** 시리즈를 선보였다. **GPT-1**은 2018년 등장한 비교적 작은 모델로, 책과 웹에서 수집한 방대한 텍스트로 사전 학습된 후 특정 작업에 미세조정되어 좋은 성능을 보임을 처음 입증했다. 그러나 GPT가 세간의 주목을 본격적으로 받은 것은 2019년 공개된 **GPT-2**부터였다. GPT-2는 15억 개의 매개변수를 가진 대형 모델로, **주어진**

앞부분 문맥으로부터 이어질 문장을 생성하는 과제를 통해 학습되었다. 그 결과 GPT-2는 놀랄 만큼 일관되고 길게 문장을 "창작"하는 능력을 보여주었다. 사실 GPT-2가 생성한 글은 인간이 쓴 것과 구분하기 어려울 정도여서, OpenAI는 악용에 대한 우려로 GPT-2의 완전한 모델을 즉시 공개하지 않을 정도였다. 이 사건은 AI의 **자연어 생성 능력**에 대한 대중의 관심을 불러일으켰다.

이듬해 2020년 공개된 **GPT-3**는 규모 면에서 전례 없는 도약이었다. GPT-3는 약 **1,750억 개**의 파라미터를 가진 초거대 언어모델로, 인터넷의 방대한 텍스트를 읽으며 Self-Supervised 학습(다음 단어 예측)을 수행했다. GPT-3는 별도 미세조정 없이도 간단한 프롬프트(예시 입력)만으로 다양한 작업을 수행하는 **Few-Shot 학습 능력**을 선보였다. 예컨대 "영어 문장을 프랑스어로 번역하시오"라는 지시와 몇 개의 예문을 주면, 사전 학습된 지식에 기반하여 새로운 문장도 능숙히 번역해내는 식이다. 이러한 **범용 언어 이해 및 생성 능력**은 이전까지의 모델에서 보기 어려운 GPT-3만의 특징으로 부각되었고, 연구자들은 대규모 언어모델에서 **Emergent(창발적)한 지능 현상**이 나타난 것이라 평가했다. GPT-3는 발표 직후 API 형태로 공개되어 수많은 개발자와 기업들이 다양한 응용프로그램에 활용하기 시작했다.

06 GPT 시리즈를 중심으로 한 최신 대규모 언어모델의 흐름과 파급력

GPT-3의 성공 이후 인공지능 연구는 **초거대 언어모델**의 시대에 접어들었다. 모델의 파라미터 수를 기하급수적으로 늘리고, 학습 데이터도 웹 크롤링 등을 통해 수백 테라바이트 이상으로 확장하는 추세가 뚜렷해졌다. 거대한 규모의 모델은 그 자체로 방대한 지식을 매개변수에 저장하고 있기 때문에 별도 지도학습 없이도 다양한 문제를 해결하는 **만능 지식베이스**로 기능할 수 있다. OpenAI는 2022년 GPT-3.5 기반으로 대화에 최적화된 **ChatGPT**를 공개하여 전 세계적인 열풍을 일으켰다. ChatGPT는 GPT 모델에 **인간 피드백 강화학습(RLHF)**을 적용해 대화문맥에서 적절하고 안전한 응답을 생성하도록 튜닝되었다. 사용자들은 일상 언어로 질문을 던지고 이에 대해 유창하고 자세한 답변을 얻을 수 있었는데, 마치 사람과 대화하듯 자연스러운 상호작용이 가능하다는 점에서 폭발적인 반응을 얻었다. 출시 두 달 만에 월간 사용자 1억 명을 돌파하며 인터넷 서비스 역사상 가장 빠르게 성장한 서비스가 되었고, **챗봇 AI**의 대중화를 견인했다.

이러한 대규모 언어모델은 다양한 분야에 **혁신적인 파급 효과**를 주고 있다. 우선, **지식 검색과 정리** 측면에서 사람들은 더 이상 키워드 위주의 검색엔진을 통하지 않고도, 묻고 답하는 형태로 원하는 정보를 얻을 수 있게 되었다. 예컨대 복잡한 과학 개념을 물으면 GPT 계열 모델이 관련 지식을 일목요연하게 설명해주거나, 방대한 문헌을 일일이 읽지 않고도 중요한 내용을 요약해주는 식이다. 또한 **콘텐츠 생산 자동화**가 현실화되어, 기사 작성, 보고서 초안, 홍보문구 생성, 이메일 답장 등 언어가 필요한 작업에서 모델이 유용한 초안을 생성해 주고 사람은 그것을 편집함으로써 효율을 높일 수 있다. 프로그램 코딩 분야에서도 OpenAI의 Codex(GPT-3 기반)나 GitHub의 Copilot과 같은 **AI 프로그래밍 도우미**가 등장하여 자연어로 명세를 입력하면 코드 조각을 완성해주는 등 개발 생산성을 크게 향상시키고 있다. 기업들은 이러한 거대 언어모델을 자사의 서비스에 통합하거나 자체적으로 유사한 모델을 개발하는 데 박차를 가하고 있다. 예를 들어 마이크로소프트는 OpenAI와 협업하여 Bing 검색엔진에 ChatGPT류의 대화형 검색을 도입했고, 구글은 자체 언어모델인 PaLM과 LaMDA를 기반으로 한 Bard 챗봇을 선보였다.

초거대 언어모델이 가져온 충격은 기술적 측면을 넘어 사회적·경제적 측면에서도 논의되고 있다. 고객 상담, 교육, 창작 등 많은 분야에서 AI가 사람을 부분적으로 대체하거나 보조할 가능성이 현실이 되고 있으며, 지식 노동의 형태 역시 변화하고 있다. 동시에 편향된 출력이나 허위 정보 생산 같은 부작용을 어떻게 통제할 것인가에 대한 윤리적 과제도 부상했다. 그럼에도 불구하고 거대 언어모델의 전반적인 평가는 AI 분야를 수년 이상 앞당긴 **게임체인저(game-changer)**라는 것이다. 2023년 공개된 **GPT-4** 모델은 멀티모달 입력(이미지와 텍스트 혼합 입력)까지 처리할 수 있게 진화하여 시각적 이해 능력까지 보여주고 있으며, 더욱 복잡한 추론과 창작 과제를 수행하는데 한층 개선된 성능을 발휘하고 있다. 앞으로도 모델의 규모와 학습 데이터가 계속 증가할수록 AI의 **사고력과 응용범위**는 확장될 것으로 전망된다. 요약하면, 딥러닝 기술은 초기의 단순한 퍼셉트론에서 시작하여 오늘날 수천억 파라미터의 GPT 시리즈에 이르기까지 **스케일 업(scale-up)**과 **혁신적인 구조 개편**을 거듭해왔다. 그 결과 AI는 이미지, 음성, 자연어 등 다양한 도메인에서 인간 전문가 수준의 능력을 보여주는 단계에 도달했으며, 현대 사회에 깊은 영향을 미치기 시작했다.

앞으로 인공지능 연구는 멀티모달 통합, 보다 효율적인 학습(예: 소량 데이터로 학습하는 능력), 그리고 추론 과정의 투명성과 신뢰성 확보 등 새로운 도전을 맞이하고 있다. 그러나 분명한 것은, **딥러닝**이 현대 AI 혁신의 핵심 엔진으로 자리잡았다는 사실이다. 퍼셉트론 한 개에서 출발한 신경망의 씨앗이 거대 언어모델이라는 거목으로 성장한 지금, 인공지능은 또 다른 비약을 준비하고 있을 것이다. 우리는 이러한 흐름을 이해하고 주도적으로 활용함으로써 다가올 AI 시대에 능동적으로 대응해야 할 것이다.

CHAPTER

05 인공지능의 활용

01 산업 분야별 AI 활용

현대 산업 전반에서 인공지능(AI)은 업무 효율을 높이고 새로운 부가가치를 창출하는 핵심 기술로 떠올랐다. 의료, 제조, 금융, 물류 등 다양한 산업 분야에서 AI를 도입하여 **대량의 데이터를 빠르게 분석**하고 **복잡한 판단 업무를 자동화**함으로써, 인간이 해결하기 어려웠던 문제들을 효과적으로 해결하고 있다. 산업군별로 대표적인 AI 활용 사례와 그 효과를 살펴보자.

[1] 인공지능의 정의 변화의료 분야에서의 AI 활용

의료 분야에서는 AI를 활용하여 **진단의 정확도 향상**과 **환자 관리 최적화**를 도모하고 있다. 특히 **의료영상 진단** 영역에서 두드러진 성과가 나타나는데, AI가 X-ray, MRI, CT 등 **의료 영상을 분석하여 종양이나 질병의 흔적을 조기에 발견**하도록 도와준다. 예를 들어 구글 Health의 **유방암 진단 AI**는 방대한 유방촬영술 영상을 학습한 끝에 **영상 판독 시 거짓 양성률을 미국에서 6%, 영국에서 1.2% 낮추고 거짓 음성률도 각각 9%, 3% 가까이 줄여** 방사선 전문의보다 뛰어난 검출 능력을 보였다. 이러한 AI 보조 진단 도구는 **의사의 진단 부담을 경감**시키고, 특히 영상의학과처럼 판독해야 할 이미지 양이 방대하여 발생하는 **오진과 판독 지연 문제를 완화**하는 데 기여하고 있다.

한편 **신약 개발** 분야에서도 AI가 혁신을 가져오고 있다. 과거에는 새로운 약물을 설계하고 검증하는 데 수년이 걸렸지만, **딥러닝을 활용한 신약 후보 물질 발굴**은 **방대한 화합물 데이터베이스를 신속히 탐색**하여 유망한 후보를 찾아냄으로써 연구 기간을 단축시키고 있다. 예를 들어 영국의 제약회사 GSK와 AI 기업 베네볼런트 AI의 협업처럼, AI가 **표적 단백질과 결합할 수 있는 분자를 예측**하여 신약 후보를 추천하면 연구진이 이를 검증하는 식이다. 이처럼 **의료 산업에서 AI는 진단 보조, 신약 개발, 환자 상담 챗봇, 의료 기록 관리** 등 다방면에서 활용되며, **질병 조기 발견과 치료 효율 향상**이라는 문제를 해결하고 있다. 다만 **의료 데이터의 민감성, AI 결정의 불투명성, 그리고 오진 발생 시 책임소재** 등의 한계가 남아 있어, **의사의 최종 판단과 감독**이 여전히 필수적이다.

[2] 제조 분야에서의 AI 활용

제조업에서는 AI가 **생산 공정의 자동화와 품질 향상**에 혁신을 가져오고 있다. 우선 **제품 품질 검사**에 AI 기반 컴퓨터 비전 기술이 도입되어, **카메라 영상으로 불량품을 자동으로 식별**하고 있다. 사람의 육안 검사로는 놓치기 쉬운 미세한 결함도 **머신러닝 모델이 수만 개의 정상/불량 샘플을 학습한 덕분에 실시간으로 검출**할 수 있다. 예를 들어 BMW는 생산 라인에 AI 비전 시스템을 도입하여 **제품 결함을 80% 이상 줄였다는 보고도 있으며**, Landing.ai나 구글 클라우드의 Visual Inspection AI 같은 솔루션은 **사람보다 일관되고 빠르게 불량 검출**을 수행한다. 또한 **설비 예지보전(예방 정비)**에도 AI가 활용되어, **공장의 센서 데이터(온도, 진동 등)를 실시간 분석해 기계 고장 징후를 조기에 포착함으로써 예기치 못한 가동 중단을 예방**한다. 실제로 제너럴 일렉트릭(GE)나 지멘스는 터빈이나 생산 설비에 부착된 센서 데이터를 AI로 분석하여 **고장이 발생하기 전에 부품 교체 시기를 예측하고, 그 결과 설비 가동률(OEE)을 15~20% 향상**시켰다는 분석도 있다.

생산 **공정 최적화** 역시 AI의 주요 활용 분야다. **로봇 공정에서의 경로 계획, 생산 일정 자동 수립, 공급망 재고 최적화** 등에 AI 알고리즘이 도입되어 **인력의 경험에 의존하던 부분을 데이터 기반으로 개선**하고 있다. 대량 맞춤생산을 위해 **생산 라인을 유연하게 변경**하는 데에도 AI가 활용되는데, **실시간 주문 패턴을 분석하여 설비의 셋업 변경을 최소화하는 최적 스케줄**을 추천함으로써 생산 효율을 높인다. **예측 유지보수와 품질 검사**를 통해 제조업체들은 **불량률 감소(일부 사례에서는 최대 90%까지 감소), 다운타임 단축, 원가 절감** 등의 효과를 보고 있다. 다만 제조 분야의 AI 활용에도 **기존 장비와의 통합 문제, 현장 작업자들의 숙련된 감각 대체의 어려움, 도입 비용** 등의 한계가 있어, **사람과 AI의 적절한 역할 분담**이 중요하다.

[3] 금융 분야에서의 AI 활용

금융 산업에서는 대량의 거래 데이터와 복잡한 의사결정 프로세스 덕분에 일찍부터 AI가 도입되었으며, **리스크 관리와 운영 효율화** 측면에서 혁신을 주도하고 있다. 대표적으로 **금융 사기 탐지** 분야에서 AI는 뛰어난 성능을 발휘하는데, **신용카드 거래나 송금 내역의 패턴을 학습한 머신러닝 모델이 이상 징후를 실시간 탐지**하여 **부정 거래나 해킹을 조기에 차단**한다. 예를 들어 PayPal이나 비자(Visa)는 AI 알고리즘을 활용해 수억 건의 거래를 분석하고 있으며, 그 결과 **의심 거래 탐지 정확도를 높이고 오탐율을 낮춰 수천만 달러의 부정 사용 피해를 예방**하고 있다. 또한 **은행권의 대출 심사**에도 AI가 활용되어, **고객의 신용정보와 거래 데이터를 종합 분석하여 부실 위험이 낮은 대출 신청자를 신속히 선별**한다. 일부 핀테크 업체는 **대출 승인 여부를 AI가 몇 초 만에 결정**하기도 하는데, 이를 통해 **대출 프로세스가 간소화되었지만 데이터 편향으로 인한 차별 문제**를 방지하기 위해 결과를 인간 직원이 한 번 더 검토하는 절차를 두고 있다.

고객 서비스 측면에서도 **챗봇과 음성 비서** 형태의 **AI 가상 상담원**이 금융권에 확산되고 있다. 신한은행의 AI 챗봇은 **24시간 고객 문의 응대**를 통해 단순 상담 업무를 자동화하고 있으며, Bank of America의 **챗봇 Erica는 자연어 이해를 통해 계좌 잔액 조회, 지출 분석, 금융 조언**까지 제공한다. 이러한 **AI 상담원 도입으로 콜센터 문의량의 20~30%를 절감**하는 효과를 거두기도 했다. 이와 더불어, JP모간 체이스는 Contract Intelligence(COIN)라는 AI 시스템을 도입하여 **기업 대출 계약서를 해석하고 검토하는 작업을 자동화**하였다. 그 결과 **연간 36만 시간에 달하는 변호사 검토 시간을 몇 초로 단축**하고 **휴먼 오류를 크게 줄이는데** 성공

했다고 알려졌다. 이 사례처럼 금융권에서는 **문서 분석, 보고서 생성 등 사무자동화(RPA)**에도 AI가 활용되어 업무 생산성을 높이고 있다. 다만 금융 분야의 AI 활용 시 **모델의 투명성**과 **규제 준수**가 중요하다. 예컨대 **AI 신용평가 결과가 설명 가능해야**하며, **잘못된 의사결정에 대한 책임 소재**도 분명히 규정해야 한다. 또한 **데이터 편향으로 인한 차별**(예: 과거 남성 위주 데이터로 학습한 AI가 여성 대출자를 낮게 평가하는 경우)을 막기 위한 **윤리적 통제 장치**가 요구된다.

[4] 물류 분야에서의 AI 활용

물류 산업에서 AI는 **배송 시간 단축과 비용 절감**의 핵심 열쇠로 각광받고 있다. **배송 경로 최적화**는 그 중 대표적인 사례로, **AI 알고리즘이 도로망과 실시간 교통상황, 배송지 리스트를 종합 분석하여 최적의 경로를 산출**한다. 세계적 배송회사 UPS는 **ORION**이라는 최적화 시스템을 도입하여 **운전 경로를 최적화**했는데, 이를 통해 **연간 주행거리 1억 마일, 연료 1천만 갤런을 절약**하고 운용비용을 크게 감소시켰다고 보고했다. 이처럼 경로 최적화로 **배달 트럭의 이동거리를 줄이면 연료비 및 탄소배출 감축** 효과도 크다. 쿠팡 등 국내 물류기업들도 AI 기반 **배달 권역 설정 및 경로 추천 시스템을** 도입하여, **신규 배송기사도 AI의 안내에 따라 효율적으로 경로를 정해** 총알 배송을 실현하고 있다.

또한 **창고 관리와 재고 최적화**에도 AI가 활용된다. 아마존은 창고에서 **키바(Kiva) 로봇**을 운영하고, 이 로봇들은 **AI로 경로를 계산하여 선반을 자동으로 운반**함으로써 **인간 작업자의 이동 시간을 획기적**으로 **줄였다.** 이와 함께, **수요 예측 AI**는 **과거 판매 데이터와 외부 요인(날씨, 트렌드 등)**을 분석하여 **미래 수요를 정확히 예측함으로써 재고를 적정 수준으로 유지**하게 도와준다. 월마트는 자체 AI 시스템으로 **매장별 상품 수요를 예측**해 재고 부족이나 과잉을 줄였으며, **물류 창고의 공간 활용도**를 높였다. **운송 수단의 유지보수**에도 AI가 쓰이는데, 차량이나 항공기의 **센서 데이터를 실시간 모니터링**하여 **부품 교체 시기를 예측**하면, **예방 정비를 통해 사고나 지연을 방지**할 수 있다.

나아가 **국경을 넘는 글로벌 공급망 관리**에서도 AI가 핵심 도구로 활용된다. **복잡한 공급망의 다변수 최적화 문제** – 어떤 공장에서 어떤 경로로 제품을 조달할지, 재고를 어디에 얼마나 둘지 – 를 AI가 **시나리오별 시뮬레이션**을 통해 **최적의 의사결정안을 제시**한다. 이러한 **공급망 최적화**로 기업들은 **재고 비용을 20~30% 절감**하면서도 **제품 공급 안정성은 높이**는 성과를 내고 있다. 다만 물류 분야 AI 역시 **예상치 못한 변수(천재지변, 팬데믹 등)**에는 한계를 보일 수 있으며, **데이터 품질과 시스템 통합**이 성공의 관건이다.

[5] 자율주행 분야에서의 AI 활용

자율주행은 AI 기술의 집약체로서, **교통 및 모빌리티 산업의 혁신**을 이끌고 있다. **자율주행차(로보카)**에는 **컴퓨터 비전, 레이더/라이다 센서 데이터 처리, 경로 계획을 위한 딥러닝 알고리즘** 등이 활용되어 **운전자가 없어도 차량이 스스로 주변을 인지하고 주행 결정**을 내릴 수 있다. 웨이모(Waymo)는 구글의 모회사 알파벳의 자회사로, 미국 피닉스와 샌프란시스코 등지에서 **무인 자율주행 택시 서비스를 상용화**하였다. 웨이모 차량은 도로의 보행자, 신호등, 다른 차량을 AI로 인식해 안전하게 목적지까지 주행하며, 수십만 건 이상의 승객 탑승을 수행하고 있다. 테슬라 역시 승용차에 **오토파일럿**이라 불리는 부분 자율주행 기능을 제공하여, 고속도로에서 차선 유지와 차량 간 거리 조절 등을 자동으로 수행한다. 이러한 자율주행 기술의 도입으로 **교통사고 감소**

와 **이동 약자에 대한 이동성 향상**이 기대된다. 인간 운전자의 부주의로 인한 사고가 전체의 90% 이상이라는 통계를 감안할 때, **안정적인 자율주행차가 보급되면 교통사고를 획기적으로 줄일 수 있을 것**이라는 전망도 있다.

자율주행 기술은 **물류 트럭** 분야에도 적용되어, **화물 운송 트럭이 장거리 고속도로를 스스로 주행**하는 테스트가 진행 중이다. 미국의 스타트업 투심플(TuSimple)과 몇몇 대형 물류업체는 **자율주행 트럭으로 물류 허브 사이를 운행**하며 운전자 휴식시간 문제를 줄이고 효율을 높이려 하고 있다. 자율주행차가 해결하는 **문제점은 인간의 과실로 인한 사고, 장시간 운전에 따른 피로** 등이며, 궁극적으로 **교통 체증 완화**와 **주차 공간 문제 해결**까지 기대된다. 그러나 현 단계에서는 몇 가지 **한계와 과제**가 존재한다. **예측 불가능한 상황**(갑작스런 공사 구간, 돌발적인 보행자 행동 등)에서 AI가 완벽히 대응하지 못할 수 있고, **악천후 환경**(폭우, 폭설 등)에서 센서 성능이 저하되는 문제가 있다. 또한 **법·제도적 정비와 윤리적 판단 문제**(긴급 상황에서의 대응 등)도 남아 있다. 실제로 2018년 우버의 자율주행 시험차가 보행자를 치는 사고가 발생하는 등, **안전성 검증을 위한 테스트**가 더 필요하다. 그럼에도 불구하고 기술은 빠르게 개선되고 있으며, 여러 도시에서 **부분 자율주행 버스 시범 운행, 로보택시 서비스**가 나타나는 등 **AI 기반 자율주행의 실용화**가 성큼 다가서고 있다.

[6] 산업 분야에서의 AI 활용

아래 표는 앞서 살펴본 산업군별 AI 활용 사례를 요약한 것이다. 각 산업에서 AI가 어떤 **문제 해결에 기여**하고 있으며, **어떤 기업/서비스에서 도입**하고 있는지 정리되어 있다.

산업 분야	AI 활용 사례 및 효과	대표 기업/서비스 예시
의료	• 의료영상에서 암 조기 진단(AI가 X선, MRI 등을 분석하여 종양 발견 지원) • 신약 후보 물질 발굴(데이터 기반 약물 설계로 개발 기간 단축) • 환자 상담 챗봇(증상 문진 및 건강정보 제공)	• 구글 Health의 유방암 검출 AI • IBM 왓슨(Watson) 온콜로지(암 치료법 추천) • 루닛(Lunit) AI 영상판독 솔루션
제조	• 제품 불량 자동 검사(머신비전으로 결함 품질검사) • 설비 예지 보전(센서 데이터로 고장 예측, 예방정비) • 생산 공정 최적화(AI로 생산 일정 및 재고 최적 관리)	• BMW 생산라인 AI 비전 검사(불량률 80% 감소) • 지멘스(Siemens) Predix(산업 설비 예측정비) • 폭스콘(Foxconn) AI 로봇 검사
금융	• 이상 거래 탐지(AI로 금융사기 및 해킹 징후 탐지) • 로보어드바이저(투자 자문 알고리즘으로 자산관리) • 서류 작업 자동화(대출 서류, 계약서 검토 자동화)	• JP모간 COIN(계약서 검토 360k시간 절감) • 신한은행 AI 상담봇(24시간 고객응대) • 챗GPT를 활용한 금융 Q&A 서비스
물류	• 배송 경로 최적화(AI로 최단 배송루트 계산해 연료비 절감) • 창고 로봇 자동화(자율이동 로봇이 상품 픽업·정리) • 수요 예측(배송량 예측으로 재고/차량 운용 최적화)	• UPS ORION(연 1천만 갤런 연료 절감) • 아마존 물류센터 AI 로봇(처리량 증대) • DHL 수요예측 AI (재고 최적화)
자율 주행	• 로보택시 서비스(완전자율 주행차로 승객 수송) • 자율주행 트럭(고속도로 화물 운송 자동화) • 첨단 운전자 보조(차선유지, 긴급제동 등 부분 자동주행)	• 웨이모(Waymo) 원 로보택시 (상용 운행 중) • 테슬라 오토파일럿 (운전자 지원 시스템) • 모빌아이(Mobileye) 자율주행 플랫폼

표 26 산업군별 AI 활용 사례

위 사례들처럼 산업 전반에 걸쳐 AI 도입이 진행 중이며, **업무 생산성 향상**과 **서비스 혁신**을 이루고 있다. 동시에 **데이터 편향, 시스템 통합, 윤리 및 법규 준수** 등의 도전 과제가 병존한다. 하지만 기업들의 AI 투자 증가와 기술 발전으로, 앞으로 더 많은 산업 영역에서 **AI 활용 범위가 확대**되고 **새로운 비즈니스 기회**가 창출될 것으로 기대된다.

02 일상 생활 속 AI 활용

AI는 산업 현장뿐만 아니라 우리의 일상 속에서도 이미 널리 활용되고 있다. 많은 사람들이 **자각하지 못하는 사이에 AI 기술이 내장된 서비스**를 매일 이용하며 편의를 얻고 있는데, 대표적으로 **스마트폰의 음성비서, 온라인 콘텐츠 추천 시스템**, 등을 들 수 있다. 여기서는 일반인들이 일상생활에서 접하는 주요 AI 활용 사례를 살펴보고, 각각 **어떤 문제**를 **해결**해 주는지 그리고 **어떤 한계**가 있는지 알아본다.

[1] 음성 비서(스마트 스피커 및 AI 비서)

스마트폰이나 스마트 스피커에 내장된 **AI 음성비서**는 이제 많은 사람들의 일상 도우미가 되었다. 애플의 **시리(Siri)**, 구글 **어시스턴트**, 아마존 **알렉사(Alexa)**, 그리고 국내 삼성의 **빅스비**, 네이버의 **클로바** 등이 그 예이다. 이들 음성비서는 **자연어 음성**을 **인식**하여 사용자의 질문에 답하고 명령을 수행하는데, **날씨 조회, 일정 알림 설정, 음악 재생, 길찾기**부터 **문자 보내기**까지 다양한 기능을 제공한다. 예를 들어 "헤이 시리, 내일 7시에 알람 설정해줘"라고 말하면, AI가 이를 이해하고 정확히 알람을 맞춰준다. 음성비서는 특히 **손이 자유롭지 않을 때** 유용하며, **운전 중 내비게이션 안내, 요리할 때 레시피 읽어주기** 등 삶의 편의성을 높여준다.

이러한 음성비서의 등장은 **사용자 인터페이스의 패러다임 전환**으로 여겨진다. 키보드나 터치 대신 **대화하듯 말로 기기를 제어**할 수 있게 되었기 때문이다. 실제로 2024년 기준 **전 세계 인터넷 사용자 중 약 30%가 매주 음성비서를 사용**한다는 조사도 있으며, **미국에서는 약 1억 명 가까운 사람이 스마트 스피커를 가정에서 보유**하고 있을 정도로 보편화되었다. 음성 인식률도 지속적으로 향상되어, 현재 **한국어 등 다양한 언어에서 95% 이상의 인식 정확도**를 보이고 있다.

그럼에도 **음성비서의 한계**도 존재한다. 우선 **맥락 이해의 부족**으로 인해 사용자의 의도를 오해하는 경우가 있다. 여러 단계의 복잡한 요청이나 모호한 질문에 대해서는 엉뚱한 답을 하거나 "죄송합니다. 무슨 말씀인지 모르겠어요."라고 대응하기도 한다. 또한 음성비서가 **항상 대기 상태에서 사용자의 말을 듣고 있다는 사생활 침해 우려**도 있으며, 실제로 사적인 대화를 오인식하여 서버로 전송한 사례가 보도되기도 했다. **방언이나 개개인의 발음 차이**에 따른 인식 오류, **소음 환경에서의 성능 저하** 등도 기술적 과제다. 그럼에도 불구하고 음성비서는 계속 진화하여 **이해력 향상과 프라이버시 보호 강화** 방향으로 발전하고 있으며, **사용자와 자연스럽게 소통하는 인공지능 비서**로서 자리잡아 가고 있다.

[2] 추천 시스템(콘텐츠 및 상품 추천)

우리가 유튜브에서 **영상을 시청**하거나 넷플릭스에서 **영화를 고를 때**, 혹은 **온라인 쇼핑몰에서 상품을 둘러볼 때**, 배후에서는 강력한 **AI 추천 시스템**이 동작하고 있다. 추천 시스템은 **개개인의 취향과 행동 패턴을 학습하여, 관심 있을 만한 콘텐츠나 상품을 예측적으로 추천**해주는 알고리즘이다. 예를 들어 넷플릭스는 사용자의 시청 이력, 별점 평가, 검색 기록 등을 바탕으로 **맞춤 영화/드라마 목록**을 제시하는데, 이러한 개인화 추천 덕분에 **이용자들이 시청하는 콘텐츠의 80% 이상이 넷플릭스 알고리즘의 추천을 통해 선택된다**고 알려져 있다. 마찬가지로 유튜브의 추천 동영상 기능은 사용자들이 다음에 볼 영상을 결정하는 데 큰 영향을 주며, 아마존의 상품 추천은 "이 상품을 본 다른 고객은 이런 상품도 구매했습니다"와 같은 형태로 구매를 유도한다. 이처럼 추천 시스템은 **정보의 바다 속에서 사용자가 원하는 것을 찾아주는 나침반 역할을 함으로써, 컨텐츠 소비 증가와 판매 증대**에 기여한다.

추천 시스템이 해결하는 핵심 문제는 **"선택의 과부하"**이다. 현대인은 너무 많은 옵션(영상, 음악, 상품 등)에 노출되어 무엇을 골라야 할지 어려움을 겪는데, AI가 **개인 맞춤형으로 옵션을 좁혀줌으로써** 의사결정을 돕는다. 예컨대 스포티파이의 음악 추천 플레이리스트(Daily Mix)는 사용자가 좋아할 만한 노래를 자동 편성해주어 새로운 음악을 발견하게 해준다. 이를 통해 사용자들은 **자신의 취향에 맞는 콘텐츠를 더 쉽게 접하고** 플랫폼에 머무르는 시간이 늘어나며, 기업 입장에서는 **이용자 만족도와 충성도 향상**이라는 이점을 얻는다.

그러나 추천 시스템에도 몇 가지 **한계와 부작용**이 있다. 첫째로, **프라이버시** 문제가 있다. 개인화된 추천을 위해서는 **사용자의 방대한 개인 데이터 수집과 분석**이 필요하므로, 데이터 활용에 관한 투명성과 개인정보 보호가 중요하다. 둘째, **필터 버블(Filter Bubble)** 우려가 있다. 즉, **AI가 사용자의 기존 취향에 맞는 콘텐츠만 계속 보여줄 경우** 사용자는 **점점 편향된 정보만 접하게 되어 시야가 좁아지는 현상**이 생길 수 있다. 예를 들어 뉴스 추천 알고리즘이 정치적으로 한쪽 성향의 기사만 추천하면 균형 잡힌 시각을 잃을 위험이 있다. 셋째, 추천 알고리즘이 **상업적 이익을 우선**할 경우 진정 사용자에게 유용한 것보다 **플랫폼 수익에 도움이 되는 아이템을 편중 추천**할 가능성도 제기된다. 이러한 문제를 완화하기 위해, 일부 서비스는 **추천 이유를 설명하거나 다양성 있는 추천 옵션**을 제공하려 하고 있다. 그럼에도 추천 시스템은 방대한 정보 속에서 **사용자 맞춤형 경험**을 만들어낸다는 점에서 현대 디지털 라이프의 필수적인 요소로 자리잡았다.

[3] 문서 작업 자동화(생성형 AI와 RPA)

일상과 업무에서 **문서 작성과 정리**에 소비되는 시간은 상당히 많다. 최근 발전한 **생성형 AI와 로봇 프로세스 자동화(RPA)** 기술은 이러한 **반복적인 문서 작업을 자동화**함으로써 효율을 높여준다. 예를 들어 **자동 번역** 서비스인 **구글 번역, 카카오 i번역기** 등은 AI 덕분에 과거보다 자연스러운 번역문을 실시간으로 제공하여, 외국어 이메일이나 문서를 손쉽게 이해하고 작성할 수 있게 했다. 또한 **자동 요약** 기능을 제공하는 AI 도구들은 긴 보고서나 기사를 몇 문장으로 추려주어 **정보 소비에 걸리는 시간을 단축**시킨다. 예시로, **MS 워드의 요약 기능이나 다양한 스타트업의 AI 요약 봇**이 활용되고 있다. 더 나아가, **오피스 소프트웨어에 탑재된 AI 비서들은 사용자가 작성 중인 문장을 분석해 다음에 올 만한 문구를 제안하거나 맞춤법과 문맥 오류를 교정**해준다. 구글의 **스마트작성(Smart Compose)**이나 마이크로소프트 **365 코파일럿(Co-pilot)**은 이메일/문서 작성 시

몇 단어 입력만으로 전체 문장을 자동 완성시키거나, 회의록을 작성하면 자동으로 요점을 정리해주는 등 생산성 향상에 기여한다.

업무 현장에서는 문서 분류와 데이터 입력 작업에도 AI가 쓰인다. 광학문자인식(OCR) 기술과 딥러닝을 결합한 지능형 문서 처리(IDP) 솔루션은, 예컨대 스캔한 영수증이나 계약서에서 필요한 필드를 추출하여 ERP 시스템에 자동 입력해준다. 한 유통기업 사례를 보면, AI 도입으로 주문서 수백 건의 데이터를 일일이 입력하던 작업이 하루 5시간에서 20분으로 단축되고 입력 오류로 인한 배송 지연도 월 10건에서 1건 이하로 감소했다고 한다. 또 다른 제조기업에서는 견적서 작성에 AI를 활용하여, 2~3일 걸리던 작업을 30분 내로 단축하고 연간 수천만 원의 비용 절감 효과를 봤다고 보고되었다. 이렇듯 AI 기반 문서 자동화는 사람이 반복적으로 하던 단순 업무를 줄여줌으로써 업무 효율성과 정확성을 높이고, 인력은 보다 창의적인 업무에 집중할 수 있게 한다.

생성형 AI의 등장으로 콘텐츠 제작 자동화도 일상화되고 있다. 예를 들어 ChatGPT와 같은 대규모 언어 모델은 사용자의 지시에 따라 간단한 보고서 초안, 홍보 문구, 코드 스니펫 등 다양한 문서를 생성해준다. 이미 일부 언론사는 AI로 기사 초안을 작성하고 기자가 다듬는 방식을 도입했고, 마케팅 분야에서도 광고 카피나 제품 설명문을 AI가 먼저 작성하고 사람이 최종 수정하는 협업이 이뤄진다. 이러한 활용은 문서 작성에 소요되는 시간을 줄여 업무 생산성을 향상시키지만, 동시에 AI가 생성한 내용의 사실 검증과 윤리적 책임 문제가 따른다. AI는 훈련 데이터 내 편향이나 오류를 그대로 답습할 수 있고, 그럴듯하지만 잘못된 정보를 만들어내는 경우도 있기 때문이다. 따라서 "AI가 만들어 준 초안을 사람이 검토 및 보완"하는 프로세스가 중요하다. 요약하면, 문서 작업 자동화 기술은 우리 일상의 번역, 문서 작성, 데이터 입력 등 영역에서 편의를 극대화하고 있지만, AI 산출물에 대한 인간의 검증과 책임 있는 활용이 함께 이루어져야 한다는 한계를 지닌다.

CHAPTER 06

인공지능 시대의 역량

01 AI 시대에 요구되는 인간의 고유 역량

인공지능이 점점 똑똑해지고 많은 업무를 수행하게 되면서, **"인간은 무엇을 잘할 수 있는가"**, **"어떤 역량은 여전히 인간만의 영역인가"**에 대한 논의가 활발하다. AI 시대에 오히려 더욱 강조되는 인간의 고유 역량은 다음과 같은 것들이다.

- **창의성**: 인간은 **기존에 없던 새로운 아이디어를 만들어내는 창의적 사고**를 지닌다. AI는 방대한 데이터에서 패턴을 찾아내는 데 뛰어나지만, **진정으로 독창적이고 맥락을 뛰어넘는 발상**은 아직 인간의 몫이다. 예를 들어 예술 분야에서 AI가 그림을 그리거나 음악을 작곡할 수 있지만, 그것은 **과거 작품들의 통계적 조합**인 경우가 많으며, 인간 예술가의 **영감과 독창성**과는 차이가 있다는 평가가 있다.
- **공감과 소통**: **타인의 감정과 의도를 파악하고 배려하는 능력**은 인간만이 깊이 있게 할 수 있는 영역이다. 상담가, 교사, 의사와 같은 직업군에서 **정서적인 교감과 이해**는 AI가 쉽게 대체할 수 없는 부분이다. AI 챗봇이 기본적인 대화를 나눌 순 있어도, **상대의 미묘한 감정 변화를 느끼고 위로하거나 격려하는 공감 능력**은 한계가 있다. 인간은 **문화적 맥락과 개인적 경험**을 바탕으로 공감을 표현하고 신뢰 관계를 형성할 수 있다.
- **윤리적 판단과 책임 의식**: 사회에는 단순한 정답 계산을 넘어 가치 판단이 필요한 문제들이 많다. 예를 들어 **의료에서 연명치료 중단 결정, 자율주행차의 사고 시 행동 결정(트롤리 딜레마)** 등 **도덕적 판단**을 요하는 상황에서는 인간의 역할이 중요하다. AI는 **프로그램된 대로 결정**할 뿐 선악에 대한 내재적 기준이 없기에, **행동의 윤리적 정당성을 평가**하는 것은 결국 인간의 책임이다. 또한 **AI 시스템이 잘못된 결정을 내렸을 때 그 결과에 책임질 주체는 인간**이어야 하므로, **윤리적 통제와 거버넌스**를 설계하는 인간의 역할이 강조된다.
- **융합적 사고와 창조적 문제해결**: 인간은 **여러 이질적인 지식을 융합**하고 **맥락을 재해석**하여 문제를 해결하는 능력이 있다. AI는 한 분야에서 엄청난 속도로 계산할 수 있지만, **분야를 넘나드는 통찰**이나 **갑작스런 환경 변화에 대한 유연한 대처**는 인간의 두뇌가 뛰어나다. 이를테면 비즈니스 전략 수립 시 경제, 심리, 기술, 법률 등 다양한 관점을 통합해서 사고해야 하는데, 이러한 **전체적이고 거시적인 통찰**에 인간 전문가의 기여가 크다.

- **손재주와 신체적 직관**: 숙련된 기술자가 가진 섬세한 손재주, 운동선수가 가진 직관적 플레이 등의 **신체 지능** 분야에서도 인간만의 강점이 있다. 로봇 공학이 발전했어도 여전히 **요리사의 맛 조절, 수술 의사의 촉감에 의한 판단, 정교한 수작업 공예** 등은 인간의 오감과 섬세한 조작 능력이 요구된다. AI와 로봇이 이러한 영역을 완전히 대체하기는 어려우며, **인간의 감각 경험에서 우러나오는 판단**은 독특한 가치로 남는다.

이처럼 AI 시대에 부각되는 인간의 고유 역량은 **창의성, 공감능력, 도덕성, 통찰력, 감각적 숙련** 등으로 요약할 수 있다. 세계경제포럼(WEF)의 미래직업보고서에서도 2025년까지 **분석적 사고, 창의성, 유연성이 최고로 중요한 기술**이 될 것이라고 강조하였다. 이는 **AI로 자동화되지 않는 인간만의 강점**을 키워야 함을 시사한다. 결국 AI 시대일수록 **인간다움의 가치**가 더욱 중요해지는 역설이 나타나고 있는 것이다.

02 인간-기계 협업과 역할 분담

AI가 발전한다고 해서 **인간의 역할이 사라지는 것이 아니라, 오히려 AI와 협업하여 시너지를 내는 방향으로 변화**하고 있다. 이를 **"증강 지능 (Augmented Intelligence)"**이라고 부르기도 하는데, **AI의 능력을 활용하여 인간의 의사결정을 지원하고 궁극적으로 인간이 더 나은 성과를 내도록 돕는 것**을 의미한다. 다양한 분야에서 **인간-기계 협업**의 사례를 찾아볼 수 있다.

- **의료 협진**: AI 진단 보조 시스템과 의사가 협업하면 **진단 정확도가 더욱 높아지는 효과**가 있다. 예를 들어, 방사선과 의사가 AI가 검출한 병변 후보를 참고하면서 판독하면 **놓칠 수 있는 미세한 이상 소견도 캐치**할 수 있다. 실제 연구에서 **의사 단독 진단보다 의사+AI 협업 진단이 암 발견율이 높았다**는 보고도 있다. 이처럼 **AI는 제2의 의견을 제공**하고 최종 판단은 의사가 내림으로써 **오진율을 줄이는 협업 모델**이 정착되고 있다.
- **센토타워(centaur) 장기**: 체스나 바둑 등 보드게임 분야에서 AI가 인간을 능가한 이후, **인간과 AI가 팀을 이루어 다른 AI와 대결**하는 형태의 경기가 등장했다. 이를 흔히 "센타우르"(반인반마)에 빗대어 부르는데, 인간의 창의적 수와 AI의 수읽기 능력을 결합하면 **슈퍼 AI도 이길 수 있는 전략**을 펼칠 수 있다는 취지다. 실제로 체스에서는 한때 **중급 수준의 체스 플레이어라도 AI와 협동하면 세계 챔피언 AI를 이겼던 사례**가 있다. 이 사례는 **인간-기계 협업의 잠재력**을 보여준다.
- **제조 현장의 코봇**: 생산 현장에서는 **협동로봇(Cobot)**이라 불리는, **인간 작업자와 나란히 일하는 로봇**이 늘고 있다. 전통적인 산업용 로봇은 인간과 분리되어 자동화 공정을 처리했지만, 최근 코봇은 **안전장치를 갖추어 사람 옆에서 보조작업**을 한다. 예를 들어 **인간 작업자가 제품 조립을 하면, 옆에서 코봇이 부품을 전달하거나 반복적인 나사 조임 작업**을 수행한다. 사람은 **섬세한 조립과 품질 판단**에 집중하고 로봇은 **무거운 하중 처리나 반복 작업**을 도맡아 **생산성 향상과 노동 강도 완화**를 함께 이루는 것이다.

- 크라우드소싱과 AI의 결합: 완전 자율 AI가 어렵거나 윤리 이슈가 있는 업무에서는 인간이 중간에 개입하는 구조를 둔다. 예를 들어 콘텐츠 플랫폼에서 AI가 부적절한 콘텐츠를 자동 탐지하되 최종 차단 여부는 인간 모더레이터가 결정하는 식이다. 또 자율주행에서도 어려운 상황이 오면 원격에 대기 중인 인간 운전자가 개입해 차량을 원격조종하는 방안이 논의된다. 이처럼 Human in the Loop(인간 개입) 방식으로 AI의 한계를 보완하고 안전장치를 마련한다.

이러한 협업 사례들은 AI와 인간의 역할이 상호 보완적임을 시사한다. AI는 빠르고 정확하지만 융통성이 부족하고, 인간은 느리지만 창의적이며 상황 적응이 뛰어나다. 따라서 최적의 팀을 이루면 1+1이 2 이상의 효과를 낼 수 있다. 기업들도 이를 인식하여 업무 프로세스를 재편하고 있는데, 맥킨지 등의 조사에 따르면 AI 도입 기업 중 최고 성과를 내는 곳은 "사람과 AI의 협업" 전략을 채택했다고 한다. 예컨대, 데이터 분석은 AI가 하고 인사이트 도출과 의사결정은 사람이 하는 식으로 업무를 설계하면 좋다는 것이다. 요컨대 AI 시대의 인재상은 AI와 함께 일하고, AI의 강점을 극대화하며, 부족한 부분은 인간의 능력으로 메꾸는 역량을 지닌 사람이라 할 수 있다.

03 프롬프트 엔지니어링의 개념과 중요성

최근 AI 특히 대규모 언어 모델(LLM)의 발전과 함께 떠오른 개념이 프롬프트 엔지니어링(prompt engineering)이다. 프롬프트 엔지니어링이란 AI에게 원하는 결과를 얻기 위해 입력 질문이나 명령문(프롬프트)을 설계하고 개선하는 작업을 말한다. 예를 들어 ChatGPT에게 동일한 문제를 묻더라도, 질문을 어떻게 표현하느냐에 따라 답변의 질이 크게 좌우된다. 명확한 지시, 필요한 맥락 정보, 원하는 출력 형식 등을 적절히 포함하여 프롬프트를 작성하면 AI가 더 정확하고 유용한 응답을 내놓는다. 반면 애매하거나 잘못된 프롬프트는 AI로부터 엉뚱한 대답을 얻거나 원하는 정보를 놓치는 결과를 가져올 수 있다.

프롬프트 엔지니어링이 중요해진 배경에는, ChatGPT 같은 LLM들이 범용적 능력을 가진 반면 사용자의 의도를 능동적으로 파악하지는 못하기 때문이다. 결국 사용자가 얼마나 효과적으로 AI에게 맥락과 원하는 바를 알려주느냐에 따라 결과물이 결정된다. 이는 마치 전문가에게 일을 시킬 때 상세하고 정확하게 지시하면 기대한 결과를 얻지만, 대충 지시하면 시행착오가 생기는 것과 유사하다. AI를 다루는 새로운 기술/역량으로서 프롬프트 작성법이 각광받으면서, 산업계에서는 "프롬프트 엔지니어"라는 직종까지 등장하였다. 이들은 AI 모델의 동작 특성을 이해하고 최적의 질문 방식을 탐구하여, 기업이 필요로 하는 산출물을 AI로부터 뽑아내는 전문가이다. 일례로 OpenAI의 GPT-3/4 모델을 업무에 활용하는 기업에서 어떤 프롬프트를 주어야 원하는 형식의 보고서나 코드를 얻을 수 있는지 실험하고 가이드라인을 만드는 역할을 담당한다. 현재 일부 전문 프롬프트 엔지니어는 연봉 2~3억원에 달할 정도로 높은 수요를 보인다며 화제가 되기도 했다.

프롬프트 엔지니어링의 핵심은 "**구체적이고 명확하며 AI가 이해하기 쉽게**" 묻는 것이다. 예를 들어 여행 일정 초안을 얻고 싶을 때 "파리 여행 계획 짜줘"라고만 하기보다, **여행 기간, 선호 활동, 동행 인원 등의 정보를 프롬프트에 포함**시키면 훨씬 맞춤형 일정을 제시받을 수 있다. 또 "목록으로 요약해줘", "장단점 비교 형식으로 알려줘"처럼 **원하는 출력 형식을 지정**할 수도 있다. 때로는 **잘못된 가정을 가진 질문**을 하면 AI도 틀린 답을 할 수 있으므로, **질문 자체를 검증**하고 다듬는 것도 중요하다. 프롬프트 엔지니어링은 이러한 **질문하는 기술**을 체계화한 것이며, 앞으로 **AI를 업무에 활용하는 모든 사람들이 갖춰야 할 기본 역량**으로 떠오르고 있다.

한편, **프롬프트를 잘 설계하는 것만으로 AI의 성능을 크게 끌어올릴 수 있다는 점은 인간의 개입 여지가 큼**을 의미한다. 즉, **AI 사용 결과를 최적화하는 데 인간의 역할이 매우 중요**하며, 이는 곧 **AI를 잘 부릴 줄 아는 사람이 경쟁력을 갖는 시대**가 되었음을 보여준다. 교육계에서도 **프롬프트 엔지니어링을 가르치기 시작**했고, 인터넷상에는 다양한 **프롬프트 예시 모음집과 노하우 공유**가 활발하다. 요약하면, **프롬프트 엔지니어링은 AI 시대의 새로운 문해력(AI literacy)**과 같으며, **질문을 통하여 원하는 답을 이끌어내는 인간의 능력이 강조**되는 분야라 할 수 있다.

04 일자리 변화와 새로운 직무의 등장

AI의 발전은 고용 시장에도 큰 변화를 일으키고 있다. **반복적이거나 규칙 기반의 업무**는 AI 및 자동화에 의해 대체되는 경향이 있다. 한 보고에 따르면 **2025년까지 전 세계적으로 8500만 개의 일자리가 AI와 자동화로 대체될 수 있지만, 동시에 9700만 개의 새로운 일자리가 창출될 것**이라 전망되었다. 이는 **낡은 일자리는 줄어들고 새로운 일자리와 역할이 생겨난다**는 것을 의미하며, 과거 산업혁명 시기에 일어났던 일자리 이동과 유사한 패턴이 반복되고 있다.

먼저, **감소하거나 변형될 일자리**로는 **데이터 입력원, 단순 제조 조립원, 콜센터 상담원, 기본 회계 사무원 등 정형화된 절차를 따르는 업무**들이 꼽힌다. 예컨대 RPA 봇과 AI OCR 기술은 사람 대신 **서류를 처리**하고, 챗봇은 **1차 고객 응대**를 맡으면서 해당 직무 인력 수요를 줄일 수 있다. 그러나 이러한 직무를 수행하던 사람들이 곧바로 실업이 되는 것은 아니다. 역사적으로 **기술 발전은 직무의 소멸보다 직무 내용의 변화**를 더 많이 유발했다. **단순 작업은 기계가 처리**하게 되면 인간은 **보다 부가가치 높은 업무**– 고객과의 복잡한 문제 해결, AI가 처리한 결과의 검수, 새로운 서비스 기획 등에 집중하게 되는 식이다. 따라서 **인간 노동의 초점이 양적인 일처리에서 질적인 판단과 창의로 이동**하는 추세가 된다.

한편, **새롭게 각광받는 일자리**들도 등장하고 있다. 앞서 언급한 **프롬프트 엔지니어**를 비롯하여, **AI 시대의 신직종** 몇 가지를 살펴보면 다음과 같다.

- **프롬프트 엔지니어**: 앞서 설명한 대로, **AI에게 올바른 질문과 명령을 설계하는 전문가**이다. 대규모 언어 모델이나 이미지 생성 AI 등을 업무에 활용할 때 **최적의 프롬프트를 고안하여 원하는 산출물을 얻는 역할**을 한다.

- AI 윤리 전문가: AI의 활용이 확대됨에 따라 **공정성, 투명성, 개인정보 보호 등의 윤리 문제를 점검하고 가이드라인을 수립**하는 직무도 중요해졌다. AI 윤리 책임자는 **AI 알고리즘이 차별이나 편향을 일으키지 않는지 모니터링**하고, **윤리적 기준에 맞게 제품과 서비스를 설계**하도록 조언한다. 마이크로소프트, 구글 등 빅테크 기업들은 이미 **AI 윤리위원회**를 두고 관련 인력을 채용하고 있다.
- 데이터 레이블러(데이터 가공자): 양질의 AI를 만들기 위해서는 **훈련 데이터에 정답 꼬리표(label)를 다는 작업**이 필수적이다. 자율주행 AI를 예로 들면, 수많은 도로 이미지에서 차선, 보행자, 신호등 등에 일일이 태그를 다는 사람이 필요하다. 이러한 **데이터 라벨링 작업을 전문적으로 수행하는 인력과 업체**가 성장하고 있으며, 크라우드소싱 형태로 전 세계 수백만 명이 참여하기도 한다.
- AI 트레이너/옵스(Ops): 완성된 AI 모델을 실서비스에 배포하고 지속적으로 **성능을 모니터링하며 개선하는 운영 담당자**다. 모델이 잘못된 출력을 내놓지는 않는지, 실제 데이터 분포 변화에 대응해 추가 학습이 필요한지 등을 점검한다. 또한 사용자 피드백을 수집해 **모델 업그레이드에 반영**한다. 소프트웨어 분야의 DevOps처럼, AI에도 MLOps(Machine Learning Operations)라는 개념이 생겨 이런 역할이 중요해지고 있다.
- AI 전략가/컨설턴트: 기업 차원에서 **자사 업무에 AI를 어디에 어떻게 도입할지 전략을 수립하는 직무**도 수요가 늘고 있다. 이들은 **경영진과 협업하여 AI 적용 가능 영역을 발굴**하고, 적절한 솔루션을 도입하며, **AI 도입에 따른 업무 재설계와 인력 재교육**까지 총괄한다. 결국 AI 프로젝트를 성공적으로 이끌어 **비즈니스 가치를 창출하는 것**이 목표다.

이 밖에도 **로봇공학자, , AI 연구과학자** 등 전문 기술직 수요는 더욱 증가하고 있으며, **AI와 인간의 협업을 돕는 직무**들도 속속 나타나고 있다. 중요한 것은 **노동자의 재교육(reskilling)**이다. AI로 인해 업무 내용이 바뀐다면, **기존 인력이 새로운 기술을 배워 역할을 전환할 수 있도록 지원**해야 사회적 충격을 줄일 수 있다. 예를 들어 은행 창구 직원들이 감소하는 대신 **금융 데이터 분석**이나 **고객자문 전문가**로 전환할 수 있도록 교육할 필요가 있다. 정부와 기업은 이러한 **평생교육 및 직업 전환 프로그램**에 투자를 늘리고 있으며, 개인 또한 **자기계발을 통해 AI 시대에 맞는 기술과 역량을 습득**하는 태도가 요구된다.

요약하면, **AI 시대의 일자리는 "소멸"이라기보다 "진화"**하고 있다. **일부 직무는 없어지지만 더 많은 새로운 기회가 생겨나며**, 인간은 **보다 창의적이고 고차원적인 업무**를 수행하게 될 전망이다. 다만 과도기적으로 **일부 노동자들이 어려움을 겪을 수 있으므로, 이들을 위한 안전망과 교육**이 중요하다.

05 AI 시대의 사회적 과제 및 윤리 이슈

AI 기술의 영향력이 커질수록 사회 전반에서는 **새로운 윤리적·사회적 문제들**이 대두되고 있다. 이에 대한 **균형 잡힌 대응과 규범 확립**이 인류의 과제가 되고 있다. 주요 이슈들을 살펴보면 다음과 같다.

- **공정성과 편향(Bias)**: AI는 **훈련 데이터의 통계적 패턴**을 학습하므로, 데이터 자체에 존재하는 사회적 편향을 그대로 답습하거나 증폭시킬 위험이 있다. 앞서 소개한 아마존의 사례에서, **과거 남성 지원자가 많았던 이력서 데이터를 학습한 AI 채용 도구가 여성 지원자를 차별**하는 결과를 낳았다. 이처럼 **성별, 인종, 연령 등에 따른 차별적 결정**을 AI가 내리면 사회적 불평등이 심화될 수 있다. 따라서 **훈련 데이터의 다양성 확보**와 **AI 출력에 대한 편향 테스트**가 필수적이며, **차별 발생 시 이를 시정하는 기술적·제도적 장치**가 요구된다.
- **투명성과 설명 가능성(Explainability)**: 딥러닝 기반 AI의 의사결정 과정은 **일반인에게 불투명(일명 "블랙박스")**한 경우가 많다. 왜 AI 대출 심사기가 어떤 사람의 대출을 거절했는지, 자율주행차의 AI가 사고 직전에 어떤 판단을 했는지 **설명하기 어려운 상황**이 발생한다. 이는 **신뢰성과 법적 책임 문제**로 이어진다. 의료 AI가 잘못된 진단을 내렸을 때 환자나 의사가 그 이유를 이해할 수 없다면 AI를 믿고 쓰기 어렵다. 이러한 이유로 **"설명 가능한 AI"** 연구가 중요해졌고, **EU의 AI법안(AI Act)** 등에서는 **고위험 AI 시스템에 대해 결과에 대한 설명을 제공할 의무**를 부과하려 한다. 궁극적으로 **AI 결정 과정의 투명성 제고**와 **필요 시 인간이 개입할 수 있는 권리 보장**이 사회적 합의로 자리잡고 있다.
- **프라이버시와 감시 문제**: AI 기술로 **대규모 데이터 수집 및 분석**이 용이해지면서 **사생활 침해 위험**도 증가했다. 예컨대 **얼굴 인식 AI**는 거리 CCTV 영상에서 특정 개인을 추적할 수 있는데, 이것이 **공공 안전을 위해 유용**하다는 의견과 **개인의 프라이버시를 침해**한다는 우려가 충돌한다. 중국 등에서는 AI 안면인식을 광범위하게 활용해 범죄 예방뿐 아니라 국민 감시에 쓰고 있어 논란이다. 또한 스마트폰 앱들이 수집한 **사용자 위치, 취향 등의 데이터**를 AI로 분석하면 개인의 일상이 상세히 드러날 수 있다. 이에 대해 각국은 **데이터 보호법(GDPR 등)**을 통해 개인 정보의 AI 활용을 규제하고 있으며, **익명화 기술**이나 **프라이버시 보호 머신러닝** 같은 기술적 대안도 연구되고 있다.
- **일자리 및 경제 불평등**: 앞서 언급했듯, AI로 인해 **일부 직업군이 타격**을 받을 수 있고 **고숙련 AI 인재와 그렇지 않은 노동자 사이의 경제적 격차**가 벌어질 수 있다. AI 기술을 소유한 기업과 그렇지 못한 기업 간 생산성 격차도 커질 수 있다. **부의 편중 현상**이 심화되지 않도록, **직업 전환 지원**, **AI 기술의 공정한 보급** 등이 사회적 의제로 떠오른다. 또한 **AI가 만들어낸 부가가치를 어떻게 분배할 것인가**에 대한 논의(예: 로봇세, 기본소득 등)도 진행 중이다.
- **안전과 보안**: AI 시스템의 오작동 또는 악용 사례도 사회적 위험 요소다. **자율주행차의 사고, 의료 AI의 오진**은 직접적인 안전 문제로 이어지고, **AI를 해킹하여 잘못된 출력**을 유도하는 **공격(적대적 공격)**도 우려된다. 또한 딥페이크처럼 **AI로 생성한 가짜 영상/음성**은 정보의 신뢰성을 떨어뜨리고 선거 등 사회 체계에 혼란을 줄 수 있다. 이를 방지하기 위해 **AI 모델에 대한 안전성 테스트, 악의적 사용 규제, 딥페이크 검출 기술 개발** 등이 중요해지고 있다.

위와 같은 윤리 이슈에 대응하기 위해, **국제적 원칙과 규범**도 논의되고 있다. 2021년 UNESCO는 **AI 윤리에 관한 글로벌 협약**을 채택하여 **인권 존중, 차별 금지, 환경 지속성, 프라이버시 보호** 등의 원칙을 제시했다. 기업들은 자체적으로 **AI 윤리 가이드**를 만들고 거버넌스를 구축하는 추세다. **우리 사회는 AI 기술 혜택을 극대화하면서도 부작용을 최소화하기 위해, 기술계와 인문사회계가 함께 지혜를 모아야**할 것이다.

06 "AI가 인간을 대체한다"는 담론에 대한 균형 잡힌 해석

AI의 눈부신 발전으로 "**머지않아 AI가 대부분의 인간 업무를 대체할 것이다**", "심지어 인간 지능 자체를 능가하여 인간을 쓸모없게 만들 것이다"라는 극단적 전망부터, 반대로 "AI는 결국 도구일 뿐 인간을 완전히 대체하진 못한다"는 신중론까지 다양한 담론이 존재한다. 이러한 주장들을 균형 있게 살펴보고 현실적인 해석을 내려보자.

먼저, **AI 대체론**의 근거는 주로 **기계 학습 능력의 지수적 성장과 범용 인공지능(AGI)** 가능성에 있다. 즉, AI가 계속 발전하여 결국 **인간이 할 수 있는 대부분의 인지 작업을 수행**하고, **자기 개선까지 할 수 있는 수준에 이르면 인간의 역할이 거의 없어지는 것 아니냐**는 것이다. 특히 **생성형 AI**가 글쓰기, 코딩, 그림 그리기 등 창의적 영역까지 파고들자, 일부에서는 "화이트칼라 일자리까지 위협받는다"는 두려움을 표출한다. 설상가상으로 **AI 로봇의 발전**은 육체 노동까지 대신하게 만들어, **인간은 일할 필요가 없어지지만 동시에 소득도 잃어버리는 디스토피아**를 우려하는 목소리도 있다. 극단적인 시나리오에서는 **AI가 인류의 통제를 벗어나 스스로를 증식하고 인간을 지배**할 것이라는 공상과학 영화 같은 이야기도 담론의 한 축을 차지한다.

그러나 현실적으로 볼 때, **이러한 급진적 대체론은 현재로선 과장된 측면**이 크다. 우선 **인공지능의 한계**를 고려해야 한다. 오늘날의 AI(심지어 최첨단 챗봇이라 해도)는 **특정 작업에 최적화된 협소한 지능**일 뿐, 인간처럼 **광범위한 상식과 상황 이해, 그리고 자율적 목표 설정 능력**을 지니지 못했다. 일상의 맥락을 파악하거나 새로운 환경에 적응하는 능력은 부족하며, 예상치 못한 문제상황에서 **스스로 창의적 해결책을 찾아내는 것은 인간의 몫**이다. 즉, **AI는 여전히 도구**이며, 그 **도구를 어떻게 활용할지는 인간의 결정과 책임**에 달려 있다. **"AI 자체가 기업을 운영하거나 사회를 이끌지 않는다"**는 점에서, 인간 고유의 역할은 유지된다.

또한 **역사적 맥락**에서 보아도, 새로운 기술이 등장할 때마다 인류는 **일자리 소멸과 인간 소외를 우려**해왔다. 산업혁명기 기계가 노동자를 대체할 것이라 두려워한 러다이트 운동, 20세기 초 전기와 컴퓨터 보급 때도 비슷한 논쟁이 있었다. 그러나 **기술 발전은 궁극적으로 새로운 산업과 일자리를 창출했고, 인간의 생활 수준을 향상**시켰다. AI도 마찬가지로, 단기적으로 일부 일에 변화가 생길지언정 **장기적으로는 인간이 새로운 분야에서 활약**할 기회를 만들어줄 것으로 보는 견해가 많다. 예컨대 **사람들은 AI를 활용해 지금까지 없던 서비스와 가치를 창조**해낼 수 있고, **인공지능과 함께 일하는 법**을 배우면서 **인간의 능력을 확장**시킬 것이다. **"기술은 인간을 대체한다기보다 인간이 더 고차원적 활동을 하도록 해준다"**는 증거는 이미 여러 협업 사례에서 나타난다.

물론 **낙관만 할 수는 없으며 현실적인 대비**가 필요하다. **AI로 인한 사회 구조 변화**는 분명히 일어나고 있고, 이에 적응하지 못하는 개인이나 국가는 어려움을 겪을 수 있다. 따라서 **교육 시스템 개혁**(비판적 사고, 창의성

교육 강화), 사회 안전망 확보(일시적 실업 증가에 대비한 지원), AI 윤리 및 법제 정비 등을 통해 부작용을 줄이고 혜택을 고르게 나누는 노력이 중요하다. AI 개발자들 스스로도 안전장치와 윤리 의식을 갖고 개발해야 한다는 목소리가 크다.

결론적으로, "AI가 인간을 대체한다"는 주장에는 일면의 진실과 과장이 섞여 있다. 분명히 AI는 많은 업무 방식과 직업 지형을 바꾸고 인간의 역할 중 일부를 떠맡겠지만, 그 과정에서 인간은 새로운 역할을 찾아 진화해갈 것이다. 핵심은 인간과 AI의 관계를 대립적으로 보기보다 협력적으로 보는 시각이다. AI는 강력한 도구이자 파트너이며, 인간은 그 도구를 현명하게 활용하고 통제하는 책임자다. 두려움보다는 가능성에 주목하면서도, 주체적으로 대응 전략을 마련하는 자세가 필요하다. 인간은 역사상 끊임없이 도구를 발전시켜왔고 그럴 때마다 인간의 역할도 함께 진화해왔다. AI 시대 역시 다르지 않을 것이다.

미래에는 AI와 인간이 조화롭게 공존하며 각자의 강점을 살리는 사회를 구축하는 것이 목표다. 그러기 위해 우리는 인간만의 장점을 계발하고 AI를 이해하며 다룰 줄 아는 역량을 길러야 한다. 그런 준비가 이루어진다면, "AI가 모든 것을 차지한다"는 디스토피아는 현실이 아니라 인간과 AI가 함께 만들어가는 유토피아에 가까운 미래로 바뀔 수 있을 것이다. AI 시대는 위기가 아니라 변화의 시기이며, 그 변화를 인간에게 유리한 방향으로 이끄는 것이 바로 앞으로의 우리의 과제다.

02

PART

협동 로봇 운영

CHAPTER 01

협동 로봇 개요

01 협동 로봇과 산업용 로봇의 차이

협동 로봇(Collaborative Robot, Co-bot)과 산업용 로봇(Industrial Robot)은 모두 자동화 작업을 수행하지만, 사람과의 협업 여부, 설치 환경, 안전성, 유연성 등에서 큰 차이가 있다.

먼저, 기본적인 설계 목적이 협동 로봇은 사람들 속에서, 사람과 함께, 사람을 위한 작업을 수행하는 로봇 모델로 정의될 수 있는 반면, 산업용 로봇은 사람과 분리된 자동화 작업을 수행하는 로봇 모델로, 궁극적으로 무인자동화 시스템 구성을 지향하는 경우도 많다.

안전성 면에서도, 사람과 함께 작업하는 협동 로봇은 자체 소프트웨어 기능으로 충돌 방지, 속도와 힘 제한 등의 내장적 안전 장치 기능을 가지도록 설계되는데 비해, 산업용 로봇은 속도와 힘에 크게 제한을 두지 않고, 별도의 펜스를 설치하는 방법과 같이 아예 사람의 접근을 불허하는 방식의 안전 장치를 마련하고 있다.

설치 환경에서도 협동 로봇은 소형이며 설치가 간편해 좁은 작업 공간에서도 유연하게 활용될 수 있고, 이동도 비교적 자유로운 반면, 산업용 로봇은 일반적으로 고정식으로 설치되며, 설치 전 공간 설계와 안전 구역 설정이 필수이다.

작업의 유연성 측면에서도 협동 로봇의 강점은 작업 공정 변경이나 로봇 위치 조정이 쉬워 소량 다품종 생산 환경에 적합하며, 반대로 산업용 로봇은 대량 생산에 최적화되어 있으며, 한번 설치된 후에는 작업 공정 변경이 쉽지 않은 단점이 있다.

속도와 정밀도 측면에서는 산업용 로봇이 고속 및 고정밀 작업에 적합해 자동차, 전자 등 대규모 제조업에 널리 사용되는 장점이 있고, 협동 로봇은 안전을 우선시하기 때문에 상대적으로 속도가 느리고, 반복정밀도도 약간 떨어지는 편이다.

제어 방식에서도 협동 로봇은 사용자의 접근성을 고려해 터치 기반 GUI, 드래그 앤 드롭 방식의 티칭, 또는 사용자가 직접 로봇을 잡아 움직이는 '핸드 가이딩(Hand Guiding)' 등 직관적인 조작 방식을 많이 지원하는 반면, 산업용 로봇은 전용 티치 펜던트를 통해 전용 프로그래밍 언어(예: FANUC의 TP 언어, ABB의 RAPID 등)를 사용하는 경우가 많아 전문적인 교육이 필요하다.

협동 로봇의 대표적인 제조 브랜드로는 Universal Robots(UR), 두산로보틱스, 한화로보틱스, Techman 등이 있고, 산업용 로봇은 FANUC, ABB, KUKA, YASKAWA 등이 대표적인 제조 기업이다.

요약하자면, 협동 로봇은 사람과 함께 안전하게 작업하고자 할 때 적합하고, 산업용 로봇은 대량 생산과 고속 자동화 공정에 더 적합하다고 할 수 있다.

02 협동 로봇 주요 제조사 및 대표 모델

[1] Universal Robots(UR, 덴마크)

협동 로봇 시장을 개척한 대표 기업으로, 사용자 친화적인 인터페이스와 폭넓은 산업 적용성으로 유명한 로봇 제조 기업이다.

- UR3e : 소형 부품 조립, 실험실용(3kg payload, 500mm reach)
- UR5e : 전자, 포장, 픽앤플레이스 등 범용(5kg payload, 850mm reach)
- UR10e : 팔레타이징, 머신 텐딩(10kg payload, 1300mm reach)
- UR20 : 고하중 작업용 최신 모델(20kg payload, 1750mm reach)

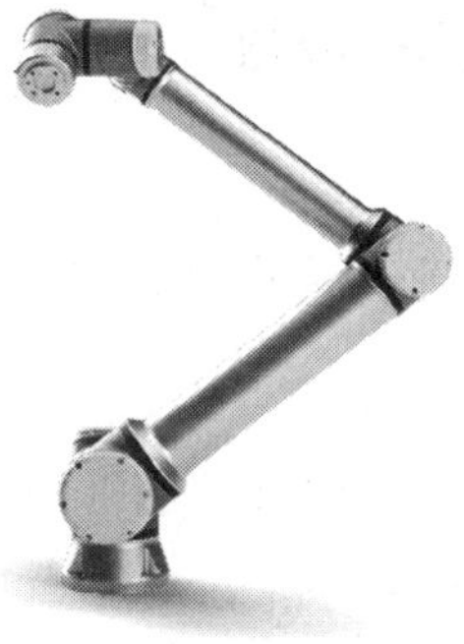

그림 2-1 Universal Robots UR5e 모델(사진 출처: Universal Robots)

[2] 두산로보틱스(대한민국)

정밀 제어 기술과 안정성에 강점을 가진 한국 대표 협동 로봇 기업으로, 안전성과 직관적인 인터페이스로 유명하다.

- M Series(M0609 / M1509 / M1013 등) : 중소형 작업용
- H Series(H2017 / H2515) : 고하중 작업용(최대 25kg)
- E Series : 차세대 로우엔드 제품(2024년 출시)

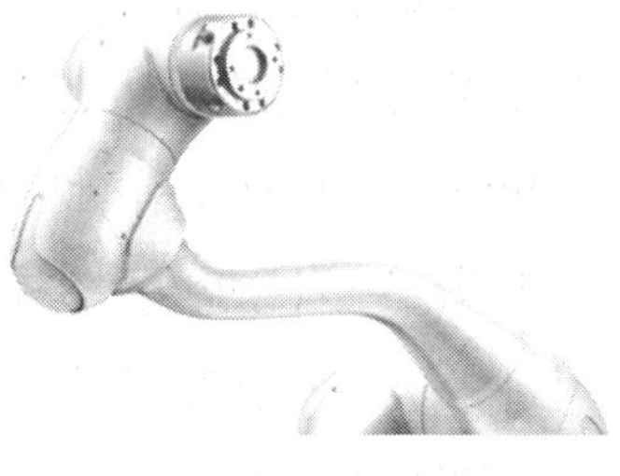

그림 2-2 두산로보틱스 M시리즈 모델(사진 출처: 두산로보틱스)

[3] Techman Robot(대만, Advantech 계열)

비전 시스템이 기본 내장된 협동 로봇으로, 중소기업과 교육 시장에 적합한 모델을 다수 보유하고 있다.

- TM5 / TM12 / TM14 / TM20 : 통합 비전 카메라 탑재, 6~20kg payload
- TM AI+ / TM Palletizing : AI 기반 응용, 팔레타이징 전용 버전

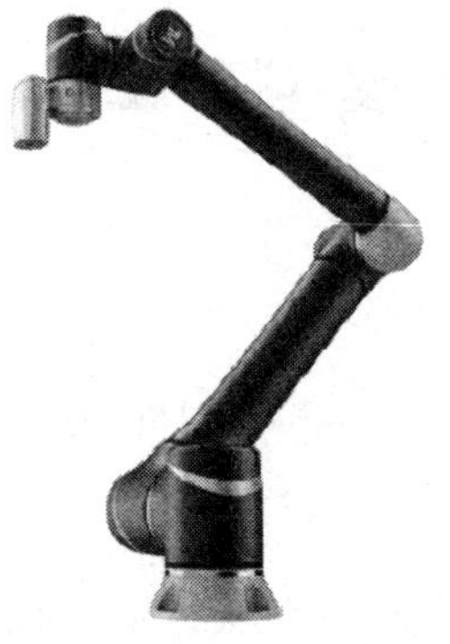

그림 2-3 Techman Robot TM12 모델(사진 출처: Techman Robot)

03 협동 로봇의 산업별 적용 사례

협동 로봇의 도입은 다양한 산업 현장에서 생산성 향상, 작업 품질 개선, 안전 확보, 비용 절감 등의 측면에서 큰 효과를 거두고 있다.

우선, 협동 로봇은 사람과 함께 동일한 공간에서 작업할 수 있으므로 별도의 안전 펜스 없이도 자동화를 실현할 수 있어 이를 통해 설치 공간이 좁은 중소규모 공장이나 라인에도 유연하게 적용할 수 있으며, 고정된 설비가 아닌 이동형 작업장에도 적용 가능하고 단순 반복 작업을 빠르고 정확하게 수행할 수 있어 작업 속도 및 효율성을 크게 향상시킬 수 있다. 예를 들어 CNC 가공, 조립, 검사 등의 공정에서 사람이 투입될 경우 발생할 수 있는 피로도나 작업 편차를 줄이고, 24시간 무정지 가동도 가능하다.

품질 측면에서도 협동 로봇은 동일한 조건으로 작업을 반복 수행하기 때문에 정밀한 작업의 일관성과 품질을 유지할 수 있으며, 이로 인해 불량률 감소와 고객 만족도 향상이라는 효과도 기대할 수 있다. 예를 들어 일정한 압력으로 부품을 삽입하거나, 정해진 위치에 접착제를 도포하는 등의 작업을 균일하게 수행할 수 있다.

또한, 협동 로봇은 근로자의 신체적 부담이 큰 작업, 예를 들어 무거운 부품의 반복 이송, 고온·유해 환경에서의 조작 등을 대신 수행함으로써 작업자의 근골격계 질환 예방과 안전사고 감소에도 기여할 수 있다. 이로 인해 작업자의 건강과 복지를 높이고, 장기적으로는 인력 유지에도 긍정적인 효과가 있다.

비용 측면에서는 초기 도입 비용이 들 수 있지만, 인건비 절감, 생산성 향상, 불량 감소에 따른 손실 최소화 등을 통해 투자 대비 높은 수익률(ROI)을 실현할 수 있으며, 특히 다품종 소량 생산이 잦은 업종에서는 공정 전환이 빠른 협동 로봇의 특성이 더욱 큰 장점으로 작용할 수 있다.

이상과 같이 협동 로봇은 단순 자동화 장비를 넘어 사람과 함께 일하는 지능형 파트너로서, 스마트 팩토리 구현과 제조 경쟁력 강화의 핵심 기술로 자리잡아가고 있다.

[1] 전자 / 반도체 산업

- 정밀 조립: 회로기판(PCB) 부품 삽입, 핀 장착 등
- 검사 작업: 비전 시스템과 연계해 외관 불량 검사, 핀 정렬 확인
- 납땜 및 본딩: 일정한 속도와 힘 제어로 고정밀 납땜 가능

그림 2-4 협동 로봇의 납땜 작업(사진 출처: Universal Robotics)

[2] 자동차 산업

- 머신 텐딩(Machine Tending): CNC 기계에 부품 투입/배출
- 조립 작업: 무거운 부품을 들어주는 등 사람의 작업을 도움
- 품질 검사: 3D 카메라 연계하여 조립 공정 후 품질 확인

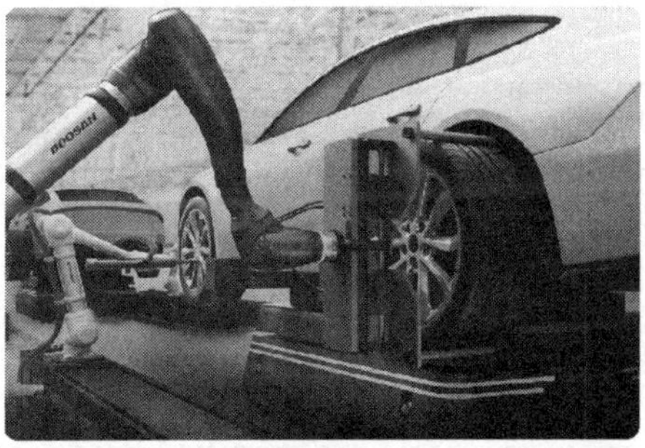

그림 2-5 자동차 조립 작업을 수행하는 협동 로봇(사진 출처: 두산로보틱스)

[3] 식음료 / 포장 산업

- 팔레타이징 / 디팔레타이징: 제품 박스 자동 적재 및 하역
- 라벨 부착 / 포장 밀봉: 라벨링 및 진공포장기의 반복 조작
- 식품 핸들링: 청결 기준을 충족하는 로봇 암으로 식품 취급

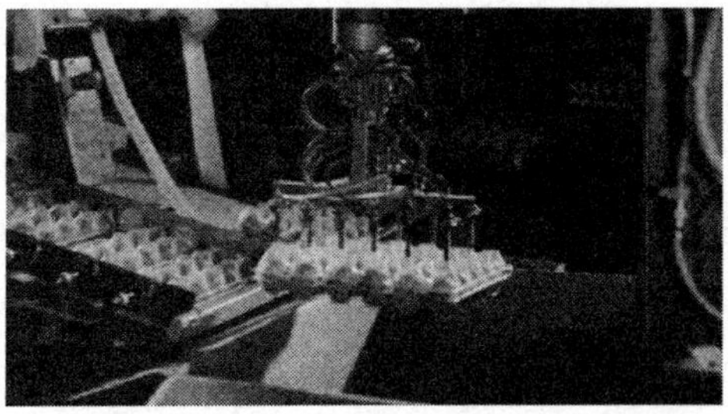

그림 2-6 달걀을 적재하는 협동 로봇(사진 출처:Universal Robotics)

CHAPTER 02

로봇 제어 프로그램

01 협동 로봇의 기본 명령 및 프로그래밍 언어

협동 로봇은 보통 사용자 친화적인 프로그래밍 환경을 제공하여 비전문가도 쉽게 조작하고 프로그램할 수 있도록 설계되어 있다. 그러나 제조사와 모델에 따라 프로그래밍 언어, 방식, 기능이 다소 다르며, 일반적으로 GUI 기반 티칭, 스크립트 언어, 외부 인터페이스를 조합해 사용한다.

[1] 협동 로봇의 기본 명령

대부분의 협동 로봇은 다음과 같은 기본 명령을 중심으로 구성된다.

명령	기능
이동 명령	로봇 관절 또는TCP(툴 중심점)를 원하는 위치로 이동(MoveJ, MoveL, MoveP 등)
그립퍼 제어	로봇 핸드/그리퍼를 열거나 닫음
I/O 제어	외부 기기와의 신호 송수신(센서, 컨베이어 등)
Wait / Sleep	일정 시간 대기하거나 외부 신호 대기
Loop / 조건문	반복 수행 또는 조건에 따른 분기
서브루틴 호출	코드의 구조화(함수/프로시저 호출)
에러 처리	예외 상황 발생 시 동작 정의

표 1 협동 로봇의 기본 명령

[2] 주요 협동 로봇 브랜드별 프로그래밍 언어

(1) Universal Robots(UR)

- 언어: URScript(Python 유사 문법의 자체 스크립트 언어)
- 툴: PolyScope(GUI 기반 프로그래밍 환경)
- 특징: 티치 펜던트로 직접 블록 기반 프로그래밍 + 코드 전환 가능

```
URScript
movej([0.0, −1.57, 1.57, 0.0, 1.57, 0.0], a=1.2, v=0.25)
set_digital_out(2, True)
```

(2) 두산로보틱스

- 언어: DART (Python 기반 자체 스크립트) + GUI 기반 티칭
- 툴: Doosan Robot Studio
- 특징: 사용자가 직접 잡고 이동시키는 핸드가이딩 가능, 외부 ROS 연동 지원

```
DART
movej(pos1, vel=30, acc=20)
wait(2)
```

(3) Techman Robot

- 언어: TMFlow (블록형 GUI + Lua 스크립트 지원)
- 특징: 비전 기반 인식 루틴과 통합 쉬움, Blockly 인터페이스 기반

[3] 외부 연동 및 확장

대부분 협동 로봇은 다음과 같은 외부 시스템과 통신 가능하다.

- ROS / ROS 2 연동(UR, 두산, Techman 등 지원)
- Modbus TCP, EtherCAT, Ethernet/IP 등 필드버스 지원
- Python / C++ / LabVIEW 기반 API 및 SDK 제공
- REST API / WebSocket / MQTT 등 클라우드 연동 기능

02 협동 로봇의 기본 동작 프로그램 구현

협동 로봇에서 가장 기본이 되는 동작은 Pick & Place(물체 집기 및 옮기기), Path Following(경로 추종), 그리고 Machine Tending(타 기계 조작) 등의 동작이며, 이들은 대부분의 제조현장 자동화의 기초이며, 다양한 작업의 기반이다.

[1] Pick & Place

물체를 지정된 위치에서 집어 다른 위치로 옮기는 동작으로, 조립, 포장, 분류 등에 활용된다.

(1) 동작 프로세스

- 이동 → 픽업 위치
- 그리퍼 닫기 → 물체 집기
- 이동 → 놓을 위치
- 그리퍼 열기 → 물체 놓기

(2) 프로그램 예시(URScript 기반)

```
# 이동 - 픽업 위치
movej([1.0, -1.57, 1.57, 0.0, 1.57, 0.0])
# 물체 집기
set_digital_out(2, True)   # 진공 그리퍼 ON
sleep(0.5)
# 이동 - 배치 위치
movej([0.5, -1.2, 1.0, 0.0, 1.57, 0.0])
# 물체 놓기
set_digital_out(2, False)  # 진공 그리퍼 OFF
```

[2] Path Following(경로 추종)

로봇이 정해진 궤적을 따라 연속적으로 이동하는 동작으로 접착제 도포, 레이저 마킹, 표면 검사 등에 사용할 수 있다.

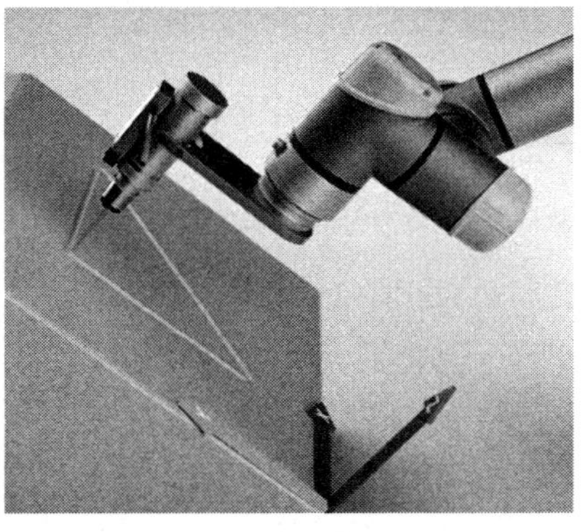

그림 2-7 협동 로봇의 Path Following 동작(사진 출처: Universal Robotics)

(1) 구현 방법

- Waypoints 배열로 좌표를 순차 이동
- MoveL / MoveP로 선형/원호 이동 지정

(2) 프로그램 예시(python 기반)

```
path = [
    [0.3, 0.2, 0.1, 0, 3.14, 0],
    [0.4, 0.2, 0.1, 0, 3.14, 0],
    [0.4, 0.3, 0.1, 0, 3.14, 0]
]

for point in path:
    movel(point, a=1.0, v=0.1)
```

[3] Machine Tending(타 기계 조작)

협동 로봇이 CNC, 프레스기 등의 타 기계에 공작물 부품을 넣고 빼는 작업 등을 수행한다.

(1) 동작 프로세스 예시

- 기계 도어 열기 (출력 신호)
- 부품 삽입
- 도어 닫기 → 가공
- 대기 → 완료 신호 수신
- 가공 부품 꺼내기

03 협동 로봇의 제어문 동작 프로그램

협동 프로그래밍에서는 조건문(if)과 반복문(while, for)을 활용하여 작업 흐름에 유연성을 부여하고, 다양한 상황에 따른 의사결정 제어 및 반복 작업 수행이 가능하다. 이러한 제어문을 이용하면 로봇이 외부 센서 입력에 따라 동작을 달리하거나, 정해진 조건까지 작업을 반복 수행하도록 할 수 있어, 자동화 수준을 크게 향상시킬 수 있다.

[1] 조건문(If Statement)

특정 조건이 참일 때만 동작을 수행하거나, 조건에 따라 다른 동작을 수행한다.

(1) 프로그램 예시(python 기반)

```
# 디지털 입력 0번이 참일 경우 그리퍼 동작
if get_digital_in(0):
    set_digital_out(2, True)    # 그리퍼 ON
else:
    set_digital_out(2, False)  # 그리퍼 OFF
```

(2) 활용 사례

- 센서 감지 유무에 따른 분기 처리
- 특정 위치 도달 여부에 따른 작업 전환
- 작업 중 오류 발생 시 긴급 정지

[2] 반복문(For / While)

동일한 동작을 여러 번 반복하거나, 조건이 만족될 때까지 반복 수행한다..

(1) for 반복문 프로그램 예시(python 기반)

```
positions = [[0.3, 0.2, 0.1], [0.4, 0.2, 0.1], [0.4, 0.3, 0.1]]
for pos in positions:
    movel(pos, a=1.0, v=0.2)
```

(2) while 반복문 프로그램 예시(python 기반)

```
# 외부 센서 입력이 들어올 때까지 대기
while not get_digital_in(1):
    sleep(0.1)
```

(3) 활용 사례

- 반복적인 Pick & Place 동작(N개 제품 처리)
- 센서 신호가 들어올 때까지 대기
- 실패 시 재시도 로직 구현(ex. 3회까지 재시도)

[3] 반복 + 조건문

반복문과 조건문을 복합적으로 구성하는 경우

반복문+조건문 프로그램 예시(python 기반)

```
retry_count = 0
max_retries = 3

while retry_count < max_retries:
    movej(pick_position)
    if get_digital_in(0):      # 부품 감지
        set_digital_out(2, True)  # 그리퍼 작동
        break                  # 성공 시 종료
    else:
        retry_count += 1
        sleep(0.5)
```

위 프로그램은 “픽업 실패 시 최대 3회 재시도” 로직을 구현한 예시이다.

CHAPTER 03

로봇 조작 및 설정

01 티치 펜던트(TP, Teach Pendant) 사용법

협동 로봇의 티치 펜던트(TP) 인터페이스는 사용자가 로봇을 쉽게 조작하고 프로그래밍할 수 있도록 설계되어 있어서 전통적인 산업용 로봇보다 훨씬 직관적이고 사용자 친화적으로 구성되어 비전문가도 빠르게 학습 및 운용이 가능하다는 것이 큰 특징이다.

[1] 티치 펜던트(TP, Teach Pendant)란?

- 로봇의 제어, 프로그래밍, 상태 확인 등을 수행하는 휴대형 컨트롤러
- 협동 로봇은 보통 터치스크린 기반의 그래픽 인터페이스 제공
- 작업자는 로봇을 직접 조작하거나, 티칭(Teaching) 기능으로 궤적을 입력 가능

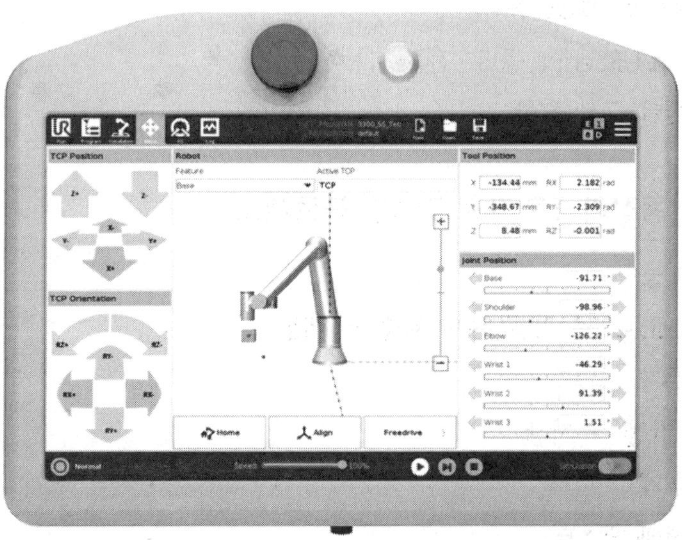

그림 2-8 Universal Robots TP(사진 출처: Universal Robotics)

[2] TP 사용법 구성 요소

(1) 메인 화면 구조

- 프로그램 생성/편집 메뉴
- 로봇 상태 표시(관절 위치, 속도, 에러 등)
- 수동 제어 모드(Jog Mode)
- I/O 상태 확인 및 설정
- 티칭/자동 운전 전환

(2) Jog Control(조그 제어)

- 로봇을 직접 움직이며 위치 지정
- 보통 관절(Joint), 직교(Cartesian), 사용자 정의 좌표계 지원
- 속도/가속도 조절 가능

(3) 핸드 가이딩(Hand Guiding)

- 사용자가 로봇 암을 손으로 움직여 자유롭게 궤적 지정
- 지정된 위치를 Waypoint로 저장
- UR, 두산, Techman 등 대부분 지원

(4) 프로그램 작성

- 블록 추가 방식(If, Move, Wait 등)
- 스크립트 모드(Python/URScript 등)로 전환 가능
- 루프, 조건문, 서브루틴 구성 용이

[3] Pick & Place 동작의 TP 프로그래밍 프로세스

- 로봇 초기 위치로 이동
- Jog 또는 Hand Guiding으로 픽업 위치 지정 → 저장
- 그리퍼 제어 명령 추가
- 이동 → 배치 위치 지정 → 저장
- 그리퍼 해제 명령 추가
- 프로그램 저장 및 실행 테스트

02 로봇 조작 모드

협동 로봇 및 산업용 로봇의 조작 모드는 작업 상황과 사용자 숙련도, 안전성 등을 고려해 여러 모드로 구분되는데, 일반적으로는 수동 모드(Manual), 티치 모드(Teach), 자동 모드(Auto)로 나뉘며, 각 모드는 로봇을 제어하는 방식과 안전 규칙에 차이가 있다.

[1] 수동 모드(Manual Mode)

수동 모드는 로봇을 티치 펜던트나 제어장치를 통해 직접 움직이는 모드이며, 로봇의 모든 동작이 사용자의 직접 조작으로만 실행된다.

(1) 특징

- 조그(Jog) 기능을 사용하여 관절 또는 직교좌표계 기준으로 로봇 이동
- 고장 진단, 유지보수에 자주 사용
- 속도 제한(보통 250mm/s 이하) 및 비상 정지 활성화

(2) 사용 시기

- 부품 교체
- 그리퍼 위치 수동 조정
- 원위치 복귀 등

[2] 티치 모드(Teach Mode)

작업자가 로봇을 손으로 직접 움직이거나 티치 펜던트를 사용하여 궤적을 저장(티칭)하는 모드로 로봇의 작업 경로를 프로그래밍하는 데 사용한다.

(1) 특징

- Waypoint 저장 가능(픽업/배치 위치 등)
- 핸드 가이딩(협동 로봇 전용 기능)을 통해 위치 지정 가능
- 일부 브랜드는 안전한 힘 제어 기능 자동 활성화

(2) 사용 시기

- Pick & Place, 조립, 용접 등 작업의 궤적 등록
- 충돌 위험 없는 저속 이동
- 운용자 교육 및 셋업 단계에서 필수 사용

[3] 자동 모드(Auto Mode)

로봇이 저장된 프로그램을 자동으로 실행하는 모드로 운전자가 개입하지 않고 로봇이 반복 작업을 수행한다.

(1) 특징

- 고속 동작 가능 (100% 속도 설정)
- 안전장치, 인터락, I/O 모두 활성화됨
- 작업 중 비상정지 및 보호정지 장치 필수 적용

(2) 사용 시기

- 생산 공정에서의 반복 작업 실행
- PLC 또는 MES와 연동한 공정 자동화
- 비전 및 센서 기반 자동 작업 실행

[4] 모드 비교

세 가지 모드의 특성을 비교하면 다음 표와 같다.

항목	수동 모드	티치 모드	자동 모드
조작 방식	펜던트 수동 조작	위치 직접 티칭	프로그램 자동 실행
속도 제한	매우 느림	느림	설정 가능(최대 속도)
사용자 개입	많음	중간	거의 없음
주 사용처	유지보수, 테스트	궤적 입력	생산 자동화
안전성	높음	높음	안전장치 필요

표 2 로봇 조작 모드의 특성 비교

CHAPTER 04

외부 장비 연동

01 비전 시스템 연동

협동 로봇과 비전 시스템(Vision System)을 연동하면 단순 반복 작업을 넘어 유연하고 지능적인 자동화가 가능하다. 비전은 로봇이 사물을 "보게" 해 주며, 정확한 위치 인식, 품질 검사, 부품 분류, Bin Picking(난잡한 부품 집기) 등의 작업에 핵심적으로 사용된다.

[1] 비전 시스템이란?

비전 시스템은 카메라, 조명, 렌즈, 이미지 처리 소프트웨어로 구성되어, 물체의 형태, 위치, 각도, 색상 등을 인식하는 장치로 이를 통해 로봇이 작업 대상의 위치나 상태를 파악할 수 있다.

그림 2-9 Canon Vision Edition-U (EU)(사진 출처: Universal Robotics)

[2] 협동 로봇과 비전 시스템 연동 구조

협동 로봇과 비전 시스템은 다음과 같은 구조로 연동이 이루어진다.

(1) 연동 프로세스

[카메라 촬영] → [이미지 처리] → [좌표 변환] → [로봇 제어 명령] → [로봇 이동/동작]

(2) 구성 요소

- 2D 또는 3D 카메라
- 비전 소프트웨어(예: Cognex, Keyence, Halcon, TM Vision)
- 좌표 변환 모듈(이미지 → 로봇 기준계)
- 로봇 제어 시스템과 통신(TCP/IP, Modbus, RS232 등)

[3] 협동 로봇과 비전 시스템 연동 방식 종류

협동 로봇과 비전 시스템의 연동에는 다음과 같은 방식들이 있다.

방식	특징	예
로봇 내장 비전	일부 로봇은 비전 기능 내장	Techman(TMV), Hanwha HCR
외부 비전+ 통신	외부 비전 시스템과 데이터 송수신	Cognex → UR, Doosan 등
PC 기반 비전+ 로봇 API	OpenCV 등으로 분석 후 API 호출	Python + URScript, RTDE

표 3 비전 시스템 연동 방식

[4] 주요 활용 사례

(1) 좌표 인식 및 Pick & Place

- 비전으로 물체의 위치/회전각 인식 → 로봇이 정확히 집기
- 대표 공정: PCB 픽업, 병뚜껑 정렬, 라벨 부착 등

(2) 품질 검사

- 크기, 색상, 흠집 검사 → 불량품 제거
- AI 기반 비전(딥러닝) 연동 가능

(3) Bin Picking(무질서한 부품 집기)

- 3D 카메라로 깊이/형상 인식 → 충돌 없는 집기 경로 생성
- 예: 자동차 부품 혼재 박스 집기

[5] 통신 방식 예시(UR + Cognex)

1. Cognex 카메라 → 제품 위치 계산
2. Modbus TCP 또는 Ethernet TCP/IP로 UR 로봇에 전송
3. URScript 또는 RTDE로 위치 전달
4. 로봇이 해당 좌표로 이동 후 Pick

02 센서 연동

협동 로봇에 센서를 연동하면 환경 인지와 반응성이 높아져, 정밀 제어, 안전성 확보, 자동화 수준 향상에 크게 기여할 수 있고, 센서 데이터는 로봇 제어 프로그램에 직접 활용되며 조건 제어, 피드백 루프, 이벤트 트리거 등 다양한 방식으로 동작을 제어할 수 있다.

[1] 연동 가능한 센서 종류 및 활용 사례

협동 로봇과 연동하여 사용하는 주요 센서에는 다음과 같은 것들이 있다.

센서 종류	측정 데이터	주요 사용 용도
힘/토크 센서(FT Sensor)	로봇 말단의 힘/토크 측정	정밀 조립, 사각 지그 삽입, 접촉 감지
근접 센서	금속 등 물체 감지	접근 감지, 정지 조건 트리거
포토 센서(광센서)	광차단 여부 감지	물체 존재 여부 확인, 컨베이어 인터락
압력/진공 센서	그리퍼 흡착 상태 측정	픽업 성공 여부 판단
온도/습도 센서	환경 모니터링	온습도 제어, 알람 트리거
3D/ToF 거리 센서	거리/깊이 측정	장애물 회피, 높이 정렬
RFID 센서	태그 정보 인식	부품 식별, 물류 추적

표 4 협동 로봇과 연동하는 사용하는 주요 센서

그림 2-10 SCHUNK FT-AXIA 센서(사진 출처:Universal Robotics)

[2] 센서 연동 방식

협동 로봇의 센서 연동 방식에는 다음과 같은 방법들이 있다.

(1) 디지털/아날로그 I/O

- 디지털 센서: ON/OFF 신호(예: 근접 센서, 포토 센서)
- 아날로그 센서: 연속적인 값(예: 힘센서, 거리센서)
- 대부분 로봇의 I/O 포트에 직접 연결

(2) 통신 기반 센서

- Ethernet/IP, Modbus TCP, RS-485, CAN 등
- 외부 제어기 또는 센서에서 로봇 컨트롤러로 데이터 송수신
- 힘/토크 센서, 스마트 비전 센서 등에서 많이 사용

(3) 로봇 전용 통합 인터페이스

- 일부 협동 로봇(UR, 두산 등)은 센서용 전용 포트 및 드라이버 제공
- 플러그 앤 플레이 식 URCaps, DR Partner 등 활용 가능

[3] 센서와 연동하는 로봇 프로그램 예시

다음은 포토 센서로 부품 유무 확인 후 Pick 동작 수행하는 협동 로봇 프로그램의 예시이다.

```
# 의사 코드 (URScript 예시)
if get_digital_input(1):  # 포토센서가 부품 감지
    movej(pick_pose)
    set_digital_output(0, True)  # 그리퍼 ON
    sleep(0.5)
    movej(place_pose)
    set_digital_output(0, False)  # 그리퍼 OFF
else:
    popup("No part detected!", warning=True)
```

[4] 산업 현장 활용 사례

다음은 산업 현장에서 협동 로봇이 센서와 연동하여 활용하는 사례이다.

- 힘 센서 + 협동 로봇 : 정밀 삽입 또는 나사 체결 공정 자동화
- 포토 센서 + 협동 로봇 : 컨베이어 위 부품 감지 후 픽업
- 압력 센서 + 진공 그리퍼 : 흡착 실패 시 동작 중지
- RFID 센서 + 물류 로봇 : 부품 종류에 따라 자동 분류

03 엔드 이펙터(End-Effector) 제어

엔드 이펙터(End-Effector)는 협동 로봇의 "손" 역할을 하며, 부품을 잡고, 흡착하고, 눌러 조립하거나 이동시키는 등의 산업 현장 등에서 실제 작업을 수행하는 도구로, 대표적으로 그리퍼(Gripper)와 진공 패드가 있다.

그림 2-11 Robotiq 2F-85 Gripper(사진 출처: Universal Robotics)

[1] 주요 엔드 이펙터 종류

협동 로봇에서 많이 사용하는 주요 엔드 이펙터에는 다음과 같은 것들이 있다.

종류	작동 방식	제어 방식
전동 그리퍼(Electric Gripper)	모터로 손가락을 열고 닫음	디지털 I/O, 시리얼, 이더넷, API
공압 그리퍼(Pneumatic)	압축 공기로 작동	공압 밸브+ 디지털 I/O
진공 패드(Vacuum Pad)	음압으로 물체 흡착	진공 펌프+ 센서+ I/O
마그네틱 그리퍼	자력으로 금속 물체 고정	전자석 제어(ON/OFF)
소프트 그리퍼	유연한 구조로 다양한 형상 대응	전기 또는 공압 제어
커스터마이징 EOAT	작업 특화형 도구	혼합 제어(센서 포함)

표 5 협동 로봇의 주요 엔드 이펙터 종류

[2] 그리퍼 제어

협동 로봇의 그리퍼 제어를 위해 다음과 같은 방식들을 사용한다.

(1) 디지털 I/O(Digital Output/Input)

- ON/OFF 신호로 그리퍼 열림/닫힘 제어
- ON/OFF 신호 예: set_digital_output(0, True) → 그리퍼 ON

(2) 통신 기반(Modbus, RS-485, Ethernet 등)

- 정밀 제어 가능: 위치, 속도, 힘 등 파라미터 조정
- Robotiq, OnRobot, SMC의 전동 그리퍼 등에서 사용

(3) API/SDK 제어

- Python, C++, ROS 등에서 고급 명령 제어 가능
- URScript, Doosan DART, FANUC KAREL 등에서 사용

다음은 그리퍼 제어 프로그램의 예시(UR 로봇 + Robotiq 2F 그리퍼)이다.

```
# Robotiq Gripper URCap 사용 시
rq_move_and_wait(pos=255, force=50, speed=100)  # 그리퍼 닫기
sleep(1.0)
rq_move_and_wait(pos=0, force=50, speed=100)    # 그리퍼 열기
```

[3] 진공 패드 제어

(1) 진공 패드 제어 프로세스

- 진공 발생기 ON: 흡착 시작
- 진공 해제(블로우 OFF): 방출
- 진공 센서값을 활용해 픽업 성공 여부 확인 가능

(2) 진공 패드 제어 프로그램 예시

```
set_digital_output(0, True)    # 진공 펌프 ON
sleep(0.5)
if get_analog_input(2) > 2.0:  # 진공압 감지
    movej(place_pose)
set_digital_output(0, False)  # 진공 OFF
```

CHAPTER 05

공정 자동화와 협동 로봇

01 협동 로봇을 이용한 공정 자동화

협동 로봇(Cobot)을 이용한 공정 자동화는 사람과 로봇이 같은 공간에서 협력하여 작업하면서도 생산성, 유연성, 안전성을 동시에 향상시킬 수 있는 접근 방식이다. 전통적인 산업용 로봇보다 설치가 간편하고, 다양한 작업에 빠르게 적응할 수 있어 중소 제조업에서 특히 활용도가 높은 편이다.

[1] 협동 로봇에 적합한 공정 자동화 활용 영역

일반적으로 다음과 같은 작업 분야에 협동 로봇을 이용하면 좋은 효과를 거둘 수 있다.

작업 분야	활용 작업	이용 효과
반복적 작업	조립, 나사 체결, 삽입, 용접	일관성 향상, 피로 감소
Pick & Place	부품 이송, 분류, 포장	속도 향상, 인력 절감
기계tending	CNC, 사출기 로딩/언로딩	기계 가동률 향상
검사 작업	시각검사, 접촉검사, 계측	정밀도 향상, 불량 감지
연마/디버링	사출품 후처리, 금속 연마	일정한 압력 유지
라벨링/프린팅	포장 박스 마킹, RFID 부착	소형 작업 셀 최적화

표 6 협동 로봇의 공정 자동화 활용 작업 분야

[2] 자동화 구축 절차

협동 로봇을 이용한 공정 자동화 구축 절차는 일반적으로 다음과 같은 순서로 이루어진다.

(1) 공정 분석

반복성, 작업 시간, 작업 공간, 안전성 등 파악

(2) 적합한 협동 로봇 선정

하중, 도달 거리, 브랜드 호환성 고려

(3) 엔드 이펙터 및 센서 구성

작업 대상에 맞는 그리퍼, 진공 패드, 비전 시스템 결정

(4) 시뮬레이션 및 시운전

오프라인 시뮬레이터(URSim, Doosan Robot-Studio 등) 사용

(5) 현장 적용 및 피드백 보완

안전 장치, 로봇 경로 조정, 센서 보정 등

[3] 공정 자동화 활용 사례

다음은 협동 로봇을 이용한 대표적인 공정 자동화 활용 사례이다.

(1) 박스 포장 자동화(e-Commerce 물류)

- 작업 내용: 물품 픽업 → 박스 삽입 → 라벨링
- 활용 로봇: UR5e + OnRobot RG6 + Cognex 비전
- 효과: 작업 속도 20% 향상, 불량률 감소

(2) 나사 체결 조립

- 작업 내용: 전동 드라이버 장착 로봇이 4개 지점 체결
- 활용 로봇: Doosan M0609 + ESTIC 나사 체결기
- 효과: 작업자 1인 → 로봇 자동화 + 검출 센서 연동

(3) CNC 기계 Tending

- 작업 내용: 부품 투입 → 가공 → 배출
- 활용 로봇: HANWHA HCR-12 + 협업형 슬라이딩 도어 제어
- 성과: 야간 자동 가공 가능, 휴먼에러 제거

[4] 협동 로봇을 이용한 자동화의 장점

협동 로봇을 이용하여 공정 자동화를 구축하는 방안에는 다음과 같은 장점들이 있을 수 있다.

항목	내용
공간 절약	안전 펜스 없이 설치 가능
설치 간편	별도 엔지니어 없이도 셋업 가능
유연성	공정 변경 시 프로그램 수정만으로 대응
비용 절감	전체 설비 투자비용이 적음
안전성	ISO 10218, TS 15066 기준 안전설계(토크센서 등)

표 7 협동 로봇을 이용한 자동화 구축의 장점

[5] 협동 로봇을 이용한 공정 자동화 시스템의 주요 구성 요소

협동 로봇을 이용한 공정 자동화 시스템은 주로 다음과 같은 요소를 이용하여 이루어지는 경우가 많다.

- 비전 시스템 : 위치 보정, 분류, OCR
- 힘/토크 센서 : 정밀 삽입, 조립
- AGV/AMR 연동 : 이동 자동화
- MES/ERP 연동 : 생산 정보 통합
- 멀티툴 체인저 : 다양한 EOAT 자동 교체
- PLC, HMI : 외부 장비 연동 제어

03

PART

스마트공장 소프트웨어

CHAPTER 01

국내 제조산업의 패러다임 변화와 현재

01 제조산업의 패러다임 변화

[1] 국내 제조기업의 현황

우리나라는 지난 수십 년간 다양한 제조 산업들이 중심이 되어 효율적인 생산, 공급이라는 사회적 기능과 역할을 충실히 수행해 왔으며, 이 기반으로 고도의 성장을 이룩하였다. 중소기업청의 통계자료를 따르면 국내 중소기업은 전체 기업의 99%이고, 종사자 수도 77%로 높은 비중을 차지하고 있지만 중소기업의 생산액은 45.7%로 대기업의 생산액 54.3%보다 8.6% 낮고 부가가치는 47.6%로 대기업의 52.4%보다 4.8% 낮은 실정이다. 대기업 대비하여 낮은 부가가치를 향상시키고 경쟁력을 강화하기 위해서는 새로운 혁신 방안이 필요하다.

제조 산업에서 경쟁우위 확보와 유지를 위해서는 기술적 우위(공정개발, 시설투자 등)와 더불어 제조기술을 뒷받침하는 고도의 공장운영이 다른 산업분야보다 더 중요하다. 제조 기업들은 기업 경쟁력 확보와 생존을 위한 협업적 제품개발과 민첩한 제조를 위하여 많은 연구와 투자를 진행하고 있으며, 제품, 공정, 제조시스템에 각종 IT(Information Technology) 기술을 적용할 수 있는 기술개발과 지원시스템 구축을 위해 많은 노력을 기울이고 있다. 노력의 일환으로 현 정부에서는 중소기업의 질적, 양적 성장을 위하여 2, 3차 협력사 위주의 제조업혁신 3.0 사업을 추진하고 있다.

중소제조업의 혁신을 지원하기 위하여 중소벤처기업부에서는 2022년까지 제조기업 중 총 3만개의 스마트공장 구축을 목표로 여러 사업을 추진중에 있지만 스마트공장을 구축한 약 80%의 제조기업은 기초단계에 머무르고 있으며, 수집된 데이터를 활용한 생산성향상과 스마트한 공장운영관리를 통해 고효율의 지능형 생산시스템 구축이 매우 절실히 필요하다.

전 세계적으로도 제조업 기술과 ICT(Information & Communication Technology) 기술을 융합하여 제조혁신을 이루기 위해 노력하고 있다. 제조업 강국인 독일의 경우 미래 제조업 시장을 주도하기 위하여 '인더스트리 4.0'을 수행하고 있으며 과거 기계위주의 생산, 자동화 생산, 컴퓨터 로봇생산의 패러다임이 현재는 기계, 사람, 인터넷의 상호연결을 통해 생산하는 제조업으로 진화했다. 이러한 제조업 진화를 바탕으로 양질의 일자리 창출, 노동고도화를 통한 고임금, 고령화 구조 대응, 고부가가치 생산으로 경쟁력을 키워가고 있다. 전 세계적인 흐름에 따라 경쟁에서 뒤처지지 않기 위해서 국내 제조 기업에서도 제조업과 ICT가 융합된 새로운 생산 패러다임의 적용이 필요하다.

현재 국내 제조 기업에서는 엑셀을 사용한 관리부터 IT 솔루션 활용 등 다양한 방법으로 생산현장의 데이터(실적, 비 가동, 불량 등)를 관리하고 있으며, 수집된 데이터를 기준으로 생산계획을 수립하거나 생산현장을 관리하고자 노력하고 있다. 하지만 대부분의 중소기업에서는 데이터에 대한 체계적인 수집·관리가 미흡하고, 데이터를 분석·활용하기 위한 인력 또한 부족하기 때문에 기존의 관습을 따라 관리자의 오랜 경험을 바탕으로 생산관리를 수행하고 있다. 일부 기업에서는 체계적인 데이터 관리와 생산계획을 수립하기 위하여 ERP, MES, POP 등의 다양한 IT 솔루션을 도입하여 활용하고 있으나 대부분의 경우 기대한 만큼의 성과를 도출하지 못하는 실정이다. 그 원인으로는 시장의 다양화로 인한 급격한 영업 환경변화, 현장 표준 정보관리 미흡, 솔루션 간 정보 연동 미흡, 부서 간 의사소통 단절, 작업자부터 경영자의 사고를 두루 포용할 수 없는 시스템 구조, 기업조건을 반영하지 않은 섣부른 시스템 도입 등이 있다. 또한, 기존 IT 솔루션에서는 많은 종류의 데이터를 수집 및 관리해야 하기 때문에 작업자 및 관리자의 업무량이 가중되어 활용도가 저하되고 있다.

이러한 문제점을 해결하기 위해서는 시시각각 변하는 중소제조기업의 특성을 고려하여 생산현장의 4M(Man, Machine, Material, Method) 데이터, 생산실적, 비 가동, 불량 데이터를 집계하고 분석하여 생산계획을 수립하고 수주에서 생산, 납기까지 일련의 과정을 관리할 수 있는 스마트공장 운영관리(FOM-Factory Operation Management) 솔루션을 활용한 제조현장 Raw Data 기반의 제조혁신과 맞춤교육이 필요하다.

[2] 국내 제조기업의 정보기술 활용 현황

[2.1] 국내 IT 솔루션 활용 현황

국내 생산 · 제조기업은 생산계획을 수립하거나 생산실적, 비 가동, 불량 등의 생산현황 파악을 위해 다양한 IT 솔루션 및 방법론을 활용하여 생산현황정보를 수집 · 관리하고 있다. 대기업의 경우 공정분석 및 생산계획 수립 시 선진국의 프로그램을 사용하고 있으며 새로운 생산 · 제조시스템의 도입으로 생산성 향상 등 많은 효과를 나타내고 있다. 하지만 외산 IT 솔루션의 경우 구입비용이 고가일 뿐만 아니라 시스템 구축에 필요한 절차가 많으며, 운영방법 또한 어렵기 때문에 중소제조기업체에 도입하여 활용하기에는 많은 어려움이 있다. 뿐만 아니라, 국내 IT 솔루션의 경우 국내 제조업체 생산현장의 특성을 정확히 반영하지 못한 개발로 인하여 기업 맞춤형으로 재조정하는 과정에서 막대한 비용, 인력, 시간이 필수적으로 발생하기에 대기업을 제외한 중소기업에서는 사용하기 어려운 실정이다. 이러한 IT 전문 인력부족 및 고가의 솔루션 비용 등의 문제로 인하여 기술도입이 어려운 중소기업에서는 막대한 비용과 시간을 줄이고, 생산성 향상과 경쟁력 및 이익 극대화를 위하여 IT 활용기술과 생산관리 기술의 융합을 통한 생산성을 향상시킬 수 있는 방안이 필요하다.

대부분 기업에서 생산현장 관리를 위해 사용하고 있는 IT 솔루션에는 전사적 자원관리시스템(ERP), 제조실행시스템(MES), 최적 제조계획 및 스케줄링시스템(APS), 컴퓨터를 이용한 최적화 설계(CAD/CAM) 및 제조방법론 개발과 검증을 위한 시뮬레이션 기법, 자재명세서 관리시스템(BOM) 등이 있다. 이번 장에서는 앞서 소개된 IT 솔루션 중, 기업에서 가장 많이 활용하는 ERP, MES, POP에 대하여 간략히 설명하고자 한다.

ERP는 Enterprise Resource Planning의 약어로 인사, 재무, 생산 등 기업의 전 부문에 걸쳐 독립적으로 운영되는 관리시스템의 경영자원을 하나의 시스템으로 재구축함으로써 생산성을 극대화하려는 경영혁신기법을 의미하여 전사적 자원관리라고 부르며, 이익의 극대화, 고객 만족 등의 기업 목적을 달성하기 위한 일련의 활동을 한정된 자원을 이용하여 효율적으로 수행할 수 있도록 도와주는 IT 솔루션이다.

MES는 Manufacturing Execution System의 약어로 현장의 실시간 모니터링과 물류 및 작업내역 추적관리, 불량관리 등에 초점을 맞춘 시스템이다. 제품의 생산현황, 실적 등을 관리하고, 생산에 활용되는 설비 등 각종 자원을 효율적으로 사용할 수 있도록 하며, 생산목표를 달성할 수 있도록 제품 주문, 생산, 운영 및 실행에 이르기까지 계획의 전반적인 정보를 제공하는 IT 솔루션이다.

마지막으로 POP는 Point of Production의 약어로 생산시점관리를 뜻한다. 생산현장에서 발생되는 생산량, 생산시설 상태 등 여러 가지 생산 정보를 실시간으로 수집 및 분석하는 현장보고 시스템으로써 제조 환경 변화에 따른 생산관리시스템을 성공적으로 운영할 수 있도록 도와주는 IT 솔루션이다. POP 시스템은 제품을 자동으로 인식하기 위하여 정보수집(바코드/RFID/USN 등) 시스템과 연동하여 사용할 수 있다.

이러한 IT 솔루션들은 기업의 이익 증대 및 효과적인 자원관리를 위해 필수적인 요소가 되었고, 각종 분야에서 널리 쓰이고 있다. 국내 ERP 도입 기업은 전체 34.2%이며, 사업장 규모별로는 10~49인 16.3%, 50~249인 42%, 255~999인 63.7%, 1,000인 이상은 95.6%가 사용하고 있다. 도입기업 중, 제조업의 경우 41.8%의 기업이 ERP를 도입하여 타 업종대비 7.6% 높고 기업 규모별로 보면 대기업은 97%로 대부분이 사용하고 있지만 중소기업은 30.1%로 대기업 대비하여 저조한 도입률을 나타내고 있다.

IT 솔루션을 도입한 기업들의 실상을 보면 고가의 비용을 지불하여 시스템을 구축하였더라도 실적 집계와 같은 생산관리 분야의 제한적인 도구로만 활용될 뿐 기업의 생산성이나 품질 향상 등 개선활동의 단초를 제공할 수 있는 합리적이고 실용적인 도구로서의 역할을 못하고 있어 이러한 문제해결을 위한 대책 마련이 시급하다.

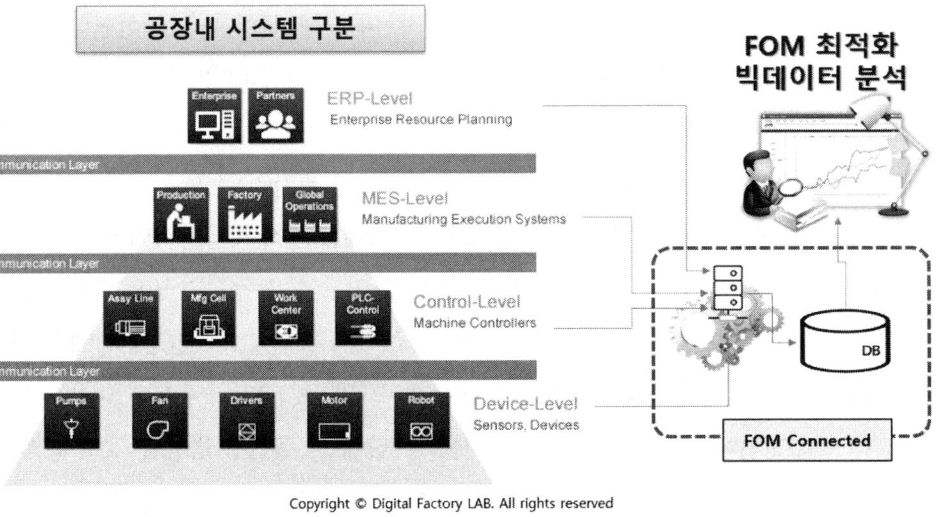

그림 1-1 국내 IT 솔루션

또한 성공적인 IT도입 및 활용을 위해서는 사전에 철저한 준비를 통해 충분한 역량을 갖추고, IT 전략과 사업전략을 연계하는 제조현장 4M 기반의 일관성 있는 전략수립이 필요하다.

따라서 기존 제조 기업에 도입된 IT솔루션을 통해 수집·관리되고 있는 데이터를 스마트공장 운영관리 FOM 솔루션에 연동하여 빅 데이터 분석을 통해 스마트한 공장운영관리 방안을 수립해야 하고, 단순히 관리를 위한 데이터 활용이 아닌 생산성 향상과 제조현장 분석을 위한 목적으로 데이터 활용이 이루어져야 한다. 이에 대한 더 자세한 내용은 '2. 스마트공장 운영관리(Factory Operation Managements : FOMs) 방법론'에서 설명하고자 한다.

[2.2] 생산성 향상을 위한 IT 솔류션 도입 사례

국내 IT 솔루션시장의 규모가 점점 확대되고 활성화됨에 따라 IT 솔루션 도입에 성공하거나 실패한 많은 사례를 확인할 수 있다. IT 솔루션 도입을 성공한 J사는 장기적인 업무 흐름과 다품종 소량 생산으로 인한 자재 구매 및 관리의 어려움으로 경영자가 한눈에 회사 상황을 파악하기 어려웠다. 하지만 ERP시스템 도입으로 설비효율 분석을 통한 생산량 증가 및 영업 분석을 통한 추진방향 수립, 원가관리를 통한 이익 창출과 손익관리를 통한 공정한 평가체제 구축 등 경영활동을 위한 경영분석 능력이 향상되었고, 재고운용의 효율증대 및 불량률 저하, 부서 간 업무처리 속도 및 정확도 향상 등 자료의 일관성에 의한 업무의 효율성이 증대되었다. 전 직원의 체계적인 ERP 도입을 위한 교육 및 최고 경영진의 적극적인 의지, 시스템 구축기간 단축에 의한 비용절감, 기업목표에 부합하는 시스템 목표설정 등이 성공요인으로 평가받고 있다.

IT 솔루션 도입을 실패한 F사는 제약제품들을 미국 내 주요 약국에 완전 판매하는 미국에서 4번째로 큰 유통업체이다. F사는 IT 솔루션 도입을 통해 비용절감, 재고 회전율 제고, 수주 제고, 업무 효율화 등을 추진하였다. 그러나 시스템 기능장애 및 프로젝트 경비 과다지출 등 경영정보시스템(Management Information System : MIS) 기술문제로 인해 부도난 경우이다. 주문 항목에 대한 대용량 처리를 할 수 있는 시스템으로 환경설정을 하지 않아서 대용량 처리를 하지 못했으며, 시스템 적용 전에 충분히 시험가동을 하지 못했다.

또한 기존 시스템과의 호환이 제대로 이루어지지 않는 등의 시스템 내적인 요인과 기업 경영층에서 너무 낙관적으로 저비용 및 고효율을 위한 전산화에만 지나치게 의존한 나머지 업무 변화관리를 소홀히 하고, 시스템 사용자 교육이 제대로 이루어지지 않아 신 시스템 가동 후 현업에서 상당한 혼선이 있는 등의 시스템 외적인 요인으로 인해 부도가 났다.

앞서 언급한 사례를 통해 알 수 있듯이 활용성이 높은 IT 솔루션은 기업의 혁신을 가져다 줄 수 있지만 철저한 준비 없이 도입하는 것은 오히려 기업 경쟁력을 향상을 방해하는 처지가 될 수도 있다.

[2.3] 기존 IT 솔루션 적용의 문제점 및 개선 방안

국내 99%에 해당하는 중소기업의 경쟁력 향상을 위하여 생산성을 향상시킬 수 있는 솔루션의 도입과 활용이 필요하지만 기존 컨설팅에 의한 솔루션은 기업구조개선, 제품 및 공정 등의 기술개발, IT 솔루션 도입으로 인한 경쟁력 강화와 같은 Top-down 방식을 사용하고 있다. 그러나 이는 ① 급발주, 출하변경과 같은 급변하는 영업환경에 의한 생산 시나리오 다변화, ② 생산 품목에 따른 작업자배치, 작업순서, 작업시간, 작업방법에서의 낭비 등 4M 문제, ③ 부서간 의사소통 부재, 납기지연, 수요변동성 등 원·부자재 흐름의 단절로 인한 낭비 등 끊임없이 변화하는 현장과 그에 대한 애로사항에 큰 도움이 되지 못한다.

또한 중소기업에서 현재 도입하여 사용하고 있는 대부분의 IT 솔루션은 기존방법과 같이 현장의 정보를 반영하지 못한 Top-down 방식으로 개발하여 기업체 적용 후에도 활용도가 매우 미흡한 경우가 많다. 기업의 활용도를 높이기 위해서는 생산현장의 상세한 4M 정보를 디지털화하여 시간과 공간의 제약 없이 생산 환경을 Front-Loading 할 수 있는 Bottom-up 방식의 새로운 방법론이 필요하며, 수많은 데이터를 쉽게 게더링 할 수 있는 미들웨어(API)와 제조현장의 빅 데이터를 진단, 분석, 최적화할 수 있는 스마트공장운영 관리시스템 및 방법론의 도입이 필요하다.

아울러 FOM 클라우드 솔루션을 오픈하여 제조현장을 O2O(Online to Offline) 서비스로 제조혁신 교육과 컨설팅을 수행하여 지속적인 생산성을 관리하여야 한다. 따라서 이에 대한 스마트공장 운영관리(FOMs) 방법론에 대해 다음 장에서 자세히 설명하고자 한다.

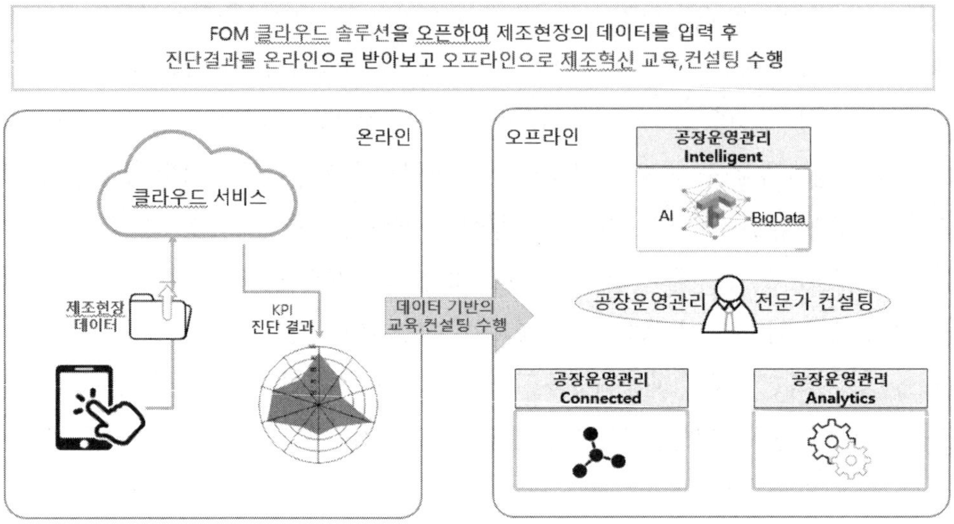

그림 1-2 O2O(Online to Offline) 서비스로서의 FOM 솔루션

실습보고서

20　년　월　일　요일 장소:

제 목			
확 인		성 명	

실습(문제)내용

작성순서

결과 및 결론

특기사항 및 소감

학습평가		지도교수	

CHAPTER 02

스마트 공장 운영관리

01 스마트공장 운영관리(Factory Operation Managements : FOMs)의 방법론

[1] 스마트공장 운영관리(FOMs)의 필요성

국내 제조분야 전체 기업의 약 99%를 차지하는 중소기업의 노동생산성은 대기업 노동생산성 대비 현저히 낮으며, 제조공장의 평균가동률은 2012년 이후 지속적인 하락세(2019.11년 기준 71.8%)를 보이고 있다. 또한 국내 제조업의 매출증가율 등 제조업 지표 부진으로 제조경쟁력이 하락하여 한국 제조업경쟁력지수는 전 세계적으로 2010년 3위에서 2016년에는 5위, 2020년에는 6위로 부진한 성과를 보이고 있다.

이에 대한 대응방안으로 정부에서 2030년까지 세계 4대 제조강국으로 도약하기 위한 전략인 제조업 르네상스 비전을 선포(2019.06.19.)하여 제조업의 스마트화를 위해 스마트공장 · 산단을 중심으로 인공지능(AI) 기반 산업진흥화를 추진하고 있다.

2022년까지 총 3만개의 스마트공장 구축, 2030년까지 AI 공장 2000개 구축을 계획하며 스마트공장 보급사업을 진행하고 있으나 대부분 생산현장 및 기존 공정에 대한 제대로 된 분석과 표준화 작업없이 IT 솔루션만 도입하여 활용도가 매우 미흡하고 현재까지 구축된 스마트공장의 76.4%는 기초수준에 머물러 있다.

표 2-1 국내 중소 · 중견기업 스마트팩토리 구축현황 및 수준

<table>
<tr><th>등급</th><th>구분</th><th>현장자동화</th><th>공장운영</th><th>기업자원관리</th><th>제품개발</th><th>공급사슬관리</th></tr>
<tr><td rowspan="2">Level 5</td><td rowspan="2">고도화</td><td colspan="4">IoT/IoS 기반의 CPS화</td><td rowspan="2">인터넷비즈니스 / CPS 네트워크</td></tr>
<tr><td>IoT/IoS화</td><td colspan="3">IoT/IoS (모듈)화
빅데이터 기반 진단 및 운영</td></tr>
<tr><td>Level 4</td><td>중간수준2</td><td>설비제어 자동화</td><td>실시간 공정제어</td><td>공장운영 통합</td><td>기준정보/기술정보 생성 및 연결 자동화</td><td>다품종 개발 협업</td></tr>
<tr><td>Level 3</td><td>중간수준1</td><td>설비데이터 자동집계</td><td>실시간 의사결정</td><td>기능 간 통합</td><td>기준정보/기술정보 개발운영</td><td>다품종 생산 협업</td></tr>
<tr><td>Level 2</td><td rowspan="2">기초수준 76.4%</td><td rowspan="2">실적집계 자동화</td><td rowspan="2">공정물류 관리(POP)</td><td rowspan="2">관리기능 중심 기능개별운용</td><td rowspan="2">CAD 사용 프로젝트관리</td><td rowspan="2">단일 모기업 의존</td></tr>
<tr><td>Level 1</td></tr>
<tr><td>Level 0</td><td>ICT 미적용</td><td>수작업</td><td>수작업</td><td>수작업</td><td>수작업</td><td>전화, 이메일</td></tr>
</table>

출처 : 중소벤처기업부

국내 제조기업은 효율적인 생산현장 관리를 위해 ERP, MES, POP와 같은 IT 솔루션 및 관리기법을 적용하고 있으나 제조현장에서 끊임없이 변화하고 발생하는 여러 가지 이슈들(① 급발주, 출하변경, 근로자의 잦은 이직 등 급변하는 제조환경에 의한 생산시나리오 변화, ② 4M(Man, Machine, Material, Method) 요소의 낭비, ③ 부서간 의사소통 부재와 납기지연, ④ 수요 변동성 등으로 인한 원·부자재 흐름의 단절로 인한 낭비 등)에 대응하기에는 역부족이며, 생산현장 관리의 일부를 IT 솔루션으로 진행하는데 있어서 수집되는 데이터의 신뢰성에 대한 이슈 또한 존재한다.

이를 해결하기 위해서는 생산 및 제조시스템과 ICT 기술을 융합하여 생산제조기업의 생산현장 4M 관리·추적분석 및 KPI(핵심성과지표) 관리를 수행할 수 있는 공장운영관리 방법이 필요하다. 또한 4차 산업혁명에 따른 기술발전에 발맞추어 향후 Industrial AI 기술이 적용된 지능형 신 생산시스템(MI-NPS : Meta Intelligence - New Production System) 구축이 필요하며 본 장에서는 이를 위한 스마트공장 운영관리 FOMs Cycle 방법론에 대해 설명하고자 한다.

[2] 스마트공장 운영관리 FOMs Cycle

스마트공장 운영관리 FOMs Cycle은 노동생산성 측면의 많은 애로사항을 지니고 있는 중소제조기업의 제조역량을 강화시키기 위한 방법론으로 정보화(정보흐름) 관점의 분석을 위한 공장운영관리(FOM : Factory Operation Management), 자동화(물류흐름) 관점의 분석을 위해 3D Simulator를 이용한 사이버물리시스템(CPS : Cyber Physical System), 에너지 관점의 분석을 위한 공장에너지관리(FEM : Factory Energy Management), 맞춤교육 및 컨설팅을 위한 현장실무 중심학습(ABL : Actual-task Based Learning)으로 구성되어있다.

FOMs Cycle은 위 4가지 방법을 기준으로 생산제조현장의 4M1E(Man, Machine, Material, Method, Energy) 관점의 현장진단과 분석을 진행하며 정보화·자동화·최적화·효율화·지능화 단계를 밟으면서 중소기업의 제조역량을 강화시키고 향후 제조공장 내 최적화된 지능형 신 생산시스템(MI-NPS) 구축을 위한 방법론이다. FOMs Cycle에서 정보화, 자동화, 에너지 관점 분석과 기업체 맞춤교육을 필요에 따라 함께 진행하는 이유는 제조공장의 문제점을 진단분석하기 위해서는 다양한 관점에서 생산 공장을 바라보고 분석할 수 있는 능력이 필수적이기 때문이다. 또한 제품이 출하될 때까지 생산제조현장의 4M 요소의 변화는 매우 심하기 때문에, 이에 대응하기 위해서 다양한 생산시나리오를 구성하여 충분한 시뮬레이션 검증을 진행한 후에 최적 생산시나리오를 구축할 수 있어야 한다.

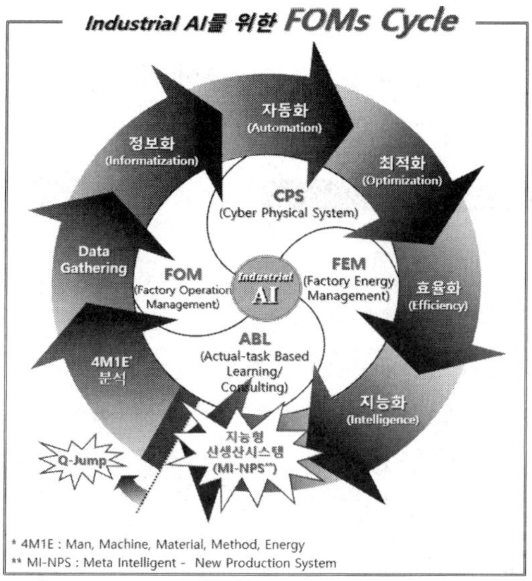

그림 2-1 스마트공장 운영관리 FOMs Cycle Process

이러한 이유 때문에 공장에서 발생하는 데이터 관점의 정보흐름, 자동화 관점의 물류흐름, 에너지 관점의 에너지흐름에 대한 분석이 함께 필요하며 분석결과에 따라 이슈사항에 대한 개선을 위해 현장실무중심의 교육(컨설팅)도 함께 진행되어야 한다.

공장운영관리(Factory Operation Management : FOM)는 생산성·비가동·불량 영역을 FOM Code Management에 따라 11가지 생산관리지표와 60가지 세부 생산관리 지표로 나누어 기업의 생산능력관리를 소프트웨어 중심으로 수행하고, 작업자별 · 생산제품별 · 기계설비별 · 비가동 요인별 · 불량요인별 데이터 융합 분석을 통해 일하는 방식을 개선한다.

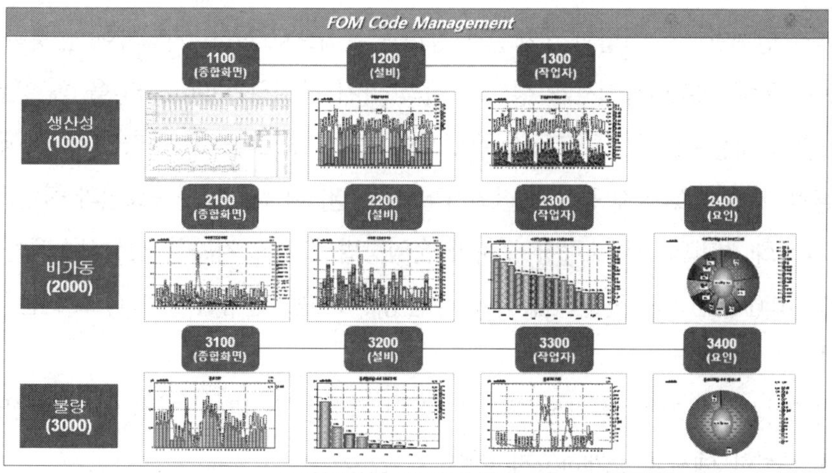

그림 2-2 공장운영관리(FOM) Code Management

또한 4M 기준 생산현장 관리와 비가동 발생과 불량 발생 요인에 대한 추적분석을 통한 제조기업의 최적 생산시나리오를 구축하고 지속적인 KPI관리를 통해 생산성을 향상시킨다.

3D Simulator를 이용한 사이버물리시스템(Cyber Physical System : CPS)은 물류흐름(자동화) 관점으로 제

조현장의 생산시스템을 분석한다. 3D 시뮬레이터를 이용하여 제조공장을 사이버상에서 가상공장을 구축하고, 다양한 생산 관련 정보를 종합적으로 고려하여 소재의 입고부터 생산 및 제품출하까지의 다양한 생산시나리오에 대한 분석을 진행한 뒤 기업 상황에 맞는 최적 생산시나리오를 적용한다.

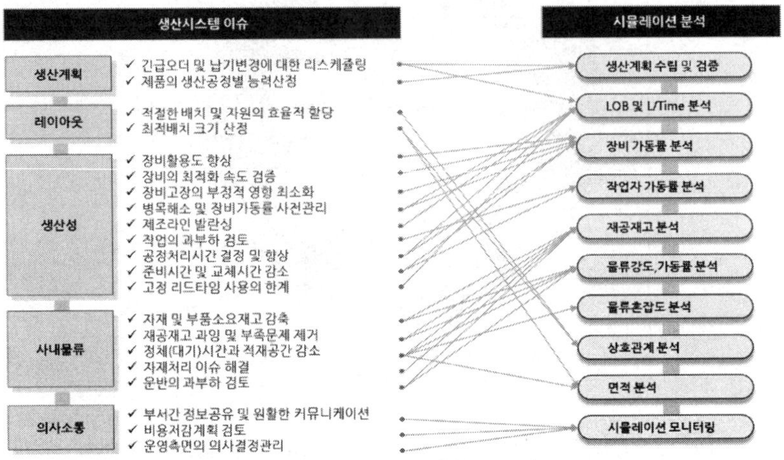

그림 2-3 3D 시뮬레이터를 이용한 사이버물리시스템(CPS)

공장 에너지관리(Factory Energy Management : FEM)는 제조현장 설비의 생산조건과 운전 상태와 연계하여 각종 설비에서 수집되는 에너지 사용량에 대하여 모니터링과 분석을 수행하고, 에너지 사용량에 대한 절감 방안에 대한 설계를 진행한다. 에너지 사용량에 대한 현황 분석 시 에너지 소비, 제품생산, 환경현황 등 다각적으로 분석하여 낭비요소에 대한 문제점을 파악하고 이에 대한 개선방안을 수립하여 에너지를 효율적으로 사용할 수 있도록 한다.

현장실무 중심학습(Actual-task Based Learning : ABL)은 실제과업을 수행하면서 배우는 Learning By Doing의 교육 모델로 인재양성과 기업의 실제성과 창출을 목적으로 한다. 기업체에 근무하고 있는 임직원은 현장실무 중심학습을 통해 제조현장에서 발생되는 여러 가지 문제점과 애로사항을 해결한다.

현장실무 중심학습의 내용으로는 스마트공장 운영관리(FOM) 프로세스에 따라 기업체 생산성과 KPI를 진단·분석하는 방법론을 학습하고, 실제 공장의 작업자별, 설비별, 제품별 비가동요인과 불량요인을 최적화하는 방법을 학습하고, 정보화 기반의 스마트공장 구축과 운영방법 그리고 지능형 생산시스템을 구축하는 방법을 학습하고, 공장운영관리(FOM) 솔루션을 이용하여 생산성, 비가동, 불량을 지속적으로 분석하고 최적화하는 방법론을 학습한다.

다음 3.(공장운영관리(FOM) 기능 및 가상공장 분석예시)에서는 위 4가지 방법 중 공장운영관리(FOM)을 활용하여 가상공장을 분석한 예시를 소개하고자 한다.

[3] 공장운영관리(FOM)의 기능 및 가상공장 분석예시

[3.1] 공장운영관리(FOM)의 기능

공장운영관리(FOM) 솔루션에서는 일반관리, 비교분석, 상급관리, 알림기능 4개의 생산능력관리 기능과 데이터 관리, 실적정보관리 2개의 데이터관리 기능으로 구성되어 있다. 또한 각각 기능에 대하여 FOM Code

Management에 따라 생산성, 비가동, 불량 3가지 항목에 대해 11가지 생산관리지표와 60가지 세부생산관리지표로 나누어 분석을 진행한다. 생산성은 Code number 1000, 비가동은 Code number 2000, 불량은 Code number 3000으로 분류되며, 각각에 대하여 종합, 설비, 작업자, 요인으로 분류되어 관리를 진행한다.

먼저, Code number 1000인 생산성 지표에서 종합 생산실적에서는 설비 및 작업자의 생산실적을 한눈에 파악할 수 있다. 생산실적 입력을 통해 달성률을 확인할 수 있으며, 달성률이 떨어진 기간에 대하여 실제 현장의 변수를 분석하고, 문제요인에 대한 해결방안을 도출하여 제품 및 설비의 실제 CAPA 결과와 납기예측을 통해 신뢰성을 향상시킬 수 있다. 설비 생산실적은 생산실적을 설비별로 비교하여 달성률이 너무 높거나 낮은 설비에 대한 원인을 파악하고 개선사항을 도출한다. 또한 비가동 관리에 대한 지표로 활용이 되며, 실적이 떨어지는 설비에 대해서 집중관리를 할 수 있다. 작업자 생산실적은 작업자별 달성률을 비교·분석하여 숙련도가 떨어지는 작업자에 대한 원인 분석을 통해 효율적인 작업자 배치 및 관리(교육)를 수행할 수 있으며, 달성률이 저하되는 원인을 파악하여 문제해결 및 개선방안을 도출하고 작업자의 지속적인 관리(교육)을 통해 생산성을 향상시킨다.

두 번째로, Code number 2000인 비가동 지표에서 종합 비가동 현황은 전체 비가동요인 및 비가동률에 대한 결과가 도출이 된다. 비가동 발생 원인에 대한 분석 및 비가동이 다수 발생하는 기간, 설비, 작업자를 파악한 후, 비가동 발생 원인분석 및 개선방안을 도출하고 비가동 시간을 최소화 할 수 있도록 지속적인 관리를 수행한다.

또한, 비가동 요인, 시간, 관리 상태를 파악하고 작업자 및 공정별 비가동 요인에 대한 문제점을 명확하게 분석하고 개선방안을 도출하여 관리를 실시한다. 그리고 설비 및 공정의 특성에 따른 비가동 요인분석을 통하여 미흡한 부분을 개선하고 비가동을 사전 예방할 수 있는 활동을 실시한다.

세 번째로, Code number 3000인 불량 지표에서 종합 불량 현황은 지속적인 불량관리를 진행하고, 그에 대한 요인 분석 및 개선방안을 논의하여 불량수량 누락, 기간별 불량수량, 공정별·제품별·설비별·작업자별 불량요인 등의 불량관리를 실행한다. 설비와 작업자 불량현황은 불량률이 높은 설비 및 작업자에 대한 분석과 집중관리를 수행할 수 있도록 하며, 비가동 지표와의 연계분석을 통해 설비보전을 수행하여 불량 예방활동을 수행한다. 또한, 불량요인 현황은 불량요인의 횟수, 발생원인, 관리상태를 파악하고 작업자별, 설비별, 공정별 불량요인에 대한 문제점을 명확하게 분석하고 개선방안을 도출하여 관리를 실시한다.

위 내용을 바탕으로 11가지 FOM Code number로 분류된 항목들은 년, 월, 주, 일, 교대구분으로 분류되며 종합 비가동 현황, 설비 비가동 현황, 작업자 비가동 현황, 종합 불량현황, 설비 불량현황, 작업자 불량현황 목록은 요인 현황까지 따로 분류되어 관리된다. 분류된 결과를 바탕으로 실적관리를 진행하고 생산실적이 떨어지는 설비 및 작업자에 대한 보수와 교육을 실시하여 비가동과 불량 부분에 대한 대책을 수립할 수 있다. 또한, 11가지 생산관리지표와 60가지 세부생산관리지표에 대하여 6가지 형태(트렌드, 막대, 비교 1, 비교2, 순위, 파이)의 그래프로 디스플레이되며, 도출되는 6가지의 그래프를 통하여 다양한 방식으로 분석이 가능하다.

추가적인 그래프의 기능에 대해서는 막대그래프의 경우, 분리기능을 사용하면 각 실적이 항목별로 분리된 형태로 표시되어 비교평가가 용이하다. 비교 1, 2 그래프의 경우, 계획대비 실적을 디스플레이하여 각 작업자 및 설비의 달성율을 비교 평가하는데 유용하게 활용할 수 있다. 순위 그래프의 경우, 각 작업자와 설비별로 생산점유율 및 달성률이 실적 순으로 집계가 되어 하위권에 속한 작업자와 설비에 대해서는 교육 및 보수를 통하여 생산성을 향상시킬 수 있다.

공장운영관리(FOM)과 기존 IT 분석 솔루션의 차이점은 공장운영관리(FOM)은 제조현장의 분석을 위한 방법론 및 솔루션으로 제조현장에서 발생하는 4M 요인 관련 생산성, 비가동, 불량 등이 유기적으로 연결되어 세부 추적분석 시 용이하다는 점이다. 기존 IT 분석 솔루션에서도 생산관리, 품질관리, 설비관리, 로트추적 등의 기능이 많이 있다.

하지만 이런 기능들이 생산성 분석에 초점이 맞추어져 있는 것이 아닌 관리에 초점이 맞추어져 있으며, 기능들이 병렬적으로 구성되어 제조현장의 4M 변동에 따른 추적분석이 용이하지 않고 생산성 저해요인에 대해 분석할 시 많은 시간 loss가 발생한다. 앞서 언급된 공장운영관리(FOM) Code Management 분석기능과 세부 추적분석 기능을 통해서 생산제조현장의 유기적 분석 진행을 할 수 있으며, 공장운영관리(FOM)의 또 다른 기능으로는 비가동 요인 선택 기능이 있다.

비가동 요인 선택기능은 작업자 평가 및 순수한 가동시간을 책정하기 위해서 사용되며, 특정 작업자나 설비에서 불가피하게 발생하는 계획정지, 오더 및 원자재 대기, 교육 등의 생산 외 요인을 제외하고 실제 생산에 영향을 끼치는 주요 요인들을 선택하여 생산 달성률, 비가동, 불량 등을 분석할 수 있도록 한다.

[3.2] 공장운영관리(FOM)의 가상공장 분석 예시

이번 3.2에서는 공장운영관리(FOM)를 사용하여 가상공장을 분석하는 과정을 예시로 소개하고자하며 FOM Code Management에 따라 분석하는 방법을 결과와 함께 보여주고자 한다. 공장운영관리(FOM)가 적용된 가상공장은 자동차부품을 생산하는 DF 공장으로 평균 연매출은 310억, 총 작업자는 74명, 주요공정은 사출공정과 조립공정이 있다.

생산하는 부품은 AA부터 BF까지 총 31개의 차종에 들어가는 59가지의 제품을 생산하고 있으며, 운영설비에는 사출공정에 사용되는 13개의 사출설비와 조립공정에 사용되는 6개의 조립라인이 있다.

(1) 일반관리

먼저, 일반관리는 제품, 설비, 작업자의 년, 월, 주, 일 별 생산성, 비가동, 불량, 부적합에 대한 정보를 종합분석 및 추적관리 할 수 있는 기능으로써 다양한 그래프를 통해 데이터를 비교분석하고, 저해요인에 대한 개선안 도출 및 데이터의 정량적 관리를 직관적으로 수행할 수 있다. 또한 생산량, 비가동, 불량, 부적합 등의 데이터가 작업자, 설비, 제품 기준 다양한 그래프와 표로 산출되어 생산현장의 낭비요인을 사전에 방지하여 최적화된 생산현장을 관리할 수 있다. 다음은 DF 가상공장의 일반관리 분석결과이다.

DF 가상공장의 FOM Code Management 1100인 생산량 관점의 종합분석 수행 시 생산량이 가장 많은 달은 6월이며, 가장 적은 달은 1월이다. 또한 생산달성율이 가장 높은 달은 3월(95%)이며, 가장 낮은 달은 1월(88.2%)이다.

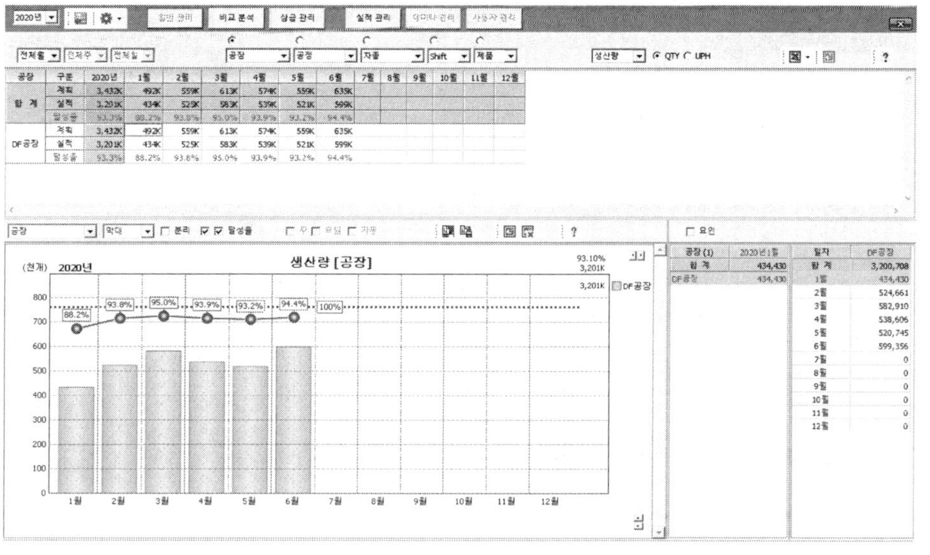

그림 2-4 FOM Code Management No. 1100 종합분석

생산달성율이 가장 작은 1월의 세부 분석을 위해 1월의 월간 생산량과 생산달성율의 분석 결과 1월 25일과 1월 11일의 생산달성율이 각각 63.5%, 79.5%로 다른 요일 대비 낮은 것을 확인 할 수 있으며, 이에 대한 불량 혹은 비가동에 대한 분석과 대책수립이 필요하다.

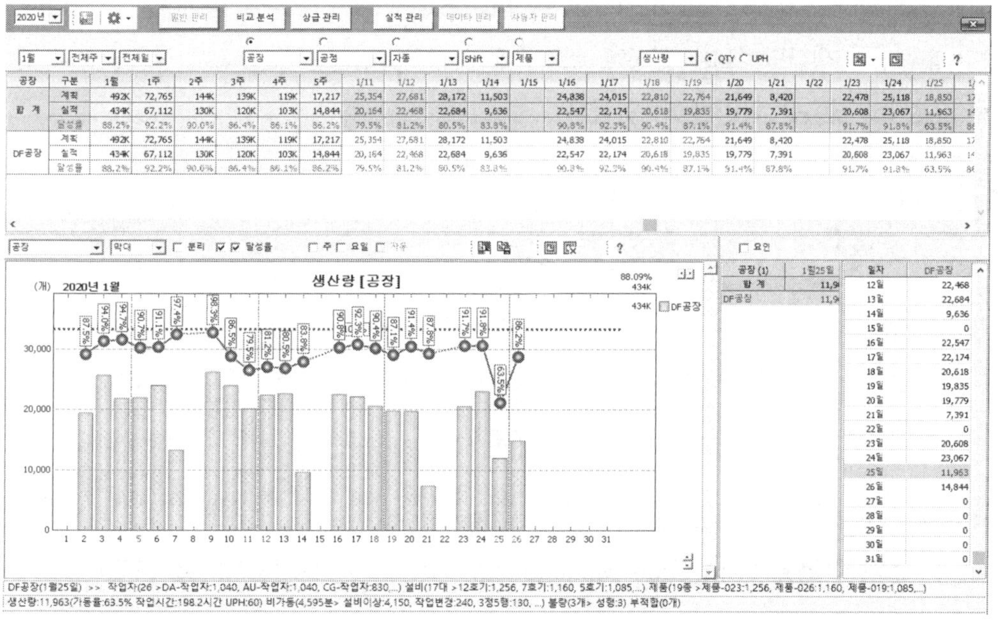

그림 2-5 FOM Code Management No. 1100 월간분석(1월)

생산달성율이 가장 낮은 1월 25일의 경우 달성율이 낮은 요인분석 결과 총 26회의 비가동이 발생했음을 알 수 있으며, 그 중 설비이상으로 인한 비가동이 총 11회로 가장 빈번하게 발생했으며 이로 인한 총 비가동시간은 4150분으로 가장 많은 부분을 차지하였다. 이 외에도 작업변경으로 인한 비가동 5회(총 240분), 3정5행으로 인한 비가동 5회(총 130분), 자주검사로 인한 비가동 2회(총 35분) 등이 발생했음을 확인하였다.

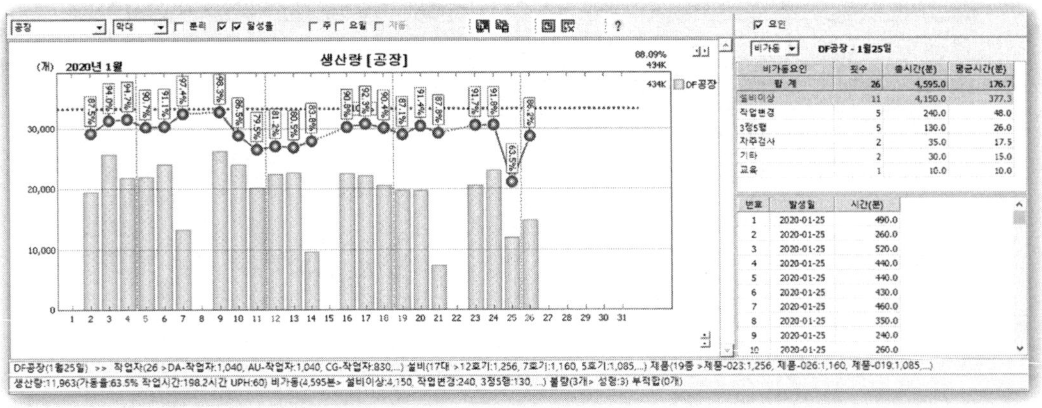

그림 2-6 FOM Code Management No. 1100 일간분석(1월 25일)

생산달성율이 두 번째로 낮은 1월 11일의 경우 달성율이 낮은 요인분석 결과 총 20회의 비가동이 발생했음을 알 수 있으며, 그 중 결품으로 인한 비가동이 총 5회로 가장 빈번하게 발생했으며 이로 인한 총 비가동시간은 2190분으로 가장 많은 부분을 차지하였다. 이 외에도 3정5행으로 인한 비가동 5회(총 70분), 작업변경으로 인한 비가동 4회(총 200분), 설비이상으로 인한 비가동 2회(총 60분) 등이 발생했음을 확인하였다.

다음으로 전체 제품에 대한 생산달성률 뿐만 아니라 각 공정에 대한 생산량과 생산달성률을 분석하는데, 본 예시에서는 앞서 언급한 생산달성율이 가장 낮은 1월 25일에 대한 공정별 분석을 수행하였다. 분석 결과 1월 25일에 사출공정의 생산달성율은 57.5%, 조립공정의 생산달성율은 84.8%로, 사출공정의 생산달성율이 조립공정 대비 현저히 낮음을 확인할 수 있었다.

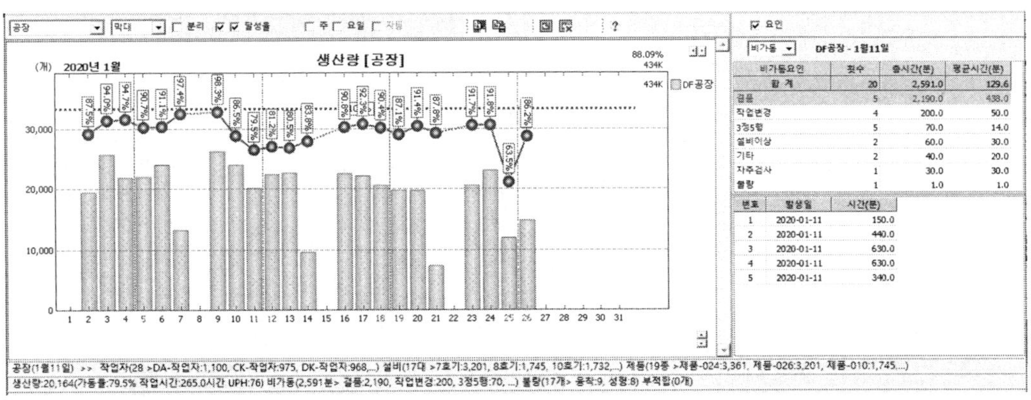

그림 2-7 FOM Code Management No. 1100 일간분석(1월 11일)

또한 비가동 시간도 조립공정에서 발생한 비가동시간(총 215분) 대비 사출공정에서 발생한 비가동시간(총 4380분)이 약 20배 많은 것을 확인할 수 있었으며, 사출공정에서 발생한 비가동 시간의 대부분이 설비이상 요인(총 4150분)으로 인해 발생한 것을 확인할 수 있었다.

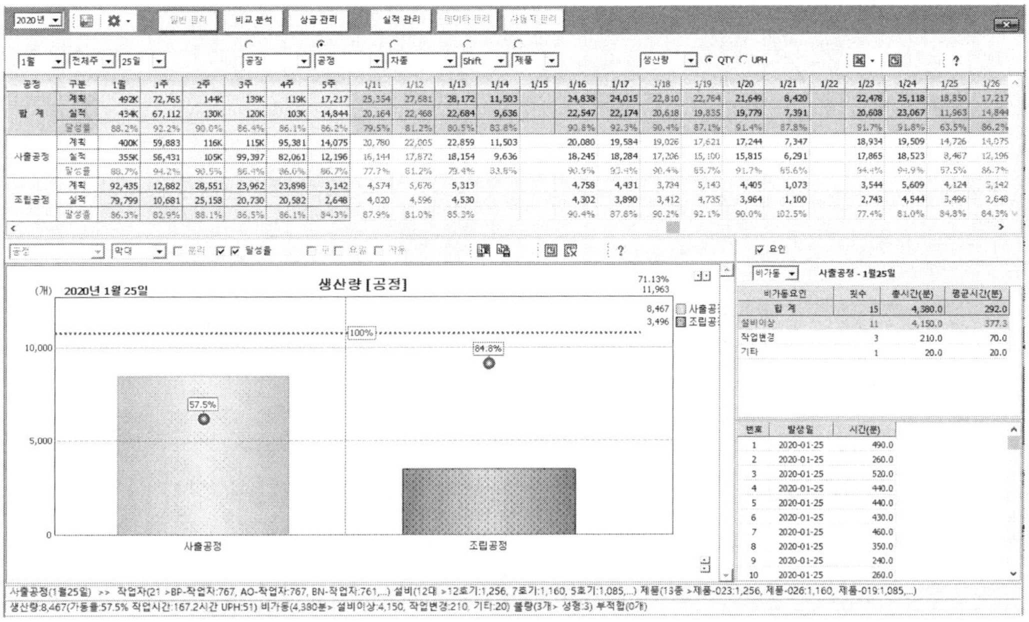

그림 2-8 FOM Code Management No. 1100 공정별 분석

또한 제품별로 생산달성율을 확인하여 제품별 생산달성율이 낮은 제품부터 차례로 추적분석을 수행한다. 1월 25일 제품의 생산달성율은 제품-016이 9.1%로 가장 낮으며, 이 제품을 생산한 설비 6호기이고 작업자는 AM-작업자임을 확인하였다. 또한 비가동율과 불량률에 대한 세부분석을 진행하기 위해 제품-016 막대 위에 마우스오버&우클릭을 진행하여 공장운영관리(FOM)의 추적분석 기능을 활용한다.

그 결과 제품-016 생산 시 발생한 비가동은 설비이상 요인에서 89.7%(총 8.7시간)가 발생했으며 불량은 성형요인에서 5.4%(총 3개)가 발생할 수 있었고, 불량과 비가동으로 인한 DF 가상공장의 손실비용은 각각 104,000원과 600원의 손실이 발생하였다.

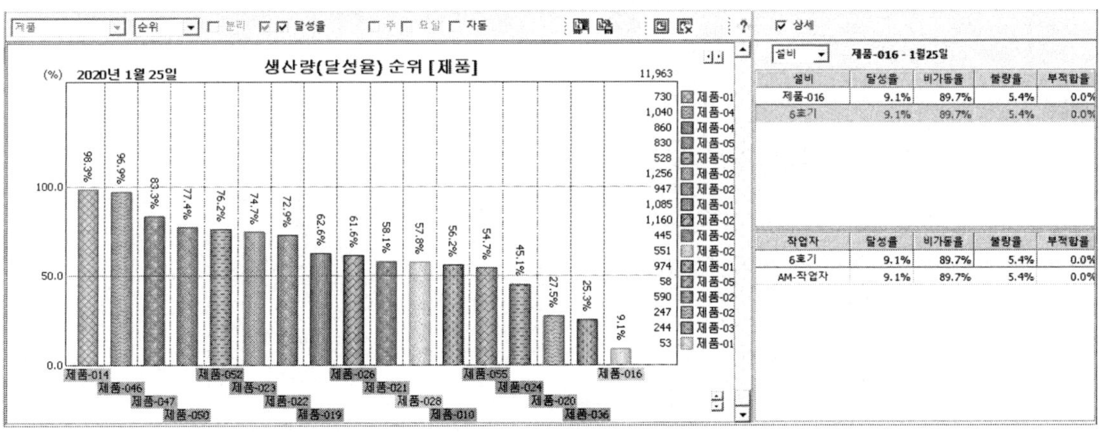

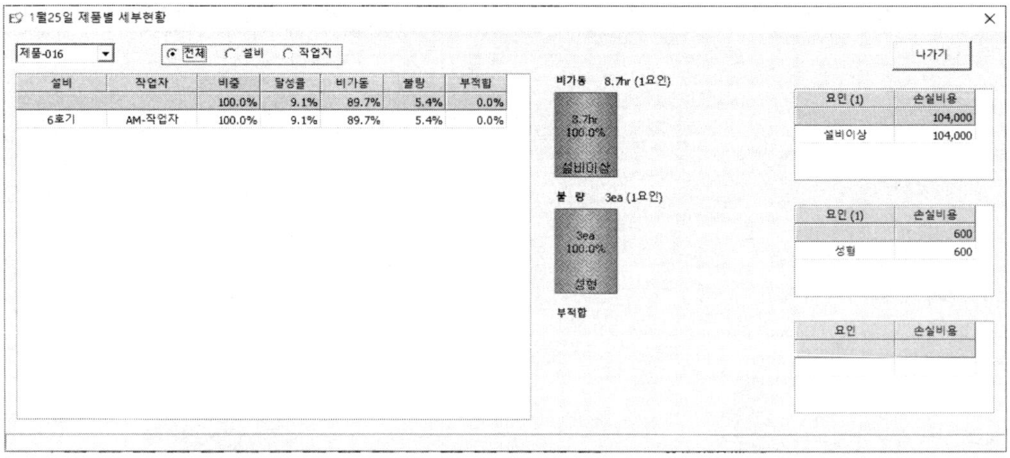

그림 2-9 FOM Code Management No. 1100 제품별 분석

FOM Code Management 1200인 생산량 관점의 설비분석 수행 시 DF 가상공장의 총 상반기 데이터 집계 분석 결과 11호기의 생산달성율이 78%로 가장 낮았으며, 이의 비가동요인과 불량에 대한 추적분석이 필요하다. 따라서 공장운영관리(FOM) 추적분석 기능을 활용하여 확인한 결과, 작업변경과 설비이상 등 7가지 요인에서 비가동이 발생(총 118.1시간)하였으며 이로 인한 손실비용은 1,561,703원이다.

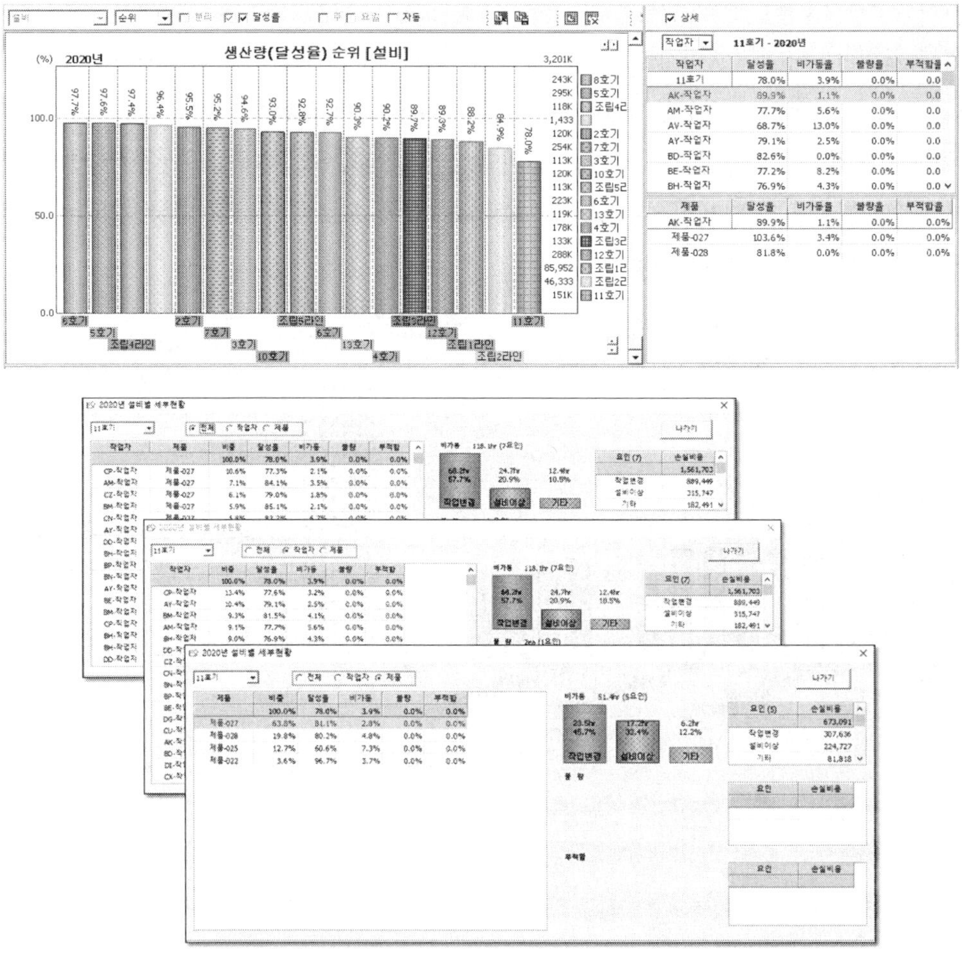

그림 2-10 FOM Code Management No. 1200 설비별 분석

전체 비가동의 약 80%를 차지하는 요인은 작업변경(57.7%, 68.2시간)과 설비이상(20.9%, 24.7시간) 요인이며, CP-작업자/AY-작업자/BM-작업자 등 총 18명의 작업자가 비가동을 발생시켰으며, 제품-027을 생산할 때 비가동이 가장 많이 발생(총 63.8%, 51.4시간)하였다.

FOM Code Management 1300인 생산량 관점의 작업자분석 수행 시 생산달성율이 낮은 BL-작업자(달성율 44.4%) 하위 작업자부터 집중적으로 관리를 진행하고, 생산달성율을 높이기 위한 대책마련과 교육을 진행한다.

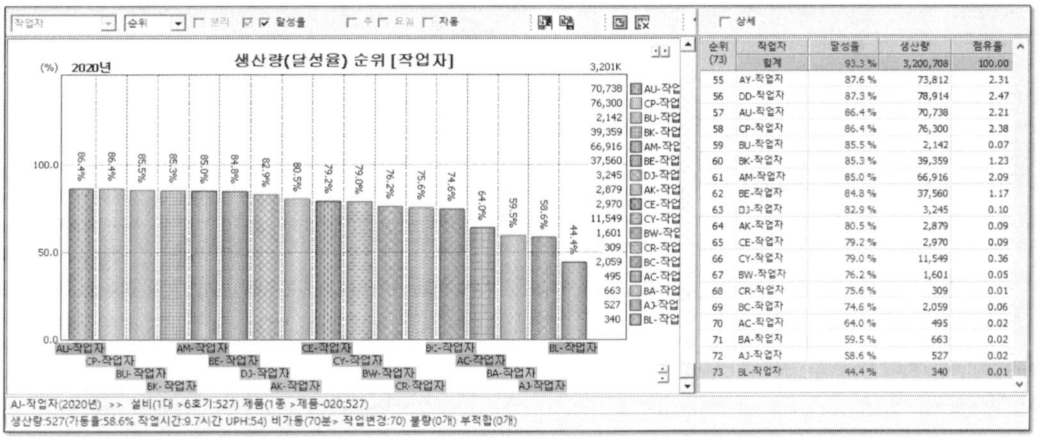

그림 2-11 FOM Code Management No. 1300 작업자별 분석

FOM Code Management 1000인 생산량 관점에서 지표별로 분석을 수행할 시, 월별/주별/일별/공정별/차종별/제품별/설비별/작업자별로 분석을 수행한다. 또한 세부지표별로 분석을 수행함에 있어서 생산달성율이 낮은 월/주/요일부터 차례로 생산달성율에 영향을 미치는 요인이 무엇인지 추적분석하고, 불가피하게 발생하는 요인을 제외한 빈번하게 발생하는 요인에 대하여 대응방안을 마련한다.

FOM Code Management 2000인 비가동 관점에서 분석 수행 시 전체적으로 비가동이 가장 많은 월/주/요일에 대한 분석과 각각에 대하여 공정별로 분석을 진행한다. 이번 예시에서는 공정별로 비가동이 가장 많이 발생한 달에 대하여 세부지표 분석을 진행하였고, 사출공정은 1월에, 조립공정은 6월에 비가동이 가장 많이 발생하였다. 아래는 공정별 비가동이 가장 많이 발생한 차종/제품/설비/작업자/요인에 대해 추적 세부지표분석을 수행한 결과이다.

공정별 비가동이 가장 많이 발생한 차종, 제품, 설비, 작업자, 요인에 대해 분석한 결과, 1월 사출공정의 경우 AI차종에서 총 51.6시간(전체 비가동의 16.05%)의 비가동이 발생하였다. 또한 AI차종에 들어가는 제품-021 생산 시 전체 비가동 시간(51.6시간) 중 43.3시간(전체의 83.84%)이 결품으로 인해 비가동이 발생하였음을 확인할 수 있었고, 해당 제품을 생산한 설비는 4호기이며, 작업자는 CU-작업자, BV-작업자, DF-작업자이다.

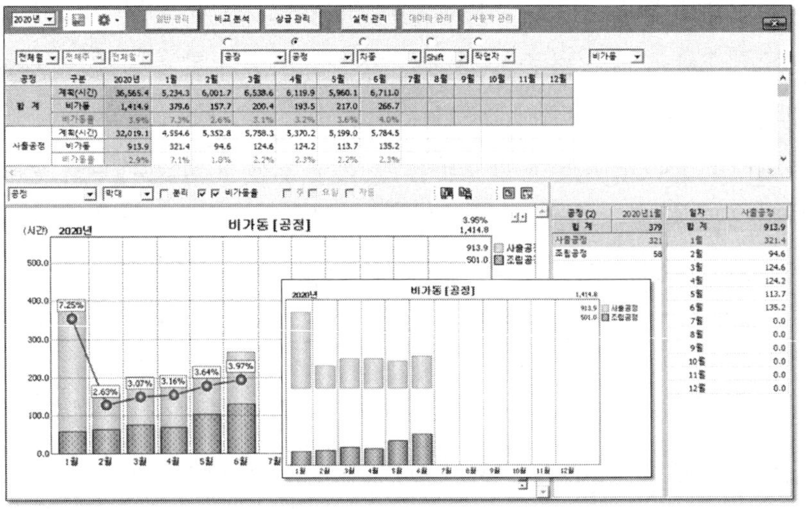

그림 2-12 FOM Code Management No. 2100 종합/공정별 비가동 분석

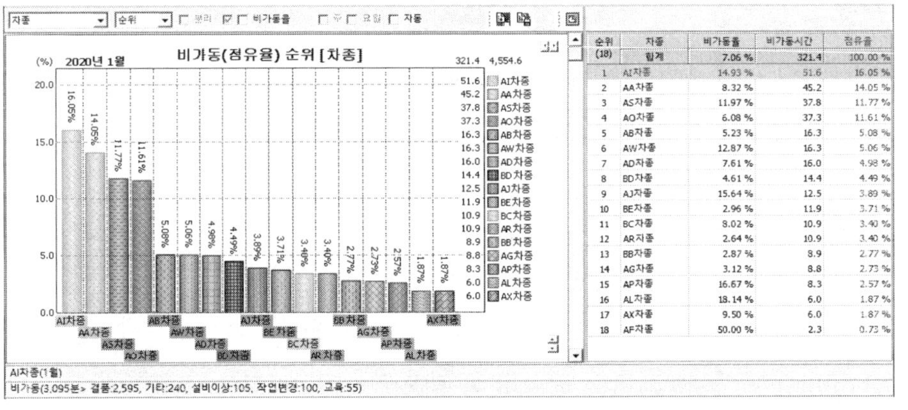

그림 2-13 FOM Code Management No. 2100 차종별 비가동분석

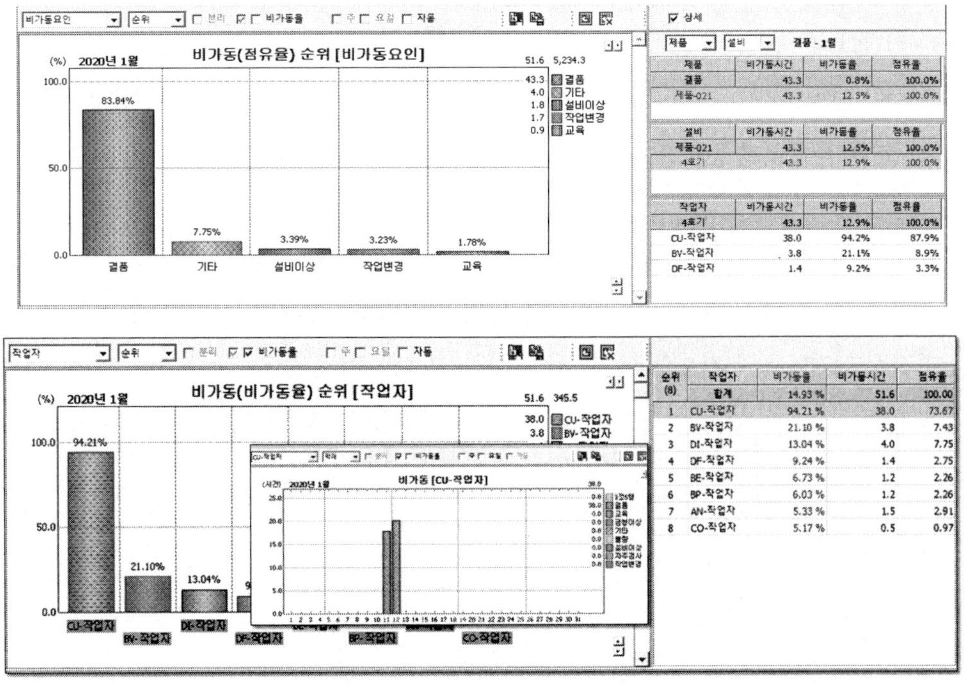

그림 2-14 FOM Code Management No. 2200~2400 요인별/제품별/설비별/작업자별 비가동분석

비가동을 많이 발생시킨 CU-작업자의 경우 1월 11일과 12일 이틀 동안 38시간의 비가동을 발생시켰으며, 이에 해당하는 비가동율은 94.21%이고 결품으로 인해 비가동이 발생하였다.

FOM Code Management 2000인 비가동 관점에서 지표별로 분석을 수행할 시, 월별, 주별, 일별, 공정별, 차종별, 제품별, 설비별, 작업자별, 요인별로 분석을 수행한다. 이때 세부지표별로 분석을 수행함에 있어서 공장운영관리(FOM)의 비가동 요인설정 기능을 활용하여 불가피하게 발생하는 비가동요인을 제외한 나머지 요인들에 대해 분석을 수행하여 보다 정확하고 디테일한 대응방안을 마련할 수 있도록 한다. 또한 분석 시 비가동율이 높은 월, 주, 요일부터 차례로 분석을 수행하며 비가동이 발생한 지표에 대하여 추적분석을 진행하고 대응방안을 마련한다.

FOM Code Management 3000인 불량 관점에서 분석 수행 시 전체적으로 불량이 많이 발생한 월, 주, 요일에 대한 분석과 각각에 대하여 공정별로 분석을 진행한다.

이번 예시에서는 사출공정과 조립공정 중 대부분의 불량이 발생한 사출공정에 대하여 분석을 수행하였고, 사출공정의 경우 3월에 가장 많은 불량이 발생하였다. 아래는 사출공정에서 불량이 가장 많이 발생한 차종, 제품, 설비, 작업자, 요인에 대해 추적 세부지표분석을 수행한 것이다.

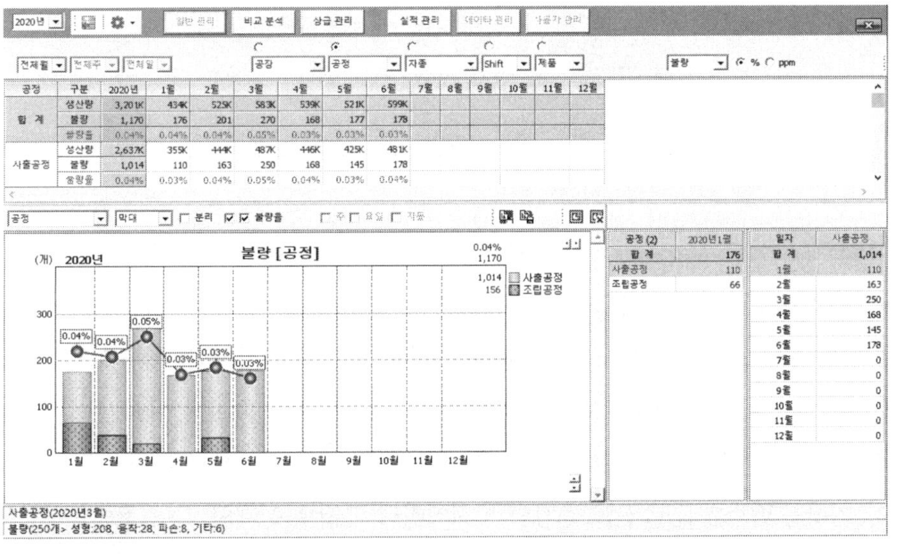

그림 2-15 FOM Code Management No. 3100 종합/공정별 불량분석

3월달 사출공정에서 발생한 불량에 대하여 차종, 제품, 설비, 작업자, 요인에 대해 분석한 결과, AR차종에서 68개의 불량(전체 불량갯수 중 25.19%)이 발생하였고 68개 불량 전부 제품-019, 5호기 설비에서 성형요인으로 인한 불량제품이 발생했음을 확인할 수 있었다. 또한, 해당 제품을 생산한 작업자는 CO-작업자, AN-작업자, CK-작업자 외 5명이다.

FOM Code Management 3000인 불량 관점에서 지표별로 분석을 수행할 시, 월별, 주별, 일별, 공정별, 차종별, 제품별, 설비별, 작업자별, 요인별로 분석을 수행한다. 또한 세부지표별로 분석을 수행함에 있어서 불량이 많은 월, 주, 요일부터 차례로 불량이 많이 발생한 요인, 작업자, 설비가 무엇인지 추적분석을 시행하고 이에 대한 대응방안을 마련한다.

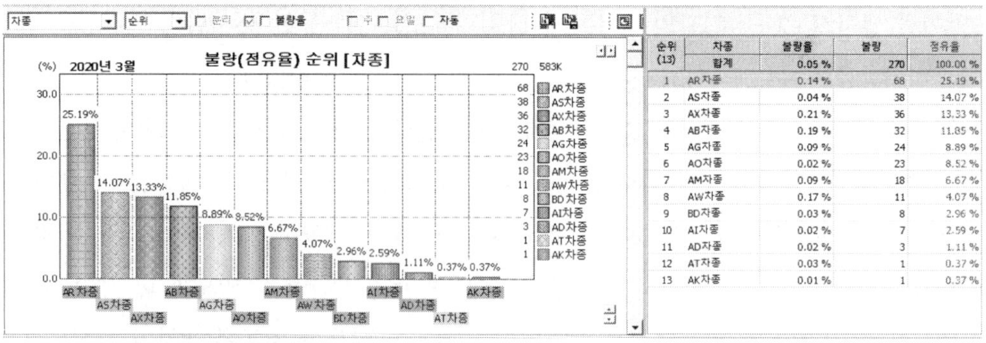

그림 2-16 FOM Code Management No. 3100 차종별 불량분석

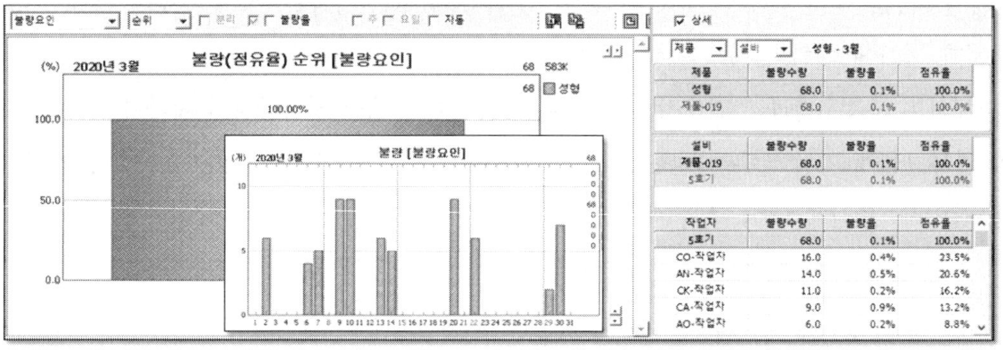

그림 2-17 FOM Code Management No. 3200~3400 요인별/제품별/설비별/작업자별 불량분석

위에서 언급한 FOM Code Management 1000~3400에 따른 기업의 전반적인 분석뿐만 아니라 매순간 데이터가 업데이트되는 제조현장의 스마트한공장운영관리를 위해서 불량과 비가동의 4M 요인별 '두더지 잡기' 방식을 활용한다. 이는 기업의 생산관리와 품질관리 담당자가 매일 최하위 실적의 데이터를 집중분석하고 대응전략을 수립하는 방식으로, 공장운영관리(FOM) 솔루션의 알림기능을 활용하여 기업의 달성율, 비가동율, 불량률, 부적합율을 확인하고, 문제가 되는 부분을 추적 집중분석하여 대응전략을 수립한다.

예를 들어 DF 가상공장의 2020년 6월 30일의 실적데이터의 경우 아래와 같이 조립 5라인의 AS차종 부품인 제품 038이 생산 시 비가동율 137.8%로 가장 높은 것으로 확인이 되었으며, 이 데이터를 포함한 KPI 저하 17개 항목(달성율 100% 이상 및 70% 이하, 비가동율 30% 이상)에 대해 분석을 진행하여 이에 대한 대응전략을 수립한다.

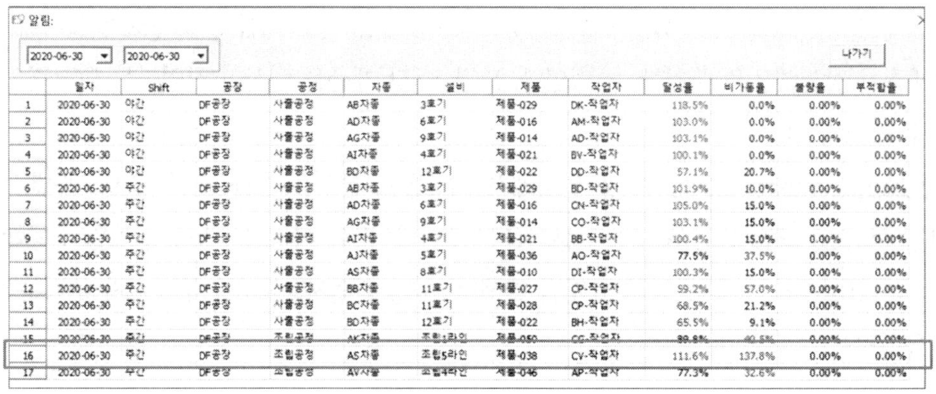
알림:
2020-06-30 2020-06-30 나가기

	일자	Shift	공장	공정	차종	설비	제품	작업자	달성율	비가동율	불량율	부적합율
1	2020-06-30	야간	DF공장	사출공정	AB차종	3호기	제품-029	DK-작업자	118.5%	0.0%	0.00%	0.00%
2	2020-06-30	야간	DF공장	사출공정	AD차종	6호기	제품-016	AM-작업자	103.0%	0.0%	0.00%	0.00%
3	2020-06-30	야간	DF공장	사출공정	AG차종	9호기	제품-014	AD-작업자	103.1%	0.0%	0.00%	0.00%
4	2020-06-30	야간	DF공장	사출공정	AI차종	4호기	제품-021	BV-작업자	100.1%	0.0%	0.00%	0.00%
5	2020-06-30	야간	DF공장	사출공정	BD차종	12호기	제품-022	DD-작업자	57.1%	20.7%	0.00%	0.00%
6	2020-06-30	주간	DF공장	사출공정	AB차종	3호기	제품-029	BD-작업자	101.9%	10.0%	0.00%	0.00%
7	2020-06-30	주간	DF공장	사출공정	AD차종	6호기	제품-016	CN-작업자	105.0%	15.0%	0.00%	0.00%
8	2020-06-30	주간	DF공장	사출공정	AG차종	9호기	제품-014	CO-작업자	103.1%	15.0%	0.00%	0.00%
9	2020-06-30	주간	DF공장	사출공정	AI차종	4호기	제품-021	BB-작업자	100.4%	15.0%	0.00%	0.00%
10	2020-06-30	주간	DF공장	사출공정	AJ차종	5호기	제품-036	AO-작업자	77.5%	37.5%	0.00%	0.00%
11	2020-06-30	주간	DF공장	사출공정	AS차종	8호기	제품-010	DI-작업자	100.3%	15.0%	0.00%	0.00%
12	2020-06-30	주간	DF공장	사출공정	BB차종	11호기	제품-027	CP-작업자	59.2%	57.0%	0.00%	0.00%
13	2020-06-30	주간	DF공장	사출공정	BC차종	11호기	제품-028	CP-작업자	68.5%	21.2%	0.00%	0.00%
14	2020-06-30	주간	DF공장	사출공정	BD차종	12호기	제품-022	BH-작업자	65.5%	9.1%	0.00%	0.00%
15	2020-06-30	주간	DF공장	조립공정	AK차종	조립1라인	제품-050	CG-작업자	89.8%	40.5%	0.00%	0.00%
16	2020-06-30	주간	DF공장	조립공정	AS차종	조립5라인	제품-038	CV-작업자	111.6%	137.8%	0.00%	0.00%
17	2020-06-30	주간	DF공장	조립공정	AV차종	조립4라인	제품-046	AP-작업자	77.3%	32.6%	0.00%	0.00%

그림 2-18 FOM 알림기능

(2) 비교분석(As-Is & To-Be)과 상급관리

지금까지 스마트공장 운영관리(FOM)의 일반관리 기능을 활용하여 FOM Code Management에 따라서 분석하는 방법과 절차를 DF 가상공장을 예시로 보여주었다. 다음으로는 스마트공장 운영관리(FOM)의 비교분석과 상급관리 기능을 활용하여 세부지표를 분석하는 방법에 대해 설명하고자 한다.

스마트공장 운영관리(FOM)의 비교분석 기능은 이용자가 선택한 기간을 비교하는 기능으로 개선사항 적용에 대한 실적변화 등을 생산성, 비가동, 불량, 부적합 기준의 As-Is와 To-Be로 표현하여 이에 대한 실적 차이에 대한 정보를 수량(시간) 및 손실금액의 데이터로 직관적 확인 및 분석이 가능하도록 지원하는 기능이다.

아래의 DF 가상공장의 비교기능 사용 결과, 1분기 대비 2분기 공장 가동율은 92.7%에서 93.9%로 약 1.2% 증가, 비가동율은 4.2%에서 3.7%로 약 0.5% 감소, 불량률은 0.04%에서 0.03%로 감소하였다. 이 외에도 FOM Code Management에 따라 일반관리 기능과 동일하게 공장별, 공정별, 차종별, 주야별, 제품별, 설비별, 작업자별로 설정된 비교기간에 대해 비교분석이 가능하다. 일반관리 기능을 통해 공장의 생산달성율, 비가동율, 불량률에 영향을 끼치는 4M 요인들에 대하여 분석을 진행하고 이에 대한 개선사항을 적용한 후, 비교분석 기능을 통해 공장별, 공정별, 차종별, 주야별, 제품별, 설비별, 작업자별 개선상황에 대한 직관적 확인과 분석이 가능하다.

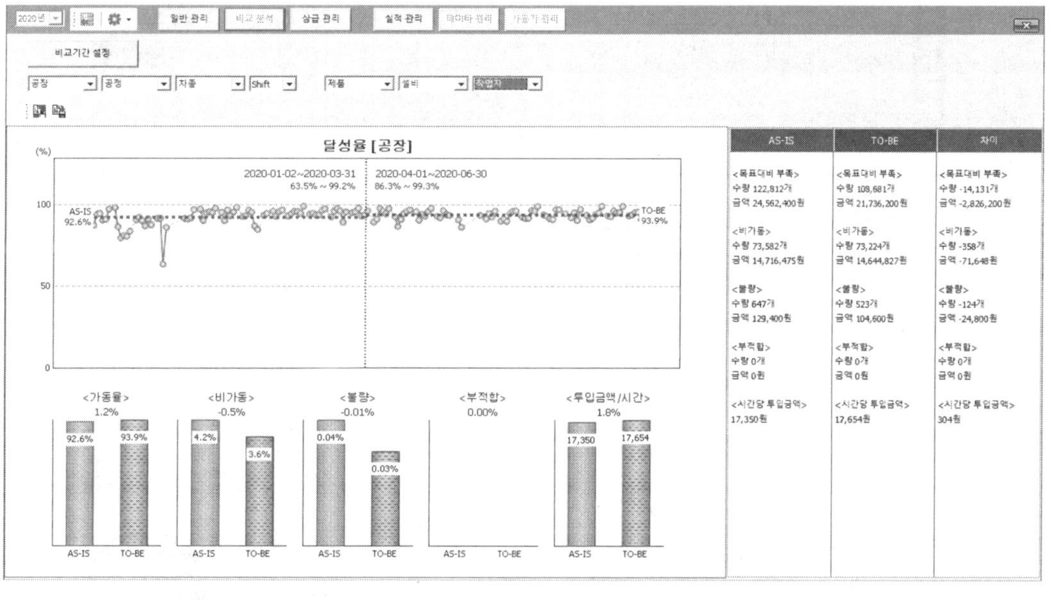

그림 2-19 FOM 비교분석(As-Is & To-Be) 기능

스마트공장 운영관리(FOM)의 상급관리 기능은 일반관리 데이터 분석정보를 기반으로 경영자 관점에서 필요한 KPI를 직관적으로 확인할 수 있도록 개발된 기능이다. 상급관리 기능을 통해 한 해의 전사적인 목표를 설정하고 목표대비 달성율과 그에 대한 미달수량 및 저해요인을 월 별로 확인하여 목표달성을 위한 경영자의 의사결정을 지원한다.

아래의 DF 가상공장의 상급관리 기능 사용결과, 생산량이 가장 낮은 1월의 손실수량/손실금액은 57,918개/11,583,600원으로 결품으로 인한 비가동(34.8%)이 가장 많이 발생하였고, 그 다음으로 설비 이상으로 인한 비가동(23.1%)이 많이 발생하였다. DF 가상공장의 1월 데이터 집계 결과 전체 데이터 대비 약 4.5%의 데이터가 미확인으로 확인이 되며, 미확인은 데이터 작성 누락, Cycle time 불일치 등 다양한 내용을 포함하고 있기 때문에 이에 대한 분석을 통해 실적, 비가동, 불량에 대한 미확인요소를 줄이기 위한 개선활동을 수행해야 한다.

상급관리 기능에서는 생산량, 달성율에 따른 그래프 디스플레이뿐만 아니라, 누적판매량을 확인할 수 있으며 기업별로 설정한 연간판매 목표량 혹은 목표액에 대해 월별 누적달성율을 확인할 수 있으며, 연간 목표량을 달성하기 위해 매달 혹은 분기별 혹은 반기별로 목표판매량 대비 현재 상황에 대한 비교분석 및 관리를 꾸준히 수행해야 한다. 이에 대한 예시로 DF 가상공장에서는 목표판매량 5,400(천개), 목표액 20,000(백만원)으로 설정을 했고 상반기에 목표판매량의 약 48.8%(2,637천개)를 달성한 것을 확인할 수 있었다.

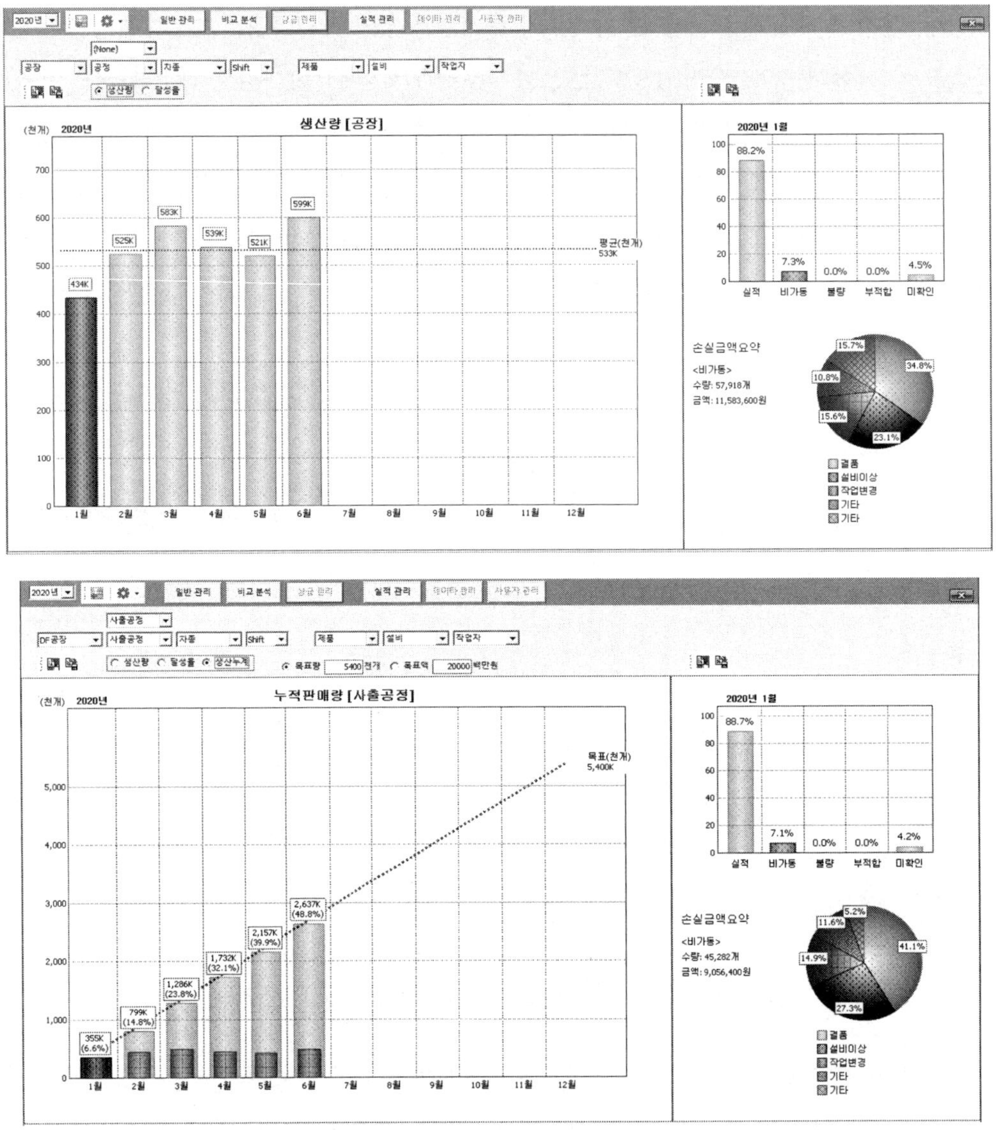

그림 2-20 FOM 상급관리 기능

4차 산업혁명에 따른 빅 데이터, AI 등의 빠른 기술발전으로 제조산업에서도 전사적 제조 지능화(Enterprise Manufacturing Intelligence : EMI)를 통한 제조혁신을 어떻게 이루어 낼 것인지가 각광받는 토픽으로 떠오르고 있다.

하지만, 기업의 스마트공장이 지속적이고 효율적으로 운영되기 위해서는 사람, 프로세스, 기술, 툴 4가지가 최적화되고 지속관리 되어야 한다. 스마트공장은 단순 IT 솔루션을 도입하는 개념이 아니며, 기업현장 지식을 기반으로 한 분석과 관리가 안정적으로 진행되어야 효율적인 스마트공장이 될 수 있다.

또한 현재는 수집되는 데이터에도 많은 아웃라이어와 결측치 발생 등으로 인해 데이터의 신뢰도에 대한 문제도 야기되고 있으며, 빅 데이터와 Industrial AI 등의 적용은 앞서 언급한 다양한 기본적인 이슈들을 해결한 후에 효율적으로 적용하여 활용할 수 있다.

스마트공장 구축의 목적은 기업의 생산성 향상이다. 이를 위해서는 공장의 배치부터 정보화, 자동화 등의 관점에서 기업의 특성에 맞게끔 검토 분석이 지속적으로 이루어져야 하고, 비가동과 불량도 지속적인 관리를 통해 최소화할 수 있도록 관리되어야 한다.

실습보고서

20 년 월 일 요일 장소:

제 목			
확 인		성 명	

실습[문제]내용

작성순서

결과 및 결론

특기사항 및 소감

학습평가		지도교수	

04

PART

현장생산관리

CHAPTER 01

생산관리의 이해

01 생산관리의 기본개념

[1] 생산관리의 이해

생산(production)이란 생산요소인 원재료, 기계설비, 인적자원을 투입하여 생산 활동의 변환과정을 거쳐 제품이나 서비스를 산출하는 과정을 말한다.

우리가 일상생활에서 사용하고 있는 전자제품, 자동차, 의류 등 각종 제품은 공장에서 생산 활동의 변환과정을 거쳐서 만들어진다. 그러므로 생산이나 품질 관련 업무를 수행하는 사람은 반드시 제품으로의 변환과정을 잘 알고 있어야 한다.

그림 1-1 생산 활동의 기본적 이해

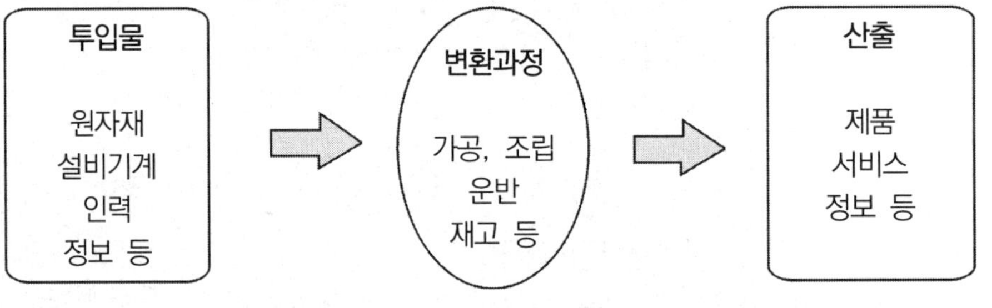

생산관리(production management)는 고객만족을 위해서 최적의 품질제품을, 적정한 시기에, 적정한 양을 적정한 가격으로 생산하여 공급하기 위하여 생산 활동을 관리하고 생산시스템을 개발하는 것을 말한다.

생산관리는 제조공장에서 제품을 만드는 제조과정으로 이해하고 있지만, 넓은 의미의 생산관리는 병원, 대학, 은행, 자동차 정비공장 등 서비스의 창출까지 포함된다. 또한 생산관리는 협의의 생산관리는 주로 공정관리를 의미하지만, 광의의 생산관리는 공정관리, 품질관리, 설비관리, 자재 재고관리, 물류, 현장 조직관리, 환경관리 등 모든 부문을 포함한다.

표 1-2 제조, 서비스 생산관리 활동과 산출물

업 종	생산 활동	산출물
전자제품조립	생산계획, 기술개발, 품질계획, 일정계획 등	전자제품
자동차 정비소	작업 표준화, 정비시간 단축, 정비계획 등	고객만족정비, 신속한 정비
택배업	배차계획, 배송인력계획 등	신속한 배달, 정확한 배달
농장	인력계획, 수확일정계획, 품종계획, 출하조정 등	품질 좋은 농산품

[2] 생산관리의 목적

생산관리의 목적은 고객만족(CS)과 경제적 제품생산에 있다. 고객이 요구하는 제품을 생산하기 위해 많은 노력을 기울이고 수준 높은 생산시스템을 구축하고 있다. 최근에는 스마트공장을 구축하여 운영하는 기업이 많으며 AI 등 4차 산업의 신기술을 도입하여 스마트공장의 고도화를 추구하는 기업도 늘어나고 있다. 고객만족을 위한 생산관리의 기본은 Q, C, D의 목표달성과 향상활동이 매우 중요하다.

① Q(품질 quality) : 고객이 요구하는 것을 기초로 제품의 불량을 없애고 품질을 향상시켜 고객을 만족시키는 것이 중요하다.

② C(원가 cost) : 고객에게 저렴한 가격에 제품을 제공하고 기업에서는 이익을 확보하기 위한 생산관리활동을 해야 한다.

③ D(납기 delivery) : 고객과의 약속시간을 지키기 위해 신속하고 정확하게 제품을 생산할 수 있도록 관리하는 것도 생산관리의 중요한 일이다.

(1) 생산관리의 개념

제품이나 서비스를 생산하기 위해 필요한 원자재, 시설, 설비 기계, 인적자원 등을 구입하고 투입하여 제품으로 변환 가공하는 일련의 생산 활동이다.

(2) 생산관리의 목적

고객만족과 경제적 생산

① Q(품질 quality) : 품질향상, 불량감소

② C(원가 cost) : 원재료나 제조비용 절감

③ D(납기 delivery) : 신속한 제품생산, 정확한 납기

④ 유연성 : 시장의 변화에 신속한 대응

그림 1-3 생산관리의 범위와 목적

(3) 생산관리 요소

4M+1E

① 원자재(material)

② 기계(machine)

③ 작업자(man)

④ 작업방법(method)

⑤ 환경(environment)

[2.1] 생산관리의 관리요소(4M+1E)

기업의 제조활동에서는 생산요소들을 투입, 변환활동을 통하여 제품과 같은 산출물이 만들어 지는데 제품의 변환과정은 주로 생산 공정에서 이루어진다.

① 원자재(material)

② 기계설비(machine)

③ 작업자(man)

④ 작업방법(method)

⑤ 작업환경/에너지(environment)

사례연구 서비스업종의 생산관리 활동의 사례

서울시 성동구에 있는 Y일식점은 항상 고객이 많기로 유명하다. 저렴한 가격에 맛있는 일식요리를 즐길 수 있기 때문에 특히 2~30대 젊은 층의 고객이 많다.

Y일식점의 성공사례를 생산관리 활동 측면에서 분석해보면 다음과 같다.

① 식자재 재고관리 : 식자재는 철저한 식자재 소비량분석으로 매일 아침 1일치 소비량만 조달받아 요리함으로 식자재의 싱싱함 유지와 재고가 남지 않는다.

② 분업화 : 일식 각 요리는 요리사별로 분업화되어 있어 일관성 있는 맛을 유지한다.

③ 3정5S : 모든 직원이 3정5를 습관화하여 유지관리하고 있다.

④ 지속적인 교육 : 매일 아침 가게 오픈 전에 함께 모여 서비스교육을 받는다.

⑤ 표준화 : 요리시간의 단축과 일관성 있는 품질을 유지하기 위하여 일부 요리작업은 표준화되어 있다.

⑥ 개선활동 : 직원들은 음식의 품질향상과 원가절감을 위해 개선 아이디어 활동을 활발히 진행하고 있으며 우수 아이디어에는 보상을 하고 있다.

과정실습

생산관리의 목적으로 Q, C, D의 목표달성과 향상 활동이 매우 중요하다.

Q, C, D에 대해서 설명하고 각 기업에서는 Q, C, D 향상활동으로 주로 어떤 활동들을 전개하고 있는가?

실습보고서

20 년 월 일 요일 장소:

제 목			
확 인		성 명	

실습[문제]내용

작성순서

학습평가		지도교수	

실습보고서

20　　년　　월　　일　　요일 장소:

제 목			
확 인		성 명	

실습[문제]내용

작성순서

학습평가		지도교수	

02 생산관리의 발전과정

[1] 산업혁명시대와 생산관리 발전

생산관리는 1700년대 후반 제1차 산업혁명의 발상지 영국에서 아담스미스의 분업화에서 생산관리의 첫 번째 발전을 이룩하였다. 그는 분업을 통하여 생산성을 높일 수 있다고 주장하였다. 1차 산업혁명시대에는 방직기와 증기기관이 발명되고 기계화혁명이 일어나며 공장이 등장하였다.

본격적인 생산관리의 발전은 1911년 테일러(F.W.Taylor)에 의하여 개발된 과학적 관리법에 의하여 발전의 기초가 마련되었다. 그 후 길브레스 부부에 의한 동작연구를 통한 작업연구가 개발되어 생산관리는 한층 더 발전하게 되었다. 제2차 산업혁명시대에는 컨베이어시스템이 등장하고 작업의 표준화와 표준화된 제품이 생산되면서 대량생산 혁명이 일어났다.

(1) 테일러시스템(테일러의 과학적 관리법)

① 작업자의 표준 작업량을 통한 생산성 향상

② 작업 및 작업조건의 표준화

③ 차별적 성과급제

④ 과학적방법의 작업자 선발, 교육, 훈련

(2) 포드시스템(컨베이어와 생산의 표준화로 대량 생산시스템)

대량생산의 일반원칙 : 3S

① 제품의 단순화(simplification)

② 부분품의 규격화(standardization)

③ 기계 공구의 전문화(specialization)

④ 작업의 단순화(simplification)

20세기 후반 제3차 산업혁명시대는 컴퓨터와 인터넷을 기반으로 디지털혁명이 일어났다. 반도체, 컴퓨터, 인터넷혁명의 수많은 정보의 생성, 가공, 공유가 가능하여 지식정보혁명의 시대를 열었다. 3차 산업의 가장 중요한 것은 인터넷이라고 할 수 있으며 인터넷을 통하여 모든 정보가 공유되어 누구나 인터넷으로 정보를 얻을 수 있고 활용할 수 있게 되었다. 산업현장에서도 컴퓨터를 통하여 디지털화가 추진되고 자동화가 발전하였다.

3차 산업혁명 시대에는 아마존, 알리바바 등 혁신적인 벤처기업들이 부상하기 시작하였으며 서비스의 혁신과 글로벌화가 일어났다.

(3) 1980년대 주요 생산관리 활동

① 적기 공급생산(JIT : just in time)

② 린(Lean) 생산시스템

③ 전사적 품질경영(TQM : Total Quality Qanagement)

④ 6시그마 : 모토로라, GE

[2] 제4차 산업혁명시대와 스마트공장

다음 세대의 제4차 산업혁명 시대는 초연결, 초지능, 초융합의 시대로 대표될 수 있다. 4차 산업혁명을 주도하는 것은 인공지능(AI), 인공로봇, 사이버, 사물인터넷(IoT), 자율주행차, 드론, 클라우드, 빅 데이터, 가상물리시스템 등으로 이와 같은 신기술의 발전은 전 세계의 환경을 혁신적으로 바꾸어 놓을 것으로 보인다.

기업 또한 인공지능, 가상물리시스템, 자동로봇 등 4차 산업의 신기술 도입으로 혁신적으로 변화가 일어날 것으로 보이며 최근 일어나고 있는 스마트공장 구축도 하나의 변화과정이라고 볼 수 있다.

그림 1-4 산업혁명시대의 생산관리 발전과 4차 산업혁명

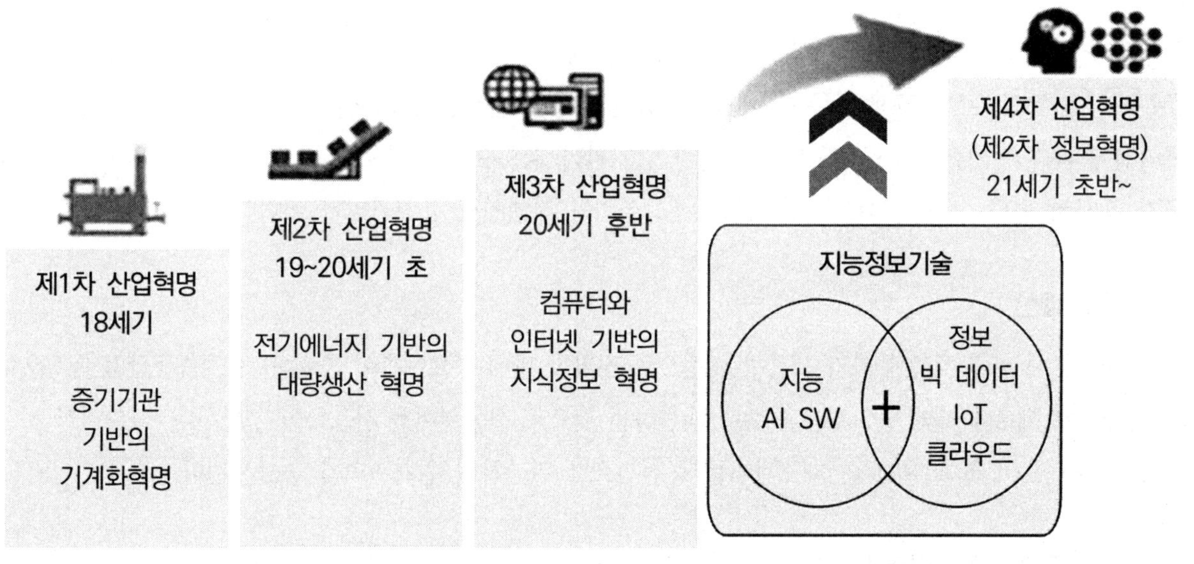

그림 출처 : 미래창조과학부 블로그

스마트공장이란 제품의 설계, 개발, 제조, 유통, 물류 등 전 과정에서 디지털 자동화 솔루션이 결합된 정보통신(ICT)과 연결되어 모든 생산 데이터가 공유되고 활용되어 최적화된 생산운영이 가능하고 공장간 협업이 이루어지는 생산체제를 말한다. 스마트공장 고도화과정에서는 인공지능, 사물 인터넷, 가상물리시스템 등의 신기술로 고도의 최적화된 공장을 구축하는 단계를 말한다.

03 생산관리의 유형

[1] 생산시스템의 유형 분류

생산시스템의 유형은 생산시스템 또는 생산형태에 따라 분류기준이나 관점에 따라 여러 가지로 분류할 수 있다.

참고 **생산시스템**

① 시스템 : 여러 구성요소들이 밀접하게 연계되어 체계적인 규정이나 원리에 의해 전체적으로 어떤 기능이나 임무를 수행하는 것. 예) 교통시스템
② 생산시스템 : 원재료의 투입에서부터 제조공정을 거쳐 제품이 산출되는 과정을 말한다.

[1.1] 시장수요의 생산형태에서 본 분류

생산제품의 규격을 누가 정하느냐에 따라 정해지는 생산형태의 분류이다. 분류에 따라 주문생산과 예측생산으로 나눌 수 있다.

(1) 주문생산

주문품과 같이 고객의 주문으로 생산하는 것으로 보통 생산한 완성품을 납품하면 재고가 없는 것이 보통이다.

주문생산의 특징으로는 고객의 주문에 따라 다양한 제품을 범용설비를 사용하여 제품을 생산하며 고객의 주문일정에 따라 납기관리가 중요하므로 치밀한 납기관리 계획수립이 필요하다. 고객의 주문량과 요구제품 종류가 수시로 변할 수 있으므로 적정수준의 생산설비와 작업인력 유지관리가 어렵다.

(2) 예측생산

기성품과 같이 판매 예측에 따라 생산하는 것으로 정확한 판매 수요예측이 중요하다. 예측생산의 특징으로는 시장의 수요예측에 따라 단일제품을 주로 생산하는 것으로 전용설비를 사용하여 생산한다. 불확실한 시장수요로 인해 수요예측, 계획생산, 재고관리를 중점적으로 관리하며 원가관리가 중요시된다.

[1.2] 품종과 생산량에서 본 분류

제품의 품종과 생산량 또는 제품수명주기에 의한 분류이다.

(1) 다품종 소량생산

다양한 제품을 소량 생산함으로 생산 공정 역시 다양하며 작업자도 다양한 생산기능과 경험이 필요하다. 주로 노동집약적 생산 공정이 많으며 생산성이 떨어지거나 표준화가 어렵고 불량 발생률이 높다. 주로 주문생산형태나 개별 생산시스템에서 다품종 소량생산이 많다.

(2) 소품종 대량생산

소품종의 제품을 대량생산하는 방식으로 전용설비에 의해 대량생산하는 방식이다. 작업자는 전문화되어 있는 경우가 많으며 공정통제가 비교적 쉽고 생산성이 높고 표준화된 작업을 하며 불량 발생율도 낮아 제품의 단위당 생산원가가 낮다. 중점적으로 관리해야 할 것은 재고관리이며 주로 예측생산형태나 연속 생산시스템에서 소품종 대량생산이 많다.

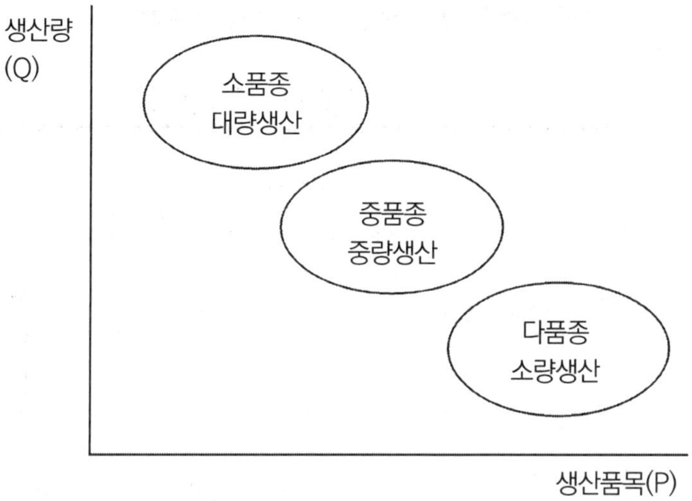

그림 1-5 생산품목(P)와 생산량(Q)의 관계(P-Q)

미래에는 시장수요의 개별화, 4차 산업의 기술과 스마트공장 영향으로 유연 생산시스템(FMS)의 생산수단에 의한 제품생산 형태는 고객의 요구에 의한 다양한 품종을 적정량의 생산으로 변화하고 있다.

[1.3] 시장생산시스템의 기본적인 유형

생산형태는 여러 관점에서 몇 가지 유형으로 나눌 수 있지만 실제로 생산 활동을 관리하는 데는 4가지 생산형태로 구분할 수 있다.

(1) 프로젝트생산

댐, 교량, 항공기제작, 도로공사 등 주로 대규모 공사의 생산 활동을 말한다. 프로젝트생산은 거의 1회성 생산 활동이며 제품생산량은 매우 적고 높은 노동숙련과 함께 낮은 숙련도가 다양하게 요구되며 유연성이 있어야 한다. 생산위치는 고정되어 있고 생산준비시간과 납기기간이 매우 길다.

(2) 개별생산

맞춤구두, 선박, 의류 등과 같이 고객의 주문에 의한 맞춤 생산 형태를 말한다. 다양한 제품을 생산하며 작업자에게는 다양한 지식과 높은 숙련도가 필요하다. 주문은 불확실하고 수요예측이 어렵다. 생산설비는 공정중심으로 배치되며 납기관리가 중요하다. 대체로 공정흐름이 복잡하다.

(3) 로트, 뱃치 생산

로트, 뱃치란 "일정량의 묶음" 또는 "기간별로 생산되는 단위수량"을 말한다. 로트, 뱃치 생산은 개별생산과 연속생산의 중간 형태로서 자동차 부품생산, 단조, 주조, 도금제조, 공작기계제조업이 이에 해당된다. 제품은 로트, 뱃치 단위로 공정을 흐르며 소로트생산은 개별생산에 가깝고 대로트생산은 연속생산에 가깝다. 로트, 뱃치 생산에서는 생산을 위하여 로트넘버를 부여하여 관리함으로써 다른 생산품과 구분하여 관리하는 방식이다.

그림 1-6 로트생산의 공정흐름 로트카드

LOT CARD

고객명			LOT NO			
주문 제품	원두	스틱	파우치	보틀	기타	출고 합계
주문량						
주문일자		납품요청일		출고일자		확인
중요 사항						(사인)

1	로스팅							
No	원두 산지	무게(kg)			작업조건	날짜 (월.일.시간)	LOT NO	작업자
		생두	원두	%				
1								
2								
3								
4								

순서	공정	작업 조건	작업 월.일/시간		생산량			작업재
			IN	OUT	표준	생산	%	
2	추출							
3	살균+포장							
4	입 출고							
품질 사항								
기타 사항					품질인증		(인증)	

(4) 연속생산

소품종 대량생산으로 기계공업 연속생산인 조립라인생산과 장치산업의 연속생산인 연속흐름생산으로 나눌 수 있다.

① 조립 라인생산

자동차, 냉장고, TV, 볼트 등 가공조립 산업이다. 주로 제품중심으로 설비를 배치하며 자동화된 전용설비를 사용하며 설비에 대한 투자액이 크다. 설비의 고장으로 인한 손실이 크므로 설비보전 활동이 중요하다.

② **연속 흐름생산**

장치산업의 연속생산으로 음료수, 정유, 시멘트 등 주로 액체나 분말형태 등의 생산으로 균일한 한 가지 제품을 연속적으로 생산하는 형태이다. 연속생산은 대량생산시스템으로 인한 단위당 생산원가가 절감되며 원재료나 제품에 대한 재고관리가 중요하다.

[1.4] 생산방식에 의한 유형

생산방식 또는 공정형태에 따라 생산시스템을 나눌 수 있다.

(1) 공정중심 생산시스템

제품 생산특성이 주로 다품종 소량생산에 적용이 많이 되며 생산 공정의 형태가 작업 기능별로 되어 있어 일명 기능별 배치생산이라고도 한다.

(2) 제품중심 생산시스템

특정제품을 위해 전용공정을 설치하는 시스템으로 제품 특성이 소품종 대량생산에 적용된다. 제품중심 생산시스템은 제조공정의 형태가 제품의 제조순서로 되어 있으며 대량 생산형태에 주로 적용된다.

표 1-7 생산시스템의 유형

분류형태	유형내용
시장수요의 형태에 따른 분류	주문생산, 예측생산
품종과 생산량에 따른 분류	다품종 소량생산, 소품종 다량생산
생산시스템의 유형에 따른 분류	프로젝트생산, 개별생산, 로트/배치생산, 연속생산
공정흐름에 따른 분류	개별생산, 연속생산
생산방식에 따른 분류	공정중심 생산시스템, 제품중심 생산시스템

04 생산전략

[1] 경쟁력강화를 위한 생산전략

[1.1] 생산시스템의 기본적인 유형

전략적 경영은 기업 가치를 극대화하고 기업환경의 변화에 적응하기 위해 전략목표를 수립하고 경영활동에 활용하는 것을 말하며, 전략적 생산경영은 환경변화에 대응하기 위해 중장기적 경쟁력을 높이고 기업의 목표를 달성하기 위해 집중해야하는 생산방향을 말한다.

(1) 전략적경영의 단계

① 미션(Mission) : 기업 고유의 사명, 기업 존재의 이유

② 비전(Vision) : 기업의 미래상, 기업이 지향하는 가치관

예) GM : 세계 최고의 자동차를 설계하고, 만들고, 판매한다.

③ 목표 : 평가 가능한 내용으로 구체화된 계획

예) 코카콜라 : 일하기 좋은 회사가 된다. 지속 가능한 물 사용에 글로벌 리더십을 갖는다.

④ 전략 : 목표를 달성하기 위해 집중해야 될 방향 또는 로드맵

⑤ 방침 : 단기적이고 구체적인 실행방법

[1.2] 경쟁우위의 생산전략

생산시스템에서는 경쟁우위 요소로 4가지 전략요소로 나눌 수 있다

(1) 원가기반의 전략(cost)

고객에게 보다 낮은 가격으로 제품을 공급하는 전략으로 낮은 원가를 위해서 공정의 낭비를 개선하고 불량률을 줄이며 납기를 단축하여 원가를 절감한다. 또한 표준화된 제품의 대량생산으로 원가를 낮춘다.

(2) 품질기반의 전략(quality)

고객이 원하는 제품을 설계하고 최고의 품질을 위해 제조과정에서 엄격한 품질 규정적용으로 우수한 제품을 생산하여 고객에게 제공한다.

제품의 기능이나 특성이 높은 수준의 고성능설계와 지속적으로 균일한 품질을 유지한다.

(3) 시간기반의 전략(delivery)

고객이 원하는 제품을 빠르게 전달하여 납기를 빠르게 한다. 고객이 원하는 시간에 정확히 납품하는 정시납기를 지킨다.

(4) 유연성기반의 전략

고객의 다양한 요구를 만족시킨다. 고객이 원하는 다양한 제품과 고객이 요구하는 맞춤형 제품을 생산하여 고객만족을 달성한다. 시장변화에 따라 제품수량의 증가는 감소에 빠르게 대응한다.

표 1-8 생산시스템의 경쟁 우선순위

원가	품질	시간	유연성
낮은 원가	고성능 설계 균일한 품질	신속한 납기 정시 납품 짧은 개발시간	고객화 수량유연성 다양성

[1.3] 생산성

생산성이란 기업의 전략을 바탕으로 경쟁력 향상의 주요인들이 성공적으로 추진되고 있는지 확인할 수 있는 기준으로 노동인력, 기계설비, 원재료, 기술, 에너지 등 생산에 사용된 모든 요소가 효율적으로 사용되었는가 평가를 할 수 있는 잣대이다.

$$\text{생산성}=\frac{\text{산출물}}{\text{투입물}}=\frac{\text{생산량}}{\text{노동량}}$$

$$\text{부분 생산성}=\frac{\text{산출물}}{\text{노동량}+\text{자본}+\text{에너지}}$$

$$\text{설비 생산성}=\frac{\text{생산량}}{\text{설비 생산댓수}} \text{ 또는 } \frac{\text{생산량}}{\text{기계 가동댓수}}$$

생산성 측정은 투입자원과 산출자원에 따라 여러 가지 방법으로 측정할 수 있다. 생산성 측정목적은 경제성 분석과 기업경영의 효과분석을 위한 것으로 상세히 설명하자면 생산수준의 파악, 기술수준의 파악, 제품 코스트 파악에 있다.

예제 01. K자동차 수리공장의 작업자는 5명, 일일 평균 8시간 근무, 하루에 80대의 자동차를 수리 K자동차 수리공장의 노동생산성은 얼마인가?

풀이 $\text{노동생산성}=\frac{80\text{대}}{5\text{명}\times 8\text{시간}}=2\text{대/명}$

예제 02. ○○부품회사에서는 제조공장에서 작업자 2명이 1주일에 주 52시간을 일을 했다. 3가지 부품을 생산하는데 부품 단위당 가격이 2,500원인 KK부품을 100개 생산을 하였으며, 부품 단위당 가격이 3,000원인 YY부품을 80개 생산하였다. ○○부품회사의 노동 생산성은 얼마인가?

풀이 $\text{노동생산성}=\frac{\text{산출량}}{\text{노동투입량}}=\frac{(2,500\times 100)+(3,000\times 80)}{2\times 52}=4,711\text{원/시간}$

(1) 생산성지수(productivity index : PI)

당해 연도의 생산성을 비교연도의 생산성으로 비교한 비율로써 생산성 향상의 정도를 나타내는 지표 비율로 활용된다. 생산성지수가 향상되면 기업의 이익향상을 가져온다.

$$\text{생산성지수(PI)}=\frac{\text{당행 연도의 생산성}}{\text{기준 연도의 생산성}}$$

예제 03. 2018년에 작업자가 1명이 제품을 500개 생산하다가 2019년에 600개 생산하였으면 생산성지수(PI)는?

풀이 $\text{생산성지수}=\frac{600}{500}=1.2$로써 20% 향상되었다고 할 수 있다.

실습보고서

20 년 월 일 요일 장소:

제 목			
확 인		성 명	

실습[문제]내용

작성순서

학습평가		지도교수	

실습보고서

20 년 월 일 요일 장소:

제 목			
확 인		성 명	

실습[문제]내용

작성순서

학습평가		지도교수	

CHAPTER 02

현장 생산운영과 관리

01 생산계획

[1] 생산계획 수립

[1.1] 총괄 생산계획(Aggregate Production Planning : APP)

총괄 생산계획(APP)이란 주문, 판매예측 등 수요예측을 토대로 생산일정, 제품종류, 수량, 생산방법 등의 계획을 세우는 일이다.

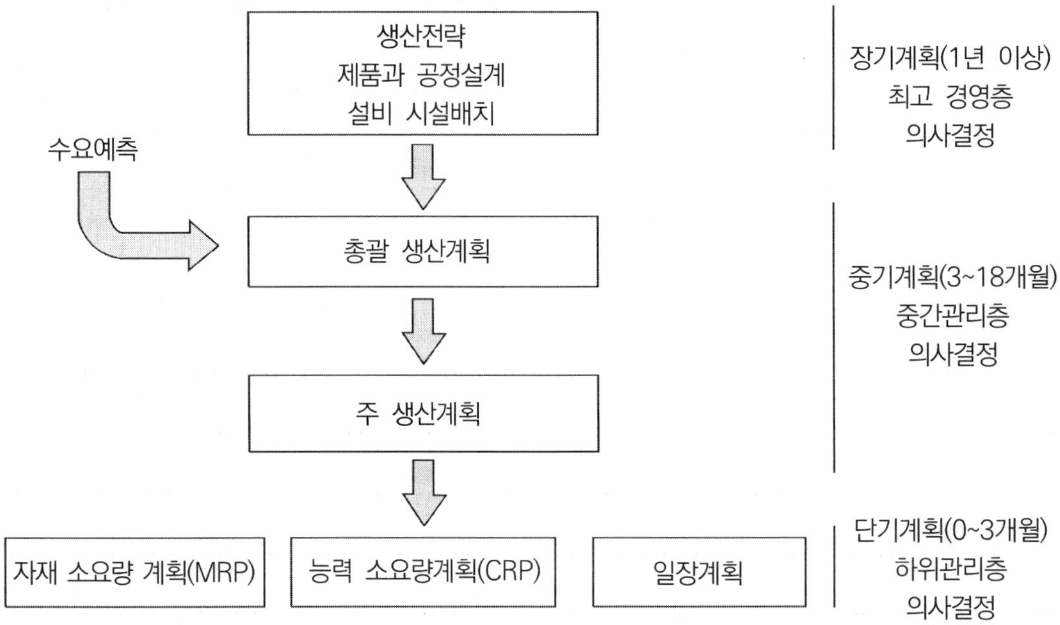

그림 2-1 생산계획의 구조도

총괄 생산계획은 중기 생산계획으로 생산 산출률, 생산인력, 재고보유수준의 3가지 의사결정에 대하여 최적의 대안을 결정하는 것이다.

총괄생산계획의 필요성은 다음과 같다.

① 생산계획에 따라 사전에 생산 작업자를 채용하여 훈련 교육을 하여야 한다.

② 생산 산출량의 계획수립으로 기계 설비의 이용률을 높이고 비용을 최소화하며 납기단축으로 고객을 만족시킨다.

③ 생산수준, 인력 고용수준, 재고수준 등을 고려함으로 마케팅, 예산수립, 유통 등과 긴밀한 연관성을 가진다.

총괄 생산계획의 전략대안들은 고용수준의 증가나 감소, 생산 산출량 조정, 하청, 재고수준 조절로 대안을 수립할 수 있다.

[1.2] 주 일정계획(Master Production Schedule : MPS)

주 일정계획(MPS)은 기업이 어떤 제품을 언제 생산할 것인지, 얼마나 생산할 것인지 구체적으로 일정을 세우는 생산계획이다. 시장의 수요와 생산능력을 일치시키기 위하여 작업우선순위와 생산량을 수요와 생산일정에 맞추어 배정하는 것을 말한다.

주 일정계획은 생산계획의 하위단계로 총괄생산계획보다 더 세분하여 반기, 분기, 월별로 각각의 기간 내에 생산 제조해야할 제품의 수량을 나타내는 계획이다. 주 생산 일정계획은 보통 12개월에서 분기별 즉 3개월이며, 계획기간 내의 단위기간은 주 단위 생산계획을 사용하는 것이 일반적이다.

표 2-1 총괄 생산계획과 주 일정계획

[총괄 생산계획]

월	1	2	3	4
생산량	500개	480개	520개	500개

[주 일정계획]

품명 \ 월(조업일수)	1(25일)	2(24일)	3(25일)	4(24일)
A형	200개	180개	210개	200개
D형	150개	160개	150개	140개
F형	150개	140개	160개	160개
생산량	500개	480개	520개	500개
생산능력	575개	552개	575개	552개

① 주 일정계획(MPS)의 특징

㉠ 총괄 생산계획의 총생산량을 제품종류별로 세분하여 구체적으로 생산량을 계획하여 나타낸다.

㉡ 주 일정계획의 주요사항은 능력계획과 우선순위계획이다.

㉢ 자재 소요계획(material requirement planning : MRP)과 능력 소요계획(capacity requirement planning : CRP)의 중요한 입력요서가 된다.

㉣ 주 일정계획은 보통 주별단위로 이루어진다.

(1) 자재 소요계획(material requirement planning : MRP)

주 일정계획에 의해 생산되는 최종 품목의 생산량과 생산시기로부터 이를 생산하는 데 필요한 부품이나 원재료 등이 얼마나, 언제, 필요한지를 파악하고 이에 맞추어 언제 발주되고 조달되는지, 혹은 제조가 완성되는지를 관리할 목적으로 활용하는 정보시스템이다.

MRP 시스템은 부품이나 원자재가 언제, 무엇을, 어느 만큼 필요한지를 나타내는 정보를 제공하여 주는 시스템이다.

① MRP의 사용효과

㉠ 필요 원자재의 신속한 공급으로 노동생산성 향상

㉡ 자재의 계획적인 사전 예약관리로 긴급구매 관리문제 해결

㉢ 정확한 재고관리로 안전 재고관리 정착

㉣ 불필요한 자재재고 제거로 원가절감

㉤ 중복된 자재절감으로 재고수준을 낮게 관리

(2) 능력 소요계획(capacity requirement planning : CRP)

생산작업량과 작업능력을 조정 계획하는 것으로 생산계획량을 완성하는데 필요한 인원이나 기계 설비의 부하(작업량) 결정 즉 이를 현재 인원 및 기계설비의 생산능력과 비교해서 조정하는 역할을 한다.

능력 소요계획(CRP)은 자재 소요계획(MRP)와 함께 조정되어야 한다. 자재는 재고를 충분히 갖고 있으나 생산능력이 부족하면 생산계획이 달성될 수 없고 반대로 생산능력은 충분한데 자재가 없으면 유휴능력에 대한 비용이 발생하며 생산계획을 달성할 수 없다.

그러므로 자재 소요계획(MRP)와 능력 소요계획(CRP)을 동시에 프로그램을 이용하여 주 일정계획을 세워야 한다.

[1.3] 일정계획

생산자원을 계획에 의해 일정하게 이용하여 생산할 품목과 생산량을 예정된 일정에 의한 시간에 생산하기 위해서 생산 활동을 계획하고 관리하는 것을 말한다. 일정계획은 작업자 노동력, 기계설비, 원자재 등의 생산 가용자원으로 작업계획을 수립하는 것을 말한다. 작업계획은 주간, 일, 시간단위별로 계획을 수립할 수 있다.

표 2-2 생산시스템 형태에 따른 일정관리기법

생산시스템 형태	생산제품	공정특성	주요관리 내용
연속생산시스템	조립라인생산 자동차, 전자 연속흐름생산 정유, 제지, 비료	흐름생산 일정계획	생산구조 : 고정화 일정계획 : 설비배치관련 라인 밸런스 중요
뱃치 생산일정계획	전자부품, 기계제품	로트생산	생산기간, 생산량 경제성 문제
단속생산일정계획	제화, 기계류	주문 생산시스템 다품종 소량생산	작업표
프로젝트일정계획	댐, 항만, 신제품 개발	위치 고정형 활동의 선후관계	PERT, CPM

(1) 일정계획의 주요 내용

① 단기 생산계획에 해당된다.

일정계획은 공장 생산현장에서 중요한 생산관리 활동으로서 주 일정계획(MPS)를 토대로 작업 개시일과 완성일이 수립되는 중 일정계획을 세우며 중 일정계획을 토대로 작업자, 기계, 작업방법, 작업시간, 원자재 등에 대하여 세부적으로 계획을 세운다.

② 시간대별 자원배분계획이다.

시간대별로 작업자, 기계, 작업방법, 작업시간 등 가용능력이나 작업활동을 배분하는 계획이다.

③ 생산수량과 생산품목에 대한 일정계획이다.

④ 생산계획의 최종 일정계획이다.

일정계획은 대체로 다음과 같은 순서로 진행된다.

작업량(부하)결정 => 작업순서결정 => 작업할당 => 작업배정 => 작업점검 및 관리지시

표 2-3 일정계획시스템의 활동순서

순서	일정계획 활동	일정계획 내용
1	부하계획(Loading)	작업량을 말하며 생산량을 달성하는데 필요한 인력, 기계설비를 중심으로 작업시간과 작업량을 결정한다(공수계획)
2	작업순서결정	주문순서와 납기준수 기계의 가동률을 높이기 위해 작업의 순서를 결정한다.
3	작업할당	작업의 우선순위에 따라 작업을 구체적으로 기계, 작업자를 결정하고 작업량을 할당한다.
4	작업배정	작업을 적정하게 개별작업자에게 작업을 배정한다.
5	작업점검, 관리지시 진도관리	작업의 진행을 점검하고 작업이 지연되는 경우 도촉하고 대책을 마련한다. 이는 통제기능으로 진도관리 또는 작업점검을 말한다. 이들 업무는 데이터의 분석 가시화된 자료로 체계적으로 처리할 수 있다.

[2] 생산계획 관리

[2.1] 생산능력(capacity)

생산공정(시스템)에서 어느 일정기간 동안에 달성 가능한 최대 생산량을 말한다. 인적자원의 생산능력과 기계 설비능력으로 측정할 수 있다.

① 제조공장 : 일정기간 중에 생산되는 최대생산량으로 생산능력을 표시하며 주로 산출척도를 사용한다.

② 서비스 : 서비스 생산에 투입되는 시설이나 사람 등 주요자원의 크기 즉 시간이나 투입량으로 표시하며 주로 투입척도를 사용한다.

표 2-4 생산시스템의 능력척도

구분(생산시스템)	투입척도	산출척도
자동차제조공장	작업시간, 기계가동시간	자동차 생산 댓수/일(day)
반도체공장	작업시간, 기계가동시간	반도체 생산 갯수/(day)
정유공장	정유처리시간, 용량	석유 갤런/일(day)
양조장	탱크용량	리터/주(week)
자동차 수리공장	정비사수, 기계수, 작업시간	수리 댓수
항공사	항공기수, 좌석수	승객 수/일, 운항거리/주

(1) 생산능력의 측정

① 설계능력(design capacity)

기계설비 등의 설계상의 생산능력을 말한다. 생산시스템의 어떤 환경의 여건에 관계없이 생산 기계설비나 시설에서 일정기간 생산 가능한 최대 생산량이다.

② 유효능력(effective capacity)

주어진 어떤 환경이나 여건에서 달성 가능한 생산능력을 말한다. 일반적으로 작업준비, 휴식시간, 작업균형, 품질요소, 기계 정기점검 등을 제외한 생산의 최대 가용능력을 말한다.

③ 실제능력(actual capacity) 또는 실제 생산량

실제 생산 달성한 생산량. 일반적으로 기계고장, 휴가로 인한 인력부족, 불량발생으로 재작업 등 여러 가지 요인에 의해 유효능력만큼 생산량을 달성하지 못한다.

㉠ 이용률 계산(utilization)

설계능력에 대한 실제 생산량의 비율을 말한다. 주로 경영자가 설비 증설이나 확장계획, 경영운영시에 많이 활용한다.

$$\text{이용률} = \frac{\text{실제 생산량}}{\text{설계능력}}$$

㉡ 효율계산(efficiency)

유효능력에 대한 실제 생산량의 비율을 말한다. 효율의 향상은 실제 생산량의 향상을 가져온다. 주로 관리자가 생산계획 수립, 특근근무 등 조정시에 많이 활용한다.

$$\text{효율} = \frac{\text{실제 생산량}}{\text{유효능력}}$$

예제 01. 자동차 부품회사의 이용률과 효율계산

설계능력 = 210대/일, 유효능력 = 140대, 실제능력 = 120대

풀이 $\text{효율} = \frac{120\text{대/일}}{140\text{대/일}} = 85.7\%$, $\text{이용률} = \frac{120\text{대/일}}{200\text{대/일}} = 60\%$

효율은 85,7%로 좋아 보이지만 이용률은 60%로 별로 좋아 보이지 않는다.

일반적으로 현장관리자는 효율향상을 위한 관리를 많이 하고 있으나 이용률 향상을 위해 개선 노력을 해야 할 경우가 많다. 이용률 향상을 위해서는 작업준비시간의 표준화, 철저한 직원훈련, 품질향상, 애로공정 개선 등의 활동이 있다.

생산능력의 평가는 피크능력과 지속능력으로 나눌 수 있는데, 피크능력은 특근근무, 임시고용 등 임시방편으로 생산능력을 올려서 유지하는 대체로 짧은 기간의 생산능력을 말한다. 지속능력은 정상적인 인력과 근무시간 내에 이루어지는 생산능력으로 오랫동안 지속될 수 있는 능력으로 일종의 평균능력을 말한다.

생산능력에 영향을 미치는 요인은 외적요인과 내적요인으로 나눌 수 있으며 외적 제약요인은 사장의 변화, 자금문제, 자재공급문제, 노동 등의 요인변화가 있으며, 생산능력에 영향을 미치는 내적요인으로는 다음과 같다.

① 기계 시설요인 : 기계고장, 운반시설문제, 설비배치문제 등
② 제품 및 서비스요인 : 품질문제, 제품설계문제 등
③ 공정요인 : 기계성능, 과잉재고, 공정중 품질문제 등
④ 작업자 인적요인 : 작업방법, 작업환경, 숙련도, 작업표준화, 동기부여 등으로 나눌 수 있다

(2) 생산능력의 결정의 중요성

생산능력의 측정은 수요변화, 신제품 개발 등 여러 조건의 변화에 따른 설비증감의 필요성이나 인력 충원, 특근근무, 생산계획 등을 조정하고 결정하는데 필요하다.

① 장래의 수요변화에 대처
② 수요에 따른 생산능력의 최적 사용으로 생산비용의 최소화
③ 생산능력은 생산원가의 중요한 결정인자
④ 생산능력은 인력충원이나 감원의 결정에 영향

[2.2] 작업순서의 결정

작업순서 계획은 일정계획이 복잡한 개별생산시스템에서는 매우 중요하다. 개별생산 즉, 주문생산에서 일정계획이 복잡한 이유는 다양한 제품이 여러 작업공정에서 다양한 작업방법과 작업순서로 작업이 진행되며, 기계설비는 여러 제품의 생산으로 공용으로 사용되며, 서로 다른 작업흐름 규칙에 따라 작업 배정이 이루어지며, 고객의 긴급작업 요청에 따라 갑자기 작업순서를 변경해야 할 경우가 많이 발생한다.

이런 문제로 개별생산시스템에서는 작업순서의 결정과 작업 생산량의 결정이 매우 중요하다.

(1) 작업 우선순위 규칙

① 선입 선출작업(first come first served : FCFS)

제품 주문의 순서에 따라 작업순서를 계획하여 작업하는 것을 말한다. 가장 합리적인 작업순서 결정방법이다.

② 최소 작업시간 우선작업(shortest operation time : SOT)

작업시간이 짧은 것부터 우선적으로 작업계획을 세워 작업을 하는 것을 말한다.

③ **최대 작업시간 우선작업(longest operation time : LOT)**

작업시간이 긴 제품을 먼저 작업계획을 세워 우선 처리하는 것을 말한다.

④ **최소 납기우선(earlist due date : DD)**

주문제품에서 납기가 가장 짧은 것부터 우선 작업 처리하는 것을 말한다.

⑤ **최소 여유시간 우선(least slack : S)**

여유시간이 없는 것부터 우선 작업 처리하는 것을 말한다.

여유시간 = 잔여 납기시간(일수) - 잔여 작업시간(일수)

⑥ **긴급률에 의한 작업 우선(critical ratio : CR)**

긴급률에 의한 작업 우선순위 결정으로 긴급률이 작은 것부터 먼저 처리하는 것을 말한다. 긴급률은 작업진행이 계획보다 빠른지 정산인지 혹은 늦었는지를 파악할 수 있는 작업진행상황을 수시로 확인할 수 있으며 작업 우선순위를 변경해야 하는지를 수시로 판단할 수 있다.

$$\text{긴급률} = \frac{\text{잔여 납기일수}}{\text{잔여 작업일수}} \quad \text{또는} \quad \frac{\text{납기일까지 남아있는 시간(일수)}}{\text{작업완료 소요시간(일수)}}$$

잔여납기일수 = 납기일 - 오늘날짜

잔여작업일수 = 작업완료 예정일 - 현재일자

㉠ 긴급률에 의한 작업우선(CR) 〉 1.0 : 작업에 여유가 있어 계획보다 일찍 작업을 완료할 수 있으므로 작업순위를 늦게 조정해도 된다.

㉡ 긴급률에 의한 작업우선(CR) = 1.0 : 정상적으로 작업이 진행되고 있으며 계획대로 완료할 수 있다.

㉢ 긴급률에 의한 작업우선(CR) 〈 1.0 : 계획보다 작업이 지연되고 있어 작업시간의 여유가 없으므로 작업순위를 조정하여 빠르게 한다.

(2) 작업순서 계획의 결정기준

① 납기우선

납기를 우선으로 납기를 반드시 준수해야 할 경우에는 어떤 작업 우선순위로 결정해야 하는지 판단한다.

② 작업 진행시간의 최소화

작업 진행시간을 최소화하기 위해서는 어떤 작업 우선순위로 결정해야 하는지 판단한다.

③ 공정 재고량의 최소화

공정의 재고량을 최소화하기 위해서는 어떤 작업 우선순위로 결정해야 하는지 판단한다.

④ 기계 및 작업 유휴시간의 최소화

기계나 작업자의 유휴시간을 최소화하기 위해서는 어떤 작업 우선순위로 결정해야 하는지 판단한다.

위와 같이 작업우선순위에 따라 납기준수, 작업시간 최소화, 공정 재고량 최소화, 공정 유휴시간 최소화에 영향을 미치며 생산량과 품질에도 영향을 미치므로 작업우선순위 결정은 매우 중요하다. 특히 주문생산에서는 고객의 빈번한 제품 주문변경과 긴급제품 요청, 불규칙적인 제품 주문량 등으로 현장 생산관리자가 제품생산 계획에서 어려움을 겪는 경우가 많다.

예제 **02.** A제품의 생산작업 완료 소요기일이 5일이고, 12일 내에 납품되어야 한다면 긴급률과 작업진행상황을 판단하라.

풀이 긴급률$=\frac{12일}{5일}=2.5$

작업에 여유가 있으며 계획보다 제품을 일찍 납품할 수 있다. 만약 다른 긴급 제품이 있다면 A제품은 작업순위를 뒤로 늦출 수 있다.

[2.3] 사이클 타임(Cycle Time)

사이클 타임은 제품 1개의 제품이 생산되는 소요시간을 측정한 것으로 생산계획, 필요인력, 필요 기계설비의 계산에 필요한 것으로 사이클 타임 분석은 매우 중요하다. 이 시간은 기계의 배치, 성능이나 인력의 숙련도, 배치인원 등에 의해서도 변경될 수 있다, 측정방법은 가동시간을 생산량으로 나누어서 계산할 수 있다.

사이클 타임(C/T) = 가동시간/생산수량

(1) 피치타임(Pitch Time)

1일 가동시간을 1일 생산수량으로 나누어서 계산한 타임으로 제품이 1개당 생산되어 나오는 시간을 의미한다. 주로 연속생산 시스템에서 많이 사용되고 있다.

피치타임(PT) = 1일 가동시간/1일 생산 개수

1일 생산목표 개수로 1일 목표 가동시간을 나누면 목표 피치타임(Target Pitch Time)이 될 수 있다.

(2) 택트 타임(Tact Time)

제품 1개를 만드는데 제공되는 시간을 말하며 정해진 시간에 정해진 생산수량을 생산하기 위해서 1개의 생산에 필요한 시간이다. 과잉생산을 방지하고 작업시간을 배분하기 위해서 활용한다.

택트 타임(Tact Time) = 1일 가동시간/1일 목표 생산 수량

(3) 시간당 생산량(unit per hour : UPH)

기계나 작업자의 시간당 생산량을 분석하기 위해 UPH를 측정하여 많이 활용한다. UPH는 생산목표 달성과 기계 설비배치, 인력배치, 가동률분석에 활용하는 것으로 매우 중요하게 활용된다.

UPH = 시간당 생산량 = 60분/생산량

UPH 계산은 순간정지 타임, 셋업타임 등을 포함한 실 UPH와 실제 가동시간만 계산한 순수 UPH로 나눌 수 있다.

실습보고서

20 년 월 일 요일 장소:

제 목			
확 인		성 명	

실습[문제]내용

작성순서

학습평가		지도교수	

실습보고서

20 년 월 일 요일 장소:

제 목			
확 인		성 명	

실습[문제]내용

작성순서

학습평가		지도교수	

02 생산 공정관리

[1] 현장 공정관리

[1.1] 제품 수명주기(Product Life Cycle : PLC)

제품 수명주기(PLC)는 제품이 개발되어 생산 출하된 이후 시간의 흐름에 따라 제품 출하 판매량의 변화를 분석한 것으로 대부분의 제품들은 일련의 과정을 거치는 경향이 있다.

도입기 => 성장기 => 성숙기=> 쇠퇴기

제품 수명주기의 단계별 특성을 분석하는 것은 제품판매와 공정을 효율적으로 관리하고 기업경영전략을 수립하는데 정보를 제공할 수 있다.

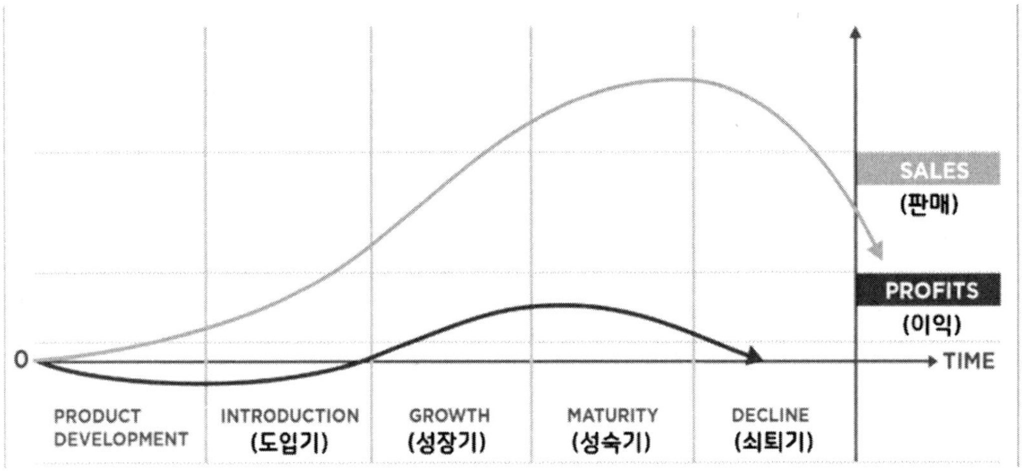

그림 2-2 제품 수명주기(PLC)

(1) 제품 수명주기의 단계별 특징

① 도입기

신제품 판매가 시작되는 단계로 제품의 실패율이 높고, 고객의 요구에 따라 잦은 설계변경으로 공정의 유연성이 필요하며 공정중심 생산시스템이 적합하다. 경쟁자가 적어 시장선점의 적기로 일반적으로 매출은 적고 이익은 많다.

② 성장기

제품의 판매량이 급격히 증가하므로 생산능력의 증대가 필요하다. 공정중심 생산시스템에서 제품중심 생산시스템으로 전환을 고려해야하며 수요예측과 마케팅의 역할이 중요하다.

③ 성숙기

경쟁이 심화되어 수요증가는 정체되고 가격경쟁으로 이익률은 떨어진다. 원가절감과 생산성 향상이 중요하므로 제품의 표준화와 대량생산을 추구하게 된다.

④ **쇠퇴기**

제품이 시장에서 매력상실로 수요가 급감하며 매출도 급격히 떨어지게 된다. 원가관리가 중요하고 새로운 신제품을 개발이 필요하며 설비의 용도전환을 고려하게 된다.

[1.2] 제품 공정 설비배치

시설 설비배치는 생산 공정의 배치 즉 제조 공정의 흐름에 따라 시설, 기계, 통로, 창고 등의 위치를 배치하는 것을 말한다. 시설배치에 문제가 있으면 작업능률이 떨어지거나, 생산 공정의 불균형 발생, 운반거리가 길거나 불필요한 운반 등으로 운반비용이 많이 들 수 있으며 작업현장이 복잡해지고 생산성과 품질이 나빠질 수 있다. 시설배치의 유형은 다음과 같이 나눌 수 있다.

① 공정별 배치(기능별 배치)

② 제품별 배치(라인별 배치)

③ 위치 고정형 배치(프로젝트 배치)

④ 혼합형 배치(셀형 배치, U자형 배치 등)

(1) 제품별 배치

TV, 자동차, 정유 등과 같이 대량생산이나 연속 생산시스템에서의 배치이며 제품의 흐름이 일정하게 흘러가는 소품종 대량생산 공장에서 주로 사용되는 배치이다. 배치방법은 제품을 생산에 필요한 기계와 작업자를 제품의 생산 공정 순으로 배치하는 것이다. 배치의 성과를 얻기 위해서는 경제적 생산량, 제품 수요의 안정, 제품의 표준화, 부분품의 호환성이 이루어져야 하며 배치의 라인 밸런싱이 중요하다.

장점	단점
- 대량생산으로 제조 원가 낮음 - 일정계획관리가 용이하다. - 기계와 작업자 생산성 높음 - 운반이동거리 짧고 제품 공정흐름 빠름 - 작업이 단순함 작업자 훈련 용이	- 유연성 낮음(수량변화, 생산방법의 변화 등) - 전용설비에 투자비용이 많음 - 기계고장, 원자재부족, 결근 등의 영향이 큼 - 작업이 단조로워 직무만족도 낮음

(2) 공정별 배치

주로 주문생산에 대한 배치로 범용설비를 기능별로 배치하여 생산하는 것으로 다품종 소량생산시스템에 적합하다.

장점	단점
- 설비투자와 배치에 자본이 적게 소요됨 - 제품의 소량제조시 유리 - 유연성 높음(수량변화, 생산방법의 변화 등) - 기계고장, 원자재부족, 결근 등의 영향이 대체로 적음 - 다양한 작업으로 직무 만족도 높음	- 대량생산시 불리 - 공정중 재공품이 많을 수 있고 제품 공정 흐름이 느림 - 생상 효율 낮음 - 운반거리가 길고 운반코스트 비용 높음 - 일정 관리 계획이 복잡

(3) 프로젝트(위치 고정형) 배치

공사 구조물이나 제품이 한 장소에 고정되어 있고 기계설비, 자재, 작업자가 이동하여 생산이나 조립 가공하는 배치이다. 주로 조선업, 항공기 제작, 건설업종에 해당된다.

장점	단점
- 생산 제품의 이동 최소화 - 다양한 제품 제조 - 복잡하고 큰 구조물 등 생산에 적합	- 기계설비, 자재 등 운반비용과 시간이 많이 소요 - 고도의 숙련작업이 필요 - 기계 설비 생산효율 낮음

(4) 혼합형 배치(셀형(그룹별) 배치(Cellular layouts))

공정 유연성을 유지하면서 생산 효율을 증대시키기 위한 배치이며 유사한 생산 흐름을 갖는 제품을 그룹화하여 셀 단위로 배열하여 생산하는 방식이다. 다품종 소량생산에서 제품별 배치의 장점을 적용 가능하다.

장점	단점
- 생산 흐름이 일정하고 운반 이동거리가 짧다. - 공정중 재고량이 적다. - 준비시간이 짧고 납기가 단축된다.	- 재배치에 추가 비용 소요 - 제품의 공정 흐름 밸런스 유지가 어려움 - 다기능공 필요

① CELL 생산방식 효과

숙련된 작업자가 cell에서 제품의 첫 공정에서부터 마지막 공정까지를 책임지고 작업을 수행하는 작업자 중심의 자기 완결형 작업방식이다. 이점으로는 다품종 소량생산 주문형 생산에 대응할 수 있고 한명의 작업자가 전 공정을 책임지므로 품질과 생선성을 높일 수 있고 원가절감을 할 수 있다. 또한 책임감이 높고 일에 대한 성취감과 만족도가 높다.

셀 생산방식의 전제조건으로는 셀 방식에 적합한 제품이어야 하며 자제 부품의 공용화, 표준화, 작업공정의 간소화, 실시간관리 정보시스템이 사전에 구축되어야 하며 다양한 작업을 할 수 있는 다기능공 양성이 필요하다.

최근 많은 기업에서 셀 생산방식으로 전환하여 운영 중이며, 생산성 향상, 품질향상, 원가절감, 작업자의 근무 만족도 향상 등에 많은 도입효과를 보고 있다.

[1.3] 라인 발런싱

생산라인에서 여러 개의 공정으로 구성되어 있을 때 각 공정간에 제품흐름이 균형을 이루지 못하고 있을 때 전체 생산흐름은 작업소요 시간이 가장 많이 소요되는 공정의 흐름 속도와 같아진다. 이로 인해 공정의 생산 가동성은 떨어져 효율이 저하되고 유휴시간이 많이 발생된다. 즉 공정간의 속도 밸런스가 균일하면 투입 노동력이나 설비효율은 높아진다. 라인 발런싱은 작업 공정의 균형화로 각 공정의 단위당 작업시간을 균등하게 배분하거나 각 공정의 사이클 타임이 균등하게 되도록 작업 요소를 배분하는 것이다.

라인능률(E) = 라인의 과업시간 합계 ÷ 작업 공정수 × 사이클 타임

$$= \frac{\sum_{i=1}^{k} ti}{n \cdot c}$$

n : 공정(작업장) 수　　　　　c : 라인의 사이클 타임

ti : 라인의 순 과업시간　　　k : 라인을 구성하는 공정의 수

(1) 애로공정(Bottle Neck)

작업시간이 가장 많이 소요되는 공정으로 공정간 생산속도가 균형을 이루지 못할 때 그 라인의 생산속도는 전체 공정중에서 생산속도 즉 능력이 가장 떨어지는 공정의 생산속도와 같아진다.

애로공정에 의해 시스템의 생산 산출량이 결정되고 애로공정에서 공정 재고가 가장 많이 쌓이게 된다. 그러므로 애로공정의 개선에 집중해야 하며 각 공정의 공정능력 향상보다는 공정 흐름을 균형화시켜야 한다. 즉 공정 라인 밸런스를 균일화해야 한다. 비 애로공정의 시간단축은 무의미할 수 있다. 생산관리자의 업무 중에서 라인 밸런스 유지관리와 애로공정의 개선이 매우 중요한 업무 중의 하나이다.

예제 03. ○○공장에서 P제품을 생산하는 공장에서 공정은 5개 공정으로 이루어져 있으며 작업소요시간은 다음과 같다.

공 정	A	B	C	D	E
작업 소요시간(분)	5	8	15	10	6
기계 수	1	1	1	1	1

풀이 애로공정은 C공정으로 전체 생산성은 15분에 1개씩 제품을 생산할 수 있다.
즉 1일 8시간 근무시 32개의 P제품을 생산할 수 있다.

생산수량 = 480분÷15 = 32개

라인 발런싱 효율(라인 능률)은 54.7%이다.

라인능률 = 41÷5×15 = 54.7%

만약 C공정에 기계를 1대 더 투입하게 되면 애로공정은 D공정으로 바뀌게 되며 이때 전체 생산성은 P제품을 10분에 1개씩 생산하게 된다.
1일 8시간 근무시 48개의 P제품을 생산할 수 있다.

생산수량 = 480분÷10 = 48개

라인 발런싱 효율(라인 능률)은 68.3%이다.

라인능률 = 41÷6×10 = 68.3%

만약 기계 1대를 더 투입했을 때 생산 라인능률은 약 13.6% 더 올라가게 된다.

[1.4] 설비 가동률관리

가동률은 각 공정에서 기계설비, 작업자 등이 어느 정도 유효하게 이용되었는지를 나타내는 지표이다. 생산에 주어진 시간에서 어느 만큼 유효시간이 사용되고 유휴시간의 비율이 얼마인지 나타내는 비율이다. 예를 들어 20대의 기계 중에서 18대가 완전하게 가동하고 있다면 가동률은 90%가 된다.

가동률은 각 공정의 생산능력을 파악하여 생산계획 대비 필요 기계댓수나 필요인력, 납기관리, 공정 필요재고량, 생산량 예측, 공정 밸런스, 원가절감, 개선활동 등에 매우 필요한 생산 지표이다.

기계 설비 가동률을 계산하기 위해서는 먼저 기계 설비의 가동 효율을 저해한 로스(낭비)를 이해해야 한다. 기계 설비 로스를 6개 항목으로 분류해 보면 다음과 같다.

① 고장로스 : 설비의 고장이나 수리로 인한 정지로스

② 준비교체로스 : 제품의 준비교체로 인한 로스

③ 일시정지, 공회전조정로스 : 5분 이하 일시정지나 작업조정을 위한 공회전 로스

④ 속도저하로스 : 불량발생 우려 등으로 표준 속도보다 속도가 저하된 로스

⑤ 불량, 재작업 로스 : 불량발생으로 인한 로스나 불량을 재작업하는 로스

⑥ 초기 수율로스 : 불량발생이나 여러 가지 사유로 인해 수율이 저하된 로스

예제 04. 수율계산 : 예제) 1로트가 100개인 제품에서 공정중 작업중 불량이 3개, 분실1개가 발생되었다면 수율은 96%이다.

작업자에 의한 가동률에 영향을 미치는 요인은 작업자의 숙련도 문제, 작업 실수, 신입사원, 작업 방법의 차이 등 여러 가지 요인이 있으며, 자재에 의한 가동률에 영향을 미치는 요인은 원자재 부족, 원자재 불량 등의 요인이 있다. 그밖에 3정5S의 불량도 가동률에 영향을 미친다.

① 조업시간 : 년간을 통해 조업을 할 수 있는 시간, 실제 조업한 시간이다(정기 정비, 재고조정 정지 등 휴지 로스 제외).

<table>
<tr><td colspan="6">(A) 카렌다 시간(365D*24HR)</td><td>8대 로스</td><td>구 분</td></tr>
<tr><td colspan="5">(B) 조업시간(생산을 해야 될 시간)</td><td>휴지</td><td rowspan="2">계획 휴지로스
생산조정로스</td><td rowspan="3">시간가동률</td></tr>
<tr><td colspan="4">(C) 부하시간(설비를 가동해야 될 시간)</td><td>계획휴지</td><td></td></tr>
<tr><td colspan="3">(D) 가동시간(설비를 실제 가동한 시간)</td><td>정지</td><td></td><td></td><td>고장로스
준비교체 조정로스</td></tr>
<tr><td colspan="2">(E) 정비가동시간(실질 가동시간 제품을 만든 시간)</td><td>성능</td><td></td><td></td><td></td><td>순간정지 공회전 로스, 속도저하 로스</td><td>성능 가동률</td></tr>
<tr><td>(F) 가치 가동시간(양품을 만든 시간)</td><td>불량</td><td></td><td></td><td></td><td></td><td>불량 재작업 로스, 초기 수율 로스</td><td>양품률</td></tr>
</table>

표 2-3 설비 가동시간과 설비로스 구분

② 가동시간 : 조업시간에서 설비고장, 누설, 조작미스, 준비교체 등을 뺀 가동시간이다(실제 조업시간).

③ 실제 가동시간 : 가동시간에 대해 기준생산 비율 이하로 가동한 성능 저하 로스를 뺀 실질가동시간이다.

④ 가치 가동시간 : 실질 가동시간에서 불량품을 만들어 낸 손실시간, 리사이클 시간을 뺀 가치 가동시간이다.

(1) 가동률 지표

$$\text{시간 가동률}=\frac{\text{부하시간}-\text{정지시간}}{\text{부하시간}}=\frac{\text{가동시간}}{\text{부하시간}}$$

$$\text{성능 가동률}=\text{속도 가동률}\times\text{실질 가동률}=\frac{\text{표준 사이클 타임}\times\text{생산량}}{\text{가동시간}}$$

$$\text{속도 가동률}=\frac{\text{표준 사이클 타임}}{\text{실제 사이클 타임}}$$

$$\text{실질 가동률}=\frac{\text{생산량}\times\text{실제 사이클 타임}}{\text{가동시간}}$$

$$\text{양품률}=\frac{\text{가공수량}-\text{불량수량}}{\text{가공수량}}\times 100(\%)$$

설비 종합효율 = 시간 가동률 × 성능 가동률×양품률

예제 05. 1일 조업시간이 8시간이고 휴식시간은 30분이다(부하시간 : 450분). 정지시간은 준비교체시간 20분, 고장시간 30분이다(정지시간 : 50분). 1일 생산량은 400개, 기초 사이클 타임은 0.5분/개, 실제사이클 타임은 0.8분/개 양품률은 98%이다. 설비종합효율을 구하라.

풀이 $\text{시간 가동률}=\frac{\text{가동시간}}{\text{부하시간}}=450\div480=0.9375=93.8\%$

$\text{성능 가동률}=\frac{\text{생산량}\times\text{표준 사이클 타임}}{\text{가동시간}}=\text{속도 가동률}\times\text{실질 가동률}$

$=400\text{개}\times0.5\div400=0.5=50\%$

$\text{속도 가동률}=\frac{\text{표준 사이클 타임}}{\text{실제 사이클 타임}}=0.5\div0.8=0.625=62.5\%$

$\text{실질 가동률}=\frac{\text{생산량}\times\text{실제 사이클 타임}}{\text{가동시간}}=400\text{개}\times0.8\text{분}\div400\text{분}=0.8=80\%$

양품률=0.98

설비 종합효율=시간 가동률×성능 가동률×양품률=0.9375×0.5×0.98=45.9%

일반 기업에서는 가동률을 관리하고 있는 기업이 많이 있으며 특히 스마트공장 구축으로 가동률을 실시간으로 관리하면서 기계가동에서 문제점이 발생되면 즉시 조치를 취하고 있다. 일반적인 작업자의 수작업도 표준 사이클 타임과 실제 사이클을 구하여 가동률을 관리할 수 있다.

일반 기업에서는 가동률관리가 생산관리에서 매우 중요한 항목으로 대부분 관리를 하고 있으나 가동시간, 고장시간 등의 수치입력 오류로 가동률을 잘못 계산하고 있는 기업이 의외로 많다. 가동률 계산이 정확하지 않으면 생산성분석, 필요 기계설비, 생산량 예측, 원가계산, 납기일 예측 등 많은 부분에서 오류가 발생될 수 있다.

[1.5] 설비 납기관리

납기관리란 제품을 납품할 고객과 약속한 납품기일을 지키기 위하여 생산을 관리하고 계획하는 것을 말한다. 납기관리는 납기를 빠르게 관리하는 것과 정확한 납기를 위해 관리하는 것이다.

① 신속한 납품

② 정시(정확한) 납품(on time delivery : OTD)

납기관리가 제대로 안되면 고객의 신뢰성을 잃게 되고 주문량이 줄어들 수 있으며 어떤 경우에는 고객에게 많은 피해를 입힐 수 있다. 또한 생산 공정에서는 납기문제로 생산 일정을 무리하게 변경해야 되거나, 생산계획의 차질, 품질문제 발생, 생산성 저하, 잔업이나 특근근무, 원가상승 등 여러 가지 문제가 발생할 수 있다. 그러므로 납기관리는 매우 중요하다.

(1) 납기지연 발생원인

① 미흡한 생산계획이나 무리한 생산계획 변경

② 생산능력 이상의 무리한 수주량

③ 리드타임과 납기관리 계획 미흡

④ 생산 공정에서의 원자재부족, 기계고장, 인력부족 등 여러 가지 문제 발생

⑤ 외주업체에서의 납기지연 등

정확하고 신속한 납기관리를 위해서는 고객(발주기업), 구매, 생산, 영업 등과 긴밀한 소통관계를 유지하면서 관리해야 하고, 특히 외주업체에서 생산 납품이 지연되어 납기관리에 문제가 발생되는 경우가 많으므로 외주업체의 납기관리 계획을 세워 철저히 관리해야 한다.

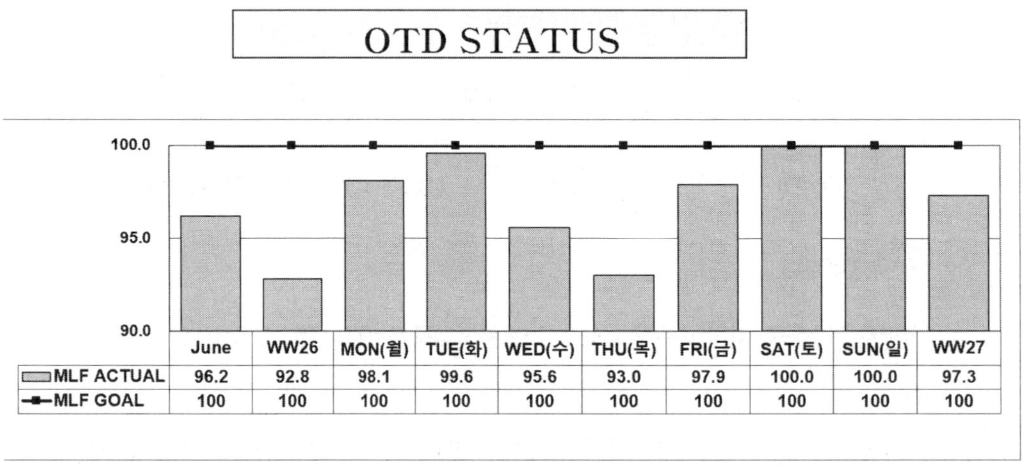

	June	WW26	MON(월)	TUE(화)	WED(수)	THU(목)	FRI(금)	SAT(토)	SUN(일)	WW27
MLF ACTUAL	96.2	92.8	98.1	99.6	95.6	93.0	97.9	100.0	100.0	97.3
MLF GOAL	100	100	100	100	100	100	100	100	100	100

그림 2-4 납기관리(OTD)

(2) 리드타임관리

리드타임은 제품생산을 위해 제품의 시작(INPUT)부터 출고(OUTPUT)까지 소요시간을 의미하는 것으로, 주문을 받거나 생산계획을 하여 생산이 시작되는 시점부터 생산 공정을 거쳐 제품이 완성되어 출고하는 시점까지의 시간을 말한다. 리드타임은 납기관리와 밀접한 관계가 있다.

생산의 리드타임은 가공시간과 정체시간으로 구분할 수 있다.

생산리드타임 = 가공시간+정체시간(작업 준비교체시간, 대기시간, 검사시간)

생산 리드타임의 단축방안은 생산계획의 적정화, 표준작업의 설정, 작업자의 다기능화, CELL형 등 적합한 공정 레이아웃, 공정 낭비개선, 적정재고 유지, 공정 밸런스 유지, 품질향상, 작업자 숙련화, 운반의 신속성, 작업 준비교체시간의 단축 등의 단축방안이 있다.

[1.6] 설비 표준 작업관리

생산관리 측면에서 표준화는 몇 가지 의미로 나눌 수 있지만 주요 표준화는 표준 작업관리와 부품 및 제품의 표준화의 의미가 있다. 표준 작업관리는 작업실행의 낭비요소를 제거하고 표준화된 작업을 실행하여 생산성 향상과 품질향상을 이루기 위해 실시하는 것으로 표준작업을 설정하고 표준시간을 구하여 작업을 실행하는 것이다.

부품 및 제품의 표준화는 표준품의 생산으로 품질의 향상과 균일한 품질을 저렴한 가격으로 고객에게 제공하기 위해 표준화를 실시하고 있다. 제품의 표준화는 여러 가지 장점이 많지만 다양한 고객욕구의 대응이 어렵고 품질향상에도 한계가 있으며 생산의 경직성으로 다양화 추구가 어렵다.

(1) 표준작업

제품을 생산하는 과정에서 발생하는 낭비를 제거하고 공정흐름을 빠르게 관리하며 필요한 것을 필요한 때에 필요한 만큼 생산하기 위해 사람, 기계, 제품을 효율적으로 활용하기 위하여 작업방법을 표준화하는 것을 말한다.

작업의 표준화와 작업개선을 위해서 작업분석을 하게 되는데 작업분석이란 작업현장에서 하는 일을 세부적으로 일를 분석하여 조사하는 과정이다. 작업분석에는 기계와 사람과의 합동작업에 의해서 이루어지는 연합작업과 작업자 단독작업으로 이루어지는 단독작업으로 구분된다. 작업분석을 세분화하기 위해서 동작분석이 이루어지게 되는데 동작분석에는 17가지 서블릭 동작이 활용되고 있으며, 이는 요소작업을 구성하는 손, 발과 신체부위의 움직이는 동작을 규명하기 위하여 세부적으로 나누는 것이다. 작업의 동작분석 과정에서 불필요한 동작을 제거하고 가장 경제적인 작업방법을 도출한다.

작업분석에서는 작업과정의 불필요한 동작을 제거하기 위하여 찾아내고 가장 쉽고, 빠르고, 정확하게 작업할 수 있는 방법을 분석하여 표준화한다.

표준작업을 설정한 후에는 표준시간을 계산한다. 표준시간(standard time)은 작업을 하는데 필요한 숙련도와 능력을 가진 작업자가 정해진 작업 방법과 조건 그리고 정해진 기계를 활용하여 정해진 시간 내에 아무런 작업에 대한 방해 없이 최대의 노력을 발휘하여 일을 할 수 있는 조건에서 하나의 단위 작업량을 완성하는데 소요된 시간이다.

표준시간 = 정상시간×(1+여유율)

표 2-5 서블릭 17가지 동작과 개선 착안점

서블릭 동작	정의	개선 착안점
찾기	눈을 돌려 찾음	제거
선택	몇 개의 물건 중 하나를 고름	제거
뻗음	빈손을 움직여서 뻗음	단축
잡음	물건을 쥐고자 하는 손동작	단축
옮김	물건을 가지고 손을 이동함	단축
검사	표준과 비교하여 물건 비교, 보통 눈으로 하지만 다른 감각으로도 가능함	제거
위치정하기	물건의 위치를 바로 잡음	제거
조립	두 개의 부품을 하나로 통합	단축
기구사용	기구를 사용함	단축
분해	분해를 함. 조립의 반대동작	단축
놓음	물건을 놓아 주는 동작	단축
미리 위치정하기	대상물을 미리 정해진 장소에 놓거나, 다음 동작을 위하여 알맞도록 대상물을 올바른 위치에 놓거나 하는 동작	단축
잡고 있기	다른 손이 작업을 하는 동안 한 손은 물건을 지지하고 있다.	제거 (지그개발)
생각하기	신체 부위에 선행한 정신 반응. 즉, 작업을 어떻게 진행할 것인가를 결정하는 것으로 이는 작업자가 생각하기 위하여 작업을 중단한 시점에서 시작하여 이해 또는 결정을 했을 대 끝난다.	제거
피할 수 없는 지체	작업자가 제어 또는 통제를 할 수 없는 지체로서 작업자에게 책임이 없는 작업의 중단. 보통 한 쪽의 신체부위는 바쁜데에도 불구하고 다른 쪽 신체부위를 사용할 수 없도록 된 작업순서의 배열 등의 원인 때문에 일어난다.	제거
피할 수 있는 지체	작업자가 피하려고 하면 피할 수 있는 지체	제거
피로 회복을 위한 휴식	작업 때문에 생긴 피로를 회복하기 위하여 심신을 휴식하는 것으로 이는 작업자가 작업을 정지했을 때 시작하여 다시 개시했을 때 끝난다.	제거 (피로감소)

출처 : NCS 공정관리 학습모듈

여유시간이란 작업자가 휴식 없이 계속작업을 할 수 없고 작업 중에도 여러 가지 사유로 인해 작업의 지연이 발생한다. 이를 위하여 표준작업 설정시 정미시간외에 적당한 여유시간을 가산한다.

① 작업여유 : 공구교체, 기계점검 등 일반적으로 작업의 3~5% 부여

② 생리여유 : 용변, 물 마시기 등 일반적으로 3~5% 부여

③ 피로여유 : 작업에 의한 피로회복에 소요되는 시간 경노동과 중노동으로 구분

④ 직장여유 : 작업대기, 기계고장 등

$$\text{여유율} = \frac{\text{여유시간}}{\text{정상시간}} \times 100$$

표준작업의 목적은 생산성관리, 납기준수, 품질향상과 관리, 재고최소와 유지관리, 원가절감, 작업 안전확보에 있다. 표준작업은 여러 가지 용도로 활용되며 주로 작업용, 교육용, 신입사원 교육용, 심사용, 기술관리용 등으로 활용되고 있다. 표준작업의 정리방법은 작업자별 표준작업과 제품별 표준작업, 기계별 표준작업으로 나눌 수 있다.

그림 2-6 작업표준서

작 업 표 준 서

표준서 번호 : PJS-N-14-02				
2				
1				
0				
Rev No.	제,개정일	작 성	검 토	승 인

공 정 명		설 비 명	
준수 사항	압연강재의 날카로운 면 또는 모서리에 안전 주의(신체부위)한다. * 안전관리 수칙,이상시 조치 등은 작업표준 통칙(PJS-N-01)에 따름		
작업전 준비사항	1) 주변의 위험요소를 완전히 제거한다. 2) 호이스트를 절단된 압연철판 위치로 이동시킨다. * 3) 절단 작업표준(PJS-N-02)에 따름		

공정/검사 관리			
항 목	기 준	방 법	관리자
겉모양	절단부에 흠,균열,이바리등이 없어야 한다.	전수 검사	작업자
치 수	길이 . 나비 (± 3%,0)	KS Q ISO 2859-1 AQL = 2.5	

사 용 재 료 및 부 품				설 비 치 공 구			
NO	자재명	규 격	수량	NO	설비명	규 격	수량
1	일반구조용압연강재	SS400	1	1	호이스트	C-107(2.8×2.8ton	1
2				2	C형 바이스	-	
3				3	자	줄자,T자	
4				4	석필	백색	
5				5			
6				6			

규격별 작업조건			
규격(mm)	길이(mm)	하단 나비(mm)	상단 나비(mm)
7 000	6 300	558	282
8 000	7 300		
9 000	8 300		
10 000	9 300	695	345
11 000	10 300		
12 000	11 300		
13 000	12 300		
14 000	13 300		

작업 내용	
NO	작업 방법
1	규격(길이)으로 절단된 철판(압연강판)을 호이스트를 사용 절단전용 작업 위에 올려놓고 "C"형 바이스로 철판을 작업대에 2곳 이상을 고정시켜 움직 없도록 한다.
2	"ㅣ"형 철자 등을 사용,절단할 부위를 대각선으로 석필로 표시한다.
3	플라즈마 절단기,토치선,인버터 감속이송장치를 설치한다.
4	플라즈마 절단기의 전원 S/W를 ON한다.(에어콤프레셔(SHP)의 호스의 니플 플라즈마 용접기 본체의 니플과 접속됨을 확인한 후 콤프레셔를 ON한다)
5	수동,자동 S/W를 ON하고, 절단전류를 120A(철판두께 t3.2)에 맞춘다.
6	배선용 차단기의 전원S/W를 ON하고 조절기(속도) 원형렌지를 30~35로 맞춘
7	콘트롤 판넬의 표시를 보고 전,후,정지 등 작동상태를 확인한다.
8	플라즈마 절단팁(날)과 표시된 부분을 일치시키고 반대편은 치수 조정대에 맞춘다.
9	플라즈마 절단작업의 조건을 확인하고 절단작업을 하면서 절단면의 흠,손 균열,버리(BURR) 등이 없는지 3회이상 확인하며 작업한다,
10	플라즈마 절단작업 후 버리(Burr)가 발견되면 플라즈마로 제거한다.
11	절단이 완료되면 철판은 절곡공정의 작업대로 이송한다.

[2] 도요타 생산시스템(TPS)

[2.1] 설비 도요타 생산방식(Toyota Production System : TPS)

도요타자동차에서 개발한 생산방식을 도요타 생산방식(TPS)라고 하며, 이는 컨베이어시스템에 의해 대량생산을 하는 포드시스템을 역발상으로 생각하여 JIT와 자동화라는 개념으로 다양한 생산기술과 조직을 만들었다.

도요타 생산방식은 생산현장의 낭비를 철저히 제거하고 다양한 고객의 욕구를 충족시켜줄 수 있는 다품종 소량생산 체제를 추구한다. 도요타 생산방식(TPS)을 미국에서는 린 생산(Lean Production)이라고도 한다.

도요타 생산방식(TPS)의 기본은 낭비제거 즉 낭비, 불균형, 과잉을 철저히 제거하고 개선하는 것이다. 이것이 도요타 생산방식의 목적이기도 하다. 도요타 생산방식(TPS)에서는 낭비(waste)를 7가지로 구분한다.

참고 7가지 낭비 유형

① 불량의 낭비 ② 재고의 낭비 ③ 운반의 낭비 ④ 대기의 낭비
⑤ 과잉 생산의 낭비 ⑥ 가공의 낭비 ⑦ 동작의 낭비

① **불량의 낭비**

제품의 불량은 공정흐름을 방해하고 전체 생산성을 떨어뜨리며 품질을 저하시켜 원가상승의 원인이 된다. 불량의 현상은 재료불량, 가공불량, 검사불량, 클레임 등이 있다.

② **재고의 낭비**

재고는 비용을 발생시키는 요인이며, 원자재나 부품, 조립품이 정체되고 있는 낭비이다.

③ **운반의 낭비**

불필요한 운반이나 이동, 불안정한 이동의 낭비이며 이러한 이동이나 저장은 비용을 증가시킨다.

④ **대기의 낭비**

작업을 기다리는 시간의 낭비로 작업자가 작업할 물량이 없거나 자재가 들어오기를 기다리는 낭비를 말한다.

⑤ **과잉 생산의 낭비**

필요한 제품 물량보다 더 많이 생산하는 것으로 노동인력과 원자재의 낭비를 초래하고 불필요한 재고가 쌓이게 된다.

⑥ **가공의 낭비**

본래부터 불필요한 작업이나 공정이 마치 필요한 것처럼 생각되는 낭비이다. 가공은 최소의 비용으로 필요한 양만 불량 없이 가공하는 능력이 있어야 한다.

⑦ **동작의 낭비**

불필요한 작업 동작이나 부가가치 없는 작업동작, 지연동작은 생산성이 저하되고 제품의 가치를 떨어뜨린다. 이러한 7가지 낭비를 제거하기 위한 방법으로 JIT 생산, 자동화, 소로트 생산, TQC, 현장개선으로 하위시스템을 제시하였다.

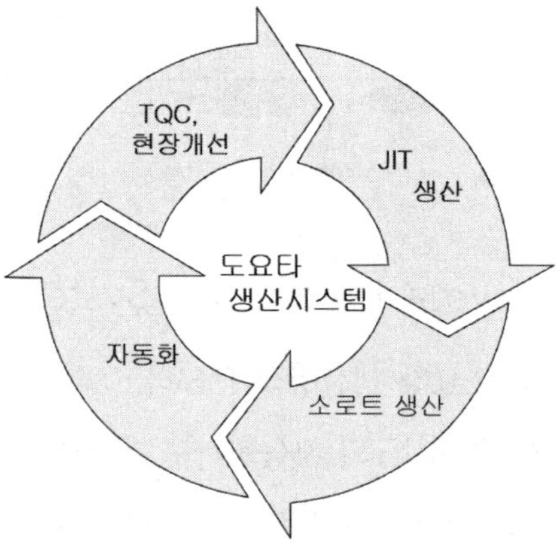

그림 2-5 도요타 생산시스템과 하위시스템

낭비제거를 위한 도요타 생산시스템의 하위시스템은 유기적인 상호관련성을 가지고 낭비제거의 목적달성을 위해 수단으로 활용되고 있다. 도요타 생산방식은 JIT 생산 시스템과 자동화(Autonomation)의 두 개의 큰 축으로 설정할 수 있는데 JIT 생산 시스템은 철저히 낭비를 제거하기 위한 것이라면 자동화(Autonomation)는 공정 이상을 자동적으로 체크 관리하는 시스템으로 자율적인 품질관리를 위한 시스템이다.

표 2-7 도요타 생산시스템과 하위시스템

JIT 생산시스템 운영기법	- 간판방식 - 생산의 평준화 - 작업 준비시간의 단축 - 작업 표준화 - 설비배치의 유연성과 다기능화
자동화 시스템 운영기법	- 소집단활동 - 제안제도 - 눈으로 보는 관리 - 기계 설비별 관리

[2.2] 설비 JIT(Just-In-Time) 시스템

JIT 시스템은 낭비요소를 철저하게 제거하여 원가절감하기 위한 생산관리 시스템으로 필요한 자재를 필요한 시기에 필요한 양만큼 생산 또는 구매하여 조달함으로써 재고를 최소화로 유지관리하는 생산 재고관리 시스템이다.

JIT 시스템의 기본적인 요소는 다음과 같이 나눌 수 있다.

① 간판시스템 : 간판이라는 카드를 사용하여 필요한 부품의 수량과 종류 등의 정보를 전달한다.

② 생산의 평준화 : 균등한 작업량(부하량)으로 생산 주일정 계획에 있어 생산수량이 평준화 되어야 한다.

③ 준비작업 시간 단축과 소로트 추진 : 리드타임 단축을 위해 준비작업 시간을 단축시키고 로트를 소로트로 생산을 진행한다.

④ 작업 표준화 : 생산에 필요한 인원을 최소한으로 줄이기 위하여 불필요한 작업동작을 제거하고 모든 공정에서 공정 균형화를 이룬다.

⑤ 설비배치 유연함과 다기능공 : U자형 설비배치 변환과 같이 설비배치의 유연함과 작업자의 유연한 활용을 위해서 작업자의 다기능공 교육을 실시한다.

⑥ 소수 인력화 : 탄력적인 인력운영으로 소수인력화하기 위한 생산시스템 즉 설비배치 유연화, 다기능 작업자, 표준화를 실시한다.

⑦ 고품질 유지관리 : 일관성 있는 고품질을 위해 5S 활성화, 안돈(andon), 오동작 방지(fool proof) 등으로 고품질을 유지한다.

⑧ 풀(pull) 생산방식 : 후 공정에서 전 공정에 있는 자재를 끌어당기는 방식으로 자재 흐름을 관리한다.

⑨ 자동화(autonomation) : 자동화 즉 공정이상이나 자동감지장치와 눈으로 보는 관리로 자동화를 실현한다.

⑩ 지속적 개선 : 문제를 개선하고 재고를 유지 관리하는 개선을 지속적으로 실시한다.

⑪ 유지 보수활동 : 예방보전(PM)과 일상적 유지 보수관리로 설비보전을 실시한다.

⑫ 긴밀한 공급자와의 관계 유지 : 공급자도 생산의 한 공정으로 관리하므로 긴밀한 유대관계를 유지 관리한다.

(1) 간판시스템

간판이란 생산지시 카드를 의미하는 것으로 제품이나 부품 종류, 수량 등을 적시에 공급할 수 있도록 하는 기능을 갖고 있으며 선행공정에서 후공정으로 필요수량, 필요 시간을 알려서 이동관리하는 역할을 한다. 간판시스템의 목적은 낭비제거를 위한 과잉생산 방지와 지속적 개선활동, 원가절감으로 경쟁력을 높이는 데 있다. 간판시스템은 pull system을 추구한다.

> 참고 ① pull 생산방식 : 후공정에서 전공으로 끌어당기는 생산방식(간판시스템)
> ② push 생산방식 : 전공정에서 후공정으로 밀어내기식 생산방식(일반시스템)

① 간판의 기능

㉠ 현품관리기능 : 제품의 흐름과 정보관리

㉡ 작업지시기능 : 과잉생산, 작업순서, 생산조정 등의 역할기능

㉢ 개선도구기능 : 표준화, 작업시간 단축 등의 개선도구로 활용

㉣ 부적합품 방지기능 : 불량을 내보내지 않는 불량품 방지기능을 수행한다.

그림 2-8 간판

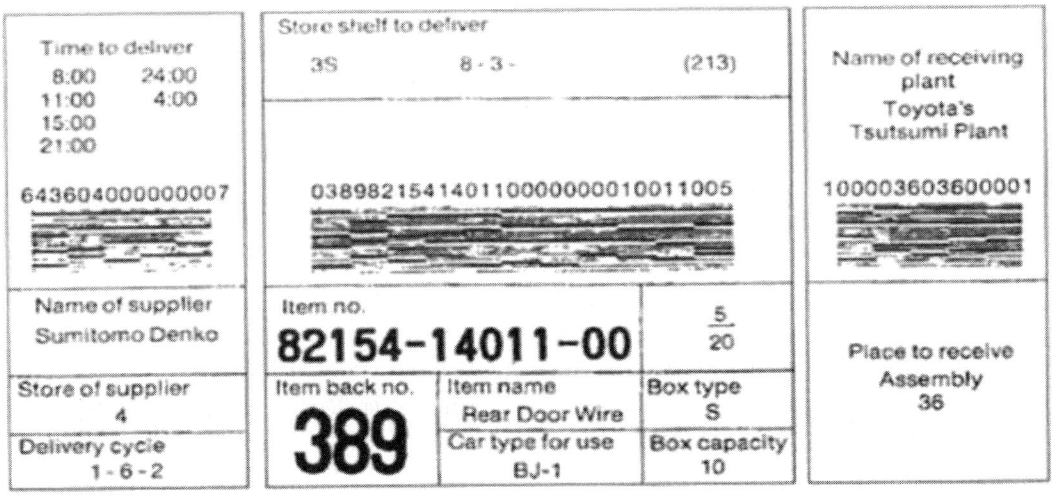

출처 : Yasuhiro Monden, TOYOTA Production System, 2011

(2) 생산의 평준화

생산의 평준화란 하루 생산량을 동등하게 생산하기 위하여 각종 제품을 사이클 타임에 맞추어 균등한 비율로 나누어 생산하는 것을 말한다. 즉 일일 생산계획에 따라 필요한 품목과 생산량을 균등하게 되도록 일간 생산계획을 수립하는 것을 말한다.

JIT 시스템은 주 일정계획(MPS)에 의하여 월별이나 일별 생산량을 결정하고 일별 생산량을 평준화하면 일별 생산량은 균등해진다. 일별 생산량이 균등해지면 현장 작업 부하량도 균일해지고 이로 인해 원활한 자재흐름과 재공품 재고를 최소로 유지관리할 수 있다.

$$\text{생산의 평준화} = \frac{\text{총 생산량}}{\text{생산일수(또는 생산시간수)}}$$

세부적인 평준화 생산의 효과는 균등한 현장 작업량, 원활한 자재흐름, 재고의 최소화, 일일 생산변동에 대한 유연하고 신속한 대응을 할 수 있다.

① **평준화 순서**

㉠ 1단계 : 생산 목표량 결정(각 제품별)

㉡ 2단계 : 일간 생산량과 사이클 타임(주기시간) 계산

$$\text{일간 필요생산량} = \frac{\text{월간 필요생산량}}{\text{월간 작업일수}}$$

$$\text{사이클 타임} = \frac{\text{일간 작업일수}}{\text{일간 필요생산량}}$$

㉢ 3단계 : 일일 생산비율 파악(각 제품별)

㉣ 4단계 : 파악된 비율로 생산

(3) 준비 작업시간 단축과 소로트 추진

생산 준비 작업시간은(set up time)은 제품생산하기 위해 필요 공구의 준비, 기계 셋업, 조정, 셋업 후 공구정리, 작업준비 등에 소요되는 시간을 말한다. 생산 준비 작업시간은 제품의 생산량이 품질에 매우 큰 영향을 미친다.

생산 준비 작업시간을 얼마나 빨리 정확하게 하느냐에 따라 생산성과 품질이 달라진다는 의미이며 특히 준비 작업횟수가 많은 다품종 소량생산에는 더 큰 영향을 받는다. 보통 생산의 평준화와 재고 최소화를 위해서는 소로트화를 추진해야 하지만 소로트화는 생산 작업준비 작업횟수를 증가시킨다. 생산 준비 작업횟수가 늘어나면 생산성이 줄어들고 그만큼 인력이 소요되며 품질에도 영향을 미치므로 생산 준비 작업방법의 개선에 대해 여러 가지 대책을 강구해야 한다.

① **준비 작업시간을 단축하기 위한 5단계 순서**

㉠ 1단계 : 내부준비작업과 외부준비작업 분리

㉮ 내부 준비작업 : 기계가동을 중지한 후에 작업준비를 하는 경우

㉯ 외부 준비작업 : 기계가동을 하면서 작업준비가 가능한 경우

㉡ 2단계 : 내부 준비작업을 최대한 외부 준비작업으로 변환한다.

㉢ 3단계 : 표준화한다.

준비 교체 작업방법의 표준화, 내·외부 준비작업 표준화, 기계 일부 표준화

㉣ 4단계 : 기계 조정시간을 없앤다.

㉤ 5단계 : 지속적인 개선을 한다.

원터치 체결 도구개발

그림 2-9 생산준비작업(setup)의 중요성

생산 준비작업 (Setup, 셋팅, 모델 체인지, 라인업) : 앞에서 하던 생산 작업이 끝나고 다른 품종으로 교체하기 위한 생산준비 과정을 말한다.
- 특히 다품종소량생산에서는 매우 중요하다.

- 셋업의 중요성
  - 생산 가동률 향상의 주 요인 : 초기 불안정한 셋업으로 불량발생, 잦은 장비 트러블, 고장 발생
  - 품질사고의(품종 도면 확인 실수 등) 약 70~80%는 셋업 과정에서 발생
  - 소량화(소로트화), 납기단축, 공정 재고 최소화 추세 대응
  - 작업자별 셋업 방법의 차이 발생 : 셋업 방법의 미표준화, 생산성, 품질차이 발생
- 준비작업 시간 단축
  - 개념 : - 내부준비 작업과 외부준비 작업을 분리 - 내부준비 작업을 외부준비 작업으로 최대한 변환
    - 조정 작업을 제거 - 준비작업 자체가 불필요한 개선 아이디어 도출
- 생산성 향상 관리 : 생산목표관리, 작업 낭비개선
- 품질향상 관리 : 불량관리, 공정 품질관리, 고객 품질관리, 통계적 품질관리(SPC), 품질 데이터관리

(4) 작업 표준화

JIT 시스템에서 작업 표준화는 작업자가 기계별로 작업을 해야 할 작업순서의 표준화를 말한다. 작업 표준화의 작업순서는 작업자, 기계, 제품을 가장 효율적으로 결합하여 작업하는 방법을 표준화한 것으로 작업동작 낭비 휴먼에러, 불량발생, 기계고장으로부터 예방할 수 있다. 표준화의 대상은 주로 작업방법과 작업동작이다.

① JIT 시스템에서 작업 표준화 분류 5가지

㉠ 부품에 대한 표준화　　㉡ 작업공구 및 기계에 대한 표준화
㉢ 작업방법에 대한 표준화　　㉣ 설계의 표준화
㉤ 작업동작에 대한 표준화　　㉥ 품질에 대한 표준화

(5) 설비배치 유연한 변환과 다기능공

JIT 시스템에서는 유연한 기계설비 배치의 변환을 요구한다. 기계설비 배치의 특징은 일반적인 배치 공정에서는 생산자재가 창고에 보관되었다가 작업자의 요청으로 출고되지만 JIT 시스템에서는 작업현장에 재공품과 생산자재가 보관되어 따로 보관창고가 필요 없다.

기계설비 배치는 셀(CELL) 라인의 유형이나 U자형의 기계설비의 유형으로 많이 배치한다. U자형의 기계설비 배치는 제품의 흐름이 U자형으로 흐르기 때문에 작업자가 효율적으로 작업할 수 있으며 1인이 여러 공정의 작업을 수행할 수 있으며 인력을 탄력적으로 활용할 수 있다.

다기능공에서는 작업자 한명이 여러 기계를 가동할 수 다기능공 작업자가 필요하다. 다기능공의 작업자를 활용하면 작업자를 효율적으로 활용할 수 있고 생산성이 향상되며 노동력의 유연성이 커지며 애로공정관리에 효과가 있으며 작업자수가 감소되어 원가가 절감된다.

(6) 소수인력화

탄력적인 인력운영을 위해 소수인력으로 생산시스템을 운영하는 것으로 소수의 인력으로 생산성 효과는 올린다는 것이다. 소수인력의 운용 성공을 위해서는 수요변동에 따른 유연한 생산설비 배치, 다기능 작업자, 작업의 표준화가 필요하다.

(7) 고품질 유지관리

JIT 시스템에서는 고품질 유지관리를 지향하여 공정의 품질향상과 신뢰도를 향상시키는 데 있다. 공정흐름을 관리하고 공정에서 불량발생을 철저히 방지하여 다음공정으로 불량을 넘기지 않아야 한다. 고품질 유지관리를 위하여 다음과 같은 수단을 활용한다.

작업자의 라인정지 권한부여와 안돈시스템, 부적합품을 체크하는 자동화(autonomation), 5S의 습관화, 오작동 방지(fool proof)시스템의 활용이 있다.

(8) 풀(pull) 생산방식의 공정흐름

JIT 시스템의 생산 공정흐름은 풀방식의 흐름이다. 풀생산방식은 후공정에서 전공정의 자재를 끌어당겨서 작업하는 방식이다. 풀방식의 자재흐름은 재공품 재고의 감소, 제조시간의 감소, 휴먼 에러의 사전 감지 등의 효과가 있다.

(9) 자동화(autonomation)

JIT 시스템에서 자동화는 공정이상을 자동적으로 감지하는 기계 장치시스템을 말하며, 자동화를 실현하기 위해서는 공정이상시 표시등에 의해 관리하는 눈으로 보는 관리가 함께 실현되어야 한다.

(10) 지속적 개선

JIT 시스템은 공정의 문제점을 개선하기 위하여 지속적으로 개선을 실시한다. 생산성과 품질의 향상을 위해서는 보이지 않는 많은 숨어있는 문제점을 찾아내고 개선하는 지속적인 개선이 필요하다.

(11) 유지 보수활동

JIT 시스템에서 설비의 유지 보수관리는 매우 중요하므로 예방보전(PM)과 일상적인 유지 보수관리 활동을 실행한다. 예방보전(PM)은 설비가 고장이 발생하기 전에 미리 점검내지 검사하여 기계의 열화를 방지 예방하는 활동을 말한다. 설비의 일상적 보수관리는 작업자가 직접 기초점검과 간단한 급유나 조정하여 기계의 상태를 최상으로 유지관리하는데 있다.

(12) 긴밀한 공급자와의 관계유지

JIT 시스템에서는 공급자와 긴밀한 유대관계가 필요하다. 공급자와 신뢰관계를 유지하고 기업의 고객만족을 위한 목적과 목표를 공유하며 제품이 필요한 때에 필요한 만큼 적시에 공급되도록 관계관리가 되어야한다. 공급자는 장기계약 관계를 유지한다.

JIT 시스템에서 기본적으로 추진되어야 하는 것은 5S이다, 5S는 정리, 정돈, 청소, 청결, 습관화 유지로 JIT 실행을 위해서는 가장 기본적으로 5S가 먼저 실천하고 습관화되어야 한다.

실습보고서

20　　년　　월　　일　　요일　장소:

제 목			
확 인		성 명	

실습[문제]내용

작성순서

학습평가		지도교수	

실습보고서

20 년 월 일 요일 장소:

제 목			
확 인		성 명	

실습(문제)내용

작성순서

학습평가		지도교수	

03 자재 및 재고관리

[1] 자재관리

[1.1] 자재관리 업무

자재관리란 기업에서 자재의 주문, 구매에서부터 생산중인 공정 중 재고, 생산 후 완제품, 창고보관품, 출고, 유통에 이르는 자재흐름의 전 과정에서 관리되는 자재의 계획과 통제의 관리업무이다. 자재관리를 크게 나누면 구매관리와 재고관리로 나눌 수 있다.

자재관리의 업무는 생산에 필요한 자재를 구매하여 생산에서 필요한 시점에, 필요한 수량만큼을 해당 생산 공정으로 조달하고 재고를 관리하는 업무이다. 즉 자재 구매계획, 구매관리, 구매조달, 원자재 검사, 창고관리, 자재의 표준화, 재고관리 업무가 모두 해당된다.

① 자재계획
② 자재 구매관리
③ 자재 창고관리
④ 자재 재고관리

일반적으로 제조기업에서는 전체 비용중에서 자재 재료비가 차지하는 비율이 60% 이상을 차지하는 경우가 많아 자재관리가 매우 중요하다. 자재관리는 일반 제조기업뿐만 아니라 호텔, 병원, 정비공장, 백화점, 음식점 등 모든 산업분야에서도 자재관리가 중요한 업무이다.

[1.2] 구매관리

구매관리는 자재를 구매 조달하는 과정을 관리하는 것을 말한다. 제조원가에서 재료비가 차지하는 비중이 높으므로 기업의 원가관리나 이익관리를 위해서는 기업의 경제적인 구매가 중요하다. 구매의 목적을 크게 나누면

① 높은 품질의 자재를 필요한 양만큼만 구매한다.
② 최저의 가격으로 자재를 구매한다.
③ 공급자로부터 필요한 시기에 자재 공급을 받는다.
④ 공급자와 긴밀한 관계를 유지하며 지속적으로 잠재적 공급자를 개발한다.

그림 2-10 자재 구매 조달과정

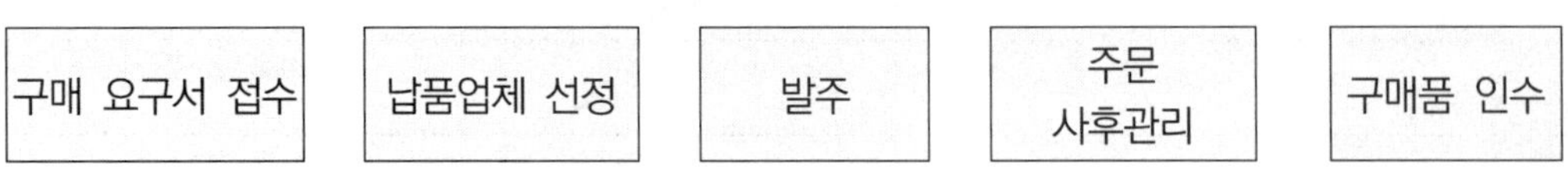

(1) 일괄구매와 분산구매

구매관리자는 자재를 구매할 때 일괄구매를 할 것인지 분산구매를 할 것인지 결정해야 한다. 일괄구매와 분산구매시의 유리한 점과 불리한 점은 아래와 같다.

① 일괄구매의 유리한 점(분산구매의 불리한 점)

㉠ 대량구매로 가격과 구매 거래조건이 유리하다.

㉡ 구매비용이 적게 들며 구매단가를 싸게 할 수 있다.

㉢ 구매거래처 시장조사 구매효과의 측정, 구매 거래처 조사 등을 효과적으로 할 수 있다.

㉣ 인터넷과 정보시스템 이용으로 일괄구매를 선호한다.

② 일괄구매의 불리한 점(분산구매의 유리한 점)

㉠ 각 사업장의 생산계획과 연결하기가 쉽지 않다.

㉡ 자재의 긴급조달이 어렵다.

㉢ 결제과정이 복잡해질 수 있고 인도기간이 길어진다.

㉣ 각 사업장의 재고현황 파악이 어렵다.

㉤ 구매담당자의 전문적인 구매지식이 필요하다.

최근에는 구매기능의 혁신으로

㉠ 다수 공급자가 단기거래에서 소수 공급자에 의한 장기거래로 바뀌고 있다.

㉡ 구매시장의 글로벌화 즉 구매시장 범위가 전 세계적으로 확대되고 있다.

㉢ JIT 생산에서의 JIT구매에 의한 구매기능이 강화되고 있다.

㉣ 가치분석(VA)을 중심으로 가치구매에 중점을 두고 있다.

[1.3] 창고관리

생산과 출고 판매활동이 원활하게 잘 이루어지려면 자재를 보관하고 수요와 공급을 잘 조절하는 역할을 하는 창고관리가 필요하다. 최근에는 자동 창고관리시스템의 발전으로 창고관리와 재고관리 분야에 많은 변화가 일어나고 있다.

예를 들어 제품의 구매나 판매의 입출고 시점(point of sale : POS)에서 스캐너 등으로 바코드를 인식하여 전산에 입력되면 제품의 입출고가 재고기록현황에 업데이트되어 재고의 입출고가 자동으로 관리되어진다. 자동창고시스템은 공장자동화(FA)의 중요한 한 부분으로 실시간 재고를 관리하고 최적 재고를 유지하는 경제적 관리를 할 수 있게 되었다.

창고관리는 제품의 이동 동선에 따른 적재 선반 레이아웃, 각 제품의 이동횟수와 이동 동선에 따른 적재 위치선정, 신속한 입출고 관리, 적정 재고유지관리 등을 고려하여 창고를 배치하고 운영관리를 하여야 한다.

자동창고관리 시스템은 창고에서 원자재와 제품의 보관, 입출고, 재고관리 등을 전산으로 자동 제어하고 제품의 흐름을 체계적으로 관리하는 실시간 통합관리시스템으로 발전되었다.

(1) 자동창고시스템의 구성

① 화물적재 선반 랙(rack)

② 화물 담는 용기 팔랫트(pallet)

③ 팔렛트를 집어넣고 꺼내는 스태커 크레인(stacker crane)

④ AGV, 컨베이어 등 운반시스템

⑤ 컴퓨터 전산과 제어통신시스템

그림 2-6 자재 창고관리

[2] 재고관리

[2.1] 재고의 기능과 보유 목적

재고관리란 창고에 있는 물품이나, 공정에서 머물고 있는 재공품, 원자재 보관품 등 물품의 흐름이 어느 지점에 정체되어 있는 상태를 시간적 관점에서 파악한 자재의 관리 개념이다. 재고관리는 생산 수요에 신속히 공급할 수 있도록 대응하고 생산에 차질이 없도록 재고를 적정량으로 관리하는 것이 중요하다.

① 재고를 보유하는 이유(장점)

㉠ 구매, 생산, 판매의 수요와 공급의 불일치 문제해결, 리드타임 단축

㉡ 대량구매, 대량생산 등의 규모의 경제 장점 추구

㉢ 납기단축, 긴급구매에 대한 신속한 대응, 판매 상실 기회방지

㉣ 성수기 제품 공급 대비, 판매가격의 변화에 대한 대비, 적극적 수급조정

㉤ 수요 예측 미스 대비, 노사분규 등 돌발적 상황대비

㉥ 공급업체의 공급 문제발생 등에 대한 대비

② 재고 보유의 문제점(단점)

㉠ 자금의 고정화로 운전자금 증대, 수익성 저하

㉡ 보관비용, 금리 등 비용증대

㉢ 제품 열화, 훼손 등 품질문제 발생

㉣ 낭비의 원인

㉤ 창고 재고공간의 증대
㉥ 에너지 비용, 재고관리비 증대
㉦ 투지기회 상실
㉧ 분실 등 문제 발생
㉨ 제품의 사장품화
㉩ 재고관리, 입출고 시간 증대, 재고관리의 어려움 발생

③ **재고를 줄이면 나타나는 효과**
㉠ 원가가 낮아지고 수익성이 좋아진다.
㉡ 공정간 정체 감소, 생산시간이 단축된다.
㉢ 품질문제가 오픈되어 개선되고 품질이 좋아진다.
㉣ 재고관리 자금운용이 좋아진다.
㉤ 재고보관 공간확보로 공간활용이 좋아진다.
㉥ 불필요한 운반이나 동작 등 낭비가 개선된다.

생산이나 구매에서 재고를 보유하는 목적이나 유형은 다음과 같이 나눌 수 있다.

㉮ 안전재고 : 불확실한 생산이나 판매, 자재조달의 불확실성에 대비하기 위하여 보유하는 여유분의 재고로 제품의 품절 예방, 공정에서 작업중 재고부족으로 인한 생산 중단, 납기준수, 긴급 주문에 대한 대비 등으로 필요한 재고이지만 안전재고를 잘못 책정하면 재고유지비용이 크므로 적정 안전재고의 유지관리가 중요하다.

㉯ 예비재고 : 여름철 빙과류와 같이 계절적으로 수요가 피크에 오를 때를 예상해서 제품이나 자재를 비축한다던지, 공장증축, 설비 배치 등으로 인해 공장을 계획적으로 가동 중지할 때를 대비하여 제품이나 자재를 사전에 생산해서 비축해 두는 재고를 예비재고라고 한다.

㉰ 주기재고 : 기업에서 실제 필요한 수량보다 많이 구입하거나 생산하는 경우가 있는데 이는 경제적인 구매량이나 생산량을 확보하기 위해서다. 예를 들어 5,000개의 구입 주문이 들어왔으나 1로트 10,000개를 한 번에 생산하는 것이 원가절감 등 경제적으로 유리할 때 주문량보다 생산을 많이 함으로써 늘어나는 재고를 주기재고라고 한다.

㉱ 수송중 재고 : 대금을 지불한 제품이 수송 중에 있는 재고를 말한다. 특히 외국에서 구매하는 제품은 상당한 시일이 소요되는 경우가 많다.

그림 2-11 판매 생산시스템과 재고관리

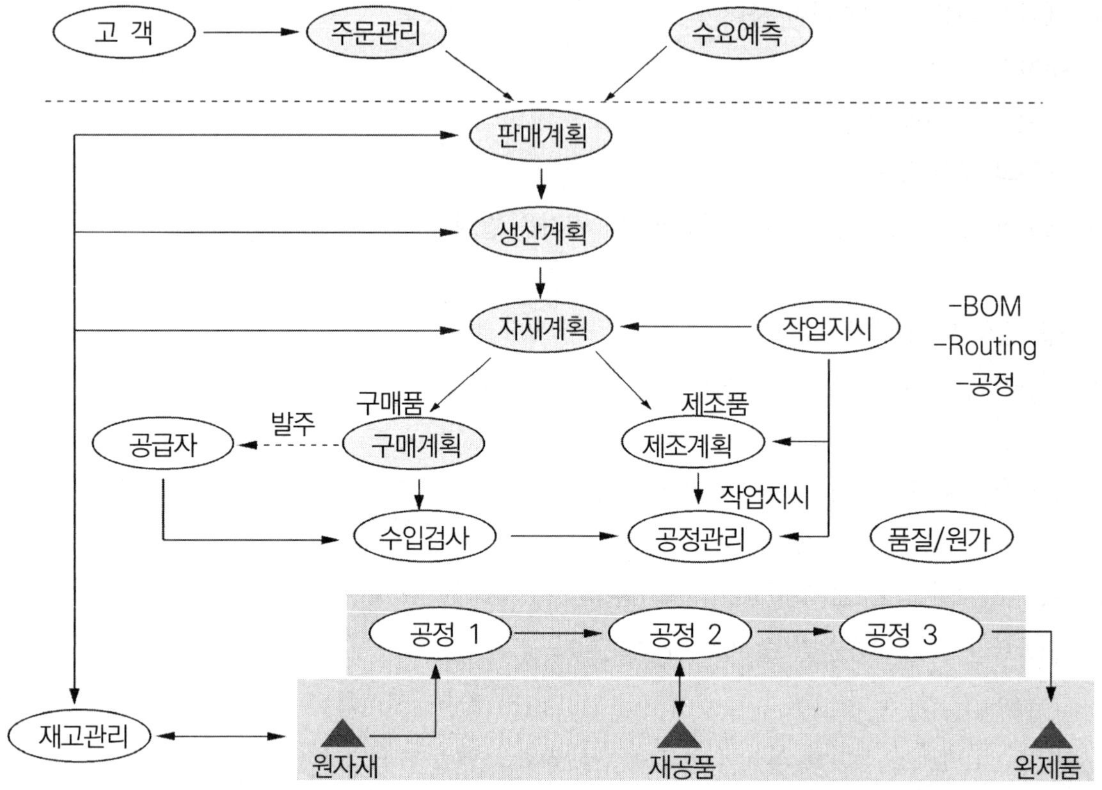

출처 : NCS학습모듈 : 재고관리

자재 재고관리와 생산관리는 각자 따로 운영되기보다는 구매관리, 생산관리, 공정관리, 판매관리 등이 상호 긴밀하게 연계되어 운영된다. 구매계획에 따라 자재가 구매, 입고되어 창고에 보관되면서 자재 재고가 발생된다. 다시 생산에서 생산계획이 수립되고 작업이 진행되면 생산 공정에 재공품 재고가 쌓이게 된다. 또한 생산에 따라 반제품, 완제품 재고가 발생되고 재고관리가 실시된다.

적정재고량은 기업에서 판매 예측이 어렵거나 계절적 수요변화가 심할 때 재고량이 늘어날 수 있으며 생산공정에서는 애로공정에서 생산성 향상을 위해서 재공품 재고가 많을 수 있다.

(1) 안전 재고관리

재고는 원칙적으로는 보유하지 않는 것이 이상적일 수 있으나 실제는 재고를 보유하지 않을 수 없다. 재고를 보유하지 않거나 부족할 때 납기가 지연되거나 판매상실, 가동률이나 생산성 저하, 인건비 상승 등의 원인이 될 수 있으며 반대로 과잉재고를 보유하면 재고 유지비용 증가, 가동률이나 생산성 저하, 불량발생, 사장품 증가 등 역시 여러 가지 문제가 발생된다. 그러므로 적정재고(안전재고)를 보유하는 것이 매우 중요하지만 실제 대부분의 기업에서는 과잉재고를 보유하고 있는 곳이 많다. 과잉재고를 보유하고 있는 원인은 다음과 같다.

① 수요예측 미흡

② 구매 및 자재계획의 불충분

③ 과다구입

④ 자재분류 체계의 불완전

⑤ 재고관리의 미숙함(재고파악 미숙, 관리소홀, 이중보관, 재고관리 인력부족 등)

⑥ 부적당한 재고관리 시스템 등의 원인이 있다.

적정재고(안전재고) 관리방법에는 여러 가지 방법이 있으나 중요한 것은 각 기업체의 환경에 따라 보유 재고의 양이 달라질 수 있다. 즉 판매가 불규칙하게 이루어지거나 계절적 수요가 심한 경우, 긴급 수요가 많은 경우, 생산 능력이 부족한 경우, 애로공정의 경우 등에서는 안전재고로 재고를 약간 많이 보유하는 것이 유리하다.

재고수준과 안전재고 수준은 서로 연결고리를 가진 관계라고 할 수 있으며 적정재고관리를 시스템화하여 관리하는 것이 안전재고관리이다. 안전재고는 수요가 불확실하거나 품절의 위험이 높은 경우 등의 재고부족 위험에 대비하기 위한 것으로 적정수준으로 보유하는 것이 바람직하다.

각 기업체에서는 안전재고 수준을 얼마로 할 것인지 결정하는 것이 매우 중요하다.

안전재고 수준은 원자재 조달기간, 긴급납기 요청, 생산능력 등 여러 가지 요인에 따라 달라질 수 있다. 만약 안전재고 수준이 높으면 과잉재고로 과잉재고의 문제점이 나타날 수 있으며 안전재고가 부족하면 재고부족으로 인한 문제점이 나타날 수 있다. 그러므로 재고관리자, 생산관리자는 안전재고 수준의 분석과 관리가 매우 중요하다. 안전재고를 결정하는 방식으로는 3가지가 있다.

① 보유일수에 따른 방법 : 예 품목 종류별 4일치

② 수량이나 금액에 의한 방법 : 예 품목별 150개, 품목별 금액 2,500원

③ 수요의 편차를 고려한 계산에 의한 방법

안전재고 = 안전계수(k) × 수요의 표준 편차(ό) × √조달기간(리드 타임)(L)

(2) 재고수준(inventory level)

재고수준이란 재고량을 출고량으로 나누어 나타내는 관리지표로 일정한 기준으로 나타내는 정도로 재고량이 며칠분, 몇 개월분으로 지표관리를 할 수 있는 것을 말한다. 단순히 재고의 양이나 재고를 금액으로 환산하여 재고를 관리하는 데는 재고가 어느 정도인지 알 수 없으므로 재고수준으로 재고의 많고 적음을 나타낼 수 있다.

$$재고수준=\frac{재고량(재고금액)}{단위출하량(출하금액)}$$

예제 06. 평균 매출액과 재고수준 계산

월매출액 100억원, 출하일수(월) 25일, 평균 재고금액 12억원

풀이 일 평균 매출액$=\frac{100억원}{25억원}=$4억원/일

재고수준$=\frac{12억원}{4억원}=$3일분

(3) 재고 회전율

재고자산이 어느 정도의 속도로 판매되고 회전되는지 나타내는 지표로 일정기간의 매출액(출하량)을 평균 재고금액(재고량)으로 나누어서 계산한다. 재고 회전율이 높을수록 기업의 상태가 양호한 것이며 재고 회전율이 낮다는 것은 재고 자산에 과잉투자가 되었다는 것을 나타낸다.

$$재고회전율=\frac{매출금액(출고량)}{평균\ 재고금액(출하량)}\times 100$$

예제 07. 1월 중 매출액 20,000천원, 1월초 재고금액 800천원, 1월말 재고금액 1,200천원, 출하일수 30일

풀이 $평균\ 재고금액=\frac{월초\ 재고금액+월말\ 재고금액}{2}=\frac{800천원+1,200천원}{2}$

$=1,000천원$

$$재고회전율=\frac{매출금액(출고량}{평균\ 재고금액(출하량)}\times 100=\frac{20,000천원}{1,000천원}\times 100$$

$=20회전$ 또는 $2,000\%$

$$재고회전\ 일수=\frac{30일}{20회전}=1.5일$$

(4) 독립수요와 종속수요

제품의 수요는 재고 수요 패턴에 따라 독립수요와 종속수요로 나눌 수 있다.

① 독립수요

시장에서 판매되는 제품과 같은 수요로 독립적으로 발생하는 수요이며 자동차 수리부품의 재고관리, 예측생산에 의한 전자제품 수요 등이 해당된다. 독립수요는 안정된 연속 수요를 보이며 정확한 수요예측과 안전재고가 필요하다. 재고관리 모델은 정량 발주형, 정기발주형의 재고관리 시스템이 적용된다.

② 종속수요

어떤 제품에 종속되는 수요로 주로 부분품이나 원자재가 해당된다. 완성품 조리부품의 재고관리, 전자제품의 조립부품 등이 해당되며 수요발생은 상위제품의 수요에 따라 발생되는 종속적 수요로 수요 요구 충족 개념 재고관리이다. 재고모델은 자재 소요 계획량(material requirments planning : MRP)시스템이 적용된다.

[2.2] 재고관리시스템의 기본모형

재고관리시스템의 기본모형은 일반적으로 2가지 모형으로 나눌 수 있다.

(1) 정량 발주형(Q시스템)

정량 발주시스템으로 발주점 방식이며 재고수준(재고+발주잔량)을 미리정해 놓은 발주점에 도달하면 일정한 양(일정 발주량)을 발주하는 방식이다. 발주점 방식은 계속적으로 재고조사를 하여야 하므로 재고조사와 재고기

록에 많은 시간과 비용이 투입된다. 발주 시점(발주점)을 적게 하여 자주 발주하면 재고를 줄일 수 있다.

(2) 정기 발주형(P시스템)

일정시점에 정기적으로 재고를 파악하여 발주량을 산출하여 자재를 발주하는 시스템이다.

발주량 = 최대 재고량 - 현재 재고량

정기적으로 재고조사를 실시하며 주로 수퍼마켓처럼 주기적으로 물품을 조달하거나 볼트, 너트와 같이 계속적인 재고조사가 필요하지 않는 저가품에 주로 적용된다.

[2.3] 재고관리방식

재고관리방식 중에서 많이 사용하고 있는 관리방식은 다음과 같다.

(1) ABC관리방식

자재 및 재고자산의 차별관리 방식이다. 다양한 제품의 생산으로 사용되는 자재의 품목 수는 늘어나고 다양해진다. 많은 품목수의 자재를 일일이 관리하는 번거로움을 해소하고 효율적으로 관리할 수 있도록 자재의 중요도나 그 가치를 평가하여 자재의 품목을 분류해서 적합한 재고관리시스템을 적용할 필요가 있다. 이와 같이 자재의 중요도에 따라 차별적으로 관리하는 방법을 ABC관리 방식이라고 하며 자재의 중요도는 주로 통계적 방법을 적용하여 구분한다.

자재의 구분방법은 다음과 같다.

① A급 자재 : 자재 품목별 연간 사용액을 계산하여 자재 품목중 금액이 가장 높은 자재

② B급 자재 : 자재품목에서 A급 다음으로 높은 자재

③ C급 자재 : B급 다음으로 가장 낮은 자재

A급 자재는 수시로 필요한 수량과 재고수준을 검토하여 집중적인 정밀 재고관리를 해야 하며 발주간격이 짧은 정기발주를 하거나 필요할 때 필요한 만큼만 보충 발주한다.

자재 품절의 위험이 없는 범위 내에서 재고를 최소로 줄이는 것이 좋다.

표 2-12 ABC 등급의 분류

등급	가치	전체품목에 대한 비율	총가치에 대한 비율
A급	고가 제품	10~20%	70~80%
B급	중가 제품	20~40%	15~20%
C급	저가 제품	40~60%	5~10%

금액은 낮아도 생산에 중요한 자재는 중요도에 따라 A급 혹은 B급으로 분류한다.

B급 자재는 중요도가 A급에 비해 낮은 중급 가치품이므로 일반적인 재고관리시스템을 적용한다. C급 자재는 품목이나 자재량이 많으나 저가 품목이므로 간단한 관리시스템을 적용한다. 일반적으로 경제적인 수준에서 안전재고 고려하여 수개월분의 재고를 한꺼번에 구입하여 관리하는 것이 좋다. 발주간격이 드문 정기적인 발주나 투 빈 시스템(two bin system)을 적용하여 구입하여 관리한다.

(2) 투 빈 시스템(two bin system)

이 방식은 자재를 두 개의 용기(bin)에 나누어서 넣고 사용하면서 한쪽의 용기에 있는 자재를 전부 사용하여 바닥이 나면 발주를 하고 그것이 보충될 때까지 다른 용기의 자재를 사용하는 것을 차례로 반복하는 재고관리의 간소화 방법이다.

주로 제조기업에서는 볼트류나 너트류와 같이 저가품으로 수량이 많고 부피가 적은 물품에 많이 적용되며 일반 소매점이나 백화점에서도 많이 활용하고 있다. 투 빈 시스템의 기대효과는 자재관리자의 업무감소, 현장 작업자의 작업 편의성 증가, 자재 구매업무의 간소화, 전산처리의 간소화 등의 효과를 볼 수 있다.

[2.4] MRP(Material Requirements Planning) 자재 소요계획

자동차의 타이어, 손수레의 바퀴. 세탁기의 모터, 볼펜의 볼펜심과 같이 종속수요품의 수요는 완제품(상위품목)의 수요에 따라서 발생한다. 종속수요품의 수요량은 상위품목의 생산계획이나 MPS(대일정계획)으로부터 수요를 알 수 있다.

제품의 생산에 필요한 부품이나 자재의 주문시기, 주문량의 결정시기를 최종제품이나 조립품의 완료기일을 역산하여 결정하고 조립공정별로 필요한 자재를 사용 직전에 준비하는 방식이다.

MRP는 부품이나 원재료의 수요를 최종제품의 납기와 소요량이 나타나 있는 일정계획에 의해 계산되므로 소요되는 자재를 최소비용으로 적정시기에 공급할 수 있게 하는 것이다. MRP의 개선 효과를 통해 생산시스템에 영향을 미쳤다. 개선효과는 다음과 같다.

① 최종 제품 수준에 관리의 기준을 맞춤으로써 생산계획에 효과적임을 나타냈다.

② 원자재 부품 생산의 일정계획 및 재고수준의 관리에 관련된 의사결정을 자동화하는데 많은 영향을 미쳤다.

그러나 MRP의 성과가 어떤 경우에나 나타나는 것은 아니고 일부 기업에서는 MRP도입이 오히려 생산성 저하나 원자재 부품 공급에 차질을 빚는 경우도 발생하여 어려움을 겪는 기업도 발생하였다. MRP를 적용하기 위해서는 필수적인 몇 가지 전제조건이 있다.

첫째, 정확한 생산일정계획이 수립되어야 한다. 둘째, 모든 재고품목은 중복되지 않도록 분류되어야 하고 확인이 되고 구분이 되어야 한다. 셋째, 최종제품을 생산하는 데 소요되는 가공조립품, 원자재, 구입부품의 수요량을 표시하는 자재 원단위가 있어야 한다. 넷째, 모든 재고품목의 재고현황을 파악할 수 있는 재고현황철이 준비되어 있어야 한다.

MRP를 기반으로 제조뿐만 아니라 마케팅과 재무분야의 계획과 관리를 포함하는 시스템으로 MRP Ⅱ가 개발되었으며 이는 기업의 모든 자원을 확장 관리하는 전사적 정보시스템으로 발전하였다. 이후 시스템이 더욱 발전하여 기업 내의 제조, 물류, 판매, 구매, 물류, 재무 회계, 영업, 인사 등까지 모든 업무 프로세스를 실시간으로 정보를 공유할 수 있는 통합적 지원체제로 업무의 효율화와 의사결정의 신속화를 추구할 수 있는 ERP시스템이 등장하였다.

실습보고서

20 년 월 일 요일 장소:

제 목			
확 인		성 명	

실습[문제]내용

작성순서

학습평가		지도교수	

실습보고서

20　　년　　월　　일　　요일 장소:

제 목			
확 인		성 명	

실습[문제]내용

작성순서

학습평가		지도교수	

04 공정 품질관리

[1] 품질비용

[1.1] 품질의 3가지 분야

품질은 3가지 분야로 나눌 수 있다.

① 품질관리(Quality Control)

② 품질보증(Quality Assurance)

③ 품질경영(Quality Management)

품질관리(QC)는 공정이나 제품의 불량 감소를 위해 품질표준을 설정하고 이의 목표를 달성하기 위한 노력이나 활동으로 공정최적화, 공정 성과측정, 공정변동 관리 활동을 하는 것으로 생산현장 및 QC전문가의 관리 활동을 말한다. 품질보증(QA)은 제품이나 서비스의 품질을 보증하는 활동으로 제품 생산자가 고객(소비자)에게 품질이 일정한 수준에 있음을 보증하는 것을 말한다.

품질보증 활동은 제품의 품질향상과 프로세스 설계에 중점을 두고 생산성을 향상 시키는 예방 중심적 시스템이다. 품질경영(QM)은 설계, 공정, 제품, 업무, 사람 등을 포함한 총체적 품질향상 활동을 말하며, 품질경영의 중요성으로 경영자, 관리자, 작업자 등 전사적으로 참여하는 품질활동이다.

QM = QP(품질방침)+QC(품질관리)+QA(품질보증)+QI(품질개선)

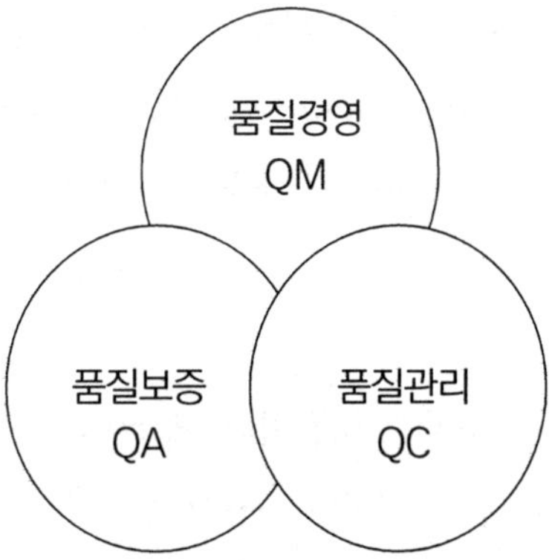

그림 2-7 품질의 3가지 분야

[1.2] PDCA Cycle

데밍은 지속적인 품질향상을 위해 PDCA Cycle를 제시하였다.

Plan - Do - Check -Act

Plan은 작업을 계획하는 것으로 품질목표, 원가목표, 생산량 목표 등의 목표항목, 목표값, 목표기간을 설정한다. 목표를 달성할 수 있도록 작업방법, 환경, 작업시간 등을 개선하고 표준화한다. Do는 작업을 실시한다, 작업표준을 교육하고 실수가 없도록 교육한다.

Check는 작업결과를 확인한다. 작업표준이 지켜졌는지, 작업목표가 달성되었는지 확인한다. Act는 작업결과를 재검토한다. 작업의 목표달성을 위해 표준을 재검토하고 개선을 실시한다.

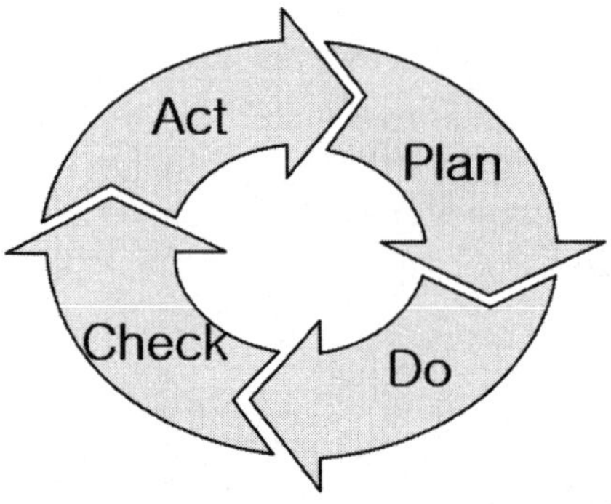

그림 2-8 PDCA Cycle

[1.3] 품질비용

품질비용(Quality cost : Q-Cost)은 제품의 품질과 관련하여 발생하는 비용으로 품질을 형성하고 관리하는 비용과 품질 부적합으로 발생하는 품질과 관련된 모든 비용을 말한다. 품질비용은 다음과 같이 나눌 수 있다.

① 예방비용(prevention cost P-Cost)

② 평가비용(appraisal cost A-Cost)

③ 실패비용(Failure cost F-Cost)

예방비용은 품질사고나 문제가 발생하는 것을 사전에 막기 위한 것으로 품질계획, 품질교육, 품질 시장조사, 검사계획, 설계검토나 평가, 공정관리 비용, 품질개선활동, 공급업체 관리비용, 품질요원 훈련비 등 해당된다. 예방비용은 불량발생이나 사전에 오류를 줄이기 위한 사전예방 활동비용으로 예방비용이 증가하면 일반적으로 실패비용은 감소된다. 만약 예방활동이 미흡하면 품질을 평가활동에 의존해야 하므로 평가비용이 증가하게 된다.

평가비용은 부적합을 발견하기 위한 검사관련 비용이나 제품이나 자재, 외주가공의 품질평가나 검사비용 등으로 적정품질 수준을 평가하기 위한 비용이다. 평가비용으로는 구매검사비용, 공정중 제품 검사, 공정검사, 완성품검사, 출고검사, 시험검사, 계측기 검교정 검사, 품질인증비용 등의 비용이 해당된다. 예방활동의 강화로 예방비용이 늘어나면 평가비용은 줄어들게 된다. 실패비용과의 관계에서는 평가비용을 증가시키면 실패비용이 약간 감소하게 된다. 실패비용은 내부 실패비용과 외부 실패비용으로 나누어지는데 외부 실비용이 감소하면 일반적으로 내부 실패비용은 증가하는 경우가 있다.

실패비용은 원자재, 공정 등에서 품질규정을 지키지 않는 데서 발생하는 비용과 재작업, 수리 등의 품질손실 비용을 말한다. 실패비용은 내부 실패비용과 외부 실패비용으로 나눌 수 있다.

(1) 내부 실패비용

고객에게 전달되기 전에 발견되어 발생하는 제반 손실비용으로 재작업 비용, 폐기비용, 수입자재 불량비용, 설계변경 비용, 수율감소비용, 고장발견 및 분석비용, 라인정지비용, 노동손실 비용, 제품 등급저하 비용, 납기 지연 비용 등이 해당된다.

(2) 외부 실패비용

고객의 제품 사용과정에서 발생하는 비용으로 환불비용, 리콜비용, 고객불만조사, 응대, 처리비용, 불량품 수거비용, 무상수리비용, 고객클레임비용, A/S관련 비용, 제품책임(PL)비용, 벌과금, 영업권 손실 비용 등이 해당된다. 외부 실패비용은 비용의 발생뿐만 아니라 기업 이미지 실추, 법적책임문제 발생, 불매운동, 매출저하 등 품질비용 중 기업에 파급효과가 가장 크다. 일반적으로 품질활동을 강화하면 불량발생이 줄어들게 되고 아울러 실패비용도 감소하게 된다.

(3) 1:10:100의 법칙

품질비용에는 1:10:100의 법칙이 있으며 이는 불량이 발생하면 즉시 고치면 1원의 비용이 들지만 불량발생에 대한 조치가 소홀하거나 숨기는 경우 10원의 비용이 들며 만약 불량이 고객의 손에 들어가면 100원의 비용이 들어간다는 의미이다.

그림 2-9 1 : 10 : 100의 법칙

[2] 통계의 기초

품질관리에서는 사실에 근거한 가장 효과적인 판단 방법인 통계적 방법이 그 핵심을 이룬다. 통계적 품질관리 기법에는 도수분포법, 파레토, 관리도, 샘플링검사 등 여러 가지가 있다. 통계적 품질관리에서도 핵심기법은 관리도와 샘플링검사이다.

[2.1] 통계적 품질관리를 위한 데이터관리

통계적 품질관리를 이해하기 위해서는 기본적인 통계를 알고 있어야 한다.

(1) 데이터 측정

제품의 품질 데이터를 측정시에 동일한 조건에서 생산된 제품이라도 품질에는 약간의 차이가 발생하는 데 이러한 차이를 산포(dispersion)라고 한다. 이들 산포는 통계적인 규칙성이 있으므로 산포를 분석하여 통계적으로 관리할 수 있다.

산포에는 정확성과 정밀도의 2가지가 있다. 정확성은 반복 측정한 데이터의 결과가 측정표준 데이터에 적합한지 그 범위를 나타내며 데이터에서 표준 데이터를 뺀 것이 오차이다. 정밀성은 반복 데이터를 측정했을 때 매번 동일한 측정 데이터값을 얻을 수 있는 능력이다.

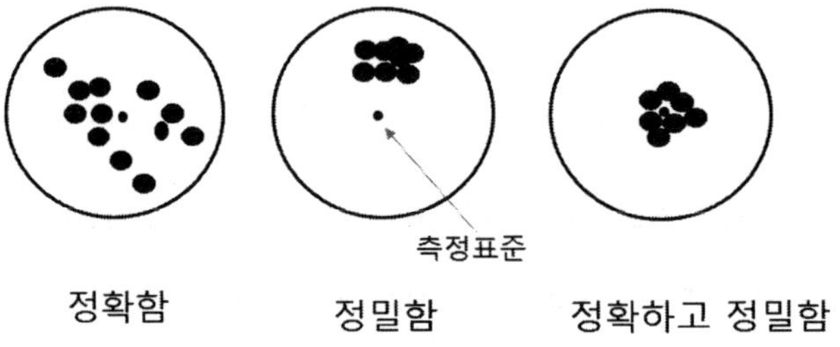

그림 2-10 정확도와 정밀도의 차이

(2) 데이터 종류

데이터는 계량치와 계수치 데이터로 나눌 수 있다. 계량치 데이터는 계량기로 측정한 연속적인 수치이다. 무게, 길이, 강도, 두께, 온도와 같은 데이터를 말하며 계수치 데이터는 불량품 수량, 결점 수, 고장건수와 같이 정수로 나타낼 수 있다.

어떤 집단에서 데이터를 추출할 때 전체 집단을 모집단이라고 한다. 통상적으로 모집단의 수는 매우 크기 때문에 특별한 경우를 제외하고는 전수검사가 어렵다. 이에 따라 모집단에서 일정수의 표본을 추출하게 된다. 표본조사에서 파악된 특성을 이용하여 모집단의 특성을 유추하게 된다. 모집단의 품질의 특성을 나타내는 모평균이나 모분산과 같은 값을 모수라 하며 샘플에 의해 측정된 평균값이나 표준편차를 통계량이라고 한다.

① **모수**

모집단의 특성을 나타내는 값

모평균(μ), 모분산(σ^2), 모표준편차(σ), 모비율($\hat{p}$)

② **통계량**

표본을 관측한 값

표본평균($\bar{x}$), 표본분산(s^2), 표본편차(s), 표본비율(p)

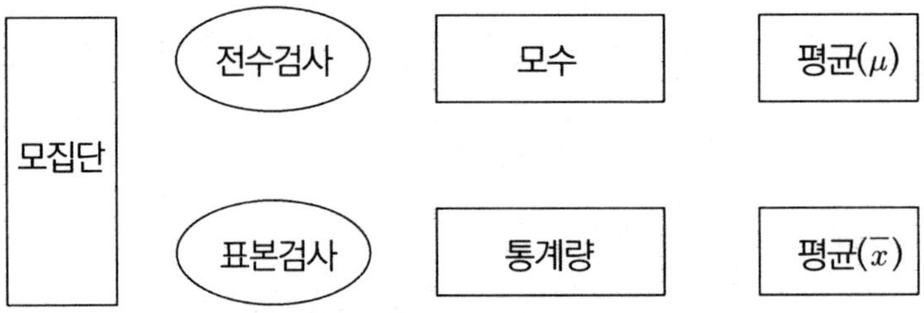

그림 2-11 모집단과 표본

(3) 데이터 정리방법

데이터의 정리방법은 QC의 7가지 도구가 주로 활용된다. 7가지 도구는 히스토그램, 파레토도, 특성요인도, 체크시트, 그래프, 관리도, 산포와 공정능력도가 있다. QC 7가지 도구는 뒷장에서 다루고자 한다.

(4) 데이터의 중심

데이터의 중심 또는 대표가 되는 값을 말한다.

① **평균값(산술평균 : $\bar{x}/\mu$)**

데이터의 평균값 $\bar{x}$ (x bar) 또는 μ(mu)로 표시한다.

$$\bar{x} = \frac{x_1 + x_2 + x_3 + \dots + x_n}{n} = \frac{\sum_{i=1}^{n} x_1}{n}$$

(예) : $\bar{x} = \frac{20+21+19+22}{4} = 20.5$

② **중앙값(median : $\tilde{x}$)**

데이터의 중앙에 있는 값(홀수) 또는 둘의 값에 대한 산술평균(짝수일 경우)과 같이 크기 순서에 따라 배열했을 때 그 중앙에 있는 값

(예) 2.1, 2.3, 2.5, 2.6, 2.7(중앙값($\tilde{x}$) 2.5)

2.1, 2.3, 2.5, 2.6, 2.7, 2.9(중앙값($\tilde{x}$) $\frac{2.5+2.6}{2} = 2.55$)

③ **최빈값(mode : M)**

최빈값은 빈도가 가장 많은 데이터 값이다. 경우에 따라서는 최빈값이 없을 수도 있다. 데이터 분포곡선상에서 평균값, 중앙값, 최빈값의 중심경향의 위치는 각 척도의 값에 따라 좌우대칭분포(평균 = 중앙값=최빈값), 왼쪽꼬리분포, 오른쪽 꼬리 분포로 나타낸다.

(5) 데이터의 분포

데이터가 흩어져 있는 상태나 모양을 말한다.

① **히스토그램**

도수분포표를 만든 후 도수를 기둥의 높이로 하여 막대그래프로 나타낸 것을 말한다.

도수분포곡선은 히스토그램을 만든 후 각 계급의 중앙값을 산정한 후에 이를 연결시킨 후 부드러운 곡선의 형태로 연결시킨 그림이다.

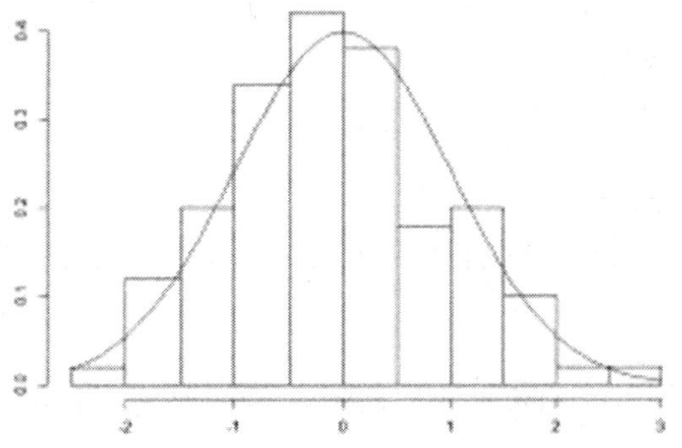

그림 2-12 도수분포곡선

확률분포의 종류는 아래와 같이 나눌 수 있다.

㉠ 이산확률 분포(계수치) : 이항분포, 베르누이분포, 초기하분포, 포아송분포, 기타

㉡ 연속확률 분포(계량치) : 정규분포, 지수분포, 와이블분포, 감마분포, 기타

(6) 정규분포

품질관리에서 가장 활용 빈도가 높고 중요한 분포가 정규분포이다. 정규분포는 표준의, 정상의 의미가 뜻하듯 가장 정상적인 데이터의 분포 형태이다. 정규분포는 좌우 대칭이고, 종 모양의 그래프이며, 가우스 곡선이라고도 한다.

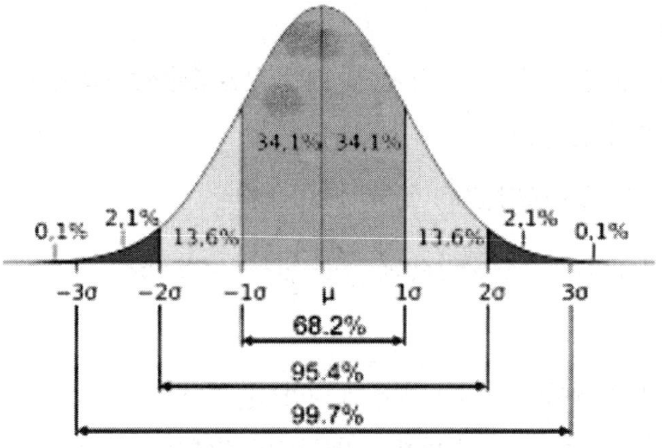

그림 2-13 정규분포

정규분포는 평균 μ와 표준편차 σ에 의하여 결정된다. 어떤 집단에서 표준편차가 작다는 것은 평균 주위에 몰려있다는 것을 의미하며 표준편차가 크다는 것은 평균에서 값이 멀리 흩어져 있다는 것을 의미한다.

μ $+1\sigma$에서 μ -1σ : 68.27%

μ $+2\sigma$에서 μ -2σ : 95.43%

μ $+3\sigma$에서 μ -3σ : 99.73%

(예) $\mu \pm 3\sigma$의 범위를 벗어나는 것은 0.27%로 1,000개서 2.7개이다.
이를 6σ의 원칙이라고 한다.

(7) 데이터의 산포

데이터의 흩어진 정도를 나타낸 값으로 범위(Range), 분산(Variance), 표준편차(Standard Deviation) 등이 있다.

① 범위(R)은 한 집단의 여러 데이터 가운데 최대값과 최소값의 차이를 말하는 것으로 데이터의 흩어진 정도를 측정하는 간단한 방법이다.

범위(R) = 최대치 - 최소치$(X_{max} - X_{min})$

(예) 2.5, 2.8, 3.1, 2.4, 2.6에서 **범위(R)는** = 3.1−2.4 = 0.7

② 분산(샘플분산 s^2 or 모분산 σ^2)은 데이터의 흩어진 정도를 측정하는 통계량이다.

$$\text{모분산 } \sigma^2 = \frac{\sum_{i=1}^{N}(x_i-\mu)^2}{N}$$

③ 표준편차(표본 표본편차 s or 모표준편차 σ)는 분산의 제곱근이 표준편차로 분산으로부터 유도된다.

$$\text{모표준편차 } \sigma = \sqrt{\sigma^2} = \sqrt{\frac{\sum_{i=1}^{N}(x_i-\mu)^2}{N}}$$

예제 08. 제품 5개의 데이터 : 4, 6, 4, 5, 6

모평균 μ = 5, 데이터 수 N=5

풀이 모분산 $\sigma^2 = \frac{1}{5}[(4-5)^2+(6-5)^2+(4-5)^2+(5-5)^2+(6-5)^2]$

$= \frac{4}{5} = 0.8$

모표준편차 $\sigma = \sqrt{\frac{4}{5}} = 0.094$

[3] 통계적 공정관리(SPC)

[3.1] 관리도

관리도는 공정이 안정되어 있는지 혹은 불안정한 상태인지를 분석해주는 역할을 한다. 또한 품질의 산포가 우연원인인지 아니면 이상 원인에 의한 산포인지를 밝혀준다. 공정이 안정상태에 있으면 데이터를 히스토그램을 그리면 좌우대칭의 종 모양으로 정규분포를 이룬다.

정규분포 내의 어느 구간을 뽑아서 확인하면 전체의 비율에 대해 얼마나 포함되어 있는지 그 비율을 알 수 있다. 정규분포에서 양측의 표준편차를 $\pm 1\sigma$, $\pm 2\sigma$, $\pm 3\sigma$의 범위를 보면 각각의 비율이 68.26%, 95.46%, 99.73가 된다. 만약 $\pm 3\sigma$에서 관리를 벗어날 확률이 0.027이므로 이 범위를 벗어나는 것이 있을 때는 그 제품은 품질에 이상이 있다고 할 수 있다.

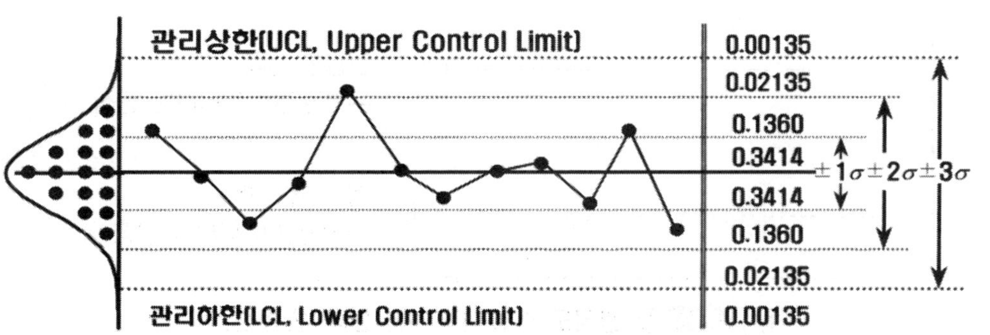

그림 2-14 관리도와 관리한계선

(1) 공정품질의 변동원인

제조공정은 기계 설비, 원자재, 작업자, 작업환경이나 작업방법이 복합적으로 영향을 미치므로 여러 요인에 의해 품질의 변동이나 산포가 나타날 수 있음으로 비록 동일한 조건과 동시에 생산된 제품이라도 품질특성이 다를 수 있다. 공정품질의 변동원인은 우연원인(공통원인)과 이상원인(특수원인)으로 나눌 수 있다.

① **우연원인(chance cause), 공통원인**

표준화된 제조조건의 공정이 관리된 상태에서 생산이 되었음에도 불구하고 품질변동이 생기는 것으로 "피할 수 없는 원인"을 말한다. 우연원인은 시스템 전반에 걸쳐 만성적인 문제를 일으키기 때문에 생산과 시스템의 효율에 영향을 미친다.

주요 원인은 낙후된 시설이나 환경에 의한 효율성 저하, 작업자의 훈련부족, 원재료의 변화, 작업환경의 변화와 같은 원인이 있다. 품질변동 문제 가운데 80~85%는 우연원인에 의해서 일어나며 이 문제는 주로 경영자에 의해 해결할 수 있고 시스템적으로 문제를 해결해야 하므로 엔지니어가 이 문제를 담당한다.

② **이상원인(assignable cause), 특수원인**

생산조건이나 작업상의 요건이 미흡하여 발생하는 품질변동이므로 작업조건을 제대로 갖추고 주의를 한다면 충분히 제거할 수 있는 원인이다. 이 원인은 작업자의 휴먼 에러, 원자재 불량, 기계고장, 부품마모 등에 의해 일어나는 품질변동이다. 이 품질변동은 전체의 약 15% 정도로 현장관리자나 작업자에 의해 시정조치하여 해결할 수 있다.

(2) 관리도의 본질

관리도는 표준편차의 3배의 폭으로 관리한계선으로 사용한다. 이를 슈하트의 3σ법이라고 한다. 관리도에는 관리한계(control limit)를 나타내는 관리 한계선이 설정되는데 관리 상한선(upper control limit : UCL)과 관리하한선(lower control limit : LCL)이 중심선의 위쪽과 아래쪽에 설정된다.

품질의 측정결과를 관리도상에 타점하여 그려나가는 데 타점한 점의 위치로 관리상태인지 아니면 이상상태인 확인한다. 타점의 위치가 관리한계선 안에 있으면 관리상태, 관리한계선을 벗어나면 이상상태로 본다. 관리도는 다음과 같은 기능을 갖추어야 한다.

① 관리도는 이상원인이 무엇인지, 그 이유는 무엇인지 알아낼 수 있어야 한다.

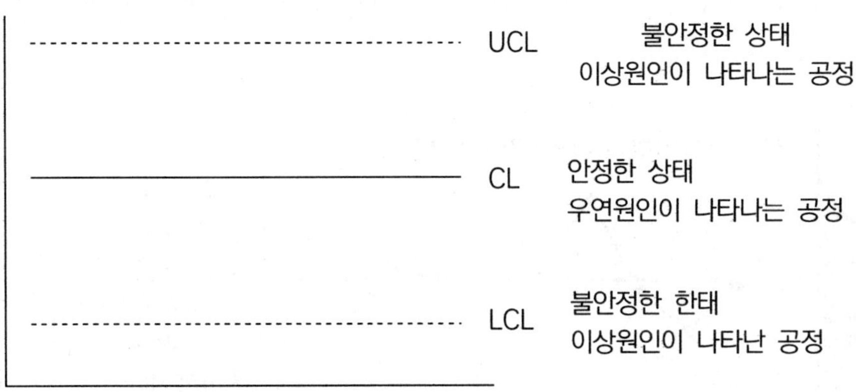

그림 2-15 관리도의 모형과 이상원과 변동원인

② 관리도는 이상원인을 쉽게 발견할 수 있는 방법이 무엇인지 제시해야 한다.

③ 관리도는 지속적으로 품질관리활동에 적용되어야 한다. 즉 안정된 공정상태 유지를 위해서 품질변동이 발생하면 즉각적으로 조치가 이루어져야 한다.

(3) 관리도의 종류

관리도는 측정데이터의 종류에 따라 무게, 길이, 성분 등의 데이터를 관리하는 계량치 관리도와 불량품 수량, 결점수량 등의 데이터를 관리하는 계수치 관리도로 나눌 수 있다.

표 2-13 관리도의 종류

	데이터 종류	관리도	내 용	적용이론
계량치 관리도	길이, 무게, 온도, 수율, 성분, 강도, 압력	$\bar{x}-R$관리도	평균치와 범위 관리도 품질을 계량치로 관리하는 경우	정규분포
		$\bar{x}-\sigma$관리도	평균치와 표준편차 관리도 품질의 산포를 자세히 나타냄	
		$\tilde{x}-R$	중앙치 $\tilde{x}$의 계산이 간단함	
		x 관리도	데이터의 발생간격이 길거나 데이터 측정에 시간이나 비용이 많이 들 때	
계수치 관리도	불량률	p 관리도	품질을 불량률로 관리할 때	이항분포
	불량개수	pn 관리도	품질을 불량갯수로 관리할 때	
	결점수	c 관리도	군의 단위수가 일정할 때 품질의 결점수로 관리하는 경우	포아송분포
	단위당 결점수	u 관리도	군의 단위수가 다를 때 품질의 결점수로 관리하는 경우	

(4) $\bar{x}-R$ 관리도(평균치와 범위의 관리도)

$\bar{x}-R$관리도는 관리도 중에서 가장 많은 정보를 알려주기 때문에 기업체에서 가장 많이 사용하고 있다. $\bar{x}-R$관리도는 길이, 무게, 수율, 강도, 시간 등의 계량치를 관리하는 경우에 사용된다. $\bar{x}$는 평균치의 변화를 관리하고 R(범위)은 산포의 변화를 관리한다.

① **$\bar{x}-R$관리도의 작성 순서**

㉠ 데이터를 수집한다.

일정기간 동안 발생한 데이터에서 샘플크기(n)를 4~5개 정도로 정하고 그로부터 약 20~25개의 군(k)를 채취하여 데이터 시트에 입력한다. 데이트 시트에는 품명, 샘플 채취와 측정방법, 원인분석 등의 사항을 입력한다.

㉡ 각 군의 평균치 $\bar{x}$ 를 계산하여 데이트 시트에 입력한다.

$$\bar{x} = \frac{x_1 + x_2 + x_3 + \dots + x_n}{n} = \frac{\sum_{i=1}^{n} x_1}{n}$$

㉢ 각 군의 범위 R을 계산하여 데이트 시트에 입력한다.

R = (측정치 X의 최대치) - (측정치 X의 최소치)

$= X_{\max} - X_{\min}$

㉣ $\overline{x}$의 총평균치 $\overline{\overline{x}}$를 계산한다.

$\overline{\overline{x}}$는 관리 한계선의 중심선(CL)이다.

$$\overline{\overline{x}} = \frac{\overline{x}_1 + \overline{x}_2 + \overline{x}_3 \dots \overline{x}_k}{k} = \frac{\sum_{i=1}^{k} \overline{x}_i}{k}$$

㉤ R의 평균치 $\overline{R}$ 를 계산한다.

$\overline{R}$는 R의 중심선(CL)이다.

$$\overline{R} = \frac{R_1 + R_2 + R_3 \dots + R_k}{k} = \frac{\sum_{i=1}^{k} R_i}{k}$$

㉥ 관리도 시트에 중심선 $\overline{\overline{x}}$ 와 $\overline{R}$를 입력한다.

㉦ 관리 한계선을 계산한다.

$\overline{x}$ 관리도

관리 상한선(UCL) = $\overline{\overline{x}} + A_2\overline{R}$

관리 하한선(LCL) = $\overline{\overline{x}} - A_2\overline{R}$

A_2의 계수는 [관리한계 계수표]에서 샘플의 크기 n에 따라서 정해진 값을 구한다.

R 관리도의 경우

관리 상한선(UCL) = $D_4\overline{R}$

관리 하한선(LCL) = $D_3\overline{R}$

D_4, D_3의 계수는 [관리한계 계수표]에서 샘플의 크기 n에 따라서 정해진 값을 구한다.

㉧ $\overline{x}$관리도와 R관리도에 UCL과 LCL을 각각 입력한다.

㉨ 각 군의 $\overline{x}$와 R의 값을 관리도에 군번호순으로 타점한다.

㉩ 관리도에 의하여 공정의 관리상태를 판단하고 이상원인에 대해서는 원인을 분석하고 조치한다.

㉪ 관리한계를 벗어난 점에 대해서는 원인을 분석하고 조치가 완료되면 이 점을 제거하고 ㉤ 순서부터 관리선을 재계산하고 조치한다.

예제 09. $\overline{x}-R$관리도 자료표(Data Sheet)

제품	PTT	제조번호	2253A5	기간	2020, 02,01
품질특성	무게				2020, 04,30
측정단위	g	일일생산량	1,000개	기계번호	
규격		Sample	5개		
측정기 번호			1회/1시간	작업자	

일시	샘플번호	측정치의 수(n) : 5					합계	$\overline{x}$	R
		x_1	x_2	x_3	x_4	x_5			
	1	4	6	5	4	7	26	5.2	3
	2	6	6	8	3	6	29	5.8	5
	3	5	8	8	6	6	33	6.6	3
	4	8	1	4	2	9	24	4.8	8
	5	2	5	4	3	5	19	3.8	3
	6	5	6	9	5	6	31	6.2	4
	7	1	2	5	4	10	22	4.4	9
	8	6	3	5	5	8	27	5.4	5
	9	4	8	6	6	6	30	6.0	4
	10	6	6	2	8	5	27	5.4	6
	11	9	9	7	1	4	30	6.0	8
	12	5	7	8	2	3	25	5.0	6
	13	2	6	10	5	2	25	5.0	8
	14	2	4	6	10	8	30	6.0	8
	15	8	5	4	6	9	32	6.4	5
	16	3	10	3	8	10	34	6.8	7
	17	4	6	8	9	5	32	6.4	5
	18	7	8	9	3	9	36	7.2	6
	19	6	7	10	5	10	38	7.6	5
	20	8	3	3	4	6	24	5.8	5
	합계							115.8	113

풀이 ① 데이터 수집한다.

② 각 군의 평균치 $\overline{x}$ 를 계산하여 데이트 시트에 입력한다.

1군 : $\overline{x}$ = 4+6+5+4+7/5 = 5.2

③ 각 군의 범위 R을 계산하여 데이트 시트에 입력한다.

1군 : R = 7-4=3

④ $\overline{x}$의 총평균치 $\overline{\overline{x}}$를 계산한다.

$\overline{\overline{x}}$ = 115.8/20 = 5.79

⑤ R의 평균치 $\overline{R}$ 를 계산한다.

$\overline{R}$ = 113/20 = 5.65

⑥ 관리도 시트에 중심선 $\overline{\overline{x}}$ 와 $\overline{R}$를 입력한다.

⑦ 관리한계선을 계산한다.

$\overline{x}$ 관리도

관리상한선(UCL) = $\overline{\overline{x}}+A_2\overline{R}$ = 5.79 + (0.577*5.65) = 9.05

관리하한선(LCL) = $\overline{\overline{x}}-A_2\overline{R}$ = 5.79 - (0.577*5.65) = 2.53

R 관리도의 경우

관리상한선(UCL) = $D_4\overline{R}$ = 2.115*5.65 = 11.94

관리하한선(LCL) = $D_3\overline{R}$ = 0*5.65 = 0

⑧ $\overline{x}$관리도와 R관리도에 UCL과 LCL을 각각 입력한다.

⑨ 각 군의 $\overline{x}$와 R의 값을 관리도에 군 번호순으로 타점한다.

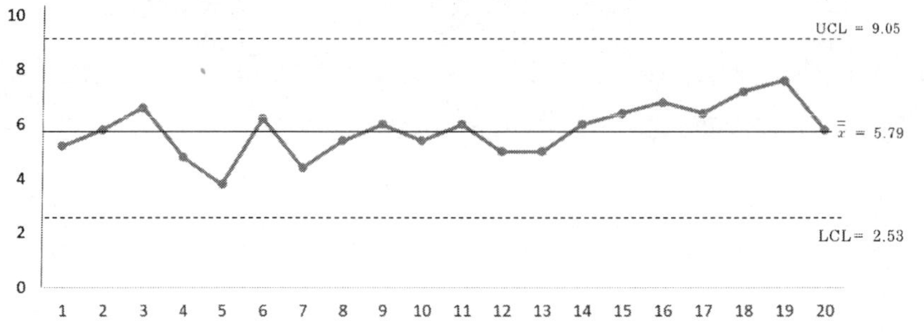

[$\overline{x}$관리도]

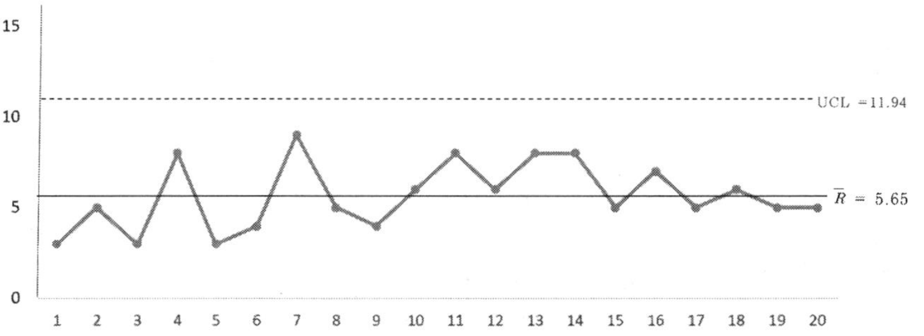

[R 관리도]

[3.2] 공정능력 분석

(1) 공정능력 분석지수

공정의 규격을 충족시키는 공정능력의 분석과 공정능력의 비교하는데 공정능력지수(process capability indices)를 활용할 수 있다. 가장 일반적인 공정능력지수로는 C_P와 C_{pk}가 있다. 공정능력지수(C_P, C_{pk})를 이용하면 다음과 같은 효과가 있다.

① 규격이 미달되는 공정을 파악할 수 있다.

② 공급자의 공정능력 평가가 가능하다.

③ 관리한계를 벗어난 불량 제품의 생산비율 추정이 가능하다.

④ 공정능력이 부족한 공정 파악이 가능하다.

⑤ 공정성과 평가를 할 수 있다.

⑥ 신제품의 공정능력을 추정할 수 있다.

(2) 공정능력지수(C_P)

공정변동과 같은 공정능력에 대한 규격공차에 대한 비율이다. C_P는 데이터의 중심값(평균값)을 사용하며 수집된 데이터의 평균과 표준편차와의 관계를 나타낸다. C_P는 공정의 중심이 어디 있는지는 고려하지 않는다.

일반적으로 공정의 산포를 중시하는 공정에서는 C_P가 유리하다.

$$C_P = \frac{규격공차}{공정변동} = \frac{USL - LSL}{6\sigma}$$ (USL : 규격상한, LSL : 규격하한)

일반적으로 C_P가 0.67 이하이면 공정능력이 매우 부족하여 작업방법의 변화와 공정개선이 필요하다. 1.0 이하이면 공정능력이 부족하고 1.33 이상이면 공정능력이 있는 것으로 판단하며 1.67 이상이면 공정능력이 과잉으로 현상유지와 원가절감에 노력해야한다.

C_P= 1이면 공정의 6시그마(±3σ)의 능력이 있으며 이는 99.73%를 커버하므로 결함수는 0.0027(2,700ppm)을 예상할 수 있다.

예제 10. A제품의 규격상한(USL)이 4.1이고, 규격하한(LSL)이 3.9, 평균은 4.02, 추정 표준편차 σ = 0.025이다. 공정능력 비율 C_P는?

풀이 $C_P = \frac{규격공차}{공정변동} = \frac{USL - LSL}{6\sigma} = \frac{4.1-3.9}{6 \times 0.025} = 1.33$

C_P =1.33이면 8시그마(±4σ)의 공정 능력이 있는 것으로 추정한다.

(3) 공정능력 지수(C_{pk})

C_{pk}는 공정변동 폭의 중앙(평균)에서 벗어난 크기를 알 수 있으므로 보다 유용한 측정지수이다. C_{pk}의 산출식은 다음과 같다.

$$C_{pk} = \frac{C_{\min}(USL - \bar{x}), (\bar{x} - LSL)}{3\sigma}$$

[4] 품질검사 관리

[4.1] 검사의 목적

품질관리에 있어서 높은 품질을 달성하기 위한 수단으로 검사를 실시하는 데 검사는 품질개선이나 품질보증 등에 매우 중요한 수단이다. 검사는 결함으로 인한 부적합품을 골라내는 일을 말한다. 그러나 검사는 일정한 시점에서의 품질의 상태를 나타낼 뿐으로 품질의 향상은 되지 않는다. 그러므로 검사에 의한 품질관리가 품질의 근본이 될 수는 없다. 검사는 고객의 입장에서 실시되어야 하며 근본적으로는 무검사 체제 구축이 성공의 요소이다.

(1) 검사의 목적

① 제품의 불량을 구별해 내는 것
② 다음공정으로 불량품 인계 방지
③ 좋은 로트와 나쁜로트의 구별
④ 제품의 결점 정도 평가

⑤ 공정의 변화여부 판단
⑥ 측정기기의 정밀도 평가
⑦ 작업자와 검사자의 정확도 평가
⑧ 공정능력 평가
⑨ 품질에 대한 고객만족
⑩ 품질정보의 제공과 개선 자료제공
⑪ 제품설계에 대해 필요 자료제공

(2) 검사의 종류

① 검사가 실시되는 공정에 따른 분류

㉠ 수입검사와 구입검사
㉡ 공정검사와 중간검사
㉢ 제품검사와 완성검사
㉣ 출하검사

② 검사가 행해지는 장소에 의한 분류

㉠ 정위치 검사와 순회검사
㉡ 출장검사

③ 검사의 성질에 따른 분류

파괴검사와 비파괴검사

④ 검사방법에 의한 분류

계측기 검사와 인간의 오감에 의한 관능검사

⑤ 검사수량에 의한 분류

전수검사와 샘플링검사

[4.2] 전수검사와 샘플링검사

검사에는 전수검사와 샘플링검사가 있다.

(1) 전수검사

제품이나 로트를 100% 검사하는 것으로 검사시간이나 비용이 증가된다. 또한 검사의 오차가 증가하며 파괴검사에서는 불가능하다. 전수검사를 반드시 해야 하는 경우는 아래와 같다.

① 제조공정 등의 불안정으로 전수검사에 의하지 않고는 불량품을 제거할 수 없는 경우
② 전수검사가 쉽거나 샘플링검사보다 경제적일 때
③ 불량품이 들어가면 중대한 문제를 일으킬 때(항공기 중요부품, 자동차 중요부품 등)

(2) 샘플링 검사

제품집단이나 로트에서 표본을 샘플링(채취)하여 검사 후에 결과에 의거하여 그 제품집단이나 로트의 합격이나 불합격을 판정하는 것이다. 전체의 제품을 검사할 수 없으므로 샘플링 검사결과의 확률로 품질을 보증한다. 실제 제품 생산기업에서는 전수검사가 어려우므로 특별한 경우를 제외하고 대부분 샘플링검사를 실시한다. 샘플링 검사가 유리한 경우는 아래와 같다.

① 파괴검사, 수명검사와 같이 전수검사가 불가능할 때

② 전수검사가 무의미할 때

③ 전수검사보다 높은 신뢰도를 얻을 수 있는 경우(검사항목이 많은 경우 전수검사는 신뢰도 떨어짐)

④ 샘플링검사가 경제적으로 유리할 때

⑤ 품질향상에 대한 자극을 공급자에게 주고 싶을 때

[4.3] 샘플링검사

샘플링검사의 조건으로는 제품이 로트로 처리 가능해야 하며, 합격로트에 어느 정도의 불량이 혼재되어 있는 것을 허용해야 한다.

(1) 샘플링 방법과 유형

① 샘플링 방법에는 주로 확률 샘플링 실시

ㄱ 단순 랜덤 샘플링

ㄴ 층별샘플링

ㄷ 집락샘플링

ㄹ 계통샘플링

ㅁ 다단계샘플링

② 샘플링 유형은 검사의 실시방식에 따라

ㄱ 규준형 샘플링 검사

ㄴ 선별형 샘플링 검사

ㄷ 조정형 샘플링 검사

ㄹ 연속 생산형 샘플링 검사

③ 샘플링 유형의 검사 횟수에 따라

ㄱ 1회 샘플링 검사

ㄴ 2회 샘플링 검사

ㄷ 다회 샘플링 검사

ㄹ 축차 샘플링 검사가 있다.

(2) 검사의 오차

검사의 오차는 표본오차와 비표본 오차로 나눌 수 있으며 비 표본 오차로는 검사 실시 관련하여 발생된 오차, 검사 및 측정에서 발생되는 오차, 자료기입이나 전산입력 오기에 의한 오차, 검사자간의 오차가 있다, 표본오차는 전수검사가 아닌 표본만을 검사하여 생기는 오차이다. 로트에 포함된 불량률이 일정하더라도 샘플 속에 포함된 샘플의 불량률은 우연에 의해서 좌우되는 것을 샘플링요동이라고 한다.

(3) OC 곡선

검사특성 곡선이라고도 하는데 검사로트 불량률 변화에 따라 로트가 합격되는 확률을 나타내는 곡선을 검사특성곡선(OC)이라고 한다. 샘플링검사의 여러 가지 특성을 평가하는데 활용한다.

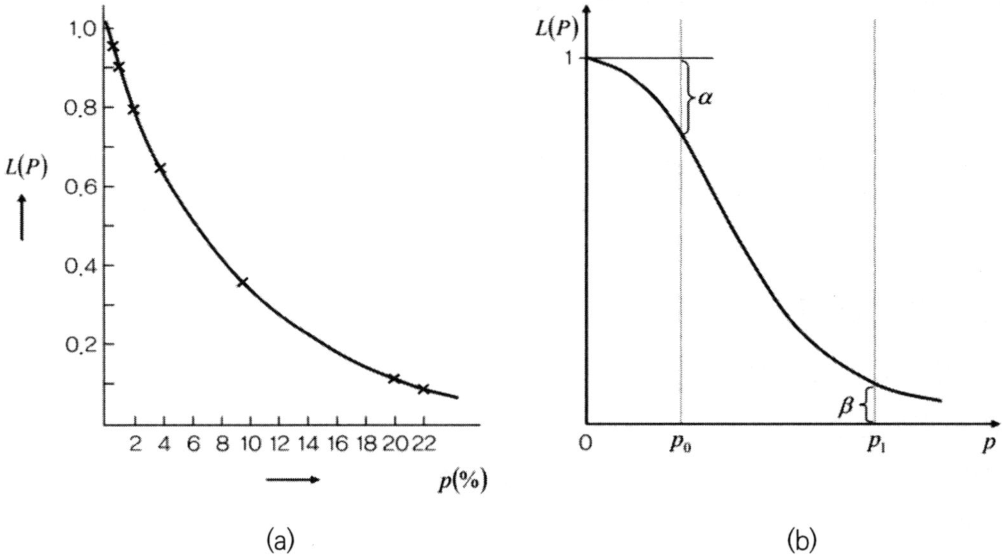

그림 2-16 OC곡선

(4) 샘플링검사 절차

효과적인 샘플링검사를 실시하기 위해서는 검사의 제반절차가 명확히 설정되어야 한다. 샘플링검사는 다음과 같은 절차에 의해 실시된다.

① 검사단위 결정

② 검사항목결정

③ 검사기준과 검사방법 결정

④ 검사특성의 비중 결정(치명불량, 중불량, 경불량)

⑤ 검사의 유형결정(전수검사, 샘플링검사)

⑥ 검사의 요소결정(AQL, LTPD, AOQL)

⑦ 검사 로트의 구분과 크기결정

⑧ 샘플링방식 결정

⑨ 데이터수집

⑩ 검사의 합격판정 기준 결정

⑪ 로트 조치 및 검사결과 입력

⑫ 검사결과 활용

샘플링검사의 설계요소는 로트의 크기(N), 샘플의 크기(n), 합격판정개수(c)가 있다.

검사에서는 검사자가 정확하게 합격, 불합격을 판정할 수 있도록 검사규정에 대해 명확한 규정이 있어야 한다. 실제 검사현장에서는 검사자가 애매한 검사규정에 의해 합・불합격 판정을 못하는 경우가 많이 발생하거나 합격으로 판정해야 할 제품을 불합격으로 판정하거나 반대로 불합격 판정해야 할 제품을 합격 판정하는 경우가 많이 발생하고 있다.

[4.4] 검사 데이터관리

검사에서는 정확한 데이터가 집계되어야 검사 제품에 대한 조치와 공정개선과 작업자 교육 등에 활용될 수 있고, 이에 따라 품질향상과 원가절감을 추진할 수 있다. 그러나 대부분의 기업에서는 검사결과에 대한 정확한 데이터 집계의 중요성에 대해서는 잘 알고 있으나 실제 검사현장에서는 여러 가지 사유로 정확한 데이터 집계가 잘되지 않고 있다.

기업에서 검사 데이터집계 관리의 몇 가지 문제점으로는 다음과 같다.

① 검사 후 불량품에 대해서 재작업을 실시하면서 재작업 불량품에 대해서는 불량으로 집계하지 않아 정확한 불량파악이 어려운 경우

② 검사 수량의 오류 즉 샘플링검사에서 검사 총수량을 잘못 입력하는 경우(예 : 샘플링검사로 100개 검사하여 불량이 2개 체크되었으나, 검사수량 오기로 150개 검사하여 2개 불량 체크된 것으로 기록하는 경우)

(1) 검사수량 데이터화

품질검사시 불량이 5% 이상 많이 발생할 때는 불량집계를 백분율(%)로 집계해도 검사 데이터 활용이나 가시화에 문제는 없으나 5% 미만 불량발생시는 PPM 단위를 사용하는 것이 좋다.

① PPM(particle per million) : 불량률을 백만분의 1단위로 나타낸 것

$$\text{PPM} = \frac{\text{총 불량수량}}{\text{총 검사수량}} * 1,000,000$$

② DPMO(defect per million opportunity) : 6시그마에서 1백만 불량발생 기회당 결함수를 말한다.

$$\text{DPMO} = \frac{\text{총 결함수}}{\text{총 결함발생기회수}} * 1,000,000$$

예제 11. K제품의 완성품의 1LOT가 1,000개이고 샘플링 검사에서 샘플링 수량 90개에서 불량품이 2개가 발생되었다. 불량 발생률은?

풀이 $\frac{2}{90} \times 100 = 2.2\%$

$\frac{2}{90} \times 1,000,000 = 22,222\text{PPM}$,

과정실습

$\bar{x}-R$ 관리도 자료표의 측정 데이터를 참고하여 $\bar{x}-R$ 관리도를 순서에 따라 작성하고 $\bar{x}-R$ 관리도를 그려라($A_2=0.577,\ D_4=2.115,\ D_3=0$).

[$\bar{x}-R$관리도 자료표(Data Sheet)]

제품	D-QQ	제조번호	245Q8	기간	2020, 05,01
품질특성	무게				2020, 06,30
측정단위	g	일일생산량	500개	기계번호	A-2
규격	5*4.5	Sample	5개		
측정기 번호	BB3		1회/1시간	작업자	홍길동

일시	샘플번호	측정치의 수(n) : 5					합계	$\bar{x}$	R
		x_1	x_2	x_3	x_4	x_5			
	1	5	6	8	6	3			
	2	6	5	5	5	4			
	3	4	6	2	2	5			
	4	3	2	7	8	3			
	5	2	8	3	9	4			
	6	6	6	6	2	6			
	7	8	4	8	4	5			
	8	7	6	4	6	8			
	9	5	2	8	10	9			
	10	6	5	6	1	5			
	11	9	9	8	8	9			
	12	5	10	5	2	6			
	13	2	5	10	1	2			
	14	2	9	6	5	8			
	15	8	4	4	4	9			
	16	3	3	3	3	10			
	17	4	5	10	10	8			
	18	7	8	6	2	6			
	19	6	7	8	6	5			
	20	8	2	5	10	2			
	합계								

실습보고서

20　　년　　월　　일　　요일 장소:

제 목			
확 인		성 명	

실습[문제]내용

작성순서

학습평가		지도교수	

실습보고서

20　　년　　월　　일　　요일　장소:

제 목			
확 인		성 명	

실습[문제]내용

작성순서

학습평가		지도교수	

실습보고서

20　　년　　월　　일　　요일　장소:

제 목			
확 인		성 명	

작성순서 $\overline{x}-R$관리도 작성순서

학습평가		지도교수	

실습보고서

20 년 월 일 요일 장소:

제 목			
확 인		성 명	

작성순서 $\overline{x}-R$관리도 작성순서

학습평가		지도교수	

05

PART

품질개선관리

CHAPTER 01

품질관리 개론

01 품질관리의 개요

소비자라는 용어 대신 고객이라는 말이 강조되고 널리 사용되기 시작한 것은 산업 활동이 근대화되고 시장 경쟁이 치열해지기 시작하면서부터라고 볼 수 있다. 고객지향이 품질경영의 가장 중요한 원리로 강조되고 있는 사실은 지금까지는 물론이고 앞으로도 강조되고 존중되어야 할 것이다. 소비자라는 말은 생산자에 대응하는 개념으로 오랫동안 사용되어 오다가 생산제품과 서비스가 다양화되고 복잡화되어 감에 따라 이 제품이나 서비스의 영향을 받게 되는 이른바 이해관계자들이 많아지게 되면서 고객이란 말의 의미도 점점 광범위하게 사용되고 있다.

최근에는 확대된 개념의 고객이라는 말을 설명하기 위해서 '스테이크홀더(stake holder)'라는 용어를 자주 사용한다. 이 말의 의미는 '내기를 할 때 돈을 맡는 사람'이란 뜻으로도 사용되지만, 품질경영에서는 '이해관계자'로 이해하는 것이 편리하다. 예를 들어, 결함이 있는 상품을 사용한 소비자가 이 결함으로 인한 신체적 장애나 정신적 피해를 당할 경우를 생각하면, 생산자가 공급하는 상품과 서비스의 품질이 얼마나 많은 이해관계자들에게 영향을 미치게 되는 것인가를 짐작할 수 있다. 구매고객은 한사람일 수 있지만 그 상품의 결함 때문에 발생될 수 있는 이해관계자는 엄청나게 많을 수 있는 것이다. 이러한 넓은 의미의 고객을 스테이크홀더라고 하는 것이다.

이와 같은 넓은 의미의 고객으로 본다면 우리 회사의 구성원인 종업원 역시 내부고객인 셈이며 우리가 공급하는 상품과 서비스의 사용자와 이해 관계자들은 외부고객이 된다. 따라서 외부고객을 만족시키기 위한 전략이 있다면 당연히 내부고객 만족을 위한 전략도 함께 포함되어야 할 것이다.

우리 회사의 고객은 누구인가? 또 이들은 연령, 직업, 성별, 지역 등의 구분에 따라 어떻게 구성되어 있는가? 그들의 이해관계는 서로 같은 점도 있겠지만 각기 그 내용과 정도를 달리한다고 보는 것이 옳다. 이와 같이 다양하고 주위 여건이나 환경 여하에 따라 고객의 요구 사항이 달라질 수 있기 때문에, 항상 고객의 요구를 소상히 파악하고 이에 대처하는 노력이 필요하다. 그냥 노력한다고 되는 것이 아니라 가장 신속하고 정확하게 대응해야 한다.

고객이 요구하는 품질을 제품과 서비스에 담아 공급하는 노력이 중요하며, 이러한 고객 지향주의가 바로 품질경영의 가장 중요한 원리이자 기본이 된다고 말할 수 있다.

[1] 고객요구와 생산자의 품질

산업기술의 발전과 다양해지는 고객의 요구는 필연적으로 고객우위의 품질경영을 발전시키게 되고, 고객의 소리를 제품과 서비스에 담아내지 못하면 치열해지고 있는 무한 경쟁의 파고를 넘을 수 없는 기업환경이 되고 있다. 우리나라의 소비자보호법에 명시되어 있는 소비자의 8대 권리 중 첫 번째가 '안전할 권리'이다.

그러나 안전해야 한다는 권리만 강조해왔고 '안전하게 할 책임과 의무'를 공급자에게 물을 수 있는 현실적이고 적극적인 법률이 시행되고 있는 제조물책임법이다. 고객에게 안전하게 할 의무와 책임을 제조자(공급자)에게 지우도록 하는 내용이 제조물 책임법의 핵심내용이며 이 제도는 이미 산업선진국 대부분의 나라에서 시행하고 있다. 고객의 요구에 따른 생산자의 품질전략과 방침의 변천과정 및 발전방향은 그림 1-1과 같이 요약할 수 있다.

이 도표에서 V자형의 품질변천의 과정을 보면 생산자의 요구는 산업화의 과정을 거치면서 점차 낮아지다가, 기업의 사회적 책임과 경영자의 인식발전에 따라 다시 건전한 요구품질의 상승을 엿볼 수 있다. 즉, 이익 우선의 경영전략에서 고객만족을 통해 사회에 기여할 수 있는 방향으로 발전해 가야함을 보이고 있다.

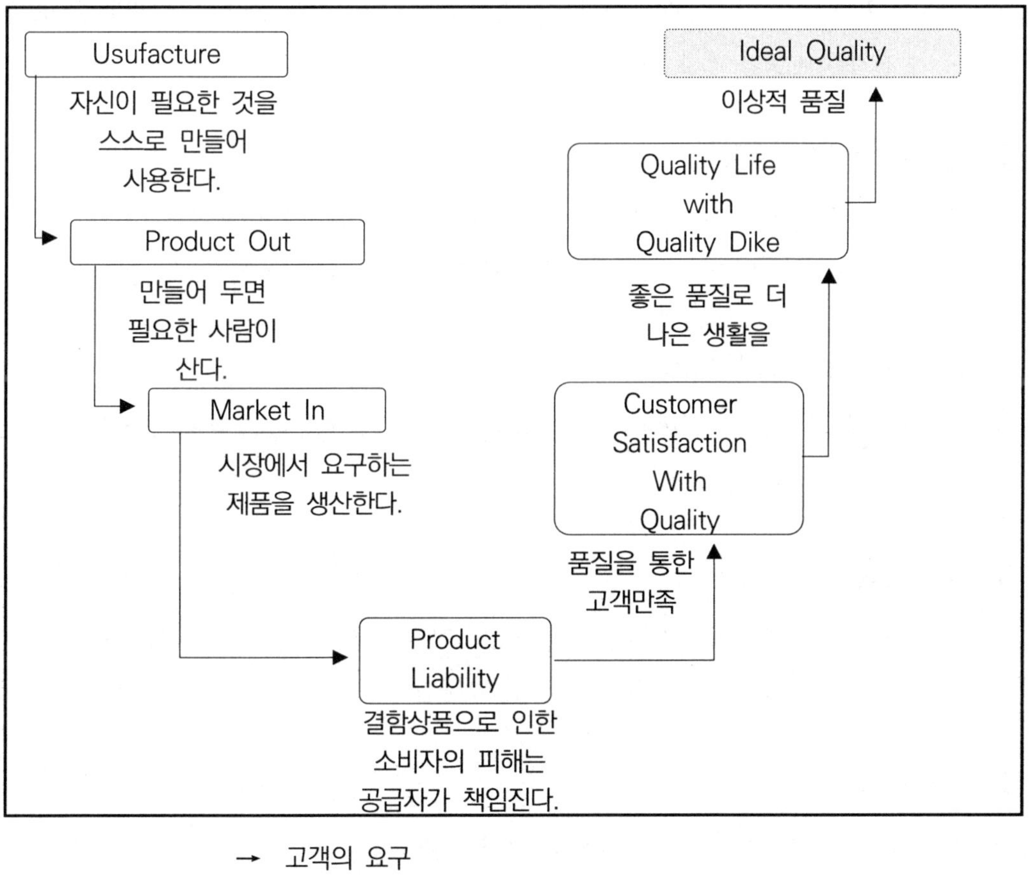

그림 1-1 요구품질의 변천

(1) 자신이 필요한 것을 스스로 만들어 사용

생산자와 소비자가 동일한 경우이다. 내가 필요한 물건은 내가 만들어 사용하는 산업화 이전의 시대이므로 생산자가 곧 소비자인 자급자족의 형태이다. 소비자라는 개념이 없다.

(2) 만들어두면 필요한 사람이 구매

상품의 설계와 생산이 생산자에 의해 결정된다. 생산자의 방침과 설계에 의해 제품이 만들어지고, 소비자는 필요한 상품을 선별적으로 구매한다. 제품을 만들어 두면 필요한 사람이 교환 또는 구매한다.

(3) 시장에서 요구하는 제품을 생산

산업근대화에 따른 대량생산이 이루어지면서 소비자가 요구하는 품질의 상품을 계획적으로 생산한다. 즉, 팔릴 수 있는 상품을 설계 생산하기 위해서 소비자의 요구가 반영된 제품이 아니면 판매하기 어려운 고객지향형 생산시스템으로 발전한다.

(4) 결합상품으로 인한 소비자의 피해는 공급자가 책임

안전하지 못한 상품으로 인한 소비자의 피해에 대해서 제조자가 직접 배상하도록 하는 단계로, 생산자는 소비자에게 안전하고 만족을 주는 상품과 서비스를 경제적으로 공급한다. 소비자의 권리 주장을 제조자의 의무와 책임으로 발전시킨 제도가 제조물책임법의 시행이다.

(5) 품질을 통한 고객만족

상품의 결함으로 인한 피해에 대해서 제조자가 배상하는 것으로 생산자의 책임이 끝나는 것이 아니라 품질로 인한 고객의 만족을 얻어야 한다. 고객만족이 생활의 질 향상과 사회 안정으로 이어지도록 노력한다.

(6) 좋은 품질로 더 나은 생활

보다 나은 생활의 창조를 품질로 실현한다. 좋은 품질이 안전하고 편리한 생활을 보장하며, 이러한 생활환경이 보다 창조적이고 밝은 사회풍토 조성에 기여한다.

(7) 이상적 품질

이상적 품질실현의 단계이다. 모든 사람들이 끊임없이 바라고 있는 행복추구의 욕구가 이상적 품질실현의 창조적 노력과 협동과정을 통해서 이루질 수 있도록 추구한다.

[2] 품질의 개념

품질의 개념에 대한 구체적이고 명확한 이해와 정의를 하는 일은 품질경영의 성공적인 추진과 Single PPM의 달성을 위해서 가장 중요한 전제가 된다. 이는 품질경영에서 관리대상이 바로 품질이 되기 때문이다. 우리나라에 품질관리가 도입되고 발전되어 온 과정은 현재와 같이 품질경영이 산업체는 물론 공공기관까지 확산되는데 결정적인 전기가 된 것은 역시 1992년에 국제표준화기구(ISO)의 품질경영시스템 규격(ISO9000시리즈)을 한국산업규격(KS)으로 채택하였고, 1993년에는 ISO9000 규격의 인증제도를 실시하였으며, 같은 해 종래의 공산품 품질관리법 대신 품질경영촉진법을 제정, 실시한 일이었다.

품질경영촉진법은 2000년에 품질경영 및 공산품 안전관리법으로 다시 개정되었다. 특히, 1995년에 발족된 100PPM 품질혁신 추진본부의 품질혁신활동과 100PPM 품질인증제도의 실시는 우리나라 주요 산업, 특히 중소기업의 제품 품질향상은 물론 품질경영시스템 확립에 막중한 역할을 수행하였다.

더구나 2000년부터는 종래의 「제품 100만개 중 불량품 100개 이하」를 「100만개 중 10개 미만」으로 보증하기 위한 Single PPM 품질혁신활동으로 전환하여 현재 성공적으로 시행 중에 있다. 우리나라의 품질혁신활동은 선진국에 비해 그 도입과 실시에서 여러 가지 시행착오와 어려움이 있었음에도 불구하고 놀라운 발전을 해왔다. 하지만 다음의 문제들은 하루 빨리 바로잡지 않으면 안 될 과제로 지적되고 있다.

① 품질 관련 용어의 의미와 논리가 체계적으로 정리되고 인식되지 못한다.

② 품질 전문가가 부족하다. 여기서 전문가란 자동차 품질, 반도체 품질 등과 같이 업종별로 교육되고 훈련된 전문가를 말한다.

③ 각종 품질관련제도가 별개로 운영되고 있어 빈번한 심사와 사후관리 등으로 인한 해당 기업체의 낭비와 비능률이 발생되고 있다.

ISO와 한국산업규격에서는 품질의 정의를 고유특성의 집합이 요구사항을 충족시키는 정도라고 규정하고 있다. 또한, 제품과 서비스의 품질을 각각 8가지, 6가지 요소로 나누어 품질의 정의를 구체적인 특성에 따라 설명한 가빈(Garvin)교수의 이론을 참고로 보이면 그림 1-2와 같다.

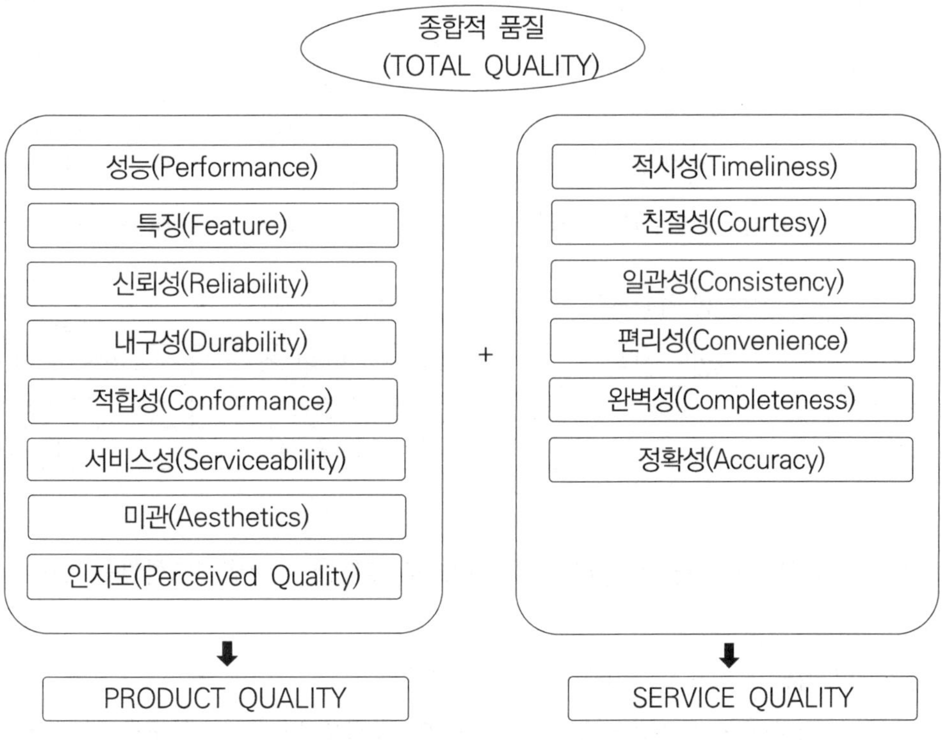

그림 1-2 가빈의 품질

품질경영의 정의를 ISO와 KS에서는 "품질에 관하여 조직을 지휘하고 관리하기 위해 조정되는 활동"이라고 명시하고 있다. 또한 품질경영시스템이란 "품질에 관하여 조직을 지휘하고 관리하는 경영시스템"이라고 정의하였다.

품질경영에 대한 개념과 틀이 시 · 공간을 넘나들면서 많이 변하고 있는 현실이지만 그래도 변하지 않는 원리는 품질경쟁력이 기업성과를 위한 핵심기능이 되고 있다는 사실이다. 품질개념의 흐름을 살피기 위하여 과거의 품질, 현재의 품질 그리고 미래의 품질문제를 비교하면 아래 표와 같이 나타낼 수 있다.

표 1-1 품질인식 비교

구 분	과 거	현 재	미 래
품질개념의 인식	제품의 품질	상품과 서비스의 품질	상품과 서비스의 품질을 포함한 경영 품질
품질문제의 발생	주로현장의 관리 잘못으로 발생	담당부서의 관리능력 부족으로 발생	전 조직적인 관리시스템 미흡으로 발생
품질은 누가 관리 하는가	현장작업자와 감독자	담당부서와 관련부서의 지원	컴퓨터 지원체제의 종합적인 품질경영(CATQM)
품질 불량에 대한 책임	현장책임자와 실무자	담당부서장	최고경영자
품질문제에 대한 경영관리자의 역할	하향적 지시와 성과 확인	품질방침의 설정과 조직적 참여	품질리더십의 발휘와 조직개발
관리시스템의 특징	수직적 지시와 명령	수평적 조정과 참여	융통성 있는 유연조직
고객의 개념	소비자	고객	이해관계자
고객에 대한 생산자의 책임	소비자보호와 클레임 처리	고객만족과 서비스	배상책임의 확대와 사회기여
조직구조	엄격한 계층구조	수평적인 팀조직	생산적이고 자율적인 조직
문제의 발생	개인의 실수	구성원의 능력부족	경영시스템의 잘못
보상과 인정	결과	과정과 결과	과정과 성과
관리스타일	"입 둘, 귀 하나"	"입 하나, 귀 둘"	"입 둘, 귀 둘"

품질과 불량의 관리적 의미는 불량품이 발생한다는 것으로 일정한 기준에 부적합함을 뜻하며 다음과 같이 요약할 수 있다.

① 불량은 불일치의 정도가 허용차를 벗어나는 경우이다.
② 불량품은 정해진 검사항목 중 1개 이상의 품질특성이 규격을 벗어나는 물품을 말한다.
③ 합격 로트 중에는 어느 정도의 불량품 혼입을 허용할 수 있어야 한다.
④ 불량품의 발생 원인은 조직의 전 부문에 있다.
⑤ 불량에 대한 판정은 각종 오차 특히 인적 에러를 수반한다.
⑥ 불량품을 줄이는 노력은 불량품으로 인한 손실과의 균형 위에서 계획되어야 한다.
⑦ 불량률을 고려하지 않는 양적 계획(구매, 생산, 납기)은 실효가 없다.

불량은 관리시점에 따라 다음과 같이 구분될 수 있다.

[3] 품질의 관리대상

품질경영의 도입 초기에는 품질문제에 대한 올바른 이해와 관리대상으로서의 품질을 구체적이고 명확히 인식하는 것이 무엇보다 중요하다. 요약해서 나타내면 그림 1-3과 같이 관리되어야 한다는 뜻이다.

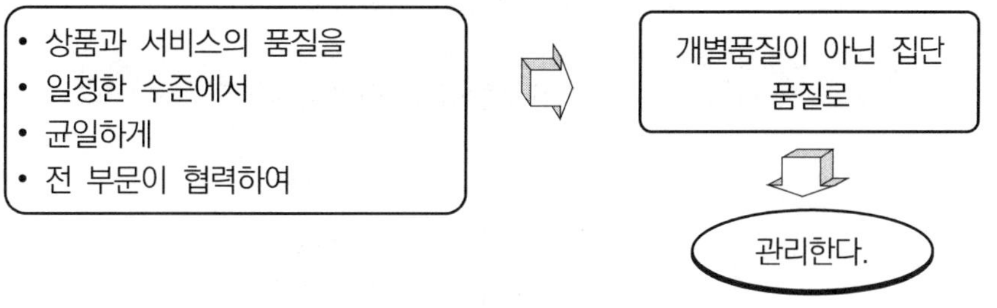

그림 1-3 품질의 관리

품질이 좋다는 것은 일정한 수준에서 균일해야 함을 의미한다. 일정한 수준이란 고객이 요구하는 품질수준을 말한다. 같은 종류의 제품이라도 국내의 소비자들이 요구하는 품질수준과 이를테면 열대지방에서 요구하는 품질수준이 같지 않은 것과 같다.

우리나라 국산 자동차가 처음으로 중동지방에 수출되기 시작할 때 그 나라의 강렬한 햇볕과 높은 기온으로 자동차가 견디지 못하여 클레임을 많이 받았다고 한다. 생산자가 아무리 좋다고 해도 소용없는 일이며 품질은 어떠한 경우에도 고객의 요구와 생산자의 생산 및 공급능력에 의하여 결정된다고 할 수 있다.

고객이 요구하는 수준에서 설계되고 생산된 제품이라도 그 제품들이 균일하지 못하면 품질이 좋다고 말할 수 없다. 말할 것도 없이 공업생산 활동의 형태는 연속이고 반복이며 대부분의 경우 대량생산체제로 유지된다. 따라서 동일하게 설계되고 생산된 제품이 허용범위 내에서 균일하지 못하면 고객에 대한 서비스는 물론 공정한 거래가 어려울 뿐만 아니라 클레임과 고객 불만으로 인한 손실이 커지게 된다. 관리대상으로서 품질은 1차적으로 상품과 이에 대한 서비스의 품질이다.

미국의 화이겐바움(Feigenbaum)은 조직에서 계획되어야 할 6단계를 설명하면서 그 1단계로 "조직의 기본이 되는 품질문제를 명확히 해야 하고," 제2단계로 "품질문제를 규칙적으로 해결할 수 있다면 조직이 달성하지 않으면 안될 목표를 확립한다."라고 강조하였다.

품질의 사전적 의미를 확대 해석할 수는 있으나 품질경영에서 이른바 관리대상으로서의 품질의 개념을 지나치게 확대하는 일은 바람직하지 못하다. 이를테면 제품의 품질도 관리되지 못하고 있는 초기 단계에서 생활의 질, 사람의 질이 중요하고 이것이 품질경영의 근본이라고 강조하는 일과 같다.

제조업체의 경우는 무엇보다 생산제품과 그 제품에 대한 서비스의 품질을 관리하는 일에 관리능력을 집중하는 일이 중요하다. 원·부자재 등의 자원을 공정에 투입하는 이유는 의도하는 산출물을 획득하기 위한 수단이다. 따라서 가장 적은 투입(input)으로 가장 많은 산출물(output)을 얻는 것은 물론 그 산출물로 인한 고객의 만족을 얻고자 하는 노력은 제조기업체 뿐만 아니라 모든 조직의 공통적인 기능이라고 볼 수 있다.

품질의 개념은 필요에 따라 개별품질과 집단품질로 나누어 이해할 수 있다. 물품 한 개라든가 일정한 단위의 품질기준을 의미하는 개별품질과 일정한 개수나 생산량을 나타내는 무더기로서의 로트 품질, 즉 집단품질로 구분할 수 있다. 흔히, 「품질기준」을 말할 때 개별품질로서의 품질기준만 생각하고 집단품질이 어느 정도가 되어야 하는가 라는 문제는 소홀하게 취급하거나 관심을 두지 못하는 경우를 볼 수 있다. "품질기준이 있습니까"라는 질문에 제품도면을 가져오는 경우와 같다. 도면이나 시방서 등이 품질기준이 될 수는 있지만 품질경영에서 관리의 대상 즉, 품질방침이나 목표를 설정할 때의 품질기준으로서는 부족한 것이다.

표 1-2 기업체의 품질개념

구 분		기 업
시스템	투입	원부자재
	공정	제조공정
	산출	제품(상품)
고 객	내부	기업구성원(종업원)
	외부	소비자
생산수단	자원	자재구입
	자원확인	수입검사
	설비	제조설비 등
	공정확인	공정관리와 중간검사
	시험검사	조사측정 및 검사
	제품확인	제품검사
품질보증	품질	제품의 품질
	공급 수단	판매(적극적)
	A/S	계획적으로 실시
	클레임 처리제도	있음
	고객요구 반영	철저하고 자율적
	제조물책임	2002년 7월 1일부터 시행

다시 말하자면, 불량률은 언제까지 몇 PPM 이하로 유지한다든지 주요 품질특성치의 산포는 어느 정도로 관리할 것인가 라는 등이 바로 집단품질에 대한 관리목표가 되는 것이다. 이러한 측면에서 Single PPM 품질혁신 활동은 집단품질이 어느 정도로 관리되어야 한다는 것을 말해주는 대표적인 품질인증제도라고 볼 수 있을 것이다.

품질기준이 집단품질로 구체화되지 못하면 조직 부문간의 품질약속이 명확하게 될 수 없다. 공정과 공정사이에서 앞 공정은 뒷 공정에 어느 정도의 균일한 품질로 넘겨줘야 하는지 분명하게 확인도 관리도 어렵게 되는 것이다. 공정과 공정사이 뿐만 아니라 설계부문과 제조부문, 제조부문과 영업부문, 영업부문과 고객 사이에도 이른바 품질약속이 어렵게 된다.

품질약속이 분명하게 이루어지지 못하면 그에 따른 품질책임도 서로 지지 않으려고 할 것이다. 제조물책임(배상책임) 시대에 품질책임의 소재가 명확하지 못하게 되면 이로 인한 혼란과 기업 전체로서의 불이익은 막아내지 못할 것이다. 품질문제에 영향을 미치는 요소는 조직의 전 부문에 있다.

"품질은 누가 관리하는 것인가?"

이 질문에 대한 대답은 "품질문제가 발생하는 부문에서 관리한다."는 설명이 가장 설득력이 있다. 또한 "품질문제는 어느 부서에서 발생하는가 ?"라고 묻는다면 "협력업체를 비롯한 조직의 모든 부문에서 발생한다."라는 대답이 역시 맞는 대답이라고 할 수 있다.

품질문제는 모든 부문에서 발생하기 때문에 이를 관리하는 일은 당연히 품질문제가 발생하는 부문에서 해야 한다. 이러한 문제와 관련한 화이겐바움의 지적은 품질경영활동이 조직 전 부문의 참여 없이는 어렵다는 사실을 단적으로 시사해주고 있다. 그는 품질문제는 20 : 80 정도로 발생한다고 지적하였다. 즉 품질을 관리하는 부서의 잘못으로 약 20% 미만, 나머지 관련 부서의 잘못으로 약 80% 이상의 품질문제가 발생한다고 설명한 것이다. 여기서 관련 부서란 협력업체를 포함한 총무, 인사, 경리 등의 조직 전 부문을 말한다.

품질문제에 영향을 미치는 요소는 조직의 전 부문에 있기 때문에 품질경영활동은 전 부문의 조직적 참여 없이는 불가능하다. Single PPM 품질혁신활동의 성공적 수행을 위해서도 이러한 원칙은 존중되어야 할 것이다. 담당 부서에 모든 책임을 지우고 다른 부서에서는 그저 협조만 하면 된다는 사고방식은 우리 기업체에서 흔히 볼 수 있는 현상이며, 이러한 잘못된 인식을 바로잡지 않으면 오히려 품질경영활동이 짐이 될 수도 있음을 간과해서는 안 된다.

품질경영활동이 기업의 성과로 이어지게 하는 가장 효과적인 접근방법은 품질문제에 영향을 미치는 조직 각 부문의 기능을 어떻게 찾아내고 연결하는가에 달려있다고 해도 지나치지 않는다. 우리 부서에서 품질문제에 영향을 미치는 일이 무엇인가를 알지도 못하는 상태에서 "전사적으로 참여하라"만 강조하는 것은 오히려 구성원들을 지치게 만들 뿐이다. 무엇이 관리의 대상인지를 모르는데 품질경영의 방법론만 강조하고 있지 않는지를 되돌아볼 일이다.

02 품질결함의 책임과 의무

[1] 품질개선의 필요성

기업이 추구하는 첫 번째 임무와 책임은 「고객이 요구하는 품질의 상품을 경제적으로 안전하게 적기에 공급하고 서비스 하는 일」이다. 이것은 기업의 사회적 책임이기도 하지만 품질경영의 근본 사상이 된다. 여기서 말하는 주요 용어의 의미는 다음과 같다.

품질이 관리되지 못한다는 것은 고객이 요구하는 일정한 수준에 도달하지 못했거나, 언제 어디서 구입하고 사용해도 같은 종류와 등급이면 품질이 일정해야 하는데 그렇지 못한 경우를 말한다. 이런 제품을 어떻게 고객이 믿고 안심하고 사용할 수 있겠는가. 고객의 근본개념은 생산자와 소비자와의 관계에서 이해할 수 있다. 이것은 또 공급자와 공급을 받는 자와의 관계로도 설명될 수 있다. 공급을 받는 자가 원하지 않는 상품이나 서비스는 기본적으로 공급될 수가 없다. 공급자로서 기업체의 사회적 책임은 공급을 받는 자에게 경제적이고 양질인 상품과 서비스를 고객이 원하는 시기에 원하는 방법으로 공급하는 일이다.

고객의 요구에 응하는 것이 우리 기업의 책임이라고 할 수 있는데, 이 요구에 맞게끔 품질이 관리되지 못하면 고객은 돌아서게 된다.

[1.1] 고객의 요구 품질

제품을 생산하고 판매하는 기업 활동은 기본적으로 고객에게 유용한 상품과 서비스를 제공하기 위한 수단인 것이며, 고객을 외면한 기업은 그야말로 존재의 의미를 상실하게 된다.

고객의 요구에 의해서 상품의 품질이 결정되어지는 속성을 적극적으로 수용하지 않으면 설계단계는 물론 생산 활동과 판매, 서비스에 이르는 모든 과정은 정상적으로 관리되기 어렵다. 가령 가벼웠으면 좋겠다는 고객의 요구가 파악되었으면 가볍게 만들어야 하고, 벽에 걸어두고 보고 싶다는 TV를 찾으면 이러한 상품의 개발과 생산을 서둘러야 하는 일이 생산자의 사회에 대한 임무이자 고객만족은 물론 기업의 이익도 보장받을 수 있는 길이 되는 것이다. 즉 모든 활동들이 고객의 요구에 따라 실행되어야 하는 것이 우리 기업의 책무가 되는 셈이다.

"고객이 무엇을 어떠한 방법으로 요구하는가"라는 문제는 간단하게 조사되거나 분석되는 일은 아니다. 또한 분석되고 파악되었다 하더라도 그대로 제품의 설계에 반영시키고 생산 및 공급하는 일은 쉽지가 않다. 이 일이 어려운 이유는 일반적으로 다음과 같이 지적될 수 있다.

① 고객은 불특정다수인(不特定多數人)이다. 성별, 연령별, 직업별, 계절별, 장소별 차이는 물론 같은 조건이라도 각기 성격이나 여러 가지 개인차에 따라 다양한 요구가 나타난다.

② 고객이 요구하는 품질은 현재의 상품보다 더 높은 수준의 품질이다.

③ 고객은 회사측의 기술수준이나 이익은 별로 관심이 없다. 생산성이 얼마나 높은지, 어떠한 방법으로 합리적인 관리를 하며 품질경영은 어떻게 하고 있는지 알려고 하지 않는다.

[1.2] 경제적인 상품

상품의 구입가격을 포함한 상품의 라이프사이클 코스트를 말한다. 소비자 입장에서 구입(구매)가격이 저렴해야 함은 물론 사용 및 폐기까지 구입자가 부담해야 하는 비용이 경쟁 상품에 비해 경제적이어야 한다.

경제적인 상품을 공급하기 위해서 생산자가 추구해야 할 첫 번째 수단은 원가를 절감하는 일이지만 소비자 측면에서 보면 원가를 얼마나 절감하고 있는가? 라는 문제는 큰 관심사가 못된다. 원가는 많이 절감되었지만 경영외적 요인 등으로 인한 판매 및 서비스 가격의 상승이 있을 수 있기 때문이다.

[1.3] 안전품질

상품의 결함 등으로 인한 소비자의 피해가 없어야 한다. 제조자의 배상책임을 규정한 제조물책임법에는 결함의 종류를 세 가지로 규정하였다. 세 가지 주요 결함이란 설계결함, 제조결함, 표시결함을 말하는 것으로 소비자가 피해를 당할 수 있는 요인이 되는 내용이다.

설계결함이 나타나는 것은 설계품질이 관리되지 못하는 것이 원인이며, 제조결함이 발생하는 것도 제조 품질이 관리되지 못하는 것이 원인이라 할 수 있다. 마찬가지로 표시결함도 결국 고객 우위의 서비스 품질 또는 시장 품질이 관리되지 못한 결과라 볼 수 있다. 우리나라 소비자보호법에 명시되어 있는 소비자의 8대 권리 중 첫 번째가 바로 「안전할 권리」이고, 다음이 「알 권리」라는 점은 그 중요성을 보여준다.

[1.4] 적기 공급

아무리 안전하고 값이 싼 상품이라도 필요한 시기에 필요한 장소에서 구입할 수 없으면 이것은 좋은 상품이라고 볼 수 없다. 상품의 물리 화학적 특성만 고객의 요구가 반영되었다고 해서 좋은 품질의 상품이라고 하지 않는다. 고객이 평가하는 품질이 좋아야 정말 좋은 품질의 상품이 되는 것이다. 필요한 시기에 필요한 장소에서 구입한 상품이 사용 도중에 문제가 발생할 때는 신속하고 편리한 서비스가 제공될 수 있어야 한다. 극단적으로 말하자면 고객서비스가 제대로 되지 못하는 경우는 고객에게 불편을 주는 정도로 그치는 것이 아니라 피해를 주게 된다.

이상의 내용과 같이 「고객이 요구하는 품질의 상품을 경제적으로 안전하게 적기에 공급하고 서비스하는 일」을 제대로 관리하지 못하게 되면 생산자는 물론 소비자에게도 많은 피해가 따르게 된다. 품질이 관리되지 못함으로써 발생하게 되는 생산자와 소비자의 피해를 요약하면 그림 1-4와 같다.

생산자	소비자
• 판매 감소 • 신뢰 상실 • 배상비용 발생 • 서비스비용 증가 • 광고 판촉비용 증가 • 공정거래와 유통문란	• 결함상품으로 인한 피해 • 사용불편 • 소비불만 • 소비지출 증가 • 기업불신 • 불공정 거래

그림 1-4 품질결함의 피해

품질이 관리되지 못할 경우 생산자는 물론 소비자에게 돌아오는 피해는 엄청나게 크게 나타날 뿐만 아니라, 이러한 현상들의 상호작용으로 인한 사회 불안과 국가 발전의 저해로 인한 피해는 상상하기조차 어려울 정도로 크고 위험하다.

2000년에 공포한 품질경영 및 공산품 안전관리법은 종전의 품질경영촉진법을 개정한 법률이다. 또한 Single PPM 인증제도를 비롯한 각종 품질인증제도와 촉진제도 등을 통하여 우리 기업체에게 표준화와 품질경영의 도입 실시를 적극 지도 · 권장하고 있는 이유도 피해를 줄이기 위한 대책으로 이해할 수 있다. 뿐만 아니라 품질경쟁력 확보를 통한 기업의 발전과 소비자보호의 성과를 동시에 거두기 위한 노력방향이라고 볼 수 있다.

이상의 내용과 같은 생산자와 소비자의 피해 중 품질이 관리되지 못하면 특히 다음과 같은 경제 사회적 문제가 발생될 수 있음을 유의할 필요가 있다.

(1) 배상책임

생산자(공급자)가 소비자에게 직접배상의 책임을 지는 일이 생기게 된다. 상품을 공급하는 측의 의도와는 관계없이 그 상품의 결함으로 인한 소비자의 피해에 대해서 공급자가 배상을 해야 하는 제조물책임법이 선진국들의 경우처럼 우리나라에서도 시행되고 있기 때문이다.

설계, 제조 혹은 표시에 결함이 있는 제품을 사용한 자 또는 제3자가 그 결함 때문에 받은 손해에 대해 제조자나 판매자가 부담해야 하는 배상책임, 제품책임을 약해서 제조물 책임이라고 한다. 그리고 제품책임이 발생하지 않도록 제조자나 판매자가 하는 예방활동을 제품책임 예방이라고 한다. 편리한 상품을 누구나 쉽게 이용할 수 있는 좋은 세상임에도 불구하고 한편으로는 편리한 정도 이상으로 위험하고 불안한 측면도 많이 있다.

자동차용 가스충전소가 폭발하여 하루아침에 전 재산을 날리는 사람이 있는가 하면, 달리는 자동차가 사고를 내거나 고장이 발생하여 생명을 잃기도 한다. 비행기가 추락하고 대형 화재가 발생하는 것은 두고라도 우리 주위의 생활환경이 모두 위험한 요소들로 꽉 차 있는 듯하다. 전기를 사용할 수 있어 편리한 것은 좋은데 끊임없는 전자파의 공해는 피하기가 어렵다. 자동차를 이용할 때는 편리하지만 거기서 나오는 매연으로 인간의 건강이 나빠지고 수명이 단축되는 현상 또한 견디기가 어렵다. 과거의 각종 사고나 피해정도에 비해서 점점 그 규모가 커지고 피해자도 많이 발생하는 현상은 대개 다음과 같은 점에서 그 이유를 찾을 수 있을 것이다.

① 대량 생산과 공급에 따라 관련 소비자가 불특정 다수이다.
② 고도의 과학기술 상품들이 많아짐에 따라 소비자의 품질 식별과 안전성 검색 능력이 부족하다.
③ 급속한 산업발전 속도에 비해 생산자의 제품개발과 연구노력이 미흡하여 무결함(점) 제품 설계능력이 부족하다.
④ 상품이 대형화, 복잡화되어 피해 규모와 정도가 크다.
⑤ 고객의 요구가 빠른 속도로 다양화 및 고급화되고 있어 상품의 라이프 사이클이 짧아진다.
⑥ 무역 자유화와 국가 간의 교류증대로 더욱 안전하고 품질 식별이 용이한 상품을 찾게 된다.

이와 같은 경영환경은 필연적으로 상품의 결함 발생 기회와 상대적으로 소비자들에게 닥칠 위험 발생의 위험이 커진다는 사실을 이해할 수 있다. 따라서 소비자의 권리만 강조하는 소극적 보호시책에서 공급자에게 배상의 책임을 묻는 적극적 소비자 시책으로 전환하고 있음에 유의할 필요가 있다.

이상과 같은 제조물 책임제도의 주요 내용은 다음과 같다.

① 제조물 책임을 지는 자는 결함상품을 생산한 제조자이다. 경우에 따라서는 수입업자, 유통업자, 부품업자도 제조자에 포함된다.
② 상품에 결함이 있는 경우에 적용된다. 여기서 결함이란 소비생활상의 안전을 해치는 것을 말한다.
③ 손해(피해)가 발생해야 배상책임의 대상이 된다. 생명, 신체, 재산상의 손해는 물론 정신적인 피해도 포함된다.
④ 상품의 결함이 원인이 되어 피해가 발생해야 한다. 결함을 원인으로 하지 않은 경우는 제조물 책임의 대상이 아니다.
⑤ 제조물 책임은 제조자가 피해를 입은 소비자에게 직접 배상한다.
⑥ 제조물 책임은 민사상 손해배상 책임이라는 점에서 형사상 책임이나 행정상 책임과 구별된다.

1) 제조물 책임의 발전

근대 산업사회가 급격히 발전함에 따라 소비자에 대한 생산자의 인식과 책임문제도 다양하게 발전되어 왔고, 제조자 책임의 발전단계를 정리하면 그림 1-5와 같다.

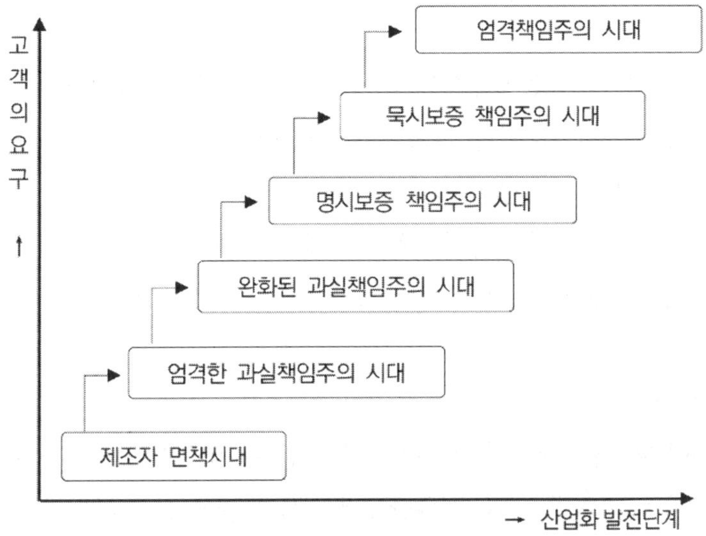

그림 1-5 제조물 책임의 발전단계

① 제조자 면책시대

㉠ 근세이전의 책임 법리로서 소비자에게 제품의 안전성을 검색할 수 있는 충분한 능력이 있었다. 따라서 결함 제품으로 인한 사고에 대하여 소비자가 책임을 부담하도록 해도 형평성에 별다른 문제가 없었다.

㉡ 결함제품 사용으로 인한 피해 정도가 경미하였음은 물론 피해자의 수가 소수이기 때문에 피해자 문제가 사회문제로 대두되지 않았다.

② 엄격한 과실 책임주의시대

㉠ 산업혁명기 이후의 책임 법리로, 제조물의 결함과 그에 대한 제조자의 과실을 피해자가 입증케 함으로써 사실상 피해자 구제가 어려웠다.

㉡ 전문지식을 가지고 있는 제조자가 입증책임을 지지 않고 과실 책임의 형식 논리를 앞세워 전문지식이 없는 피해자에게 입증책임을 지우는 것은 타당하지 못했다.

③ 완화된 과실 책임주의시대

엄격한 과실 책임주의의 문제점에 대한 보완 논리로서 입증책임을 판례에 의하여 전환시켰다.

④ 명시보증 책임주의시대

명시적으로 약속된 사항에 대한 책임을 지는 시대이다(예 : 상품 설명서, 견본 또는 모델, 광고내용 등).

⑤ 묵시보증 책임주의시대

명시적으로 보증하지 않더라도 상품으로서 당연히 요구되는 보편적인 적합이 적용된다.

⑥ 엄격책임

㉠ 묵시적 보증이론에서 발전한 일종의 무과실 책임 이론이다.

㉡ 세계 각국의 제조물책임 이론의 모델이다.

㉢ 현대적 개념의 제조물책임은 무과실 책임을 의미하며 상품뿐만 아니라 서비스나 부동산에도 확대 적용되는 추세이다.

2) 배상책임의 사례

① 통풍 안되는 텐트

미국 뉴저지주에 있는 한 공원에서 텐트를 치고 잠을 자던 한 쌍의 남녀가 사망한 사건이 발생하였다. 사망원인은 텐트 안에서 가스등을 켜고 잠을 잤는데, 통풍이 되지 않아 질식사했다는 것이다.

우리나라 어느 중소기업에서 수출한 이 텐트는 통풍이 잘되는 텐트라고 선전 문구에 명시하고 있었지만, 실제 사용도중 통풍이 잘되지 않아 목숨을 잃었다고 유족들은 주장했다. 이 사건은 결국 미국 법정에 회부되어 미국의 제조물책임법에 따라 텐트의 결함이 인정되었고 제조자는 80만 달러를 배상하게 되었다.

② 석유난로 폭발사고

미국 캘리포니아주에서 발생했던 석유난로 폭발사고는 생산자와 소비자 모두에게 품질문제에 대한 경각심을 일깨워주는 사건이었다. 석유난로에 기름을 넣고 불을 붙이려던 할머니가 갑자기 난로가 폭발하는 바람에 큰 화상을 입게 된 사건이었다. 급히 연락을 받고 집에 도착한 가족이 응급조치를 마치고 난 후 따로 제조회사를 상대로 배상소송을 제기했다.

문제의 그 난로에는 어느 곳에도 「휘발유를 사용하면 폭발 위험이 있으니 절대 사용하지 말 것」을 내용으로 하는 경고나 주의사항이 없었고, 그 난로를 구입할 때도 이런 내용을 전혀 알려주지 않았다는 것이 배상 소송을 하게 된 배경이었다. 석유용 난로이니 석유만 사용해야 하는데 할머니가 휘발유를 석유로 잘못 알고 사용한 것이었다. 이 소송에서 피해를 당한 원고측의 손을 들어준 법원의 판결 내용은 "제조자는 불특정 다수인을 소비자로 하는 제품에 대해 소비자가 쉽게 알아볼 수 있는 방법으로 제품 사용설명서 등에 제품의 안전한 사용을 위한 표시를 하고 알려주어야 할 의무가 있다"는 것이었다.

③ 모터보트 충돌사고

제품 설계상의 과오로 인한 결함은 펜실베니아에서 1983년 1월에 발생한 모터보트 충돌사고에서도 명확하게 드러났다. 1987년 12월에 배상 금액을 합의해 결국 700만 달러를 배상한 사망사고이다. 39세의 여자가 탄 모터보트와 27세의 남자가 탄 보트가 충돌해 여자가 사망했다.

사망자 가족은 이 두 개 보트회사를 상대로 소송을 제기했는데, 보트가 이 정도의 충격에는 견딜 수 있도록 설계했어야 함에도 불구하고 그렇지 못했다는 이유였다. 즉, 보트를 제작한 회사측의 설계결함이 사망원인이라는 주장이었다. 물론 남자 보트 운전자도 무모한 운전의 책임을 물어 살인죄를 선고받았다.

(2) 경쟁력을 잃는다.

흔히 경쟁력의 잣대로 생산성과 원가, 품질 등을 강조한다. 생산성의 문제는 얼마를 투입해서 얼마만큼 산출했는가를 말하는 것으로 투입량에 대한 산출량의 극대화를 추구한다. 그러나 여기서 유의해야 할 것은 단순한 「산출」의 개념이 아니라 「유용(有用)한 산출」로 되어야 한다는 점이다. 유용하다는 것은 고객이 안심하고 사용할 수 있는 이른바 제대로 된 상품이어야 함을 의미한다. 생산성을 쫓다가 품질문제를 놓치게 되면 생산성의 향상에는 아무런 의미가 없다. 즉 생산성을 높이는 성과가 있었다고 해서 품질경쟁력도 함께 높아진다고 볼 수 있는 근거는 희박하다.

그러나 품질경영체제가 정립되고 품질이 관리되면 생산성은 향상된다. 원가를 낮추는 일이 경쟁력 향상의 핵심적인 기능임에는 분명하지만 창의적으로 원가를 절감한 결과가 품질의 향상으로 연결된다는 주장도 설득력이 약하다. 오히려 나쁜 영향을 미칠 수 있는 위험이 크다.

이상에서 살펴 본 바와 같이 품질이 관리되지 못하면 소비자로부터 제기되는 배상소송 문제를 방어하고 예방하는 노력과 비용이 높아질 것은 물론, 경우에 따라서는 엄청난 피해 배상을 해야 하는 위험을 당할 수 있다. 또한 고객이 외면하고 품질경쟁력이 떨어지며 결국 기업의 신뢰 상실과 동시에 경쟁에서 탈락하는 결과를 초래하기도 하는 것이다. 품질제일이라는 의지와 노력을 조직 구성원 모두가 새기고 기울여야 할 것이다.

03 품질관리 활동

[1] 품질관리방법과 활동

관리 대상으로서의 품질문제를 아무리 강조해도 이를 관리하는 시스템이나 기술이 모자라면 안 될 일이다. 품질경영 체제를 정착시키고 Single PPM을 달성하고 유지하는 단계와 방법은 회사규모나 업종 등에 따라 다를 수 있다. 따라서 획일적이고 정형화된 관리의 순서와 방법을 구체적으로 제시하는 일은 특정회사의 사례로는 가능하겠지만 작업표준 만드는 일처럼 「이렇게 하면 된다.」라는 기준을 만든다는 것은 바람직하지 않다.

그러나 회사의 규모나 업종에 관계없이 어떠한 회사라도 지키지 않으면 안 될 기본은 존중되어야 한다. 품질을 관리하는데 필요한 주요 활동에 대해 살펴보도록 하자.

[1.1] 문제파악

기업현장의 문제는 아주 다양하고 극적인 면이 나타날 수 있다. 갑자기 중대한 문제에 부딪치기도 하고, 경영자나 상사로부터 주어진 문제도 있다. 뿐만 아니라 일상 업무로부터 찾아낸 문제도 있다. 이와 같이, 다양한 문제들을 놓치지 않고 해결해 간다는 것은 현실적으로 불가능한 일이다. 따라서 여러 가지 문제들 중에서 무엇이 가장 중요하고 시급한 문제인가를 찾아내고 조치해 나가는 중점 지향적인 개선 의식이 필요하다.

그림 1-6과 같이 전체 문제점의 한 두 가지, 즉 가장 큰 비중을 차지하고 있는 20% 이내의 소수 중점항목을 해결하면 전체 문제의 80% 이상이 해결될 수 있다는 것을 보여준다. 미국의 주란(Juran)이 강조하는 문제해결의 착안사항이다. 이를테면 파악하고 있는 문제점이 10개 정도 있다면 이 중 가장 큰 비중을 차지하고 있는 한 두 가지 문제만 중점적으로 해결해도 전체의 80% 이상의 효과를 거둘 수 있다는 말이 된다.

나머지 작은 문제들에 매달리지 말고 큰 문제부터 중점 지향적으로 해결해 나가야 함을 설명한 내용으로 이것을 일반적으로 파레토 원리 또는 파레토 원칙이라고 한다.

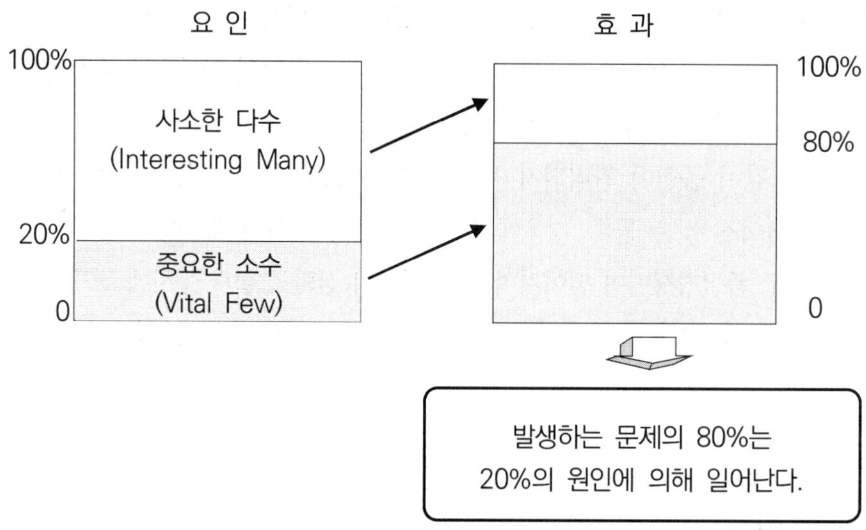

그림 1-6 파레토 원칙

품질문제의 발견도 파레토 원칙에 입각해서 무엇을 중점적으로 관리할 것인가를 명확히 설정하는 일이 중요하다.

[1.2] 표준화

(1) 표준화의 의미

표준화란 「가장 합리적인 표준을 설정하고 이것을 활용하는 조직적 행위」를 말하는 것으로서 일상의 업무는 이러한 표준에 의해서 수행된다. 표준은 회사에 관계되는 여러 사람이 지키고 따라야 할 기준이 되는 것으로 한국산업규격에서는 "관계되는 사람들 사이에서 이익 또는 편리가 공정하게 얻어지도록 통일, 단순화를 도모할 목적으로 물체, 성능, 능력, 배치, 상태, 동작, 절차, 방법, 수속, 책임, 의무, 권한, 사고방법, 개념 등에 대하여 정한 결정"이라고 정의하였다. 따라서 표준화된 내용은 그 표준을 지키는 모든 사람에게 가장 편리하고 안전하며, 합리적인 내용과 의사결정 과정을 통해 만들어져야 한다.

왜냐하면 표준화된 내용은 연속적이고 반복적인 일(업무)의 수단이며 기준이 되기 때문이다. 잘못된 표준의 틀을 짜놓고 잘 지켜 주기를 바라는 것은 표준화의 뜻을 올바로 이해하지 못한 결과일 것이다. 부품이 표준화되지 않으면 인터넷을 통한 부품의 공동구매가 될 수 없는 것과 마찬가지로, 작업방법이 표준화되지 않으면 공장 자동화가 이루어지지 못한다. 문서가 표준화되지 않으면 업무 전산화가 이루어지지 못하고, 컴퓨터의 자판 배열이 표준화되어 있지 않으면 능률적인 작업이나 교육훈련이 어렵게 된다.

또한 기호나 용어를 표준화하지 못하면 전달과 의사소통이 되지 않으며, 숙련공 A가 작업하는 순서와 방법들을 표준화하지 않으면 같은 작업을 해야 하는 신입사원 B는 작업하는 방법을 처음부터 다시 익히거나 따로 배워야 할 것이다. 이렇게 해서는 능률이 오르지 않는 것은 물론이고 오히려 원가는 높아지고 생산성은 떨어지며 품질도 관리될 수가 없게 된다.

표준화는 관리의 출발점이다. 표준에 의해서 일정한 방법과 기준으로 반복이 가능하기 때문이다. 품질경영의 대가인 미국의 화이겐바움은 관리의 4단계를 설명하면서 표준을 설정하는 일이 관리의 첫 번째 단계이며 표준대로 실행하여 그 결과를 평가하고, 이상 발생시 조치를 취하며, 개선계획에 반영시키는 일로 이어져야 품질이 관리된다고 하였다. 표준화에 관련된 주요 용어의 정의를 간추리면 다음과 같다.

① **표준**

㉠ 관계되는 사람들 사이에서 이익 또는 편리가 공정하게 얻어지도록 통일, 단순화를 도모할 목적으로 물체, 성능, 능력, 배치, 상태, 동작, 절차, 수속, 책임, 의무, 권한, 사고방법, 개념 등에 대하여 정한 결정이다.

㉡ 측정에 보편성을 주기 위해서 정한 기준으로서 사용하는 양의 크기를 표시하는 방법 또는 일이다.

② **표준화** : 표준을 설정하고 이것을 활용하는 조직적 행위이다.

③ **규격** : 표준 중에서 물품 또는 서비스에 직 · 간접으로 관계되는 기술적 사항에 대하여 정한 결정한다.

④ **가규격** : 정시 규격 제정에 앞서서 준비적으로 적용하는 것을 목적으로 하여 정한 임시규격이다.

⑤ **잠정규격** : 종래 규격에 따르는 것이 적당하지 않을 때 어느 특정기간에 한하여 적용할 것을 목적으로 정한 정식 규격이다.

⑥ **규격한계** : 품질특성에 대하여 허용되는 한계치를 규정하기 위해 규격 안에 주어져 있는 한계를 말한다.

⑦ **시방** : 재료, 제품, 공구, 설비 등에 대하여 요구되는 특정 모양, 구조, 치수, 성분, 능력, 정도, 성능, 제조방법, 시험방법 등을 정한 것이다(시방을 문서화한 것을 시방서라 한다).

⑧ **사내표준** : 회사, 공장 등에서 재료, 부품, 제품 및, 조직과 구매, 제조, 검사, 관리 등의 일에 적용하는 것을 목적으로 하여 정한 표준이다.

⑨ **작업표준** : 작업조건, 작업방법, 관리방법, 사용재료, 사용설비 기타 주의사항 등에 관한 기준을 정한 것이다.

⑩ **품질규격** : 품질에 관한 규격이다.

⑪ **공차** : 규정된 허용 최대치와 규정된 허용 최소치와의 차. 예를 들면 끼워 맞춤방식의 허용 최대치수와 허용 최소치수와의 차를 말한다.

⑫ **허용차** :규정된 기준치와 규정된 한계치와의 차 또는 시험데이터의 산포가 허용되는 한계값이다.

(2) 사내 표준화의 대상

무엇을 표준화할 것인가 하는 문제는 어떠한 표준에 의해 유지 개선을 계속해 나가며 그 대상이 무엇인가를 생각하면 된다.

무엇을 생산하며, 어떻게 관리할 것인가를 생각하면 이러한 경영활동에 관련되는 제품, 원 · 부자재, 작업방법, 시험 검사방법 등도 중요하지만 이와 관련한 제반 절차, 배치, 상태, 방법, 책임과 의무, 권한, 사고방식, 개념 등에 대해서 관련된 사람들이 같이 따르고 지킬 수 있는 '합리적인 기준'을 설정해야 하는 것이다.

제조업체인 경우 가장 중요하면서 1차적으로 표준화해야 할 대상이 바로 어떠한 제품을 만들 것인가라는 문제이다. 제품규격을 중심으로 여러 가지 표준류들이 상호 유기적인 관련성과 체계를 가지고 운영되어야 한다. 사내 표준화의 주요 대상을 제품 품질을 중심으로 나타내면 그림 1-7과 같다. 이와 같은 표준의 내용은 다시 물적 요소와 업무요소로 나눌 수 있다.

물적 요소란 물건 그 자체의 종류, 성능, 단위, 기호 용어, 특성, 형식 등에 대한 표준류와 물건에 따르는 방법, 순서, 절차 등에 대한 표준으로 분류할 수 있다. 또한 업무요소는 상태, 권한, 책임 등과 같은 업무 자체에 대한 표준과 업무에 따르는 방법, 절차 등과 같은 표준들이 있다.

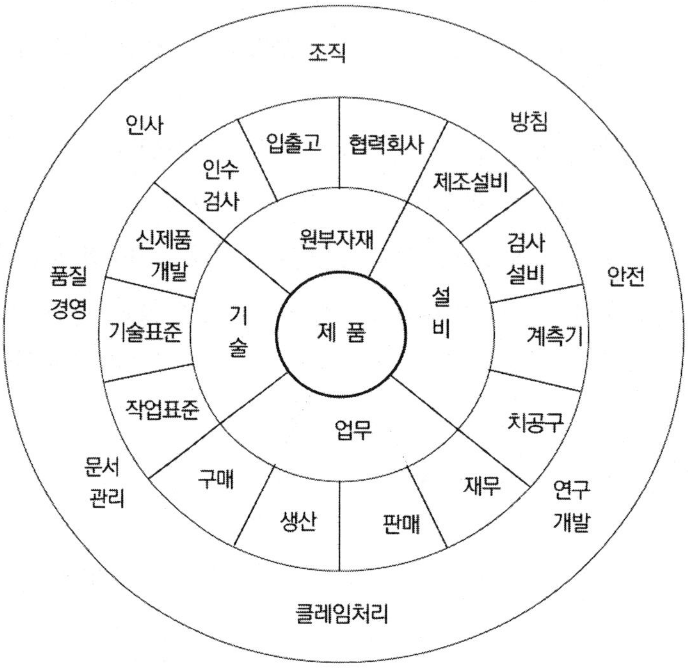

그림 1-7 사내 표준화의 주요 대상

표준화의 대상은 물론 인위적으로 표준화해야 할 필요가 있는 내용이 되어야 하겠지만 대상에 따라 구분한다면 자연적인 표준과 인위적인 표준으로 크게 구분할 수 있을 것이다. 자연적인 표준은 이미 자연의 법칙에 따라 표준화되어 있는 것으로 이를테면 수소 두 개(H_2)와 산소 한 개(O)가 만나 물(H_2O)이 된다는 것과 같은 것으로 여기서 말하는 표준화의 대상은 아니다. 표준화의 대상은 주로 인위적인 표준이다.

사내표준화의 대상은 제조회사의 경우 주로 제품과 이에 관련된 업무의 표준을 말하는 것으로 그 내용은 그림 1-8과 같이 나타낼 수 있다.

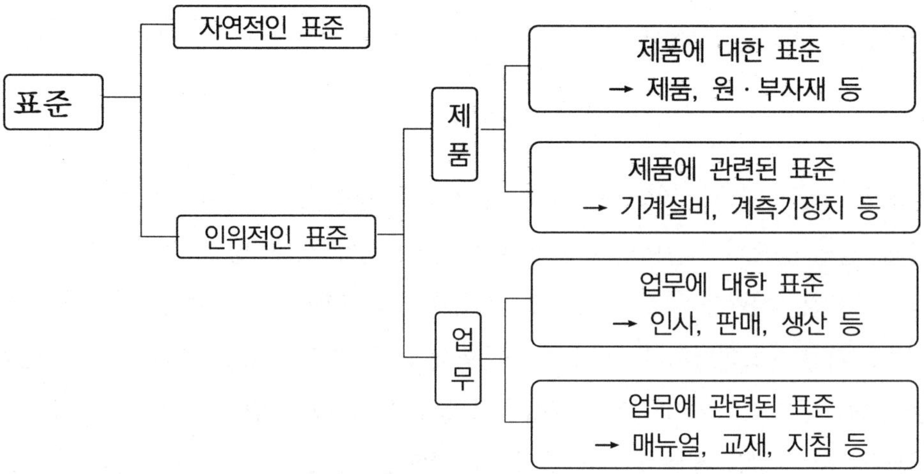

그림 1-8 표준화의 내용

[2] QC와 QM

품질문제에 대한 인식과 관리방법은 국내 · 외적인 경영환경과 산업발전 과정에서 그 시대 상황과 맥락을 함께 한다. 미국의 품질관리(QC)가 일본에서 전사적 품질관리(CWQC)로 틀을 잡으면서, 화이겐바움이 제창한 종합적 품질관리(TQC)가 우리나라에서도 1970년대와 1980년대의 중심개념이 되는 듯 했다. 한동안 「TQC의 생활화」라는 구호가 익숙하게 들리더니 어느새 품질경영(QM)이란 용어가 사용되고 있다.

TQM의 올바른 개념은 「품질을 중심으로 하는 모든 구성원의 참여와 고객만족을 통한 장기적 성공지향을 기본으로 하며, 그리고 조직의 모든 구성원과 사회에 이익을 제공하는 조직의 경영적 접근」이라고 정의할 수 있다. QC와 QM은 같은 것인가. 다르다면 무엇이 어떻게 다른 것인가. 이러한 문제에 대한 논의는 품질관련 전문가들에 의해 다양하게 주장 또는 토론되고 있으나 아직도 「협의의 품질」, 「광의의 품질」이란 테두리를 벗어나지 못하고 있는 실정이다.

이와 관련하여 '10년 품질의 웨이브의 내용을 요약하여 아래에 소개한다. "전통적인 기업조직의 임무와 권한 그리고 책임의 관계에서 생각해 보면 제조현장에서 품질이 잘 관리되어지도록 중간 관리층이 중심이 되어 현장 실무자를 감독하고 통제하는 일은 이상한 일이라고는 하기 어렵다." 다시 말하자면 품질문제가 잘못되는 것은 주로 현장에서 잘못해서 발생하기 때문에 품질 문제에 영향을 미치는 원 · 부자재(Material), 기계설비(Machine), 작업자(Man), 방법(Method) 등의 이른바 4M을 중심으로 철저하게 관리하지 않으면 안 되었던 것이다.

이와 같은 4M, 즉 산포가 발생하는 요소들을 중심으로 가장 합리적인(가장 통제하기 좋은 내용으로) 표준을 설정하고 이를 지키도록 계획하고 통제하는 일이 중요했던 것이다. 고전적인 현장의 생산관리 단계, 즉 계획, 조직, 지휘, 통제, 조정하는 일이 품질이 관리되도록 하는 중요한 과업이 되었던 것이다. 특히, 4M 중의 Man을 「사람」으로 보다는 「작업자」로, Method를 「제조」 또는 「시험방법」으로 번역하여 사용하면서 품질문제에 영향을 미치는 중간 관리층이나 경영자를 지칭하는 어떠한 「사람」도, 업무처리 「방법」도 염두에 두지 않으려고 하였다. 따라서 품질이 잘못되는 것, 즉 관리되지 못한 책임은 현장에 있고 잘 관리되도록 지시하고 통제하는 권한과 책임은 당연히 중간관리층에 있는 것으로 생각했던 것이다. 이러한 인식의 바탕이 곧 품질을 통제하는 현장중심의 관리 패턴이었고, 이때 가장 강조되었던 도구가 바로 품질관리기법이었다.

1980년대 후반에 들어서면서 미국의 맬콤볼드리지 국가 품질상제도가 널리 알려지고 1990년대에는 보다 개방적이고 자유스런 무역환경 등의 여건변화로 품질경쟁력은 날이 갈수록 극심해져 갔다. 특히 ISO 9000과 14000시리즈의 국내보급과 인증 열풍은 보다 효과적이고 적극적인 품질관리시스템을 요구하게 되었다. 이것은 피할 수 없는 흐름이고 경향이었다고 볼 수 있다.

국내적으로도 이른바 X세대라는 말이 유행하기 시작하면서부터 한문 세대에서 한글세대로, 조직과 일을 중시하는 생각에서 개인과 여가를 중하게 여기는 의식구조의 「세대이동」을 겪으면서 바야흐로 현장 중심의 관리체제로는 치열해지는 품질경쟁에서 이길 수 없는 환경에 처하게 되었다.

QC라는 용어보다 QM이라는 새로운 용어가 일반화되기 시작했다. 이것은 현장에 대한 통제중심의 관리체제로는 어렵고, 최고경영자를 비롯한 조직 전 구성원이 조직적으로 협력하여 추진하는 관리가 아니면 안 된다는 시대적인 당위성을 의미한다고도 볼 수 있다. 관리의 개념으로 비교한 QC와 QM의 관계는 그림 1-9와 같이 설명할 수 있다. 넓은 의미의 품질관리를 품질경영이라고 이해할 수 있다.

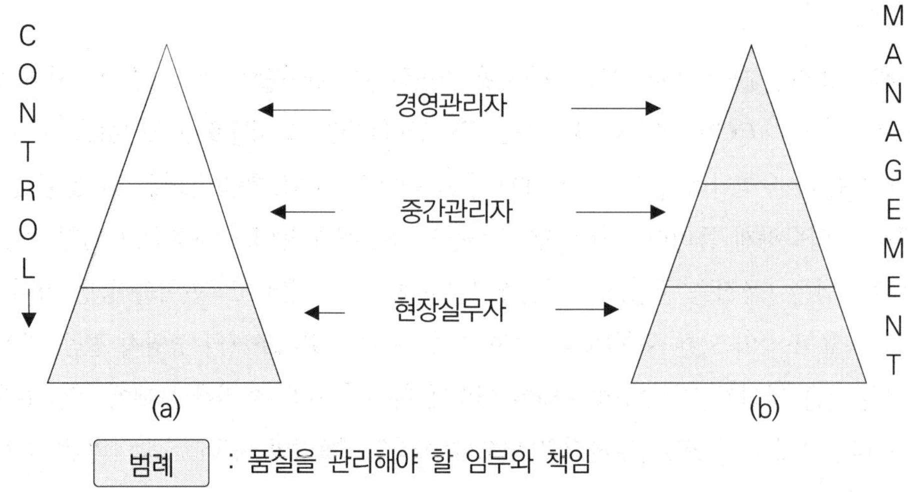

그림 1-9 QC에서의 관리(a)와 QM에서의 관리(b)

전 종업원 특히 최고경영자의 리더십을 전제로 하는 품질경영은 이제는 경쟁력 제고를 위한 핵심적인 경영전략이 되고 있다. 그러나 앞으로 우리나라의 기업체질과 의식구조에 맞는 우리의 관리패턴으로 다듬어 가는 일이 남은 과제가 되어야 할 것이다. QC와 QM의 관리적 개념을 비교하면 아래 표와 같이 나타낼 수 있다.

표 1-3 QC와 QM의 관리적 개념 비교

구 분	품질관리(QC)	품질경영(QM)
대응영문	Quality Control	Quality Management
관리의 대상	주로 제품의 질	제품, 서비스, 업무의 질
권한행사의 패턴	하향적(지시와 명령)	수평적(협조와 조정)
중심사고	생산 및 제품중심의 사고와 관리기법	철저한 고객 지향적 사고방식과 기업문화
경영전략	기업이익	고객만족
경영자의 참여	성과 지향적(지시, 확인)	전사 종합적 리더십(솔선수범)
현장 실무자의 생각	정해진 표준대로, 수동적	품질은 우리가 만든다, 능동적
품질문제의 발생	주로 설계, 생산, 기술부문에서 발생	전 부문에서
품질 및 품질관리의 책임	현장 실무자	품질문제가 발생하는 전부문

CHAPTER 02

문제해결을 위한 아이디어발상법

01 아이디어발상법

[1] 아이디어발상법의 개요

우리는 일상생활에서 수많은 물건을 사용한다. 아침에 일어나 잠자리에 들기까지 사용되는 물건은 그 기능이 다르듯이 종류도 다양하다. 그러나 우리가 사용하는 물건들이 전부다 만족스럽지는 않을 것이다. 어떤 것은 원하던 것 이상으로 만족스러울 것이며, 어떤 것은 사용할 때마다 불만이 생기는 제품이 있을 것이다.

아이디어는 이러한 불만에서 시작된다. 가령 칫솔을 예로 들면, 예전에 나온 칫솔들은 색깔도 종류도 다양하지 못했으며, 칫솔모는 모두 흰색으로 뻣뻣했다. 그러나 이에 불만을 느끼는 소비자가 많아지고 다양한 제품을 원하는 소비자가 많아질수록 칫솔의 모양과 종류는 매우 다양해졌다.

재질에서 모양, 색깔, 기능에 이르기까지 점점 다양한 제품이 출시되고 있으며, 예전에 나왔던 제품을 그대로 고수하는 기업은 소비자의 선택을 받지 못하고 시장에서 모습을 감추었다. 이렇듯 소비자가 느끼게 되는 불만은 신제품 개발로 이어져 점차 발전된다. 아이디어는 불만에서 시작되지만 그 불만을 사실 그대로 이야기하는 것은 아이디어가 되지 못한다.

아이디어가 빛을 발하게 되는 때는 이러한 불만들이 정리되어 해결하는 방법이 다양하게 제시되었을 때이다. 우리는 앞으로 아이디어가 불만에 그치지 않고 빛을 발할 수 있도록 여러 가지 아이디어발상법에 대해 알아보고자 한다.

[2] 아이디어발상법의 구성

[2.1] 브레인스토밍

(1) 브레인스토밍이란?

브레인스토밍이란, 여러 사람이 모여서 두뇌(brain)에 폭풍(storm)이 몰아치듯이 사용한다는 뜻을 가진 아이디어발상법 중 하나로 집단효과를 살리고 아이디어의 연쇄반응을 불러 일으켜 논리적이든 비논리적이든 다양한 사람들이 자유분방하게 아이디어를 만들어내는 것이다.

특히 질보다 양을 중요시하여 사고에 제한을 두지 않기 때문에 기발한 아이디어의 가능성을 무한히 갖고 있는 발상법이며, 오늘날 광고는 물론 제품이나 정책개발의 현장, 건축, 방송, 예술, 교육 등 많은 분야에서 폭넓게 활용되고 있다. 또한, 여러 아이디어 발상법의 진행과정에서 직간접으로 활용되어 발상의 기본 바탕이 되고 있다. 브레인스토밍은 다음과 같은 경우에 주로 사용된다.

① 공정이나 제품 또는 서비스에 대한 개선방안을 찾으려 할 때

② 팀의 참여를 통해 공정, 제품, 그리고 서비스에서 혁신을 시작하려 할 때

③ 어떠한 개선활동을 해야 할지를 결정할 때

④ 팀의 창조성을 촉진시키려 할 때

⑤ 문제에 대한 존재 가능한 근본 원인을 모두 찾으려 할 때

브레인스토밍은 6~12명 정도의 구성원이 모여서 정해진 주제에 대해 자유롭게 발언을 하는 회의 형식으로 진행되며, 한 가지 의견에 서로 다른 사고를 가진 다양한 사람들이 추가의견을 덧붙이기 때문에 아이디어가 점진적으로 발전해가는 효과를 갖는다. 이는 결과적으로 리더로부터 제시된 문제를 될 수 있는 대로 많은 대안을 제시하여 토의하고 분석하여 결정하며, 이 과정에서 더 융통성 있는 사고와 구성원들의 창조성을 수렴하여 해결할 수 있다.

(2) 브레인스토밍 진행을 위한 4가지 규칙

위 아이디어 발상법은 미국의 광고회사 사장인 알렉스 오스본에 의해 개발되었다. 알렉스 오스본은 '창의적 문제해결은 일상의 분석적인 문제해결과는 다르다'라고 주장하였다.

아이디어는 회의시간의 중반부에서 가장 많이 생성되며 후반부로 갈수록 양은 줄어들지만, 보다 독창적이고 혁신적인 아이디어가 생성된다. 이는 다양한 아이디어들이 더해지고 결합되면서 높은 수준으로 도달하고 있음을 뜻한다.

질에 대한 판단은 유보하고 가능한 많은 대안들을 생성해 내면 결국에는 창의적인 아이디어를 얻을 수 있다. 이 발상법을 효과적으로 활용하기 위해서는 다음사항을 꼭 유의하여야 한다.

① **첫째, 자유롭게 발언하라(자유분방)**

엉뚱하거나 현실적이지 않은 아이디어라 할지라도 모든 것을 수용하는 마음으로 받아들인다. 창조의 시작은 아무도 생각하지 않은 발상에서부터 시작한다. 또한, 기발한 아이디어는 새로운 구성원의 새로운 시각으로부터 올 때가 많으니 열린 마음으로 새로운 시각을 받아들인다.

② **둘째, 비판하지마라(비판금지)**

브레인스토밍은 평가를 위한 의견발표가 아니다. 구성원의 제안을 모두 값지게 생각하며, 어떤 제안에 대해서도 비판을 해서는 안 된다. 정돈이 필요하다면, 아이디어에 대한 평가는 브레인스토밍이 다 된 후에 해도 늦지 않다.

③ **셋째, 질보다는 양이다(수량추구)**

아이디어는 가능한 한 많으면 많을수록 좋다. 다양한 사람들에게서 발현된 아이디어의 수가 많을수록 훌륭한 제안이 나올 가능성이 높아지기 때문이다. 따라서 리더는 브레인스토밍에 참여한 모든 구성원이 최대한 많은 의견을 낼 수 있도록 분위기를 유도해야 한다.

④ **넷째, 더하여 배로 만들어라(결합개선)**

모든 구성원이 자신의 의견만 내놓는다면 브레인스토밍은 문제에 대한 해결방법을 결정할 수 없으며,

이를 진행하는 의미도 없다. 따라서 개개인은 자신의 아이디어를 제시하는 것 뿐 아니라 다른 사람의 아이디어를 듣고 향상된 아이디어로 바꾸어 제안해야 한다. 또한, 두세 개의 아이디를 결합하여 더 좋은 아이디어로 만들어야 높은 수준의 결과물을 얻을 수 있다.

(3) 브레인스토밍의 진행

브레인스토밍을 진행할 때에는 앞서 말한 것과 같이 혼자보다는 6명 이상 12명 이하인 그룹으로 진행하는 것이 좋다. 리더를 선발하여 아이디어 제안을 유도하고, 결합개선을 주도하여 효과성을 높이면서도 진행이나 흐름이 부드럽게 이어질 수 있도록 하며, 내용을 기록할 서기도 필요하다.

기록은 가급적 구성원 모두가 각성된 내용을 확인할 수 있는 칠판이나 화이트보드, 큰 종이를 사용하는 것이 좋다. 브레인스토밍을 실시하는 절차는 상황에 따라 다양하게 변할 수 있으나 기본적인 절차는 다음과 같다.

표 2-1 브레인스토밍을 이용한 아이디어발상 진행순서

단계	내용
① 그룹선발	6~12명의 구성원으로 이루어지는 그룹을 선발한다. 이때 인원의 수가 너무 많으면 아이디어를 모두 수용하기 어렵기 때문에 12명을 초과하지 않는 것이 좋다.
② 브레인스토밍 발상법설명	브레인스토밍을 시작하기 전에 리더가 주제를 정하고, 브레인스토밍의 4가지 규칙에 대해 개략적인 설명을 한다.
③ 리더와 서기선발	이 발상법을 효과적으로 진행해 나갈 리더와 발언내용을 빠뜨리지 않고 기록할 서기를 선발하고, 화이트보드나 커다란 백지를 준비 한다
④ 주제설정	주제는 구체적으로 설정한다. 예를 들어, '사내에서 절약하자'와 같은 포괄적인 주제가 아니라 '종이의 불필요한 사용을 줄이기 위해서 어떻게 해야 할 것인가'와 같이 설정한다.
⑤ 발언과 기록	리더는 구성원의 발언과 결합개선을 유도하여 최대한 많은 아이디어를 수집하면서도 점차 높은 수준의 아이디어가 발현될 수 있도록 브레인스토밍을 진행하고, 서기는 모두가 알아볼 수 있는 핵심적인 내용으로 요약하여 정리한다.
⑥ 평가	아이디어가 충분히 나왔으면 휴식 뒤에 아이디어에 대한 평가를 실시한다.

브레인스토밍은 결과가 풍부하게 나오는 것에 비해 진행이 까다롭지 않아 가장 널리 사용되는 측면이 있지만 그만큼 제한이나 명확한 방향의 제시가 없기 때문에 그에 따른 단점도 지니고 있다.

첫째는 아이디어 발상이 지속적으로 진행되지 않을 때 발생될 수 있는 병목현상이며, 둘째 아이디어 발상을 남에게 의존하는 무임승차 현상, 셋째는 아이디어 제출 시 다른 사람의 평가에 대한 두려움이라 할 수 있다.

[2.2] 고든법

(1) 고든법의 발생 배경

고든법은 앞서 설명한 브레인스토밍의 한계를 극복하려는 의도에서 고안한 것으로, 당시 미국 매사추세스 주 케임브리지 시에 있는 아더 D. 리틀사의 디자인 발명 그룹에 속해있었던 윌리엄 고든이 자신의 이름을 따서 창안하였다.

고든법이 생겨난 배경에는 다음과 같은 이야기가 전해진다. 일찍이 고든은 아이디어를 발상할 때에 브레인스토밍을 이용하여 4대원칙에 따라 아이디어를 끌어내고 있었다. 수많은 브레인스토밍을 행하는 가운데, 한 차례 아이디어가 나온 후에는 여간해서 아이디어가 생기지 않는다는 것을 깨닫기 시작하였다.

마치 아이디어에 몇 가지 층이 있는 것처럼…. '왜 이런 경향이 있는 것일까? 무엇이 아이디어를 발상해 나가는데 장해가 되는 것일까?' 등 여러 가지고 고찰한 결과 다음과 같은 결론에 도달하였다.

① 혁신적인 아이디어를 내놓기 위해서는 현재의 제품방식에 얽매여서는 안 된다. 이것으로는 피상적인 것 밖에 나오지 않는다.

② 진짜 주제를 알고 있으면, 참가자가 자신이 내놓은 아이디어에 빨리 만족하고 그것에 열중해 버리는 경향이 있다.

③ 참 테마를 알고 있으면 짧고 단순한 생각으로 아이디어를 팔아넘기는데 관심이 쏠려 버린다.

이러한 이유에서 고든은 주제를 구체적으로 명시하지 않고, 주제가 가진 본질적인 부분만 추상적으로 제시하여 가능한 광범위한 범위에서 아이디어를 이끌어 낼 수 있는 발상법을 창안해 내었다.

(2) 고든법의 진행

고든법은 브레인스토밍과 마찬가지로 해결해야할 과제를 두고, 집단적으로 자유롭게 아이디어를 제시하여 혁신적인 아이디어를 도출해내는 아이디어발상법이다.

그러나 브레인스토밍은 처음부터 발상주제가 주어지고 가능한 한 문제를 구체적으로 좁히면서 아이디어를 발상한다면, 고든법은 진짜 주제는 주어지지 않고, 주제에 대한 근본적인 내용만 제시한 후 그에 대한 아이디어를 요구한다는 점에서 차이가 있다. 이를 통해 참가자가 현실적인 문제에만 사고를 국한시키지 않고, 근본적인 주제에 대한 광범위한 발상을 할 수 있도록 유도하여, 주제와 전혀 관계없는 사실로부터 발상을 시작해서 문제해결로 몰입하게 만드는 것이다.

고든법의 시작은 사회자만이 알고 있는 '진짜 주제'에 대해 진짜 주제가 가지고 있는 '근본적인 주제'를 선정하여 참가자에게 제시하는 데에서부터 시작한다. 사회자는 토론진행과 함께 '주제의 근본적인 본질이 무엇인가 ?'를 생각해 내야하며, 참가자의 다양한 추상적인 의견들을 진짜 문제와 연결시켜야 하기 때문에 상상력, 통찰력 등을 겸비하고 있어야 하는 매우 중요한 역할이다. 여기서 주의할 것은 추상도가 어느 정도일 때, 고든법의 전개가 효과적인지 고려해야 한다는 것이다.

표 2-2 고든법 주제의 예

진짜 문제	근본적인 주제(고든법의 주제)
신형 캔 자르기	연다.
역의 쓰레기통	쌓는다.
자전거	운반한다.
새로운 칫솔	더러운 것을 닦는다.
잔디 깎는 기계	나눈다.

예를 들면 잔디 깎는 기계에서 포인트를 '자르다'에 둔다면 '절단-자르는 기구'로 연상되기 쉽고, '깎다'라고 하면 진짜주제에 너무 가깝게 되기 때문에 광범위한 연상효과가 떨어지게 된다. 근본적인 주제를 이끌어 내기 위해서는 그 기능을 잘 알고 있어야 하며, 추상적인 주제어가 될 때까지 세밀하게 분석하는 것이 필요하다. 그러기 위해서는 토론과제를 하나로 제한하는 것보다 좋은 힌트가 모일 때까지 몇 가지 예를 들어 보는 것도 좋다. '진짜 주제'가 드러나지 않은 '근본적인 주제'가 주어지면 참가자는 브레인스토밍 절차를 통해 자유롭게 아이디어를 제시한다. 이후 브레인스토밍으로 충분히 내용이 모아지면 사회자는 참가자에게 '진짜 주제'를 제시한다.

만약 참가자들이 '진짜 주제'를 알고 있는 상황에서 고든법을 진행하게 될 경우에는 스스로 최면을 걸어서 '진짜 주제'를 머릿속에서 배제하는 훈련을 하면서 진행하여야 한다.

'진짜 주제'를 알게 된 참가자들은 사회자와 함께 토론을 하여 충분하게 발상된 내용들을 보면서 가장 적합하다고 여겨지는 아이디어를 2~3개 선정한다. 이후 정해진 2~3개의 후보 아이디어를 가지고 다시 브레인스토밍 절차를 통하여 자유롭게 발상을 시도한다. 이때, 1차대보다는 양을 조금 줄이는 것이 좋지만, 적어도 10가지 이상은 되는 것이 좋다.

표 2-3 고든법을 이용한 아이디어발상 진행순서

단계	내용
1단계 고든법 실행 준비	‣ 편안하고 조용한 장소 ‣ 전공이 다른 5~10인으로 구성 ‣ 상상력, 통찰력을 겸비한 사회자 1인
2단계 진짜 주제 '확정 및 '근본적인 주제' 선정	‣ 예시 진짜 주제 : 볼펜 근본적인 주제 : 흔적을 남긴다.
3단계 근본적인 주제'로 1차 브레인스토밍	‣ 사회자만 '진짜 주제'를 알고 나머지 참가자들은 모르게 진행 ‣ 해결책이 나올 때까지 진행 ‣ 2시간 정도가 적당함
4단계 '진짜 주제' 제시 후 혁신적인 아이디어 결과도출이 가능한 아이디어선정	‣ 진짜 주제와 결합하였을 때, 어떠한 결과가 나오는지에 대해 토의
5단계 선정된 아이디어로 2차 브레인스토밍	‣ 1차 브레인스토밍 보다는 적되 10개 정도의 아이디어가 적당함
6단계 최적안 선정 및 아이디어 정교화	‣ 실질적으로 사용하기 위한 결론도출

다음은 2차 브레인스토밍을 통해 얻어진 의견에서 최적안을 선정하고, 이를 다듬어가는 과정을 전개하여 최종적으로 가장 혁신적인 아이디어를 도출해 낸다. 고든법은 2~3시간 정도 진행하는 것이 좋으며, 진행하는 장소는 상황에 구애받지 않는 조용하고 편안한 장소가 좋다. 참가자는 다른 전공분야의 5~10명 정도가 적당하고, 특히, 예술가나 과학자가 있다면 혁신적인 아이디어를 결과적으로 도출하는데 유리하다.

1차 브레인스토밍 단계에서는 필요에 따라 문자나 메시지를 통해 외부의 의견을 반영할 수 있다. 이 방식은 참가자에게는 자유연상기법이라고도 할 수 있지만, 사회자는 참가자가 내 놓은 아이디어를 진짜 주제어에 연결시켜야 하기 때문에 강제 연상법을 구사해야 한다. 그러면서 최종적인 해결은 참가자에게서 나온 힌트를 진짜 과제에 유추적으로 함께 연결시킴으로써 가장 적합한 결과가 나올 가능성이 높다.

(3) 고든법의 효과

'진짜 주제'가 무엇인지 모르고 진행하는 고든법은 새로운 시점에서 자유롭게 생각할 수 있기 때문에 창의적인 사고가 가능하다. 문제의 근본원인을 없애버리고자 할 때 효과적이며 신제품 개발, 지금까지와는 전혀 다른 방식의 제품을 개발할 때 뚜렷한 효과를 남긴다.

이와 같은 고든법은 충분한 시간을 필요로 하는 만큼 사실상 실무현장에서는 잘 사용되고 있지 않고 있다. 하지만 이렇게 발산적인 사고를 통해 아이디어를 요구하고, 그것을 묶어나감으로서 방향을 정하는 과정에서 상식에 구애받지 않으며 여러 창의적인 아이디어를 생성하는 발상법으로, 문제를 근본적으로 생각하고 가장 기본적인 것부터 변화를 이끌어 내고자 할 때 큰 효과를 볼 것이다. 뿐만 아니라 참가자들 에게도 추상적인 상황에서 생각의 전환, 아이디어 생성을 통해 사고의 성장을 부여하므로 우리에게 시사하는 바가 크다고 볼 수 있다.

[2.3] 트리즈

(1) 트리즈의 개념

문제를 해결하기 위한 A안과 B안이 있다. A안을 따르면 B안을 따랐을 때보다 a만큼의 소득이 있지만 B안을 따르지 않았을 때의 손실이 있다. 마찬가지로 B안을 따른다면 b만큼의 소득이 있지만 A를 따르지 않았기 때문에 a만큼의 손실이 따른다. 예를 들어 보자.

중세 유럽의 어느 도시에 성공한 유대인 상인이 있었다. 그런데 이 도시의 성당이 낡아 성당을 헐고 새 성당을 짓기로 했다. 성당측은 이 상인에게 기부금을 요구했다. 하지만 상인은 유대교를 믿고 있어서 가톨릭 성당에 기부를 하는 것은 교리에 위배된다. 그렇지만 기부를 하지 않으면 장사에 지장을 초래할 것 같아서 고민이다.

어떻게 해결할까? 이 상인이 '기부금을 낸다.'라는 결론을 내리면 장사를 지속할 수는 있지만 교리를 위배해야 할 것이고, '기부금을 내지 않는다.'라는 결론을 내리면 종교적인 신념을 지속할 수 있지만 이사를 가거나 장사의 불이익을 감수해야 한다.

표 2-4 유대인상인의 결정에 따른 소득과 손실요인

문 제	해 결	소 득	손 실
유대인 상인이 가톨릭성당 재건축에 기부금을 내야한다.	A : 기부금을 낸다.	a : 장사를 지속한다.	b : 교리를 위배한다.
	B : 기부금을 내지 않는다.	b : 종교적인 신념을 지속한다.	a : 장사를 포기한다.

이런 경우 사람들은 한쪽으로 치우친 결론을 내리고 과감하게 한쪽을 포기할 수도 있지만, 보통은 A와 B의 타협점을 찾는 방법으로 결론을 낸다. a와 b 둘 다 일정부분 실을 감수하면서 또 일정부분은 득을 취하는 방법이다. 즉 기부금의 금액을 상식적인 금액보다 적게 낸다면 종교적인 죄책감도 덜면서, 장사도 지속할 수 있을 것이다. 반대로 금액을 적게 낸다고 해서 교리를 위배한 사실이 사라지는 것은 아니며, 적은 금액으로 인해 비난을 받을 수도 있다.

표 2-5 일반적인 문제 해결방법

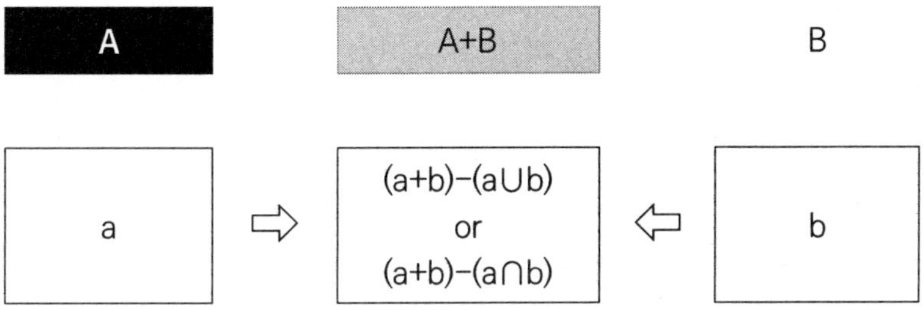

겐리히 알츠슐러는 이와 같은 상황을 물리적 모순이라고 정의내리고 이 모순을 해소하기 위한 방법을 고안해 내었다. 그것이 바로 '트리즈'법이며, 물리적 모순은 트리즈에서 정의내리고 잇는 모순 중에 한가지이다.

트리즈는 창의적 문제해결을 위한 이론으로 러시아어 'Teoriya Resheniya Izobreta telskih Zadach'의 약자이며, 영어로 TIPS(Theory of Inventive Problem Solving)라고도 불린다. 이는 겐리히 알트슐러가 러시아의 특서 심사관이었던 시절에 제안한 이론이다.

알트슐러는 그가 접했던 약 200만건의 특허들 중에서 너무나 뛰어난 상위 1%를 제외한 뒤, 나머지 특허들 중에 다시 특별할 것이 없이 지식의 단순 적용에 불과한 특허를 또 제외하였다. 남아있는 특허들은 각각이 새로운 아이디어를 가지고 있다고 생각되는 것들이었는데, 이들 수십만건을 분석한 결과, 모든 특허가 40가지 발명원리 중 하나를, 혹은 두세 개를 복합적으로 적용하여 만들어 졌음을 발견하였다.

(2) 트리즈의 기본요소

트리즈는 주어진 문제에 대해 가장 이상적인 결과를 정의하고, 그 결과를 얻는데 어쩔 수 없이 발생하게 되는 모순을 극복시킬 최적의 해결안을 얻는 방법이다. 이 기법을 이해하기 위해서는 두 가지 기본요소에 대해 알아야 한다.

① 이상적 최종 결과

문제해결의 상황에서 해결자는 가장 이상적인 해결안에서부터 문제를 접근할 경우, 심리적 부담감을 줄일 수 있을 뿐만 아니라 해결의 실마리를 발견할 수 있는 가능성이 커진다. 또한 포기해야 하는 부분에 대한 사고를 처음부터 배제함으로써 가장 이상적인 문제의 해결에 가까워진다. 저절로 해결되는, 문제자체가 사라지는, 시스템이나 기계는 없으나 기능은 존재하고 있는, 비용이 전혀 들지 않는 이러한 이상적인 해결책이 트리즈가 가지고 있는 목표이다.

② 모순

트리즈의 적용에 가장 큰 역할을 하는 것은 바로 모순이다. 알트슐러는 문제해결의 가장 중요한 공통점은 모순의 극복이라고 생각하고 이에 대해 집중적으로 연구를 하였다. 일반적으로 문제를 해결하기 위해

하나를 개선시키면, 상대적으로 다른 하나는 악화되는 성향을 갖는다. 트리즈는 이러한 모순을 두 가지로 분류하였는데 바로, 기술적 모순과 물리적 모순이다.

기술적 모순은 서로 다른 두 개가 충돌하여 모순을 일으키는 것으로, 문제를 해결하기 위해서 어느 한 부분을 개선시키면, 불가피하게 어느 한 부분은 악화되는 상태를 의미한다. 가령 자동차의 출력을 좋게 하면 연비가 떨어지거나, 연비를 좋게 하면 출력이 떨어지는 경우로 설명할 수 있다. 물리적모순은 두 가지의 요구사항이 정 반대의 상황에 놓여있는 것으로 트리즈는 이 정반대의 상황을 둘 다 만족시키는 방법으로 모순을 해결하고자 한다.

1) 기술적 모순 : 40가지 발명원리

알트슐러는 기술적 모순을 해결할 수 있는 40가지 발명원리를 도출하였는데 이는 트리즈를 실제로 적용하는 가장 빠른 방법으로 현장에서의 적용가능성과 효과면에서 매우 효율적이다.

40가지 발명원리는 기존의 특허를 분석하여 특허물품에 적용된 주요한 기법을 정리한 것이기 때문에 근거가 실증적이며, 문제해결의 아이디어를 찾는데 궁극적이면서도 직접적, 구체적이다. 때문에 일반적으로 독립해서 발명기법으로 사용되고 있으며, 다른 요소들과 결합하여 문제해결과정에 중요한 요소로 활용되고 있다. 더불어 40가지 발명원지 적용에 다양한 자원의 활용과, 이상성 향상을 위한 진화과정은 체계적이고 순차적이면서도 효과 높은 문제해결 과정을 돕는 조력자 역할을 한다. 트리즈의 40가지 발명원리는 다음과 같다.

① 분할
   ㉮ 한 요소를 나누고 쪼개고 세분화하여 독립적인 여러 부분으로 나눔
   ㉯ 요소를 구획화하고, 분할 정도를 더욱 높임

② 추출
   ㉮ 필요한 요소, 특성만 추출
   ㉯ 문제가 되는 요소의 추출

③ 부분적 품질
   ㉮ 전체 중 부분만 전환
   ㉯ 요소의 여러 부분들이 서로 다른 기능을 수행하도록 한다.
   ㉰ 각 부분을 최상의 조건이 되도록 배치

④ 비대칭
   ㉮ 대칭형을 비대칭형으로 전환
   ㉯ 비대칭형의 정도를 높임

⑤ 통합
   ㉮ 동일하거나 유사한 기능을 수행하는 요소들을 결합
   ㉯ 동일하거나 유사한 기능을 동시에 수행하도록 동작을 결합

⑥ 다용도
   ㉮ 하나의 요소가 서로 다른 다양한 용도로 사용될 수 있다.
   ㉯ 대체된 다른 요소는 제거될 수 있다.

⑦ 포개기

㉮ 한 요소에 다른 요소를 넣는다.

㉯ 한 요소가 다른 요소를 통과한다.

⑧ 상쇄

㉮ 들어 올리는 힘을 내는 다른 요소와 결합하여 무게를 상쇄

㉯ 공기역학적 힘이나 유체역학적 힘 이용

⑨ 사전 반대조치

㉮ 미리 요구되는 작용의 반대 작용을 수행

㉯ 너무 크거나 바람직하지 않은 응력의 상쇄를 위해 미리 반대의 힘을 가함

⑩ 사전조치

㉮ 미리 요구되는 작용의 수행

㉯ 즉각적인 작동을 위해 요소를 미리 최상의 상태로 두고 시간낭비를 줄임

⑪ 사전 예방조치 : 요소의 신뢰성가 낮을 경우 미리 준비된 비상수단으로 상쇄

⑫ 높이 맞추기 : 요소를 들어 올리거나 내릴 필요가 없이 상대방이 쉬운 작업조건으로 만들기

⑬ 역발상

㉮ 요구되는 작용을 반대로 해보기

㉯ 고정된 것은 움직이게, 움직이는 것은 고정되게

㉰ 요소를 돌리거나 뒤집어서 생각하기

⑭ 곡선화

㉮ 직선을 곡선으로, 평면을 곡면으로, 입체를 구체로 변환

㉯ 롤러, 볼, 나선형을 이용

㉰ 직선운동을 회전운동으로 전환

⑮ 역동성, 유연성

㉮ 외부환경을 변환시켜 부분마다 자유롭게 움직이기

㉯ 동력을 도해 상대적인 운동성을 증가시키며, 상대적 위치를 서로 바꿀 수 있는 요소들로 분할

⑯ 초과나 부족 : 원하는 것을 얻기 위해 비싼 대가를 지불하기보다는 지나치거나, 부족한 방법으로 해결한다.

⑰ 차원변화

㉮ 1차원에서 2차원, 3차원으로 전환

㉯ X, Y축으로 차원변화

㉰ 돌리거나 기울이거나 반대면을 이용

⑱ 진동

㉮ 진동을 이용하거나 진동수를 변화함

㉯ 진동 및 공진, 주파수의 변화

⑲ 주기적 조치

㉮ 지속적인 작용을 주기적으로 변화

㉯ 주파수의 변화

㉰ 작용과 작용사이의 터울을 활용

⑳ 유용한 조치지속

㉮ 지속적으로 유용한 작용 유지활동

㉯ 작용이 쉬지 않고 진행되도록 한다.

㉑ 빠르게 처리 : 유해한 작업은 빨리 진행하여 처리

㉒ 전화위복

㉮ 바람직한 효과를 얻기 위해서는 해로운 요소를 활용

㉯ 해로운 요소를 결합 또는 증폭을 통해 사라지게 한다.

㉓ 피드백

㉮ 피드백 도입

㉯ 이미 존재하는 피드백은 변화시킨다.

㉔ 매개체

㉮ 직접하지 않고 중간 매개물 이용

㉯ 쉽게 제거할 수 있는 요소를 임시로 연결

㉕ 셀프서비스

㉮ 스스로 보충 및 수리작업을 수행

㉯ 버리는 재료와 에너지의 활용

㉖ 복제

㉮ 이용이 불편한 요소는 값싼 복제품으로 대체

㉯ 요소를 광학이미지로 대체하여 이미지를 확대 및 축소시킨다.

㉗ 일회용품 : 값비싸고 수명이 긴 요소를 값싸고 수명이 짧은 것으로 대체하고 다른 특성(외관, 강도)들을 약화시킨다.

㉘ 기계시스템 대체

㉮ 기계시스템을 광학, 음향, 열, 후각 시스템으로 대체

㉯ 전자기장과 상호작용

㉙ 공기, 유압사용 : 고체를 액체나 기체로 대체하여 공기나 물을 사용하여 팽창성, 유동성 이용

㉚ 얇은 막

㉮ 구조물을 유연한 막이나 박막으로 대체

㉯ 유해환경에서 격리

㉛ 다공성물질

㉮ 미세한 구멍을 가진 물질 사용

㉯ 다공질일 경우 구멍을 미리 어떤 물질로 채움

㉜ 색깔변화

㉮ 물체나 환경의 색깔을 변화

㉯ 물체나 환경의 투명도를 변화

㉰ 발광추적자 또는 추적원자 활용

㉝ 동질성 : 상호작용하는 주변 물체는 동일한 또는 비슷한 재료 활용

㉞ 폐기 및 재생

㉮ 요소가 그 기능을 마치면 폐기하거나 작동도중에 개조

㉯ 이미 사용된 부분은 작동 중에 원위치

㉟ 속성변화

㉮ 물질의 속성을 변화시킨다.

㉯ 농도, 밀도, 온도, 부피, 유연성 등

㊱ 상전이

㉮ 상전이 현상 활용

㉯ 부피변화, 열발생·흡수, 자성, 정전기 등

㊲ 열팽창

㉮ 물질의 열팽창 원리 이용

㉯ 열팽창계수가 다른 여러 가지 재료 이용

㊳ 산화가속 : 산화 반응속도를 낮은 것에서 높은 것으로 전환

㊴ 불활성 환경

㉮ 정상적인 환경으로 비활성 환경으로 대체

㉯ 첨가제, 진공상태 활용

㊵ 복합재료 : 동일성의 재료를 복합재료로 대체

2) 물리적 모순 : 분리의 원리

① 시간에 의한 분리 : 상황을 시간에 따라 분리하여 그 시간에 가지고 있는 상태를 최적의 상태로 만든다.

② 공간에 의한 분리 : 공간을 분리하여 최상의 이득을 취할 수 있는 방법을 공간 별로 다르게 적용한다.

③ 전체와 부분에 의한 분리 : 원하는 요소가 한가지로 통합될 수 없는 상황에서 필요요소에 따라 조합하고 분리한다.

그렇다면 이제 앞서 말한 유대인상인의 이야기에 트리즈를 적용해 보도록 하자. 트리즈에는 '시간에 의한 분리'의 원칙이 있다.

새 성당을 짓는다는 것은 옛 성당을 허물고, 새 성당을 다시 짓는 두 단계로 이루어져 있다. 각각에서 모순이 어디에서 이루어지는 살펴보면, 성당을 허무는 과정에서 기부를 할 때, 종교적인 신념에도 위배되지 않고, 장사를 지속할 수도 있다. 현대 기술의 급격한 혁신 사례를 살펴보면, 모순을 타협하는 방식보다 모순을 극복하여 해소한 경우를 많이 볼 수 있다.

트리즈는 이러한 모순을 해소하는데 문제를 모델링하고, 구체화하여 유형별로 적합한 개념을 찾는데 체계적인 방법으로 적합한 도구이다. 특히 우수한 특허를 기반으로 해서, 다른 공학 분야까지 확대하서 쓰일 수 있는 공통문제의 해결방안이며, 현재와 같은 융복합 시대에 필수 불가결한 기법이라고 말할 수 있겠다.

[2.4] 5Why 기법

(1) 의문을 통한 아이디어 발상

아이디어 발상에 가장 큰 풀무질을 하는 인간의 사고는 '왜 ?'일 것이다. '왜 ?'라는 의문이 들었을 때 우리는 그것을 문제라고 인식하고 해결해 나가고자 하기 때문이다. 5Why기법은 바로 이 '왜 ?'라는 의문을 가지고 문제를 해결해 나가는 아이디어 발상법이다.

5Why기법은 W-W(Why-Why) 분석이라고도 불리며, 발견된 문제점의 원인을 근원적으로 해결하기 위하여 최소한 다섯 가지의 "왜?"라는 질문을 반복적으로 던져 문제의 근본 원인을 찾아 해결해 나가는 실제적인 방법이다. 이때 마지막 Why 단계에서 개선방법(How)을 검토하는 것이므로 5W1H라고도 부른다. 이는 보통 문제와 이상발생에 대한 근본 원인을 밝혀내고 해결하기 위한 방법으로 5W1H 전용시트를 사용하여 관련된 원인들을 단계적으로 밝혀내고 궁극적으로는 참 원인을 적출해 내어 문제의 근본을 개선한다.

(2) 5W1H 작성순서

5W1H Sheet 작성순서는 다음과 같다.

첫째, 표면에 나타난 문제를 포착해서 그대로 개선지적 사항으로 기입한다.

→ A부품의 재고가 있다.

둘째, 개선지적 사항에 "왜?"를 부가한다.

→ 왜 A부품의 재고가 있나?

셋째, 화살표를 그어서 아래의 Box에 옮기고 질문의 답으로 현상태를 기입한다.

→ 외주수입 부문이 여기에 놓였다.

넷째, 현상에 다시 "왜"를 부가한다. 상기의 형태로 Why5가 될 때까지 반복한다.

→ 왜, 외주수입 부문이 여기에 놓이게 되었나?

다섯째, 최후의 Why 5단계에서 개선방법(How)을 검토한다.

5W1H Sheet 작성순서를 확인하였으면 다음은 기록을 할 차례이다. 5W1H Sheet의 기입예시는 다음과 같다.

표 2-6 물리적 모순의 분리의 원리

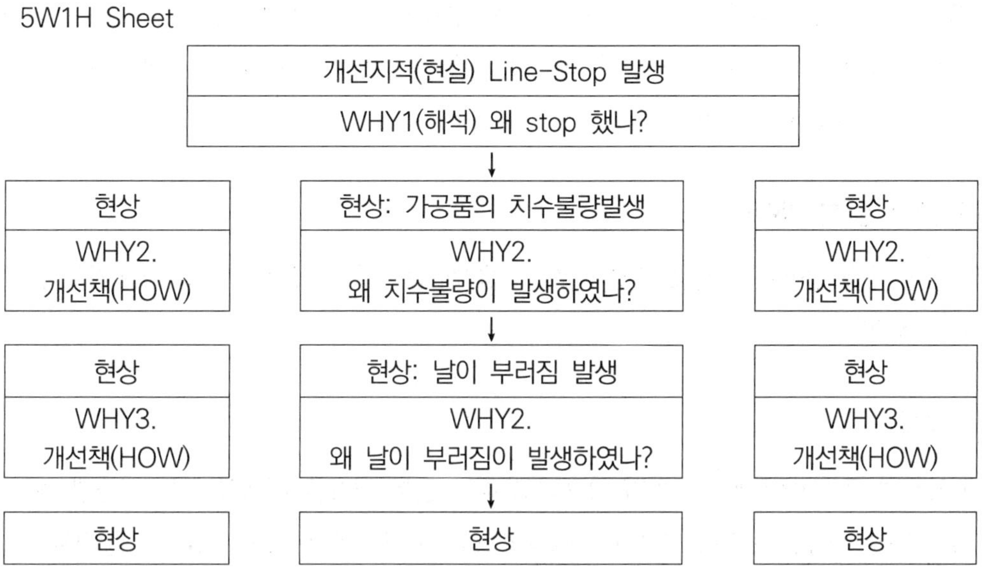

[3] 생활 속의 아이디어발상법

아이디어의 발상이 반드시 탁상공론을 통해 이루어지는 것만은 아니다. 우리가 일상에서 휴식을 즐기면서 내면의 성장과 함께 창의성을 증진시킬 수 있는 방법이 여러 가지가 있다. 다음은 그중 몇 가지를 소개하고자 한다.

[3.1] 묵상법

묵상이란 말없이 조용히 생각하거나, 말없이 마음속으로 기도를 드리는 것을 말한다. 흔히 기독교나 천주교에서 기도를 드릴 때 사용하는 말이지만, 일상생활에서도 조용히 생각함을 뜻하는 단어로 사용되고 있다. 그러나 동양에서 쓰이는 묵상의 뜻은 마음을 비우기 위한 노력이라는 의미를 특히 더 강하게 갖는다. 이는 반응력을 키우기 위해 좋은 방법이며, 적절한 자극에 책임감, 정서력 함양, 배려, 지식의 내면화를 가져올 수 있는 방법이다.

(1) 제1단계 : 관찰, 해석

글의 내용이 무엇을 말하고 있는지 관찰하고, 무엇을 의미하고 있는지를 해석하는 단계이다.

(2) 제2단계 : 보편적 교훈

제1단계의 관찰, 해석을 통해 얻은 결과를 가지고 언제, 어디서나 진리로 성립되는 보편적인 교훈(원리)을 만드는 단계이다.

(3) 제3단계 : 적용

제2단계의 보편적 교훈을 자신 또는 자신이 속한 공동체에 적용되는 문장으로 바꾸는 단계이다.

(4) 제4단계 : 묵상

묵상은 제3단계의 적용 문장에 자신을 비추어 보는 단계이다. 즉, 삶에 적용해야 하는 문장 앞에 자신의 마음, 생각, 언행, 습관 등을 비추어 보고 반성할 일, 재확인 할 일, 감사한 일, 경계해야 할 일, 결심할 일 등을 깊이 생각하며 기록하는 단계이다.

(5) 제5단계 : 실천 계획

제4단계의 묵상 내용 중에서 생활에 실천하겠다고 생각하는 사항을 선택하여 실천이 가능하도록 구체적으로 기록하는 단계이다.

[3.2] 탁상법

책상 위에 앉으면 구지 아무생각을 하지 않으려고 해도 온통 생각을 하게끔 하는 것들뿐이다. 탁상법이란 책상위에서 열거가지 자료를 보면서 연구하는 발상법으로, 아이디어 자료를 수집하고 분석하는 모든 과정이 이에 속한다. 자료를 토대로 새로운 아이디어를 만들어 내기위해 집중하고 연구하는 준비단계라고 볼 수 있다.

[3.3] 산책법

새로운 아이디어를 만들어내야 하지만, 많은 업무와 얽힌 일들로 머리가 정리되지 않을 때 주로 사용하는 방법이다. 산책을 통해 긴장을 풀고 머리를 맑게 한 상태에서 주변과 어우러지면 온통 아이디어의 원천이다. 정돈과, 다시 생각을 하기 위해 택하는 방법으로, 이 발상법을 통해서 영감을 떠올리는 경우가 많다.

[3.4] 침상법

의식하지 않은 상태에서 아이디어를 떠올리는 재미있는 방법이다. 침상법이라는 단어를 보면 문득 자기 전에 누워서, 혹은 편안한 자세로 아이디어를 이끌어낸다고 볼 수 있지만, 사실상 잠결에 있는 낮은 의식 상태에서 아이디어를 얻는 방법이다. 수면 중에 의식이 잠들었다 할지라도 무의식은 활발하게 활동하기 때문에 꿈을 꾸면서 아이디어를 떠올리는 경우도 많다.

[3.5] 화장실 발상법

낯선 이름을 가지고 있지만 이미 우리 생활에 익숙하게 행해지고 있는 발상법이다. 누구나 화장실에 앉아 있을 땐 나름의 생각에 잠긴다. 책을 보기도 하고, 신문을 읽기도 하며, 아침에 본 뉴스가 머릿속에서 맴돌기도 한다. 즉, 화장실에서 용변을 보면서 신문이나 잡지를 통해 아이디어를 얻는 방법을 측상법이라 한다.

[3.6] 워크법

워크법이란 단어에서부터 유희를 주는 발상법으로 일을 하면서 자신이 불편한 점을 깨달으며 이를 극복하기 위한 대안으로 아이디어를 얻는 방법이다. 현장에 있어서 자신의 업무를 불편하게 하는 모든 상황을 개선하고자 하는 생각들이 이 워크법에 속한다고 볼 수 있다.

[3.7] 취미 발상법

도락법이란 자신이 좋아하는 레포츠나 취미를 즐기면서 아이디어의 원동력으로 끌어들이는 방법이다. 본인이 가장 좋아하기 때문에 집중할 수 있으며 그만큼 많은 아이디어를 끌어올 수 있다. 또한 활동적인 상태에서 아이디어가 도출되기 때문에 재미있고 기발한 아이디어들이 많이 얻어지는 발상법이다.

[3.8] 공작법

공작법은 주로 기구나 제품, 재료 등의 새로운 물건을 만들어 낼 때 사용하는 연구기법이다. 물건을 만드는 과정에서 주로 공학적인 아이디어 도출이 이루어지며 아이디어가 현장에서 동시 다발적으로 실현되는 데에 의의가 있다.

실습보고서

20 년 월 일 요일 장소:

제 목			
확 인		성 명	

실습[문제]내용

작성순서

결과 및 결론

특기사항 및 소감

학습평가		지도교수	

02 아이디어 제안하기

[1] 아이디어 기획의 실전

앞서 살펴본 바와 같이 아이디어는 언제 어디에서나 항상 우리의 곁에 존재하고 있다. 하지만 우리는 이 아이디어의 발상을 현장에서 적용할 수 있는 방안에 대해 고민해야 할 것이다.

산업현장에서 제품을 연구하고, 기획하고, 제조하고, 판매하는 모든 순간에 혁신적인 아이디어가 필요하다. 그 아이디어들이 현장을 더 안전하게, 효율적으로, 인간중심적으로, 값싸게, 고품질의 상황으로 만들 것이다. 이제 아이디어의 실전에 대해 고민해보고자 한다. 우리에게 닥친 문제 상황 혹은 개선상황을 어떻게 해결해 나갈 것인가?

[1.1] 문제 상황에 직면하라

문제 상황은 우리 주변에 항상 존재한다. 한시라도 빨리 현장에 투입해야 하는데 작업복의 단추는 너무 많고, 운동화 끈은 자꾸 풀린다. 무거운 짐을 옮겨야 하는데 작업공간에서 창고로 이동하는 문턱이 너무 높다. 날씨는 더운데 작업복은 통풍이 되지 않고, 안전모는 무겁다. 우리는 이러한 상황에서 보통은 문제를 불평하고, 불만하며 어떻게 효율적으로 그나마 잘, 이 문제 상황을 넘어가느냐에 전전한다. 이러한 상황에서 단추를 빨리, 모자를 벗는, 물건을 잘 들어 올리는 방식으로 문제를 넘어가지만, 문제 상황은 사라지지 않기 때문에 결국 같은 상황이 되풀이된다.

우리는 이러한 문제 상황에 직면할 때, 그 문제를 제거, 해소, 해결할 수 있는 방법에 대해 떠올릴 수 있게 된다. 적응과 익숙해짐이 아니라, 왜? 어떻게? 라는 질문을 던지는 것이다. 왜? 라는 질문에서 단추가 아닌 지퍼가 나왔고, 어떻게? 라는 질문에서 문턱이 없는 출입구가 나오며, 이로 인해 삶은 더 편리해지고 윤택해졌다. 지금 당장의 업무가 바쁘고 내일 제출할 결재서류가 쌓여있어서 생각할 여유가 없는가? 화장실에서, 출근길에서, 밥을 먹으면서 나의 생활이 더 편리해질 수 있는 고민을 해보자.

[1.2] 문제해결 방법을 택하라

문제 상황에 직면했으면 이제 해결방법을 선택해야 한다. 앞서 말한 아이디어발상법은 극히 일부분일 뿐이지 이미 성문화된 이론으로만 해도 수도 없이 많다.

더불어 유명인의 이름을 딴 누구누구의 발상법, 회사이름을 딴 발상법, 출처도 없는 발상법 등 수많은 발상법이 쏟아져 나오고 있다. 이는 수많은 사람들이 직면하는 수많은 문제 상황을 단지 몇 가지 이론으로 해결할 수 없으면 이러한 상황은 끊임없이 새롭게 만들어지기 때문일 것이다.

그러나 가만히 살펴보면 그 이론들은 서로 닮은 구석이 있다. 진행과정에 따라, 혹은 문제 상황의 해결이냐, 새로운 의견의 수립이냐에 따라 몇 가지로 분류될 수는 있겠지만 결론적인 추구는 같으며 결국 두 세개가 조합되거나 빠지거나, 더해져서 만들어진 것이다. 즉, 나 또한 나만의 발상법을 만들어 낼 수 있다는 것이다. 우선 문제 상황에 대해 파악을 하고 어떠한 방법이 이 상황을 효과적으로 해결할 수 있을지 고민해야 한다. 새로운 것이 필요하다면 고든법이, 문제해결이 필요하다면 트리즈기법이 효율적일 것이다.

그러나 아이디어를 통해 도출되는 결론이 결코 한 가지 방법만으로는 진행될 수 없다. 구체화된 기법이 따로 진행되지 않을 뿐 그 과정에는 수많은 발상법이 섞여있기 때문이다. 때문에 어떤 이론을 어떠한 조합으로 만들어 문제를 해결할지에 대한 고민이 필요하다고 하겠다.

[1.3] 아이디어를 정리하라

필요에 의해서 목적을 가지고 아이디어 발상회의를 하게 되는 경우도 있지만 일상에서 쏟아져 나오는 아이디어들이 제품이 된 사례가 오히려 더 많다. 누구나 하루에도 수많은 문제 상황에 닥치면서 끊임없이 아이디어를 쏟아내고 있지만 실상 그 아이디어는 문제 상황을 돌아섬에 따라 허공으로 사라지고 만다.

나에게만 왔을지 모르는 번뜩이는 아이디어가 영화에서처럼 1등 로또복권용지를 갈매기가 물어가 버린 것처럼 사라지게 놔둘 것인가? 수첩과 펜을 준비하자. 이 수첩과 펜 또한 누군가에 의해 메모를 위해서 더 이동이 간편하게, 오래 쓰게, 뜯어지기 쉽게 만들어졌을 것이다. 그리고 그때그때 떠오른 아이디어를 정리하여 보자. 여기서 발상법을 통한 훈련이 앞서 있었다면 문제 상황의 직면부터 아이디어의 정리까지 모든 것이 실제 제품화가 될 수 있는 체계적인 모형으로 이루어질 것이다.

[1.4] 발표하라

아이디어는 나만이 꽁꽁 가지고 있다고 해서 그 효과가 발휘되는 것이 아니다.

앞서 말했듯이 아이디어는 나의 삶을 더 편리하고, 안전하고, 윤택하게 만들고 더불어 주변 사람들에게도 그 효과를 전파한다. 내가 만든 훌륭한 아이디어가 있다면 거침없이 발표하고 나누라. 꼭 수익을 내라는 것이 아니다. 아주 사소한 것에도 편리함을 발견하였다면 나누고, 그에 대한 인정이 자신의 자부심을 더 높이며 지속적인 아이디어 발상에 대한 동기부여도 될 것이다.

[1.5] 다시 시작하라

한 문제 상황에서 결코 한 가지 결론만 나오는 것이 아니다. 그러나 우리는 만족스러운 결론이 나오면 거기에서 생각을 그친다. 생각은 빙산과 같아서 아주 깊숙이까지 잠겨 있고, 그 내면은 상상할 수 없을 정도로 크고 넓다. 단지 우리가 어디까지 생각하고 활용하느냐에 달려있을 뿐이다. 만약 휴대폰이 '전화기를 들고 다닌다.'라는 생각에서 끝이 나고 만들어진 시제품에 만족했으면 지금의 스마트폰은 발견되지 않았을 것이다. 우산도 단지 비를 막는 데만 만족하고 생각을 그쳤으면 지금의 전자동 우산은 발견되지 않았을 것이다.

더구나 생각이란 하면 할수록 가속도가 붙어서 그 힘으로 높은 오르막을 보다 쉽게 오를 수 있게 한다. 끊임없이 고민하고 또 생각하라. 그러면 눈앞에 어떠한 문제의 산이 닥쳐도 누구보다 쉽게 오를 수 있을 것이다.

[2] 브레인스토밍의 실전

브레인스토밍은 아이디어 발상법 중의 하나로 문제의 근본원인을 찾고자 할 때, 문제의 해결책을 찾고자 할 때, 어떤 개선활동을 해야 할지를 결정할 때, 프로젝트의 각 단계에 대한 계획 수립시, 팀의 창조성을 촉진하려 할 때, 공정, 제품 및 서비스에 대한 개선방안을 찾으려 할 때, 팀의 참여를 통해 공정, 제품 및 서비스의 혁신을 도모할 때 주로 사용한다.

문제 상황에 직면하였을 때, 그 문제를 해결하여 새로운 결론을 도출할 수 있는 브레인스토밍 실전을 해보고자 한다.

[2.1] 사전준비

팀이 브레인스토밍을 수월하게 진행하기 위해서는 사전에 다음의 사항을 준비하여야 한다.

① 리더가 3~4일전에 팀원 전체에게 회의 일시, 장소, 목적을 알려 준다.

② 기록원은 2명으로 하여 신속히 나오는 아이디어에 대비한다.

③ 필기용구, 기록용지, 흑판 등 필요한 기재를 준비한다.

[2.2] 그룹선발

① 6~12명의 구성원으로 이루어지는 그룹을 선발한다. 이때 인원의 수가 너무 많으면 아이디어를 모두 수용하기 어렵기 때문에 12명을 초과하지 않는 것이 좋다.

② 각자 다른 분야에 관심사를 가진 사람들을 함께 참여시키면 보다 다양한 창의적인 의견을 도출할 수 있다.

[2.3] 리더와 서기 선발

그룹선발이 끝났으면, 브레인스토밍을 이끌 리더와 발언내용을 정확하게 기록할 서기를 선발한다. 이때, 모두가 기록된 발언내용을 볼 수 있도록, 화이트보드나 커다란 백지도 함께 준비하도록 한다. 브레인스토밍에서는 리더가 성패를 좌우한다고 해도 과언이 아닐 정도로 그 역할이 매우 중요하다.

(1) 리더가 수행해야 할 역할

① 리더는 기록원의 역할을 병행하기도 한다.

② 해결해야 할 문제를 잘 설명하고 브레인스토밍의 규칙을 이해시킨다.

③ 팀원이 문제에 집중하도록 독려한다.

④ 4가지 규칙이 잘 지켜지고 있는지 감독한다.

⑤ 아이디어 창출에 참여하지 않는다. 브레인스토밍의 결론에 큰 영향을 끼칠 수 있기 때문이다.

⑥ 아이디어가 지엽적으로 흐를 때 그 방향을 전환하도록 유도하여 여러 방면의 아이디어를 내도록 한다.

[2.4] 주제설정

주제는 구체적으로 설정한다.

예를 들어, '사내에서 절약하자'와 같은 포괄적인 주제가 아니라 '종이의 불필요한 사용을 줄이기 위해서 어떻게 해야 할 것인가'와 같이 설정한다.

[2.5] 발언과 기록

① 리더는 구성원의 발언과 결합개선을 유도하여 최대한 많은 아이디어를 수집하면서도 점차 높은 수준의 아이디어가 발현될 수 있도록 브레인스토밍을 진행한다.

② 참가자들은 브레인스토밍의 네 가지 규칙을 고려하며 발언하고, 리더는 참가자가 규칙을 잘 준수할 수 있도록 이끈다.

③ 서기는 모두가 알아볼 수 있는 핵심적인 내용으로 요약하여 정리한다.

④ 종이는 시각적 표현 가능성이 낮을 때에는 작은 종이에서, 시각적 표현 가능성이 높을 때에는 큰 종이에서 높은 아이디어도출 효과가 나타나며, 초기단계에는 작은 종이가, 후기단계에는 큰 종이가 더 유용하게 쓰이므로 상황에 따른 기록지도 고려해야 할 것이다.

[2.6] 평가

아이디어가 충분히 나왔으면 휴식 뒤에 아이디어에 대한 평가를 실시한다.

브레인스토밍은 많은 수의 다양한 아이디어를 얻는 방법으로 자주 사용되어 왔으나 몇 가지 문제점을 가지고 있다. 우선 참가자들이 자신의 아이디어를 인정해주지 않을지도 모른다는 두려움 때문에 남이 듣는데서 자신의 생각이나 의견을 표현하기 꺼려할 수 있다. 또한 동료가 아닌 상관이 있는 자리에서 자신의 의견을 자유롭게 표출하기를 어려워할 수도 있다.

또한 한 두 사람의 적극적인 영향력이 참가자 전체에 미쳐지면 자유로운 브레인스토밍은 어려워진다. 때문에 원활한 브레인스토밍 진행을 위해서는 리더의 경중과 완급의 조절 역할이 매우 중요하다고 할 수 있다.

[2.7] 브레인스토밍의 현장적용

(1) 브레인스토밍 진행확인 실습지

단계	진행 내용	
1	언제, 어디서, 어떻게 진행할 것인가?	
2	참가자는 어떻게 구성할 것인가?	
3	브레인스토밍 진행에 적합한 리더와 서기는 누구인가?	
4	주제는 구체적인가?	
5	네 가지 규칙을 잘 준수하고 있는가?	
6	실용적인가? 획기적인가? 효율이 높은가? 상품성이 있는가?	

(2) 브레인스토밍 과정실습

브레인스토밍 기록지 예시

이 름		임메아리	학 과	자동차과
조	조 이 름	어울림		
	조 원	그래픽 디자인과 김도진, 산업경영과 임태산, 전기제어과 최윤, 전자통신과 서이수		
	조원선정 이유	다양한 분야의 전공자를 통해 폭넓은 아이디어 도출을 위함		
리 더		김도진	서 기	임메아리

주 제	MP3 Player
논 점	20대 여성을 타깃으로 한 MP3 Player개발

⇩

자유기술			
①	음질이 좋은,	⑪	TV시청이 가능한
②	작고 귀여운,	⑫	조작이 간편한 시스템
③	심플한 디자인,	⑬	다양한 기능을 가진
④	저장 공간이 큰,	⑭	유니크한
⑤	화면이 큰,	⑮	유행을 타지 않는
⑥	저렴한,	⑯	악세사리 같은
⑦	가벼운,	⑰	로딩시간이 짧은
⑧	휴대가 용이한,	⑱	고급스러운 재질의
⑨	배터리가 오래가는	⑲	튼튼한
⑩	동영상 재생이 가능한	⑳	동영상변환이 필요 없는

⇩

단어를 그룹화 하기

사람(작업자)	기계	재료	방법(환경)
조작이 간편한 시스템 심플한 디자인 다양한 기능을 가진	음질이 좋은 저장 공간이 큰 배터리가 오래가는 동영상 재생 TV 시청이 가능한 로딩시간이 짧은	저렴한 가벼운 악세사리같은 고급스러운 재질의 튼튼한	작고 귀여운 화면이 큰 유행을 타지 않는 휴대가 용이한 유니크 한

⇩

핵심요약정리

- 다양한 기능을 가지고 있으면서도 조작이 간편한 소프트웨어
- 작고 귀여우면서, 유행을 타지 않고, 휴대가 용이한 외관
- 가벼우면서 가격이 저렴한 재질
- 음질이 우수하고, 저장 공간이 크며, 배터리가 오래가고, 다양한 기능을 실행할 수 있는 기계설비

⇩

우수 아이디어 선정

- 다양한 기능을 가지고 있으면서도 조작이 간편한 소프트웨어
- 음질이 우수하고, 저장 공간이 크며, 배터리가 오래가고, 다양한 기능을 실행할 수 있는 기계설비

⇩

평가

- 가격을 낮출 수 있는 방법을 재료적인 측면으로 한정하였음
- 투입자원 및 해결방안이 중복되는 의견이 많았음

⇩

발표

(2) 브레인스토밍 연습하기

<table>
<tr><td>이 름</td><td colspan="2"></td><td>학 과</td><td></td></tr>
<tr><td rowspan="3">조</td><td>조 이 름</td><td colspan="3"></td></tr>
<tr><td>조 원</td><td colspan="3"></td></tr>
<tr><td>조원선정 이유</td><td colspan="3"></td></tr>
<tr><td colspan="2">리 더</td><td></td><td>서 기</td><td></td></tr>
</table>

주 제	
논 점	

⇩

자유기술	
①	⑪
②	⑫
③	⑬
④	⑭
⑤	⑮
⑥	⑯
⑦	⑰
⑧	⑱
⑨	⑲
⑩	⑳

⇩

단어를 그룹화 하기			
사람(작업자)	기계	재료	방법(환경)

⇩

핵심요약정리

⇩

우수 아이디어 선정

⇩

평가

⇩

발표

실습보고서

20 년 월 일 요일 장소:

제 목			
확 인		성 명	

실습[문제]내용

작성순서

결과 및 결론

특기사항 및 소감

학습평가		지도교수	

03 아이디어발상법의 사례

[1] 아이디어에 관한 것이라면 무엇이든 시도

스마트폰이란 그 이름만으로도 기계의 결함이라든가 서비스의 부족으로 그 역할을 다 해내지 못하면서도 기계에 불편함을 느끼는 사람을 '스마트하지 않은 사람'으로 만드는 얄미운 물건이다. 그러면서도 어느덧 모든 사람들의 손에 스마트폰이 들려져 있고, 이 기계가 주는 혜택에 익숙해졌으며 오히려 이 기계를 가지고 있지 않으면 이상해지는 시대가 왔다. 실은 휴대폰을 장만하려고 할 때, 이것이 아니면 다른 대안이 없는 시대가 왔다고 해도 과언은 아닐 것이다.

우리에게 이토록 깊이 자리 잡은 스마트폰. 스마트폰을 떠올리면 누구든지 '아이폰'을 배제하지는 못할 것이다. 스마트폰계의 선도이자 수많은 추종자를 이끄는 아이폰. 이 아이폰의 창시자가 바로 스티브 잡스라는 것 또한 아무도 모르는 자가 없을 것이다. 창조적인 경영과 제품 개발로 일대 변혁을 일으킨 혁명가 스티브잡스. 세계 최초의 PC '애플', 최초의 3D 디지털 애니메이션 '토이스토리, MP3 플레이어 'iPod' , 온라인 음악서비스 'iTunes' 그가 남기고 간 종적은 창조를 넘어선 세상을 뒤흔드는 혁신이었다.

어찌보면 그는 단순히 제품을 개발하고 파는 사업가가 아니라 생활방식과 문화를 바꾼 디지털 혁명가라고 볼 수 있다. 돈을 벌기 위해 일거리를 찾아 헤매던 중 애터리라는 회사의 비디오 게임 프로그래머가 되었다. 이때 '홈브루 컴퓨터클럽'이라는 아마추어 컴퓨터 모임에 참가하게 되는데 그것이 그에게 컴퓨터사업의 시초를 이끈 계기였을 것이다.

이후 워즈니악과 함께 부모님의 창고에서 '애플'을 위한 작업을 시작했다. 방하나 크기만 한 컴퓨터가 보통이던 당시, 최초로 개인용 컴퓨터 '애플Ⅱ'을 출시했다. 그때가 1977년도였고, 개인용 컴퓨터 시장은 급성장했으며 1980년 애플은 10억 달러의 매출과, 15%의 시장 점유율을 차지했다. 물론 몇 번의 좌절도 있었지만 결국, 애플의 임시 CEO로 다시 자리를 잡았고 세상을 뒤흔든 신제품을 iMAC을 발표하였다. 스티브잡스가 이토록 남다른 아이디어로 매체시장을 이끈 이유는 무엇이었을까? 그의 아이디어철학을 살펴보면 다음과 같다.

(1) 정보를 수집하기 위해 노력하여라

스티브잡스는 정보를 얻는 일을 매우 중요하게 생각했다. 다양한 방면에서 정보를 수집하고, 그 정보를 정보가 충분하고 이해하고 나면, 섣불리 추정하여 결론을 내리거나, 문제를 직감으로 해결하여 일을 그르치는 상황이 줄어들기 때문이다.

또한, 아이디어에 관한 것이라면 무엇이든 시도하며, 아이디어의 출처를 제한하지 말 것이며, 도용하는 일도 부끄러워하지 말라고 하였다. 이는 다른 사람의 만들어낸 훌륭한 아이디어를 배움으로써 더 좋은 아이디어를 만들어 낼 수 있기 때문이며, 그러한 좋은 아이디어는 사람을 가리지 않음을 강조하고 있음을 보여준다.

아이팟의 스크롤 휠은 마케팅책임자인 필 실러의 아이디어였다. 아마 다른 기업이었다면 마케팅직원을 아이디어 회의에 들이지 않았을 것이다. 이처럼 모두가 가능성을 가지고 있음을 믿기에, 끊임없이 새로운 아이디어를 시도하라는 당부도 잊지 않았다. 공부 또한 정보를 수집하는 한 방법으로서, 예술, 건축, 디자인 등 다방면의 공부를 통해 사고를 응용하고 현장에 적용함을 항상 강조하였다.

(2) 창의적으로 생각하라

스티브잡스의 철학 키워드는 혁신이다. 음악파일을 다운로드 하는 '디지털 음악시대'를 열었고, 기술과 감성을 결합하였으며, 소프트웨어와 하드웨어를 아우르는 '상업융합'의 시대를 열었다. 이는 모두 스티븐잡스가 항상 창의적으로 사고하고자 하였기 때문에 가능한 일이었다. 그는 창의적인 것은 그저 이용 가능한 기술을 끊임없이 주시하여 여러 가지 요소를 연결하는 것뿐이며, 이를 통해 새로운 것을 얻을 수 있다고 하였다.

그러나 아무리 어려운 문제도 결국 해결할 수 있을 것이라는 생각으로 불가능해 보이는 것을 고집한 그의 사고는 이미 창조와 혁신의 기본이었다고 본다. 그럼에도 그는 억지로 무언가를 만들어 내려고 하지는 않았다. 다만 디자인의 프로세스에서 친근함이 자연스럽게 도출되도록 할 뿐이었다.

(3) 간결함이 결국 완벽하다.

스티브잡스의 간결함은 이미 많이 다루어진 내용이다.

복잡한 부가설명을 없애고, 스스로가 설정한 초점에 몰두하며, 이를 위해서는 다른 것을 거부할 줄 알았던 그의 단호한 행보가 있었기에 지금의 애플이 있을 수 있었다.

(4) 스스로 생각하라

스티브잡스는 직원들에게 스스로 생각하고 의견을 선택하기를 고집했다. 또한 적절한 것을 고르기 위해 개발 중인 제품을 늘 여러 가지로 변형시키도록 요구하였으며, 그 대안 중에 가장 좋은 것을 선택하는 작업을 시켰다.

고질적이고 편협한 오랜 전통은 버리고 유연한 생각으로 애플을 이끌었으며, 이는 직원 모두가 애플의 주인으로서 아이디어를 만들어 낼 수 있는 원천이 되었다.

[2] 단어 조합법의 사례

미국의 시사주간지 'TIME'에서 멀티미디어 사업의 나폴레옹으로 평가받기도 했던 재일동포 사업가인 손정의 회장은 남다른 끈기를 가지고 있으며, 독특한 아이디어 발상 훈련을 한 것으로 유명하다. 그의 아버지는 어렸을 때부터 손정의에게 천재라는 세뇌를 시켰고, 그런 주문이 17세 때 미국에 건너간 뒤 19세가 되면서 날마다 한 가지씩 발명하려는 결심의 기반이 되었으며, 지금의 소프트뱅크의 회장까지 오르게 해주었다. 그가 젊은 나이에 일본 최고의 부자이면서 가장 존경받는 인물이자, 높은 자리에 오를 수 있었던 아이디어 발상법은 무엇이었을까?

그는 기업 M&A의 귀재라는 유명세에 어울리는 독특한 발상법으로 창조성을 자극하는 방식을 채택하고 있다. 300개의 낱말로 카드를 만들고 그 중 3장씩을 뽑아 새로운 합성어 100개를 만들어 내고, 각 합성어에서 아이디어를 다시 떠올리고, 그 아이디어를 상품화할 경우 소요되는 비용이나 참신성, 아이디어에 대한 자신의 지식수준을 점수로 나타낸 뒤 합계가 높은 것부터 선택하는 방식을 사용한다. 다시 말하자면 그의 창의적 발상 훈련은 세 가지의 이질적인 요소를 서로 연결시키고 결합하여 새로운 결과물을 만들어 내는 것이다.

그렇게 탄생한 것이 바로

'TV + 냉장고'

'말 + 책'

등이며, 서로 이질적인 요소를 부드럽게 연결하기 위한 단어를 조합하면

'TV(가 달린)냉장고'

'말(하는)책'

과 같이 새로운 아이템을 자극하는 것도 가능하다.

> **참고 손정의 아이디어발상법**
> ① 수첩을 두 개 준비함
> ② 수첩마다 생각나는 단어를 아무렇게나 100개씩 적음(한장에 단어 한 개)
> ③ 두 수첩을 아무렇게 넘겨서 두 단어를 조합함
> ④ 이에 의해 TV가 달린 냉장고, 말하는 책과 같은 새로운 것을 생성함.

이런 우연성에 의해 선택된 이질적인 요소를 연결하고 통합하는 과정은 창의력을 향상시키는데 매우 중요한 방법이다. 사람의 뇌는 항상 생각했던 습관대로 생각한다. '집' 떠올리면, 가족, 잠자리, 휴식 등 이와 같이 연관된 것들이 연결되어 떠오른다. 이런 경향에 의해 생각이 갇히고 고정관념이 만들어진다.

그러나 아무 연관이 없을 것 같은 두 단어를 같이 보고 연결해야 하는 상황이 오면, 뇌는 두 단어를 연결하려고 빠르고, 복잡하게 돌아간다. 그로인해 처음에는 연관이 없어보이던 두 단어가 연결하면서 제3의 아이디어가 떠오르는 것이다. 이러한 훈련이 반복되면 처음에는 어색하고 조화가 잘되지 않지만 익숙해지는 이후에는 무려 1년에 250개의 실용실안을 발명해내는 저력을 발휘하는 것이다.

노트북은 '책 + 컴퓨터'의 결합이고, 뉴튼의 만유인력의 법칙은 '우주 + 떨어지는 사과'의 결합이다. 〈천재처럼 생각하기〉라는 책을 보면, 천재는 머리가 좋은 사람이 아니라 상반된 두 개념을 하나로 잘 만드는 사람이라고 한다. 즉, 남들이 전혀 생각지도 못했던 두 가지를 결합해서 제3의 아이디어를 만드는 사람이 천재다.

이러한 방법은 다다이스트들의 작업과 콘셉트에서도 나타난다. 다다이스트 시인인 트리스탄차라는 '다다이스트의 시를 위한 처방'에서 우연을 통한 작시법을 시로서 설명하였다. 시는 다음과 같다.

'신문을 주워들어라. 가위를 들고,
시를 지으려고 계획하고 있는 기사를 선택하라.
그것을 가위로 오려 내라.
오려 낸 각각의 단어들을 봉지에 넣고 마구 흔들어 섞어라.
그리고 하나하나 봉지에서 꺼내고 꺼내진 순서대로 단어들을 옮겨 적어라'

CHAPTER 03

현장개선 관리

01 문제인식의 의미

[1] 현장에서의 문제인식

알버트 아인슈타인은 똑같은 일을 반복하면서 다른 결과를 기대하는 것은 미친 짓이라고 말했다. 어제와 같은 오늘을 반복해서는 경쟁자들보다 우위에 설 수 없으며, 경쟁이 치열한 사회에서 조직을 이끌어 나가기 위해서는 지속적인 발전을 필요로 한다. 지속은 똑같은 일의 반복이 아닌 유지와 개선을 바탕으로 목표를 향해 나아가는 것이다. 어제보다 오늘, 오늘보다 내일의 작은 개선이 거듭 축적되면 그 기업에게는 모방할 수 없는 경쟁력이 생긴다.

한 기업이 전년과 같은 실적과 수익을 목표로 한다면 그 기업은 시장에서 곧 사라질 수밖에 없다. 작업자의 인건비와 재료의 단가는 상승하고 기계는 시간이 지날수록 노후화될 것이며, 새로운 제품을 개발할 여분의 돈도 남아있지 않게 되기 때문이다. 이를 해결하기 위해서는 지속을 저해하는 요인을 발견하여 개선해야 하며, 개선된 결과를 정확히 파악하여 다음번에 같은 문제가 생겼을 때 올바르게 대처할 수 있어야 한다. 기업이 개선을 하기 위한 출발은 문제의식을 가지고 인식하는 것에서부터 시작되며, 문제인식의 출발은 기업의 현 상태를 명확히 이해하여 현재의 문제가 제기되어야 하는 상황파악이다. 문제는 보통의 경우 잘 드러나지 않으며 정확히 어떤 부분인지 파악하는 것은 쉽지 않다. 또한 문제가 있다고 느끼면서도 각각의 업무를 수행해야 하기 때문에 문제를 파악할 시간적 여유가 많지 않다.

그러나 문제를 파악하는 것은 현 업무의 개선을 위한 활동이 포함되는 것이므로 꼭 필요하다. 문제를 해결하기 위해서는 어떠한 단계를 거쳐야할까 ? 앞서 말한 문제의식을 바탕으로 문제를 찾는 것이 첫 번째 단계로 정확한 문제발견은 문제해결을 위한 제일 중요한 단계이므로 현 상태를 파악하는 것이 급선무이다. 그 다음단계는 파악된 문제의 성질을 파악하는 것으로 어떠한 인과관계가 있으며, 각각의 문제가 어떤 결과를 만들어내고 있는지에 집중하여 파악해보아야 한다.

마지막 단계는 문제해결을 위한 방안을 도출하는 단계이다. 파악된 문제 중 가장 큰 비중을 차지하고 있는 문제부터 해결할 수 있도록 개선안을 수립하여야 하며, 파악된 다른 문제들도 함께 해결하는 방안을 찾아야 한다. 또한 수립된 방안은 실행을 통해 실제로 해결이 되었는지 혹은 그렇지 않은지 유효성을 파악해야 할 것이다.

각각의 단계는 어느 하나 뛰어넘을 수 없을 만큼 중요하므로 꼭 단계를 지켜 시행해야 하며, 문제파악이나 요인분석, 유효성 파악을 위한 도구들을 적절히 사용하면 문제를 보다 쉽고 효과적으로 해결할 수 있을 것이다. 문제해결은 조직 구성원들로부터 그 힘이 나온다.

각 구성원들은 본인의 업무에서 안정화를 도모하고 품질이 일정한 수준으로 유지되는 활동과 현 상태보다 더 나은 작업환경과 품질을 개선하는 활동을 지속적으로 해야 한다. 또한 모든 근거는 수치화된 데이터로 관리하여 객관적으로 판단할 수 있도록 하며, 업무를 표준화시켜 항상 일정한 품질과 관리가 이루어질 수 있도록 한다. 수치화된 데이터는 한번으로는 의미가 없겠지만 계속해서 관리하다 보면 그 기업의 문제점과 현 상태를 한 눈에 파악할 수 있는 중요한 자료가 되므로, 데이터 수집은 수집으로 끝나는 것이 아니라 분석하여 문제요인이 재발하지 않도록 방지하기 위한 기초로 삼아야 한다.

구성원의 협조와 주인의식은 문제를 해결하는데 있어 중요한 열쇠가 될 것이며, 구성원의 개선의욕이 높을 때 조직은 더 활기를 띨 수 있다. 이를 위해서는 구성원에게 주인의식을 심어줄 수 있도록 해야 한다. 소속감과 사명감은 구성원으로 하여금 더 열심히 일할 수 있는 원동력이 되며, 스스로 조직을 위해 더 기여할 부분을 찾는 능동적인 근로자가 되게 한다. 또한 타사의 우수모델을 탐독하여 우리기업에 적용해 볼 수 있는 방법들을 찾아보아야 할 것이다.

우리기업이 강한 부분이 있는 만큼 약한 부분도 있을 것이다. 마케팅이나 디자인 등 타사가 가지고 있는 강점을 찾아 벤치마킹하여 우리기업의 취약한 부분을 보완하고 그 유효성을 파악하여 기업이 나아가야 할 방향을 정해야 할 것이다. 이렇듯 문제해결을 위한 방법은 기업이 정주하지 않고 발전할 수 있도록 도와줄 수 있다.

그러나 각 기업의 처한 상황과 운영형태가 다양하므로 발견 및 해결방법이 다 같을 수는 없으므로 여러 가지 문제개선 기법소개를 통해 각 기업이 적용할 수 있는 방법들을 알아보고자 한다.

02 문제해결 단계

현장 문제해결을 성공적으로 추진하기 위해서는 최고 경영자의 강한 의지와 실천을 바탕으로, 모든 구성원이 의식과 행동의 변화 속에 적극 동참하여 문제해결 활동을 지속적으로 추진해야 함은 두말할 나위가 없지만 무엇보다도 중요한 것은 사전준비로부터 완료시까지 현장문제 해결 6단계에 맞추어 각 단계별로 적절한 추진 기법을 활용해 가면서 체계적으로 추진하여야 한다.

[1] 현장 문제해결의 의미

현장 문제해결은 SINGLE으로 표현되며 범위선정(Scope), 현상파악(Illumination), 원인분석(Nonconformity analysis), 목표설정(Goal), 개선(Level up), 평가(Evaluation)를 뜻하는 것으로서 현장문제 해결 및 품질혁신 활동을 성공적으로 추진하기 위한 단계별 절차를 의미하는데 이 6단계의 주된 내용은 다음과 같다.

[1.1] 범위선정(S : Scope)

추진조직을 구성하고 모기업의 납품 품질에 결정적인 영향을 미치는 요소 CTQ(Critical to Quality)를 규명하여 적절한 개선프로젝트를 선정한다.

[1.2] 현상파악(I : Illumination)

현재 발생하는 품질상의 문제를 파악하고 공정을 조사하여 반응변수를 규명한다. 또한 측정시스템을 분석함으로써 데이터의 신뢰성을 확보한다.

[1.3] 원인분석(N : Nonconformity analysis)

현상파악 단계에서 규명된 반응변수가 언제, 어디서, 어떻게, 왜 발생하였는지 통계적인 도구를 사용하여 구체적으로 원인을 조사 · 분석한다.

[1.4] 목표설정(G : Goal)

자사의 현재 품질수준을 파악하고 타사와의 벤치마킹으로 적절한 목표를 설정하며 또한 예상되는 기대효과를 추정한다.

[1.5] 개선(L : Level up)

원인분석 단계에서 규명된 핵심요인에 대해 3차원적 개선대책을 수립하고 실시함으로써 목표설정 단계에서 정한 목표를 달성해 내고 또한 이를 평가한 후 개선효과가 지속적으로 유지될 수 있도록 표준화를 실시한다.

[1.6] 평가(E : Evaluation)

개선된 품질수준을 어떻게 유지할 것인가에 대해 지속적으로 모니터링하고 전체 개선프로젝트 및 품질시스템을 평가하여 Single PPM 추진 완료여부를 판정한다.

[2] 현장 문제해결 활동의 추진절차

현장문제 해결 및 품질혁신활동을 지속적으로 추진하기 위해서는 그림 3-1에 따라 추진하면 좋을 것이다. 즉, 6번째 평가(E)단계에서 추진 실적을 평가한 후, 그 결과가 만족스러우면 공정품질 혹은 완제품의 품질수준을 한 단계 더 높여 목표를 설정하고 개선활동을 전개하거나 또는 현재의 인증품목 외에 다른 품목으로 확대하여 인증품목을 늘려 나가도록 한다.

그러나 평가결과가 만족스럽지 못한 경우에는 기존의 개선대책을 검토해서 미비한 부분을 수정 보완하여 다시 개선활동을 전개하도록 하며 아래 표와 같다.

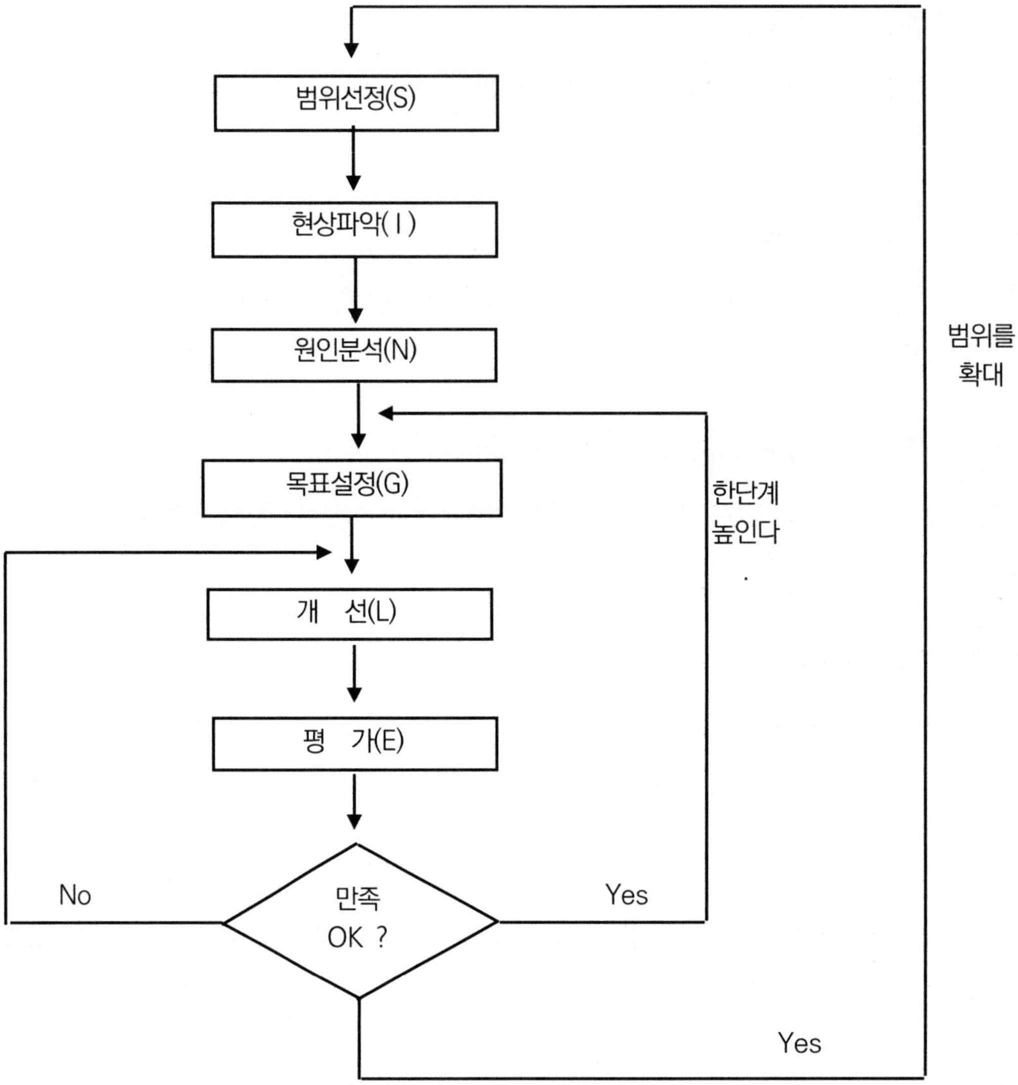

표 3-1 문제해결 및 품질혁신활동 추진절차

그림 3-1 단계별 세부 추진내용

순서	단계명	세부 추진내용	적용 기법
1	범위선정 S단계	• 분위기 조성 • 추진조직 구성 및 발대식 • 업무분장 • 교육 및 홍보 • 품질회의체 운영 • 품질정보의 전산화 추진 • 추진 대상품목 선정 • CTQ 규명 • 개선 프로젝트 선정 • Master Plan 작성 • 현장 청결화 • 설비의 효율개선	• 그래프 • 매트릭스도 • 3정 5S활동 • TPM활동

순서	단계명	세부 추진내용	적용 기법
2	현상파악 I단계 (Illumination)	• 불량유형 분석 • 요구품질 파악 • 개선항목 설정 • 공정 현상조사 - 불량품 · 양품 비교분석 - 타사제품 벤치마킹 - Q-cost 분석 • 측정시스템분석	• 파레토도 • 그래프 • 품질기능 전개(QFD) • 관리도 • 벤치마킹 • Q-cost 분석 • % R&R
3	원인분석 N단계 (Nonconformity Analysis)	• 원인분석용 데이터 수집 • 원인분석 - 변동요인 추출 - 핵심요인 결정	• 파레토도 특성 요인도, 히스토그램, 산점도, 층별, 체크시트, 관리도, 그래프 • 연관도, 계통도, 친화도, 매트릭스도 • 검정, 추정, 상관회귀 분석, 실험 계획법 • FMEA, QC공정도
4	목표설정 G단계 (Goal)	• 개선단계 설정 • 단계별 목표치 설정(PPM) • 현황판 부착	• 벤치마킹 • 그래프
5	개선 L단계 (Level-up)	• 품질문제 해결을 위한 개선 대책 수립 - 3차원 대책 수립 - 개선대책안 평가 및 확정 - 세부 일정계획 수립 • 개선대책 실시 - 개선 실시 - 진척관리 • 평가 - 평가 및 보완 - 개선 실적관리 • 표준화 - 기술표준 - 관리표준	• Fool Proof(3차원 대책) • PDPC법, 애로우 다이어그램 • 그래프, 관리도 • 검정, 추정, 상관회귀 분석, 실험계획법 • 파레토도, 특성 요인도, 체크시트 • 연관도, 매트릭스도 • QC공정도
6	평가 E단계 (Evaluation)	• 완료 평가 - 자체 평가 및 조치 - 모기업 평가 - 성과 발표회 - Single PPM 인증 신청 • 사후관리 - 품질유지 및 공정능력 확보 - 산포감소 및 지속적인 개선 • 확산 전개 - 단계별 수평 전개 - 전품목으로의 확산 전개	• 그래프, 관리도, 체크시트 • 공정능력지수(Cp, Cpk) • % R&R

실습보고서

20 년 월 일 요일 장소:

제 목			
확 인		성 명	

실습[문제]내용

작성순서

결과 및 결론

특기사항 및 소감

학습평가		지도교수	

03 문제해결 추진방법

[1] 제품과 작품의 차이

품질을 관리해야 하는 논리적 단계를 설명하기 위해서 기업 활동의 결과로 생산되는 제품과 개인의 창작활동의 결과로 완성되는 작품과의 차이를 살펴보기로 한다.

① 제품의 품질설계는 고객의 요구에 의해서 기획되고 설계된다. 철저하게 고객지향이지 못하면 품질경쟁력은 기대하기 어렵다. 이에 비해서 작품의 제작 동기나 기준은 작가의 감정이나 양심에 의해서 결정된다.

② 제품의 품질은 일정한 수준에서 균일해야 한다. 일정한 수준이란 고객이 요구하는 수준을 말하며, 균일해야 한다는 것은 산포의 크기가 작아야 한다는 뜻이다. 산포의 크기가 설계품질 기준보다 벗어나면 불량품이 된다. 양품이라도 산포가 작고 균일할수록 산포 손실이 적어지고 경제적이다.

③ 제품의 생산단계에서는 관련 표준의 준수에 강제성과 구속력을 가진다. 따라서 강제성과 구속력이 있어도 잘 지켜질 수 있는 표준이 설정되어야 한다. 그러나 작품 활동은 작가의 생각과 판단에 따라 필요한 표준이 설정되고 그 준수 여부도 작가 자신에 의해 결정된다.

④ 제품의 생산수단은 연속적이고 반복적이다. 단 1회 또는 1개의 제품을 생산하기 위한 생산계획은 있을 수 없다. 반면에 작품을 완성해 가는 과정은 똑같은 방법으로 연속적으로 이루어지는 것도 아니고 반복해서 동일한 작품을 계속 만드는 것도 아니다. 하나의 작품이 우수하다고 해서 똑같이 복사한다던가 양산해 낸다면 이것은 작품이라고 할 수 없다.

그러나 한 개의 우수한 제품을 시험 생산하고 만일 이것을 사진 찍듯이 똑같이 복사해 낼 수 있는 기술이 있다면 이 기술은 세계최고의 기술이 될 것이다.

⑤ 제품생산에 관련된 사람들의 마음은 객관적으로 설정된 표준을 지키는 것이 우선이며 개인의 판단기준이나 이른바 혼(魂)을 담는 것은 아니다. 반면 작품은 작가의 혼이 담겨지지 않으면 작품으로서의 가치를 상실하게 된다.

⑥ 제품의 품질이 어떠한가에 대한 판단은 생산자가 아닌 고객이 한다. 아무리 좋은 품질의 상품이라고 해도 고객이 좋지 않다고 판단하면 그것은 좋은 상품이 아니다. 그러나 작품은 작가의 만족이 전제되지 못하면 작품 완성되지 못한다. 제품생산은 작품을 구상하고 창작하는 것처럼 할 수는 없다.

물론 정성을 다하여 내 작품 만들 듯 생산에 임한다는 정신은 좋지만 기본적으로는 내 생각보다는 여러 사람의 생각이, 내가 만족하는 것이 아니라 고객의 입장에서, 자신의 판단과 양심보다는 정해진 표준을 철저하게 지킨다는 마음가짐이 더욱 중요하다. 작품이 아니라 제품을 잘 만들고 품질 경영활동을 지속적으로 추진하기 위해서는 '관리의 사이클'을 철저하게 돌려나가는 것이 중요하다.

[2] 관리의 사이클

현장의 관리에 대하여 말하기는 쉬워도 실제로 관리하는 일은 매우 어려운 일이다. 이해하기 어렵다는 뜻이 아니라 실천하기가 어렵다는 뜻이다. PDCA는 현장 품질경영에서 가장 중요하게 설명하는 관리의 사이클이다.

PDCA 사이클의 단계에 따라 지속적으로 실천하면 관리가 효과적으로 될 수 있기 때문이다. 즉 계획을 수립하고(Plan), 이 계획에 따라 실시하여(Do), 그 결과를 확인하고 평가하여(Check), 필요한 경우 조치를 취하며(Action), 다시 다음 단계인 계획에 반영시킨다는 것이다. 그리고 이러한 과정을 계속 돌려나가는 일련의 조직적인 활동을 「관리의 사이클을 돌린다」라고 말한다.

그러나 실제로 현장에서 품질혁신활동을 추진할 때는 반드시 계획단계부터 출발한다는 생각은 바람직하지 못하다. 왜냐하면 대부분의 관리활동의 출발은 「현재 무엇이 문제인가」부터 시작되기 때문이다. 빈손으로 계획하는 것이 아니라 관리해야 할 대상을 손에 잡고 출발해야 한다. 다시 말하면, 관리의 대상이 무엇이며 어떤 내용인지(know-what)도 모르고 관리하는 방법(know-how)을 계획하고 실시하는 것은 옳지 못하다는 뜻이다. 이를테면 건강관리를 효율적으로 하자면 우선 신체 어느 부위에 어떠한 질환이 있는지, 어느 정도인지를 알아야 한다.

그래야 당장 치료를 받아야 하는지 아니면 약물치료 정도로 가능한지를 계획하고 실천할 수 있다. 즉, 관리의 4단계 중 계획부터 하는 것이 아니라 체크로 시작하면 더 효과적인 것이다. 이러한 관계를 도시하면 그림 3-2와 같이 나타낼 수 있으며, 체크로 시작하는 PDCA 사이클의 단계를 간단히 설명하면 다음과 같다.

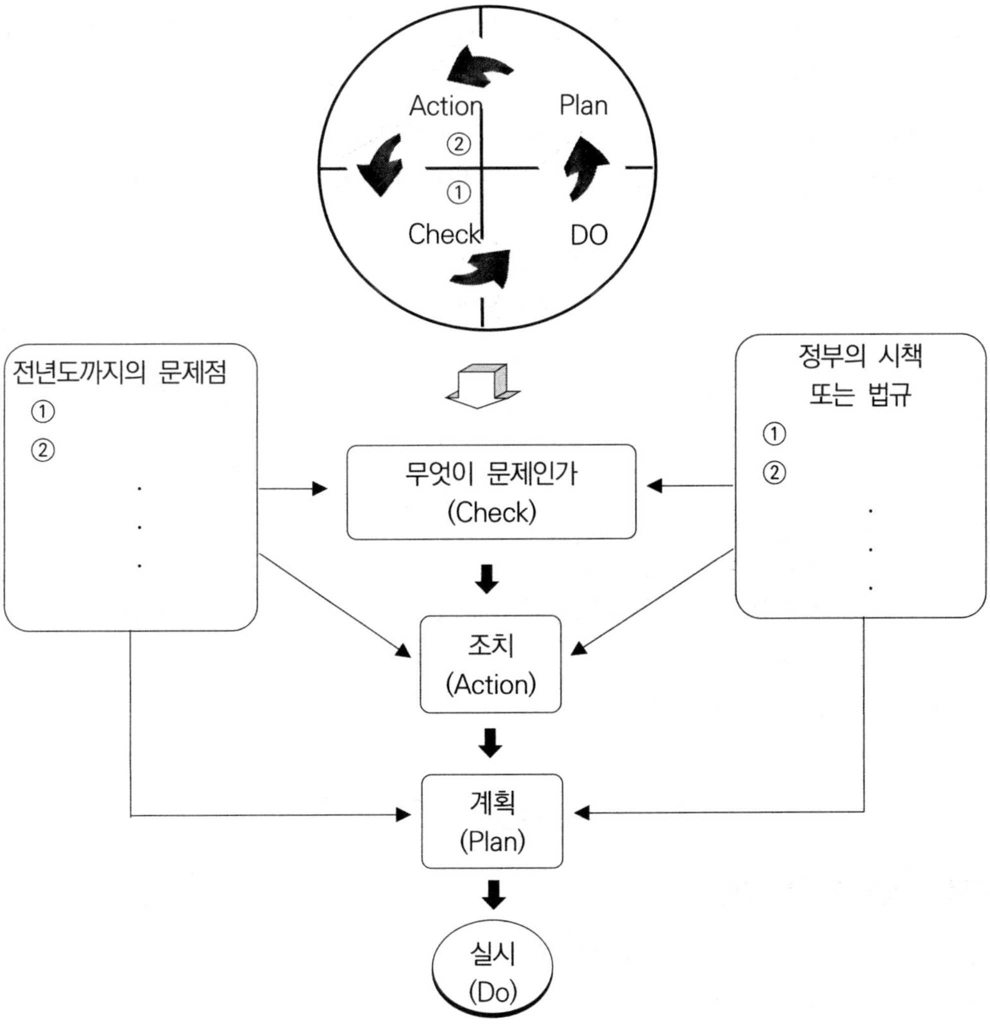

그림 3-2 체크(C)로 시작하는 PDCA 사이클

(1) 체크 - 무엇이 문제인가(1단계)

현재 무엇이 문제인가. 특히 문제인식 및 해결과 유지 관리하기 위해서 가장 문제가 되는 항목이나 공정, 설비 등이 무엇인가를 체크한다. 이때 다음과 같이 착안하여 확인해 보는 것이 좋다.

① 품질의 완성단계에 따라 : 제조전 단계(설계품질), 제조단계(제조 품질), 제조 후 단계(서비스품질)

② 4M에 따라 : 원·부자재(Material)별, 기계설비(Machine)별, 사람(Man)별, 방법(Method)별

③ 공정에 따라 : 전체 공정 중 어느 공정에 문제가 많은가

④ 모기업(납품선)에 따라 : 어느 모기업과의 문제가 가장 많은가

⑤ 제품에 따라 : 어느 제품(부품)에 문제가 많은가

이때 고려해야 할 점은 전년도(전기)까지의 가장 중요한 문제점(vital few)이 무엇인가를 확인 분석하는 일과 정부의 시책이나 관련법규 또는 모기업의 요구사항 등을 구체적으로 확인하는 일이다. 문제점의 정도에 따라 응급조치가 필요한 경우도 있을 수 있고, 반대로 더욱 강조하거나 장려해야 할 내용도 있을 것이다.

(2) 조치한다(2단계).

체크한 결과 중 문제점에 대한 완급을 가려 당장 조치를 취할 문제는 가려서 조치를 취한다. 이때 파레토원칙의 철저한 적용이 요구된다. 일반적으로는 산발적 문제 중 치료의 대상이 되는 소수 중점항목을 찾아 먼저 조치를 취하는 것이 순서라고 말할 수 있다. 여기서 산발적 문제란 갑자기 나타나는 이상한 변화를 말하는 것으로 이러한 산발적 문제와 만성적 문제의 관계와 대책을 그림 3-3과 같이 설명하였다.

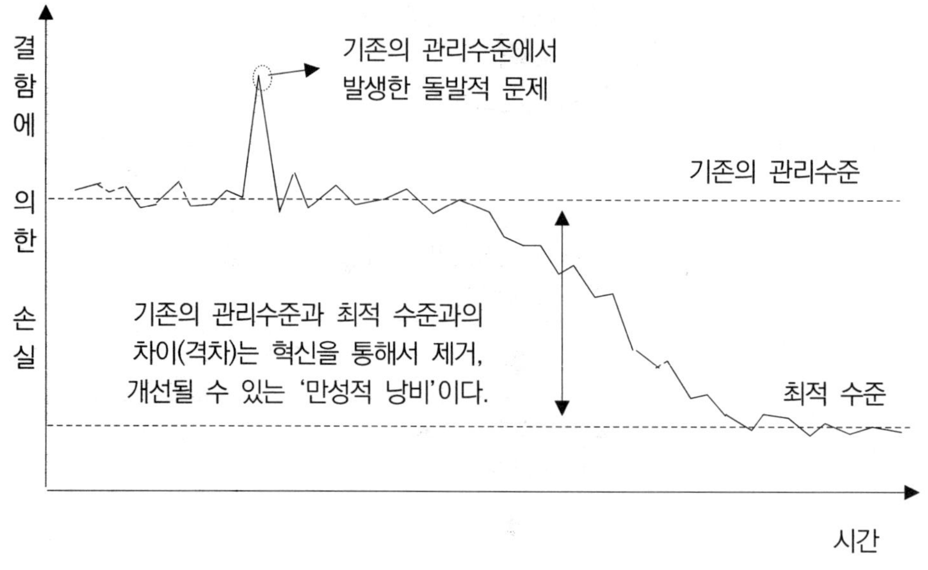

그림 3-3 산발적 문제와 개선

(3) 계획을 수립한다(3단계).

문제점과 조치내용을 종합적으로 정리하고 계획에 반영시키는 일이 다음 단계이다. 계획을 수립할 때 착안해야 할 사항을 요약하면 다음과 같다.

① 소수 중점항목부터 계획에 반영한다.
② 실행 가능한 내용이어야 한다.
③ 관련 부서와 관계자의 의견이 반영되어야 한다.
④ 경영방침, 전년도 문제점, 정부의 시책 또는 관련법규 등이 충분히 고려되어야 한다.

(4) 실시한다(4단계).

계획대로 실시하는 단계이다. 계획단계부터 실시단계를 고려한 체계적 계획이 되도록 노력하는 일이 중요하다. 이를테면 방침관리에서 말하는 방침전개를 하면 전 조직적인 품질 경영활동이 보다 체계적으로 수행될 수 있을 것이다. 좋은 계획이란 실시하기 좋도록 수립되는 계획을 말한다. 이상과 같은 4단계의 PDCA사이클은 이른바 체크부터 시작하는 관리의 사이클, 즉 CAP-Do사이클로 실천하는 것이 바람직하다. 먼저 체크(확인, 평가, 반성, 분석)를 하지 않는 관리의 사이클은 시행착오와 에러가 많아져서 효과적인 관리활동이 되지 못하는 경우가 많다.

문제인식 및 해결과 유지관리를 위하여 주로 소집단에 의해 추진하고 있는 회사에서는 막연하게 '계획대로 실시한다.'라는 생각보다는 회사에서 계획한 내용에 대한 소집단 내의 작은 pdca사이클을 돌려나간다는 자세가 중요하다. 즉, 각 소집단이 실시하도록 계획되어 있는 사항을 더욱 구체적으로 작업하기 위한 자주적인 pdca를 돌리는 것이다. 이때도 물론 먼저 체크를 하는 관리의 사이클, 즉 cap-do사이클을 돌리는 자주적 관리 활동이 중요하다.

회사의 PDCA 사이클과 소집단의 pdca사이클의 관계를 나타내면 그림 3-4와 같다.

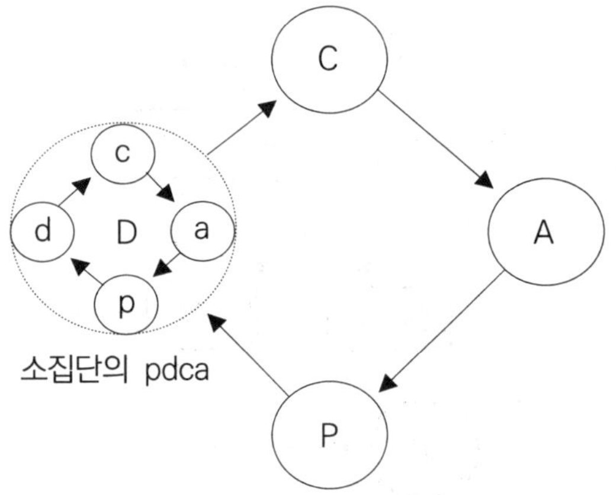

그림 3-4 PDCA와 pdca사이클

[3] 데이터를 통한 정보획득

[3.1] PDCA사이클과 표준

일상의 업무는 일정한 기준과 절차에 의해서 수행되고, 이 기준과 절차 등을 규정한 내용이 표준이다. 또한, 표준이란 회사의 관계되는 여러 사람이 지키고 따라야 할 기준이 되는 것으로 표준화란 표준을 지키는 모든 사람들에게 가장 편리하고 안전하며, 합리적인 방향으로 설정되어야 한다. 그리고 기존의 활동과 조화롭게 운영될 수 있어야 한다.

그림 3-5는 PDCA사이클과 표준화 활동과의 관계를 나타낸 것이다. 반복의 결과에는 습관이 따른다. 그리고 이것은 반복의 원리이다. 말버릇이나 걸음걸이는 사람들이 말하거나 걷는 모습을 반복해서 살펴보면 쉽게 발견할 수 있다.

여름 날씨의 변화를 보면서 그해 겨울의 보리농사를 점치기도 하고, 해마다 불어오는 태풍이지만 7월에 오는 태풍의 진로와 8월에 오는 태풍의 진로는 다르게 파악한다. 자연환경의 반복되는 현상을 관찰하면서 「왜 그렇게 되는 것인가」를 규명하려고 한다. 이일은 과학자들의 몫이다. 현장의 작업도 반복이며 측정하고 확인하는 일도 반복이다. 물론 출근하는 일도 식사하는 일도 반복의 연속이라 할 수 있다. 이렇게 반복되는 일들은 일정한 표준에 의해서 반복되는 경우가 대부분이다. 특히 품질문제의 발생 현황이나 조사 측정 데이터를 일정한 방법으로 반복해서 취하면 그 데이터에도 필연적으로 습관이나 버릇이 보이게 된다.

이와 같은 데이터의 습관을 효과적으로 파악하고 분석하기 위하여 우리는 통계적 방법을 자주 활용한다. 품질관련 데이터에 대한 습관이나 버릇을 간편하게 알아볼 수 있도록 개발된 모델이 일반적으로 통계적 품질관리기법이라고 불리어지는 것들이다. 습관이 보이는 데이터가 정보가 된다. 표준에 의해 반복활동이 가능하고 반복이 있는 곳에 습관이 따른다. 이러한 원리는 품질을 관리함에 있어서 소중한 의미를 가진다. 왜냐하면 습관을 알면 예측이 가능하기 때문이다. 예측이 가능한 데이터라야 정보로서의 가치가 있다.

바꾸어 말하자면, 정보의 가치는 예측이 가능하다는데 있다. 따라서 품질의 유지와 관리를 효과적으로 하려면 품질정보가 필요하고 품질정보를 많이 얻으려면 품질관련 데이터의'습관 보는 방법'을 익히는 것이 중요하다. 말할 것도 없이 여기에 활용될 수 있는 데이터는 품질문제에 영향을 미치는 요소들이 체계적으로 표준화되어 있어야 함은 당연한 일이다.

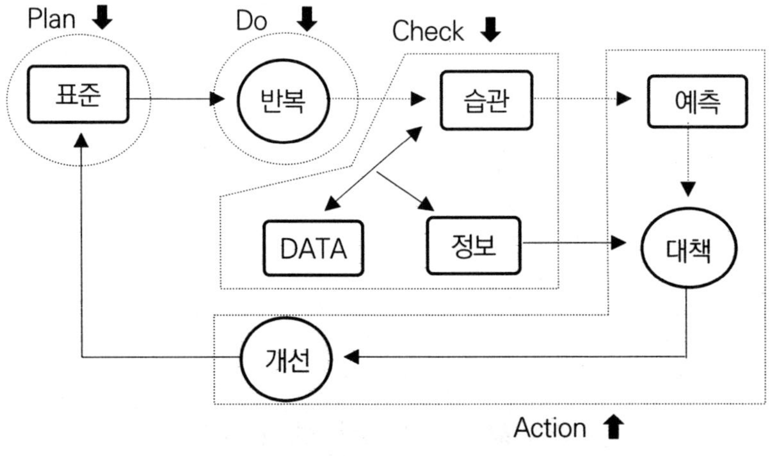

그림 3-5 PDCA사이클과 표준

그림 3-5를 보면, 표준화와 통계적 방법이 품질경영에서 왜 필수적인 요건이 되는가를 이해할 수 있을 것이다. 정보에 의해서 예측이 가능하면 개선을 위한 대책이 눈앞에 있게 된다. 개선이 이루어진 다음 단계는 표준의 개정이 뒤따르게 된다. 이러한 과정이 바로 PDCA사이클이 돌아가는 모습이며 다음과 같이 요약될 수 있다.

① 품질의 관리방법은 표준화되어 있는가(Plan)

② 표준이 잘 지켜지고 있는가(Do)

③ 표준의 준수 결과는 어떠한 방법으로 조사 측정하여 기록하고 있으며 그 결과로부터 개선을 위한 정보는 얻고 있는가(Check)

④ 정보에 의한 개선대책은 적절하게 이루어지며 표준화로 연결되고 있는가(Action)

[3.2] 데이터의 정보화

품질문제 해결에 필요한 데이터는 수치 데이터와 언어 데이터로 나눌 수 있다. 또한, 제품의 치수는 수치 데이터이고 고객 불만의 소리는 언어 데이터이다. 수치 데이터로부터 품질개선에 필요한 정보를 얻어내는 일도 중요하지만, 언어 데이터로부터 얻을 수 있는 품질정보도 매우 소중하다. 일반적으로 기업 현장에서는 수치 데이터는 아주 소중하게 다루고 그대로 믿으려고 하지만 일상의 업무로부터 생겨나는 언어 데이터에 대해서는 대수롭지 않게 들어 넘기거나 정리해 보려는 노력이 부족한 듯하다.

QC 기초수법이라고 많이 알려져 있는 7가지 기법은 특성요인도만 제외하고는 모두 수치데이터를 알기 쉽게 정리하는 방법이다. 반면 신 QC 7가지 도구는 매트릭스데이터 해석법 하나만 제외하고는 전부 언어데이터를 정리함으로써 필요한 정보를 얻으려는 방법들이다. 데이터를 가공하여 정보를 얻을 수 있다. 자재가 투입(input)되어 공정(process)을 거쳐 제품이 만들어지는(output) 시스템은 데이터의 정보화 과정에서도 동일한 구조로 파악할 수 있다. 즉, 자재의 「투입 → 공정 → 제품」의 일련의 과정에서 측정된 데이터도 역시 이러한 과정을 거친다는 것이다.

그러나, 이러한 생산과정에서 얻어진 데이터는 그대로 개선대책을 위한 정보로 활용되는 것이 아니고 데이터의 가공 공정을 거쳐 정보를 생산하도록 해야 한다. 다시 말해서 그림 3-6에서 보는 바와 같이 데이터에 의해서 대책을 취하는 것이 아니라 정보에 의해서 각 단계에 필요한 조치를 취한다는 것이다. 물론 불량 정보를 생산하지 않으려면 데이터의 가공공정을 잘 관리하지 않으면 안된다. 이것은 아무리 좋은 자재가 투입되더라도 제조공정이 관리되지 못하면 양질의 제품이 생산될 수 없는 이치와 같다.

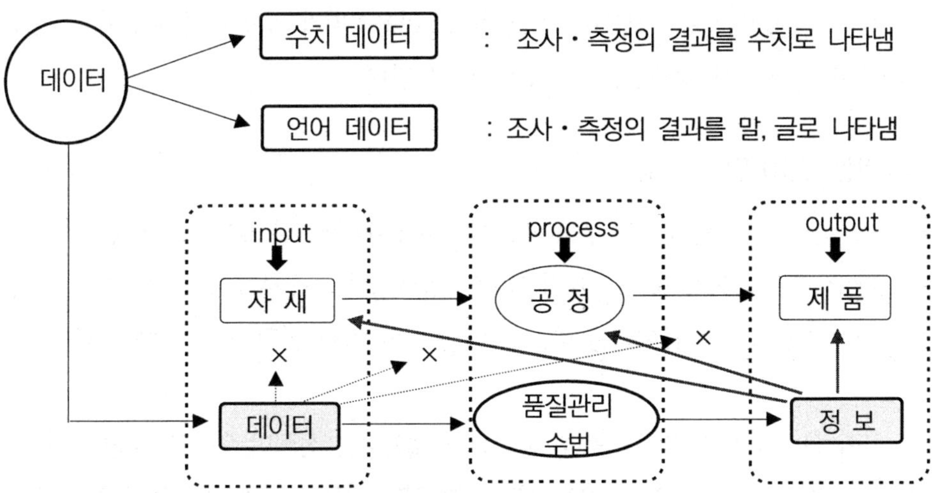

그림 3-6 데이터와 정보

통계적 품질관리 방법을 익혀야 하는 이유가 여기에 있다. 데이터를 어떻게 처리하면 많은 정보를 얻을 수 있는가 라는 문제가 품질경영 활동에서는 매우 중요한 과정이 되기 때문에, 데이터의 통계적 처리단계는 문제해결에 도움이 되는 정보를 가장 많이 얻을 수 있는 방법으로 수행되어야 한다.

일반적으로 효과적인 데이터의 처리를 위해서 다음과 같은 사항에 유의해야 한다.

① 신뢰성 있는 데이터를 취한다. → 데이터의 집단화

② 같은 성질의 데이터끼리 나눈다. → 등질화(等質化)

③ 필요한 값을 계산한다. → 수량화

④ 정보로 활용한다. → 확률화

품질을 관리하는데 필요한 데이터는 일반적으로 현상파악용 데이터, 검사(확인)용 데이터, 관리용 데이터 등으로 분류된다. 이 외에도 목적에 따라 통계해석용 데이터, 기록용 데이터 등을 포함시켜 분류하기도 한다.

이러한 데이터들이 가치 있고 유용한 데이터로서 활용되기 위해서는 몇 가지 요건을 갖추어야 한다. 아무렇게나 얻어진 믿을 수 없는 데이터는 소용이 없을 뿐만 아니라 오히려 해가 되기 때문이다. 데이터가 갖추어야 할 요건은 다음과 같다.

(1) 가공되지 않은 데이터

가장 신선한 최근의 데이터라야 그만큼 활용가치가 높다고 말할 수 있다. 오늘 측정한 데이터는 가능한 오늘 피드백되는 것이 바람직하다. 시시각각 변하는 환경변화를 생각하면 데이터에 가공되지 않은 관리시스템을 갖추는 일이 중요하다.

이를테면 계속 흘러가는 작업공정에서 품질의 이상 유무를 확인하기 위한 데이터가 취해지면, 가장 빠른 방법으로 비교 분석되어야 작업을 계속할 것인지 아니면 작업을 중단하고 조치를 취한 후 다시 작업을 할 것인지를 판단할 수 있기 때문이다.

만일, 제 1공정에서 금형의 세팅이 잘못되어 불량품이 발생하고 있는 데도 불구하고 피드백이 늦어 하루가 지나가 버렸다고 가정해 보면 하루 동안 생산한 모든 제품이 불량품이 되어버린다. 오래된 데이터가 필요 없다는 뜻이 아니다. 몇 년 또는 몇 십년 전의 데이터라도 대단히 중요한 자료나 정보로 활용될 수 있다. 다만, 가공되지 않은 최근의 데이터가 있어야 오래된 이 데이터도 활용가치가 있게 된다는 뜻이다. 어떻게 하면 데이터가 얻어지는 즉시 바로 이용될 수 있는가를 욕심내어야 한다.

(2) 믿을 수 있는 데이터

흔히 정부가 발표하는 물가 상승률이 주부들이 느끼는 이른바 바구니 물가와 상당한 차이가 있는 것으로 논란이 될 때가 있다. 각종 경제지표 등의 수치가 그 조사방법이나 사용기기 또는 측정하는 사람에 따라 실제와 많은 차이가 발생한다면 그러한 데이터는 쓸모가 없을 뿐만 아니라 경제 사회적인 불신과 혼란만 가중될 것이다.

기업 내외에서 얻어지는 각종 데이터 중 특히 품질관련 데이터는 신뢰할 수 있는 데이터가 얻어질 수 있도록 필요한 시스템을 갖춰야 한다. 신뢰할 수 있는 데이터가 되기 위해서 갖추어야 할 주요 조건은 다음과 같다.

① 조사 측정방법의 표준화

이를테면 강판의 두께를 측정하는데 측정자 A는 1/20mm 정밀도의 마이크로미터로 강판의 임의의 한 곳을 1회 측정하는 반면에, 측정자 B는 1/50mm 정밀도의 마이크로미터로 5cm 안쪽을 2회 측정하여 평균한 값을 사용한다고 가정해 보자.

이러한 방법으로 얻어진 데이터는 당연히 강판의 두께를 올바로 나타내고 있다고 볼 수 없다. 믿을 수 없는 데이터이기 때문이다. 언제 어느 사람이 측정하더라도 같은 결과가 얻어질 수 있도록 측정 대상물의 선정이나 시료의 샘플링방법, 사용 계측기와 정밀도, 측정방법, 기록방법 등을 표준화해야 하는 것이다.

② 믿을 수 있는 계측기의 사용

만일 고장나거나 정확하지 않은 스톱워치로 100m 달리기 기록을 내고 있다면 이러한 경기는 상상도 할 수 없는 노릇이다. 마찬가지로 물품의 치수, 화학성분, 인장강도, 중량 등을 측정하는데 그 사용 계측기를 믿을 수 없다면 이러한 계측기로부터 얻어진 데이터도 아무 소용이 없게 되는 것이다.

믿을 수 있는 계측기로 유지하고 정확하게 사용하려면 사용방법이나 유지 보관방법 등도 중요하지만 무엇보다 명심해야 할 일은 정밀도와 정확도 유지를 위한 검 · 교정을 관련법규에 따라 받고 철저하게 관리하는 일이다.

③ 조사 측정요원의 훈련

측정 표준화가 되어 있고 계측기의 검 · 교정이 잘되어 있어도 이들 시스템을 움직이는 것은 결국 사람이다. 시험요원이나 검사요원 등이 정해진 표준을 지키지 않는다든지 사용할 기기의 선정을 잘못하는 경우도 있을 수 있는 것이다.

물리, 화학적 측정은 그래도 정해진 표준대로 하면 된다고 하지만 특히 관능검사와 같은 경우는 매우 과학적인 교육과 훈련을 거친 자격을 가진 사람이 측정을 해야 한다. 이를테면 두 가지의 맥주를 일정한 조건에서 어느 것이 맛이 좋다든지 어떻게 다른가 하는 문제는 인간의 감각에 호소하는 즉 미각에 의한 판단을 하기 때문에 주위 환경이나 감정에 따라서 결과가 좌우되지 않도록 객관화하는 시스템을 갖추어야 하는 것이다.

(3) 측정항목이 바르게 선정

엉뚱한 항목을 측정하지 않는다는 것이다. 제품에 따라 다르긴 하지만 적게는 두 세 가지 항목에서, 많게는 수 십가지 항목을 측정해야 할 필요가 있을 수도 있다. 철근의 가장 중요한 품질특성은 인장강도이지만 레미콘의 품질특성으로는 강도(强度)가 가장 중요하다.

제품마다 그 품질을 가름해주는 품질특성이 다르다. 또한 특성치가 낮을수록 좋은 경우가 있고 반대로 높을수록 좋은 경우도 있다.

자동차의 경우 중량이 낮을수록 연비가 높아지고 경제적이겠지만 반면에 안전성이 떨어지고 수명은 짧아질 것이다. 공정간 검사(중간검사)인 경우는 어느 공정에서 정해진 데이터를 취할 것인가를 공정의 특성을 살려 미리 정해 두어야 한다. 품질변동이 없이 진행되는 공정에서는 되도록 앞 공정에서 데이터를 얻는 것이 기술적으로 타당할 것이다.

실습보고서

20 년 월 일 요일 장소:

제 목			
확 인		성 명	

실습[문제]내용

작성순서

결과 및 결론

특기사항 및 소감

학습평가		지도교수	

CHAPTER 04

현장개선을 위한 7가지 도구

01 체크시트

[1] 체크시트의 개요

QC 7도구란 적은 데이터로부터 가능한 한 신뢰성이 높은 객관적인 정보를 얻는데 가장 유효한 수단으로 품질의 개발, 개선, 관리의 제 활동에 적용이 가능하다. 또한 데이터의 기초적인 정리방법으로 활용이 가능하며, 어려운 계산 없이 짧은 시간 내 습득이 가능하고 도표로 나타나기 때문에 눈으로 보고 쉽게 이해할 수 있는 특징을 가지고 있다. 또 현장의 관리, 개선활동 및 품질분임조 활동 등에서 모두가 협력하여 누구나 사용할 수 있으며, 공정관리 개선, 품질보증 판매관리 신제품 개발 및 사무관리 등에 거쳐 폭넓게 사용할 수 있다.

체크시트는 데이터의 가시화를 통해 부적합, 실수 등 셀 수 있는 자료가 분류항목별로 어디에 집중되어 있는지를 보기 쉽게 표시하여 검사, 확인단계에서 누락, 착오 등을 없애기 위하여 간단히 체크해 결과를 알 수 있도록 만든 도표로 기록용과 조사용으로 구분된다. 체크시트를 통해 문제현상을 파악하고 문제점을 파악할 수 있으며, 부적합의 경향, 원인, 문제점의 발생 빈도를 찾을 수 있다.

또한 중요사항 결정을 위한 자료 및 목표값을 정하는 자료로 활용할 수 있으며, 유효성 측정의 척도역할을 할 수 있다.

또한 공정관리를 위해 정기적으로 필요한 사항을 사전에 확인하고 공정의 문제점 해결을 위해 현물을 보고 조사, 분석공정 전체의 사항 파악 정기적으로 변화사항을 기록하여 사고를 사전에 조치하는데 사용되며, 부적합항목이나 요인조사, 공정분포, 결점위치, 점검확인을 위해 주로 쓰인다.

[2] 기록용 체크시트

기록용 체크시트는 조사하고자 하는 항목의 빈도를 파악하기 위한 것으로 부적합항목이나 매출 등을 조사하는데 용이하다. 부적합내용을 기입하는 입고, 공정, 출하 등의 검사용 체크시트와 결점 위치파악을 위한 체크시트가 있다. 아래 표는 편의점에서 판매되는 용품의 부적합내용을 일주일동안 조사한 것으로 내용물의 부패, 용량부족, 내용물 파손, 유통기한 경과, 포장파손, 기타로 나누어 부적합의 개수를 일단위로 체크하도록 하였다.

표 4-1 기록용 편의점 판매용품 부적합 체크시트

2012년 1월 8일	편의점 판매용품 부적합 체크시트	데이터기간	12.1.1~1.7
		조사자	홍길동

항목/일정	1/1	1/2	1/3	1/4	1/5	1/6	1/7	합 계
부패	////	//	///	/	//	///	////	19
용량부족	///	//	//	/	///	//	//	15
내용물파손	////	////	卌///	卌///	////	////	////	36
유통기한 경과	/	//	/	///	/	/	/	10
기타	///	//	////	///	///	//	///	20
포장파손	卌 卌	卌	卌/	卌//	卌//	卌	卌//	50
합 계	25	19	24	23	20	18	21	150

이와 같이 체크시트에 기입된 내용을 통해 하루 동안 발생한 부적합의 양과 가장 많은 부분을 차지하는 부적합의 종류를 바로 발견할 수 있으며, 일정기간 동안 수집된 데이터의 분석을 통해 앞으로 개선해야 할 부분을 찾아보는 생산현장 개선활동의 밑거름이 된다.

[3] 점검용 체크시트

점검용 체크시트는 기계설비별 점검시트 부적합원인을 조사하여 개선활동을 도와주는 체크시트와 아래 표와 같이 서비스 위주 업체의 화장실 등을 청결히 유지하도록 하는 관리점검시트, 소방점검 등 안전작업 점검확인 및 정리정돈(3정 5S)을 파악하는 체크시트가 있다.

표 4-2 점검용 화장실 일일점검표 체크시트

화장실 일일점검표

점검자 :	20 년 월 일	
점검내용	**예**	**아니오**
화장실 바닥은 물기가 없습니까?		
세면기는 깨끗합니까?		
거울의 물기는 닦으셨습니까?		
비누는 있습니까?		
화장지는 비치되었습니까?		
휴지통의 휴지는 넘치지 않습니까?		
조명등은 켜져 있습니까?		
냄새가 나지는 않습니까?		
배수구에 머리카락은 없습니까?		
화장실 타일은 청결합니까?		
페이퍼 타올은 있습니까?		
전달사항 :		

[4] 체크시트 작성법

(1) 목적과 취급할 데이터를 정한다.

체크시트를 기록용으로 할 것인지 조사용으로 할 것인지 용도와 목적에 맞게 선택하고 데이터화 할 문제를 정한다. 체크의 목적을 분명히 하며 누가, 무엇을, 언제, 어디서, 어떻게 초점을 맞춰 표시할 수 있도록 한다.

(2) 분류 항목을 정한다.

정해진 문제를 일자별, 시간별, 작업자별, 재료별 등의 세부 분류항목을 정하여 어떤 문제를 어떤 방법으로 체크할 것인지 결정한다.

(3) 체크시트의 형식을 정한다.

세부 분류항목과 방식을 결정했으면 체크항목과 내용 등을 고려하여 체크시트 양식을 결정하고, 이 때 기입된 데이터는 표나 그림 등을 이용하여 효과적으로 가시화할 수 있도록 한다.

(4) 데이터를 표시한다.

작성된 양식에 시범적으로 데이터 체크를 시행하여 누락된 내용이 있는지 파악하고, 시범 실시한 체크가 제대로 이루어지는지 파악하여 누락되거나 제대로 가시화되지 않을 경우 수정 보완하도록 한다.

(5) 필요사항을 기입한다.

체크시트 작성 시 주의해야 할 사항이나 반드시 지켜야 할 사항들을 양식에 함께 표시하여 점검하고자 하는 목적에 부합될 수 있도록 기입한다.

예제 01. 다음은 제조공정의 부적합을 기록한 내용이다. 아래의 체크시트 양식을 활용하여 1/1~ 1/12 동안의 부적합률을 기록하시오.

일 정 / 항 목	1/1	1/2	1/3	1/4	1/5	1/6	1/7	1/8	1/9	1/10
용접부적합	5	4	1	8	1	5	0	0	7	1
파손	7	2	7	2	7	2	0	1	4	5
주조부적합	4	7	9	1	1	0	5	0	2	1
치수불일치	8	5	6	1	1	1	0	0	0	5

① 부적합률 체크시트

체크시트	기 간 : 성 명 :	작성일

일정 / 항목	1/1	1/2	1/3	1/4	1/5	1/6	1/7	1/8	1/9	1/10	합계
합계											
지도내용											확인

예제 02. 위에 제시된 화장실 일일점검표의 항목에 맞춰 아래의 체크시트 양식에 10일 동안 화장실의 청결유지도를 체크하시오.

① 화장실 청결유지도 체크시트

항 목	O / X 체크										
	1	2	3	4	5	6	7	8	9	10	합계
총 점수											

실습보고서

20 년 월 일 요일 장소:

제 목			
확 인		성 명	

실습[문제]내용

작성순서

결과 및 결론

특기사항 및 소감

학습평가		지도교수	

02 파레토도

[1] 파레토도의 개요

파레토도는 이탈리아의 경제학자 파레토가 농사를 지으며 경제의 2 : 8 법칙인 사회구성원 20%가 80%의 부를 소유한 현상이 농사에도 적용되었음을 보고 고안해 낸 것으로, 제조현장에서 문제가 되는 품질에 대한 부적합 · 결점 · 고장 등이 발생하였을 경우, 현상을 원인별로 데이터를 분류하면 적은 수의 요인에 의해 부적합이 발생한다는 주장으로 이를 가시화할 수 있도록 부적합개수 또는 손실금액 등 데이터의 크기가 큰 순서대로 정리하여 그 크기를 막대그래프로 나타낸 그림이다.

파레토도는 데이터를 항목별로 분류하여 부적합 원인별이나 부적합상태별 또는 부적합발생의 위치별로 층별화한 데이터를 그 영향이 큰 순으로 나타낸 도표를 그리기 때문에 문제를 어떤 순서로 해결해야 할 것인가를 결정하는데 흔히 사용된다. 파레토도를 통해 분석된 내용은 어떤 항목에 문제가 있으며 그 영향은 어느 정도인가를 파악할 수 있고, 개선 전과 개선 후의 비교(효과파악)를 쉽게 알 수 있으며, 부적합과 고장의 원인을 조사하여 보고하거나 기록할 수 있다.

파레토도는 여러 분류항목 중 가장 큰 영향을 주는 항목을 선정하여 개선활동을 시행하도록 도와주며, 이 항목이 차지하는 비중이 클 경우는 세부적으로 층별하여 다시 파악할 수 있도록 한다. 이때 특성 요인도나 다른 QC기법과 연계하여 적용하며 분임조 활동 시 현상파악과 효과 확인 등을 위해 사용할 수 있다.

표 4-3 부적합원인 분석내용

부적합 원인	부적합수(개)	상대도수(%)	누적도수(%)	상대누적도수(%)
작업자부주의	22	45.8	22	45.8
기계부적합	7	14.6	29	60.4
재료부적합	6	12.5	35	72.9
도면불충분	5	10.4	40	83.3
공구부적합	3	6.2	43	89.5
계기부적합	2	4.2	45	93.7
작업지시 불충분	2	4.2	47	97.9
기타	1	2.1	48	100
계	48	100		

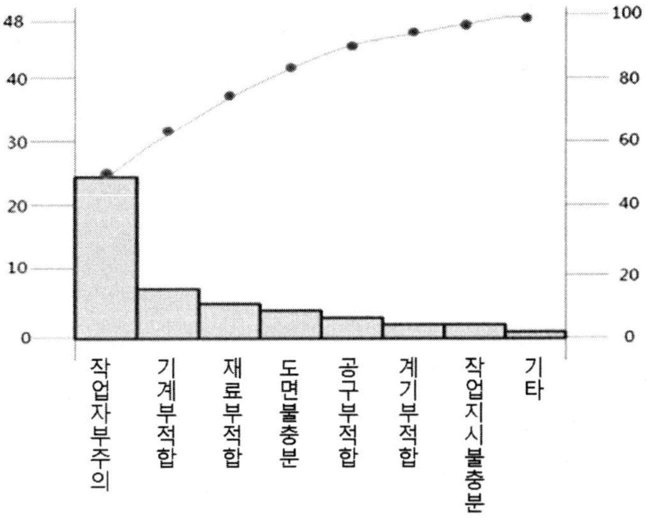

그림 4-1 부적합 원인별 파레토도

위 표에서 정리한 분석내용의 결과인 그림 4-1 파레토도에서 부적합수가 가장 큰 항목은 작업자부주의로 45.8%를 차지하고 있기 때문에 이것을 개선한다면 전체부적합 중 45.8%를 감소하는 효과를 볼 수 있다. 그에 반해 계기부적합의 경우는 전체에서 차지하는 비중이 4.2%이므로 개선을 시도하여도 전체 중 4.2%의 개선효과만 나타날 것이다. 이같이 파레토도는 무엇이 가장 문제인가를 한눈에 볼 수 있게 도와주어 개선목표를 세우는데 도움을 준다.

[2] 파레토도의 작성법

(1) 주제를 정하고 데이터를 모은다.

일정기간 동안 조사하고자 하는 데이터의 주제를 정하고 항목별로 데이터를 수집한다.

(2) 분류 항목별로 데이터를 집계한다.

수집된 데이터를 결과와 원인으로 분류하여 항목별로 나눠본다.

① 결과분류 : 부적합 항목별, 공정별, 장소별

② 원인분류 : 재료별, 장치별, 작업방법별, 작업자별

(3) 데이터를 정리하여 누적값, 점유율, 누적점유율을 구한다.

항목별로 분류된 데이터의 개수를 센 후 큰 값부터 작은 값으로 순으로 정리하며, 누적값과 점유율, 누적점유율을 계산하고 값이 작은 여러 항목들은 기타로 묶어준다.

(4) 세로축을 기입한다.

세로축은 주로 품질, 금액, 시간, 안전, 사기와 같은 항목으로 좌측에서부터 데이터의 크기가 큰 순서로 배열한다.

① 품질 : 부적합률, 개수, 클레임수, 반품수 등
② 금액 : 손실금액, 판매금액, 인건비, 기타 경비, 단가 등
③ 시간 : 가동시간, 가동률, 작업시간, 검사시간 등
④ 안전 : 안전사고 건수, 고장건수 등
⑤ 사기 : 출근율, 결근율, 제안건수 등

(5) 가로축을 기입한다.

가로축은 현상, 작업방법, 사람, 기계, 원재료, 시간과 같은 항목으로 하고 적절히 눈금을 분할한다.
① **현상** : 부적합 항목별, 결점내용별 등
② **작업방법** : 규격별, 온도별, 작업방법별
③ **사람** : 작업자별, 성별, 연령별 등
④ **기계, 설비** : 기계별, 구조별 등
⑤ **원재료** : 성분별, 품종별, 제조사별, 납품자별
⑥ **시간** : 시간별, 일별, 주별, 월별, 분기별

(6) 막대그래프를 그린다.

정리된 데이터를 바탕으로 막대그래프를 붙여서 그린다.

(7) 누적비율의 눈금을 기입한다.

우측에 세로축을 하나 더 세워 0, 20, 40, 60, 80, 100(%)을 표시할 수 있도록 한다.

(8) 누적 꺾은선을 그린다.

막대그래프의 우측 상단 모서리에 점을 찍어 선을 연결하여 누적곡선을 그린다.

(9) 필요사항을 기입한다.

데이터가 조사된 기간, 작성자 이름 등의 추가 필요사항을 기입한다.

예제 **03.** 아래 표는 자동차 제조공정에서 발생한 부적합의 종류를 조사한 것이다. 이를 참고하여 파레토도를 작성하시오.

구분	성형 부적합	용접 부적합	찍힘 부적합	포장 부적합	도장 부적합	합 계
부적합개수	50	100	140	110	600	1,000

구 분						누 적
부적합수						
점유율						
누적 점유율						

실습보고서

20 년 월 일 요일 장소:

제 목			
확 인		성 명	

실습[문제]내용

작성순서

결과 및 결론

특기사항 및 소감

학습평가		지도교수	

03 히스토그램

[1] 히스토그램의 개요

히스토그램은 계량치 데이터(길이, 무게, 경도, 두께 등)가 존재하는 범위를 몇 개의 구간으로 나누고, 각 구간에 들어가는 데이터의 빈도를 세어서 도수표를 만든 다음 그림 2와 같이 막대 그림으로 그린 것으로, 각각의 분포형태를 통해 문제의 집단 성질을 파악할 수 있다. 또한 데이터 분포양상을 파악을 통해 데이터가 갖는 산포의 크기와 전체 모습을 알아볼 수 있으며, 데이터의 중심이 되는 위치를 한눈에 알 수 있다.

히스토그램은 수집된 데이터를 몇 개의 구간으로 나눠 데이터의 개수를 도수표로 만들고 이를 막대 그래표로 표현하여 전체의 형상을 나타내는 것으로, 분포의 중심위치가 어디이며 데이터의 분포상태와 형상이 어떠한지, 또 규격값과 비교하여 아래 표와 같이 어떠한 형상으로 분포되어 있는지를 주의 깊게 관찰할 수 있도록 도와준다.

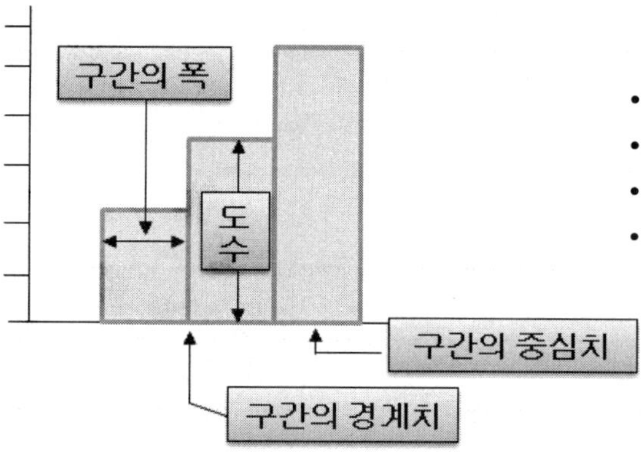

- 도수 : 각 구간에 속하는 데이터의 수
- 구간(계급)의 폭 : 기둥의 굵기
- 구간의 경계치 : 기둥과 기둥의 경계를 이루는 값
- 구간의 중심치 : 기둥의 중앙에 해당하는 값

그림 4-2 히스토그램 용어설명

표 4-4 히스토그램 데이터 분포형태 해석

명 칭	분포형태	설 명
일반형	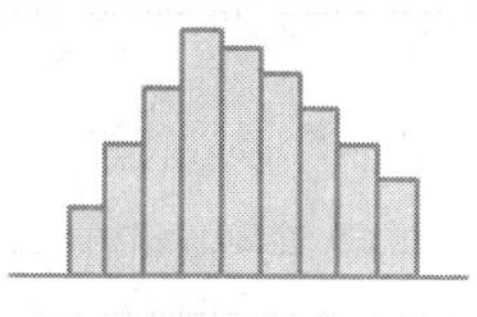	일반적으로 나타나는 모양으로 중심근처에 가장 많고 중심에서 멀어짐에 따라 서서히 적어지면서 거의 좌우대칭을 이루고 있으며 공정이 안정된 경우에 나타나는 이상적인 정규분포의 형태
이빠진형	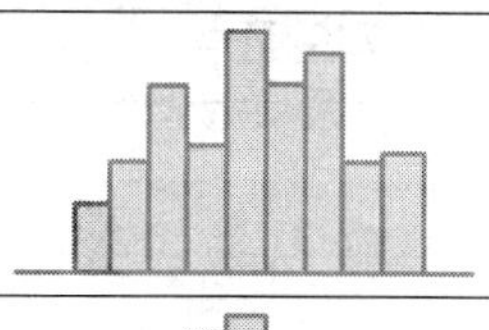	데이터 구성에 특성을 지닌 경우에 나타나는 모양
비뚤어진형	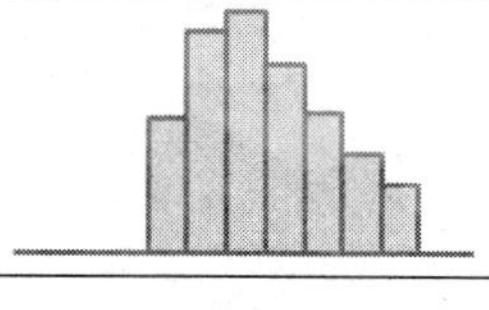	이론적으로 또는 규격치 등으로 하한이 억제되어 있고 어떤 값 이하의 값을 취하지 않는 경우에 나타나는 모양

명 칭	분포형태	설 명
절벽형	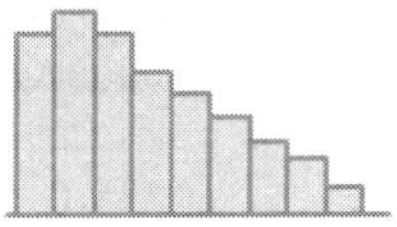	규격이하의 것을 전수 선별하여 제거했을 경우, 측정의 속임수, 검사, 측정미스, 오차 등에 의해 나타나는 모양
고원형	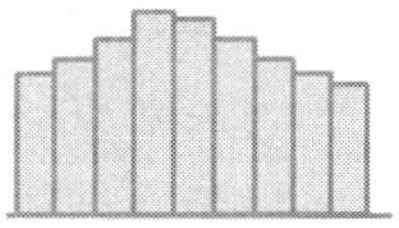	평균치가 다소 다른 몇 개의 분포가 혼합한 경우에 나타나는 모양
쌍봉우리형	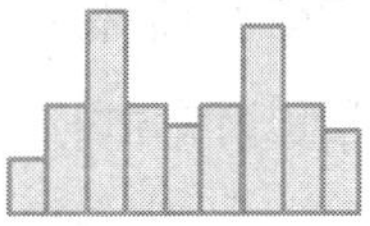	평균치가 다른 2개의 분포가 혼합되어 있는 경우에 나타나는 모양으로 두대의 기계사이, 두 개의 원료의 사이 등 어떤 두 집단의 차이로 발생
낙도형	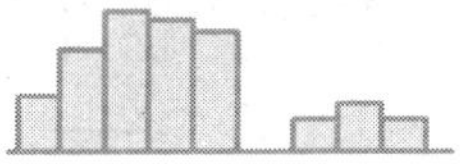	공정이상, 측정의 미스, 다른 공정의 데이터가 들어있는 등 다른 분포에서 데이터가 약간 혼합된 경우 나타나는 모양

[1.1] 공정 능력지수 산출

공정 능력지수(Process Capability Index)는 해당 공정에서의 제조능력을 나타내는 수치로 C_p로 표기하며 산출 식은 다음과 같다.

$$C_p = \frac{규격상한 - 규격하한}{6\sigma} = \frac{USL-LSL}{6s} = \frac{USL-LSL}{6\sqrt{V}}$$

USL : Upper Specification Limit(또는 S_u) : 규격상한

LSL : Lower Specification Limit(또는 S_L) : 규격하한

σ : 모표준편차

s : 표본(시료) 표준편차

$\sqrt{V}$: 불편 표준편차

위의 공식에서 규격 중심치$\{M = \frac{규격\ 상한 + 규격\ 하한}{2}\}$와 표본평균 값($\bar{x}$)이 일치할 때 사용할 수 있으며 C_p값에 따른 공정능력은 표와 같다.

표 4-5 공정능력지수에 따른 공정능력평가

공정 능력지수(C_p)	적합률(%)	부적합품률(ppm)	공정능력평가
0.33	68.27	371,300	매우부족
0.67	95.45	45,500	부족
1.00	99.73	2,700	보통
1.33	99.9937	63	우수
1.67	99.999943	0.57	매우우수
2.00	99.9999998	0.002	최고수준

[2] 히스토그램의 작성법

① 데이터를 모으고 데이터의 수를 센다.

데이터는 50개에서 200개(n의 수)가 적당하다.

② 데이터의 최소값, 최대값을 구한다.

수집된 데이터의 최소값과 최대값을 구한다.

③ 구간(계급)의 수를 구한다.

구간의 수 k = $\sqrt{N}$로 계산하여 그래프로 표현할 히스토그램 막대의 수를 결정한다. 예를 들어 데이터가 40개일 경우 구간(계급)의 수는 $\sqrt{40}$ = 6.3이므로 6개가 적당하다.

④ 구간(계급)의 폭을 구한다.

구간의 폭 = (최대값 - 최소값)/구간의 수로 계산하여 구간의 폭을 정한다.

예를 들어 최대값이 180이고, 최소값이 120일 경우 구간의 폭 단위는 (180-120)/6 = 10이 된다.

⑤ 구간(계급)의 하한 경계치와 상한 경계치를 정한다.

㉠ 1구간 하한경계치 : 최소치 - 측정간격의 1/2(끝자리의 1/2) = 1×1/2 = 0.5= 119.5

㉡ 1구간 상한경계치 : 1구간 하한 경계치 + 계급의 폭 = 119.5 + 10 = 129.5

⑥ 구간의 중심값을 구한다.

중심값 = 구간(계급) 하한치+구간(계급) 상한치 / 2 = 124.5

⑦ 데이터의 도수를 세어본다.

데이터를 한눈에 볼 수 있도록 도수표를 작성한다.

⑧ 히스토그램을 그린다.

세로축과 1구간 하한경계치 한구간은 비운 후 그리도록 한다.

⑨ 필요사항을 기입한다.

데이터의 수집기간, 데이터 수, 공정명 등 필요사항을 기입한다.

예제 04. 아래는 제품을 크기별로 정리한 자료이다. 제시된 데이터를 이용하여 구간의 대표값을 구하고, K개의 구간으로 히스토그램을 작성하시오.

128	120	138	126	132	140	132	122
146	140	154	144	150	154	148	142
166	154	168	160	168	168	168	158
170	168	172	170	172	172	170	170
176	172	178	174	176	180	176	174

구 간	구간대표값	(도수) 사례수	상대 도수	비 고

실습보고서

20 년 월 일 요일 장소:

제 목			
확 인		성 명	

실습[문제]내용

작성순서

결과 및 결론

특기사항 및 소감

학습평가		지도교수	

04 특성요인도

[1] 특성요인도의 개요

특성요인도는 원인과 결과가 어떠한 관계에 있으며, 어떤 영향을 주고 있는지를 한눈으로 알 수 있도록 생선뼈 모양으로 그린 그림으로 현장의 문제개선에 대한 실마리를 얻는데 사용되는 기법이다.

문제점이나 결과에 대한 원인을 계통적으로 나타냄으로써 사고의 예방 및 부적합제거, 공정관리 및 잠재요인을 밝히는 등 유용하게 이용되며, 특성요인도를 제대로 활용하기 위해서는 요인을 되도록 많이 수집하고 항상 추가하거나 수정한다. 또 중요한 요인을 빠짐없이 정리하며 현장, 현물로 사실을 확인하면서 요인을 생각한다.

특성요인도는 화살표를 기준으로 각각의 요인을 대각선으로 표시하는데 보통의 경우 4M(사람, 기계, 재료, 방법)으로 분류한다. 여러 사람이 함께 토의형식으로 진행도 가능하며 중간가지, 작은 가지, 새끼가지가 많을수록 원인을 찾는데 수월하다. 특성을 정할 때는 아래 표에서 제시한 항목을 기준으로 데이터를 얻기 쉬운 특성을 구체적으로 나타내야 하며, 관리가 가능하고 개선효과가 가장 큰 특성부터 고르는 것이 좋다.

표 4-6 요인별 특성항목 및 내용

특성항목	내 용
생산성 및 품질	부적합건수, 수정건수, 실수건수, 클레임건수, 재작업수
원가	사용량, 재고량, 인건비, 재료비, 경비, 공수
납기	준수율, 지연일수, 제작일수, 검사 정체일수, 생산여력, 리드타임
안전	위기건수, 무재해일수, 교육훈련일수, 경고건수
사람	출근율, 제안건수, 교육참가 건수, 자격습득건수

그림 4-3과 같이 작성된 특성요인도는 작업표준과 비교하여 개선할 사항을 결정하도록 하며, 개선실행 후에는 결과를 확인하여 유효성을 확인해야 한다. 또한 특성 요인도에서 나타난 가장 중요한 요인을 확인하여 지속적인 개선을 추구할 수 있도록 하며, 작업표준 작성 및 품질관리 도입에 활용할 수 있다.

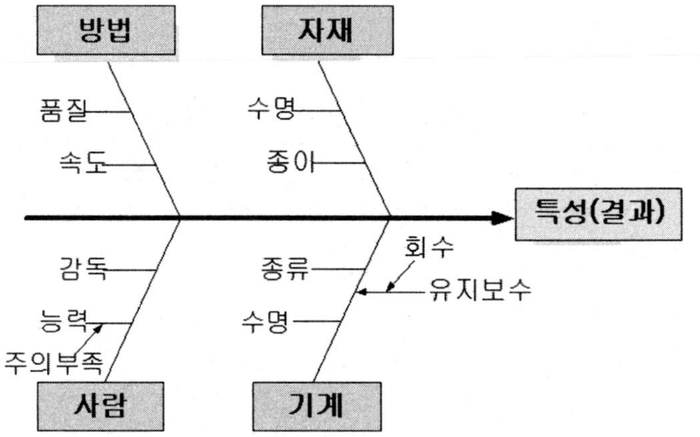

그림 4-3 4M 요인별 특성요인도

그림 4-4에서 보면 특성은 '소프트웨어 사용불가'로 이에 대한 요인을 기자재, 재료, 작업자, 기계의 4가지로 제시하였다. 큰 가지의 원인을 찾아내기 위해 각 요인에서 파생되는 내용을 각각 중간가지, 작은 가지, 새끼가지 등으로 세밀하게 분류하여 기입하였으며, 디스켓이 잘못 입력되거나 사용설명서가 잘못되는 등의 내용을 파악하여 특성에 따른 주요 원인을 찾아내었다. 이렇게 파악된 주요 원인들은 어떻게 제거해야 할 것인가에 초점을 두어 대책수립에 활용할 수 있도록 한다.

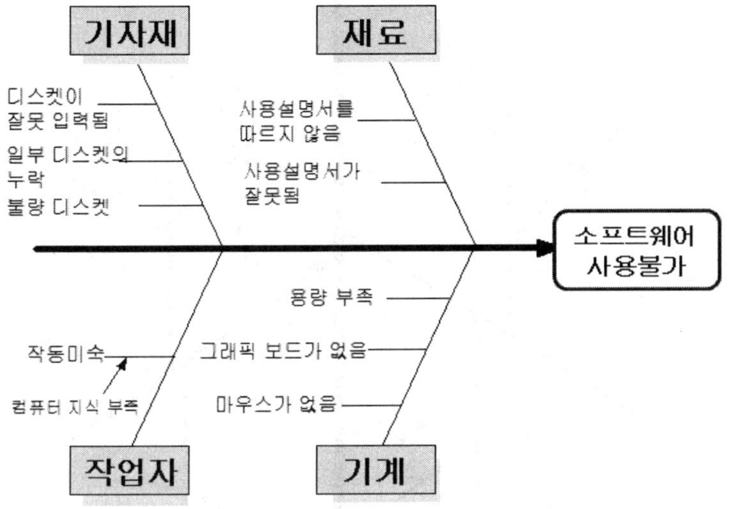

그림 4-4 4M 요인별 특성요인도 적용사례

[2] 특성요인도의 작성법

① 문제로 할 특성을 정한다.
특성은 사실을 구체적으로 표현할 수 있도록 한다.

② 가운데 굵은 선을 그리고 특성을 기입한다.

③ 큰가지를 기입한다.
특성에 따른 원인이라고 생각되는 것을 4~6개 기입한다.

④ 중간가지, 작은 가지, 새끼가지를 기입한다.
구체적인 조치를 취할 수 있는 요인에 이를 때까지 분해하여 기입한다.

⑤ 요인을 확인한다.
요인에 누락된 내용이 없는지 확인한다.

⑥ 요인의 비중을 매긴다.
영향이 큰 내용은 표시하여 한눈에 알아볼 수 있도록 한다.

예제 05. 특성요인도 작성순서에 따라 양식을 작성하시오.

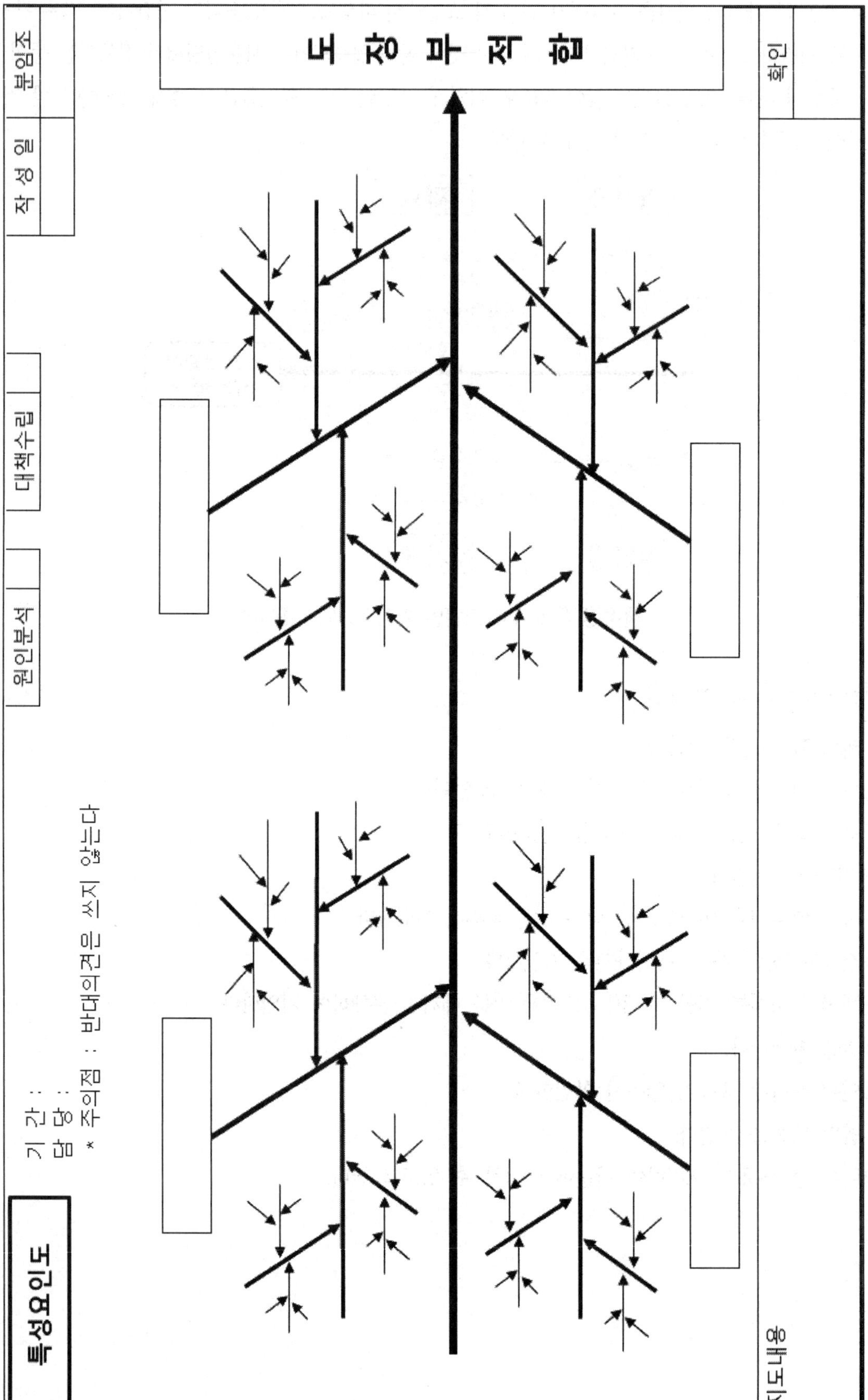

실습보고서

20　년　월　일　요일 장소:

제 목			
확 인		성 명	

실습[문제]내용

작성순서

결과 및 결론

특기사항 및 소감

학습평가		지도교수	

05 층별

[1] 층별의 개요

층별은 집단을 구성하고 있는 데이터를 어떤 특성에 따라 몇 개의 그룹으로 구분할 때 사용하는 것으로 아래 표와 같이 보통 데이터의 공통점이나 경향, 특징에 따라 작업자별, 기계별, 작업방법별, 원재료별 등으로 나눈다.

층별의 목적은 이전의 전체 품질분포와 층별한 뒤의 작은 그룹의 품질의 분포를 비교하여 품질에 영향을 미치는 산포의 원인을 찾아내거나, 층별의 영향의 정도를 알아보는데 있으며, 문제의 근원을 정확히 파악하는 데 도움을 준다.

그림 4-7 층별에 적용 가능한 항목

구 분	항목내용
작업자별	남녀, 연령, 경력, 개인, 분임조 등
기계별	가공기계, 설비의 사용기간, 기종, 금형, 라인 등
작업방법별	온도, 압력, 습도, 작업 장소, 속도 등
원재료별	상표, 구입 시기, 저장기간 등
시간별	시간, 오전, 오후, 주, 야, 일, 월, 계절 등
기타	날씨, 조명, 검사장소, 측정기 등

층별을 하기 위해서는 품질과 원인과의 대응이 된 데이터가 있어야 하며, 여러 가지 요인으로 층별하려면 품질을 나타내는 데이터에 대응한 요인(원인)의 기록이 잘 갖추어져 있어야 한다. 층별을 통해 전체 데이터로 되어있던 층을 그룹으로 나누게 되면 막연한 문제가 명확하게 드러나며, 차이가 분명하게 나타나는 경우 어떤 요인에 의해 발생되었는지 파악이 가능하고 정확하고 유효한 정보를 얻을 수 있다. 따라서 보다 유효한 정보를 얻기 위해서는 여러 가지 요인으로 층별해 보고, 층간 뚜렷한 차이가 나타날 때까지 층별해 봐야 한다. 또한 서로 비교가 용이한 형태로 정리하고 여러 가지 문제점을 층별화하여 분석하는 응용력을 기를 수 있도록 한다.

다음 표에서 보면 제조공정 전체의 데이터를 그림 4-5와 같이 공정별, 남녀별로 구분함으로써 각각의 부적합내용과 성별의 상관관계를 한 눈에 파악할 수 있다.

여자의 경우 제조와 검사, 포장 공정에서 부적합이 많이 발생하므로 조립이나 납품과 같이 부적합빈도가 낮은 공정에 배치하면 해당 부적합률을 낮출 수 있을 것으로 기대된다. 남자의 경우는 검사, 조립 등의 부적합률은 높은 반면, 제조나 납품 등의 공정에서는 낮은 부적합률을 보이므로 해당 공정은 여자사원 보다는 남자사원을 배치하는 것이 부적합률을 낮추는 방법일 것이다. 층별은 이와 같이 전체 데이터를 대상으로 그것을 구성하고 있는 요인별로 데이터를 나눠 세분화함으로써 문제의 원인이 되는 부분을 찾는데 도움을 준다.

표 4-8 남녀요인별 제조공정 부적합률

성별 \ 공정	제조	검사	조립	납품	포장
여	30	20	1	5	21
남	5	45	25	2	14

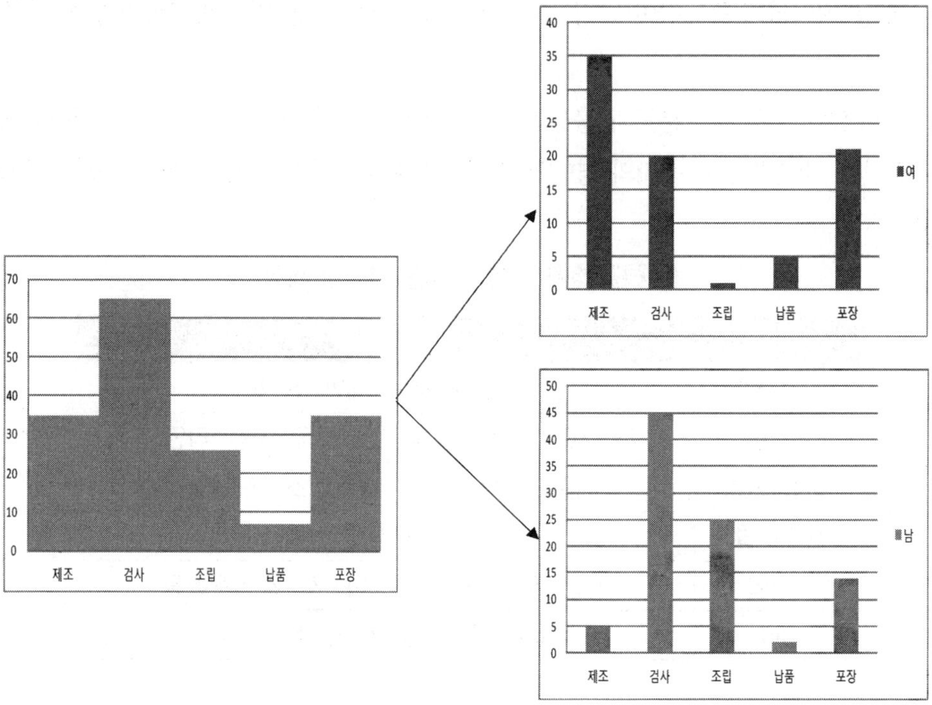

그림 4-5 남녀요인별 제조공정 부적합률 층별

[2] 층별 작성법

(1) 층별하고자 하는 대상을 명확하게 결정한다.

조사하고자 하는 대상을 명확하게 결정하여 조사한다.

(2) 전체 분포를 파악한다.

조사하고자 하는 대상의 데이터를 체크시트 등을 사용하여 수집한 후 전체의 분포를 파악한다.

(3) 여러 가지 항목으로 층별해 본다.

수집된 데이터를 요인별로 고려하여 막대그래프 형태로 층별해 본다.

(4) 층별로 얻어진 정보에 대한 조치를 취한다.

층별에서 나타난 결과를 분석하고 개선방법을 모색한다.

예제 06. 아래는 제조공정에서 발생하는 부적합내용과 계절과의 상관관계를 알아보기 위해 조사한 것이다. 조사한 데이터를 바탕으로 층별해 보시오.

구 분	포장 부적합	찍힘 부적합	터짐 부적합	치수 부적합	성형 부적합
7월(여름)	52	38	31	40	72
12월(겨울)	20	42	60	36	26

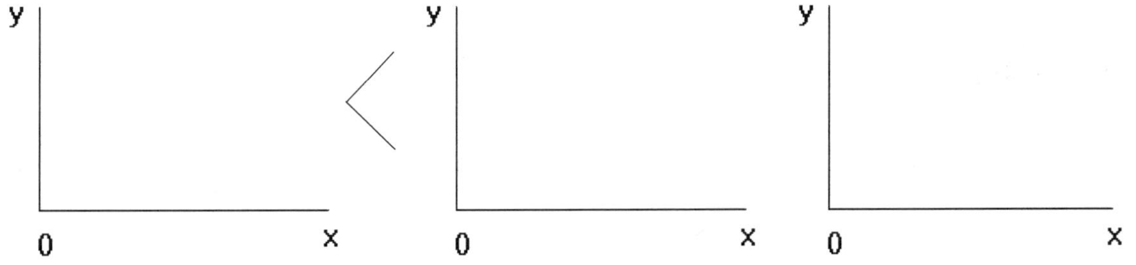

실습보고서

20　　년　　월　　일　　요일　장소:

제 목			
확 인		성 명	

실습[문제]내용

작성순서

결과 및 결론

특기사항 및 소감

학습평가		지도교수	

06 산점도

[1] 산점도의 개요

산점도란 짝을 이룬 2개의 데이터를 기입하여 상호간의 관계를 알아보는 것으로 점의 모양에 따라 데이터간의 상관관계가 어떠한지를 파악할 수 있다.

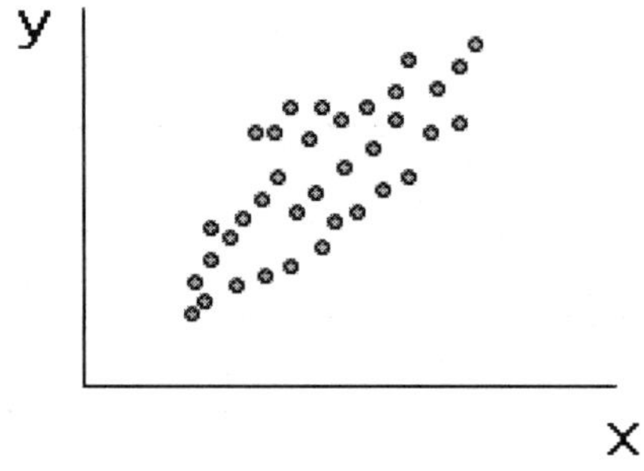

1. 강한 정(+)의 상관

y가 변화하는 원인의 대부분을 x가 결정한다.

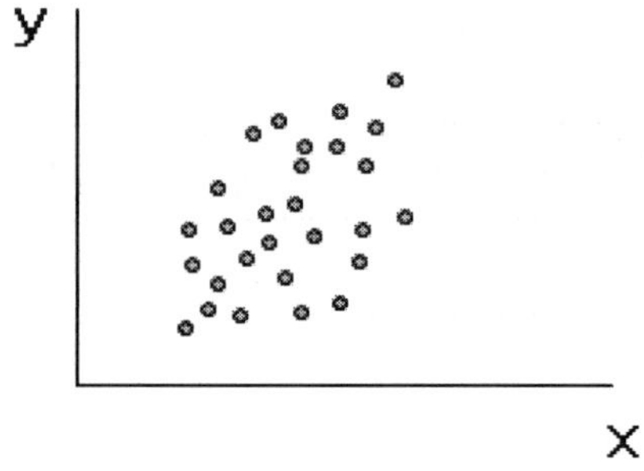

2. 약한 정(+)의 상관

y의 변화가 x의 원인이라고 생각되지만 x 이외에도 원인이 있다.

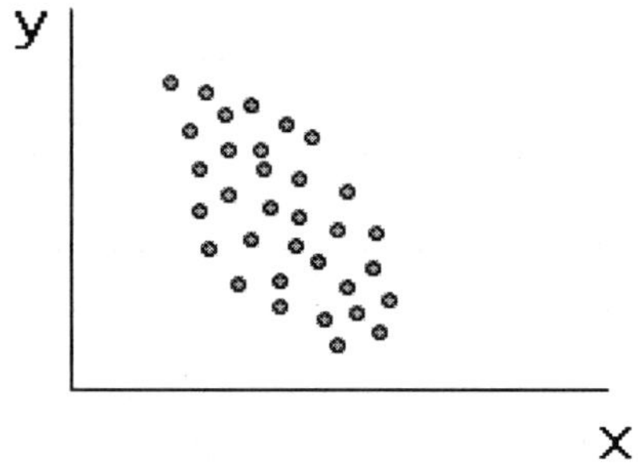

3. 강한 부(-)의 상관

x가 증가함에 따라 y는 감소한다.

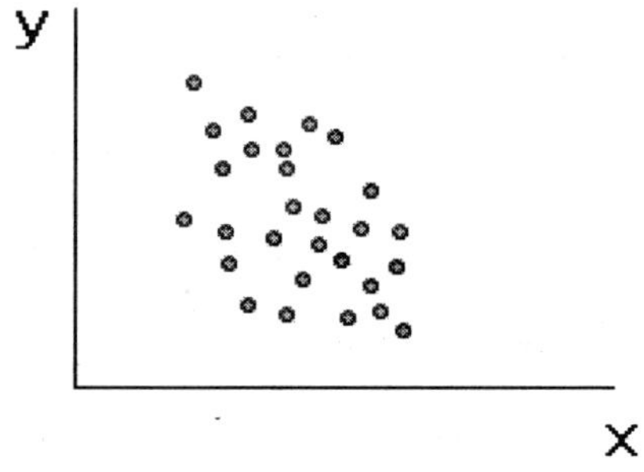

4. 약한 부(-)의 상관

x가 증가함에 따라 y는 대체 적으로 감소한다(영향정도 적음).

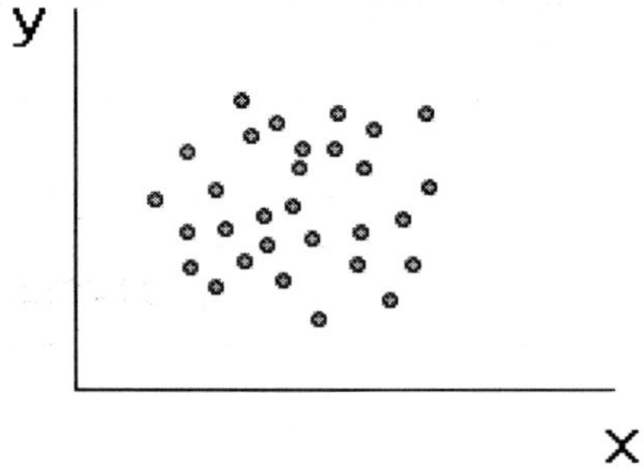

5. 상관없음

x와 y는 상관관계가 없다(x 이외의 원인을 다시 조사).

그림 4-6 산점도 모양에 따른 해석

산점도는 특성과 요인의 관계, 특성과 특성의 관계, 한 가지 특성에 대한 2가지 요인의 관계(원인과 원인의 데이터) 점의 산포상태로 어떻게 나타나며 그 상관관계를 해석하는 것이 가장 중요하다. 산점도의 원인과 결과를 나타내는 두변수를 키와 몸무게로 결정하였을 경우 자료를 수집한 후 결과에 해당하는 변수인 몸무게를 Y축으로 표시하고 결과에 영향을 미치는 원인에 해당하는 변수인 키를 X축에 표시하여, 작성 후 두 변수간 상호 의존관계의 강도와 방향을 그림 4-6에서 제시한 것과 같이 해석해야 한다.

그림 4-7은 판매원의 이동거리와 판매량이 어떤 관계에 있는지를 조사한 것으로 도표에서 보면 이동거리 3km까지는 매출과 특별한 상관관계를 보이지 않다가 3km 이상이 된 후부터 강한 정상관계를 보이고 있으므로 판매원이 이동하는 거리가 길수록 판매량이 높아진다고 해석할 수 있다.

(X축 : km, Y축 : 대)

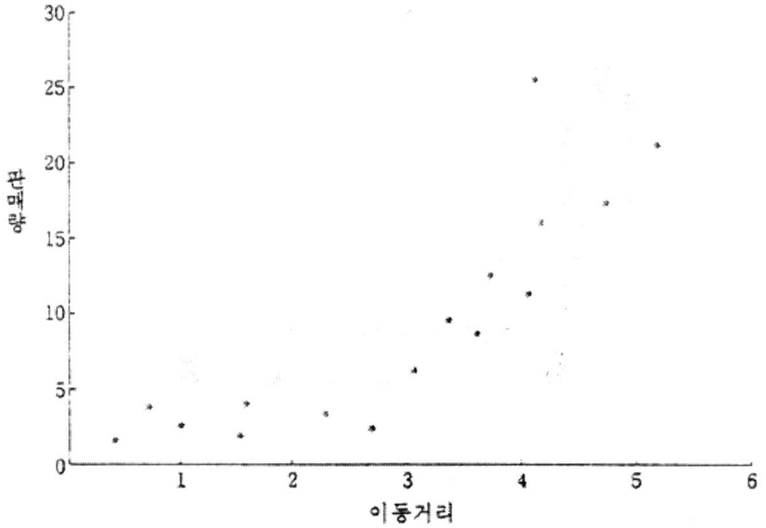

그림 4-7 판매원의 이동거리와 판매량에 관한 산점도

[2] 산점도의 작성법

(1) 짝을 이루는 데이터를 조사하여 정리한다.

짝을 이루고 있는 조사대상 데이터를 최소 30개 이상 조사한다.

(2) 그래프 작성을 위한 데이터의 눈금을 기입한다.

가로축과 세로축에 들어갈 내용을 기입하고 정사각형으로 그래프를 그릴 수 있도록 눈금을 기입한다.

(3) 짝을 이룬 데이터를 그래프에 찍는다.

조사한 데이터 내용을 그래프에 점으로 표현한다.

(4) 필요사항을 기입한다.

산점도 여백에 제목, 데이터 수, 기간 등을 기록한다.

예제 **07.** 다음은 작업시간(X)과 부적합 갯수(Y)와의 관계를 표시한 측정데이터이다. 이 데이터를 이용하여 산점도를 그려보시오.

X	Y	X	Y	X	Y	X	Y
5	8	4	8	3	1	10	29
3	4	2	3	5	4	8	18
7	13	4	8	10	30	7	14
9	23	6	9	9	23	3	5
1	0	7	12	2	5	5	7
10	31	8	17	4	9	4	8
2	2	1	3	2	3	7	13

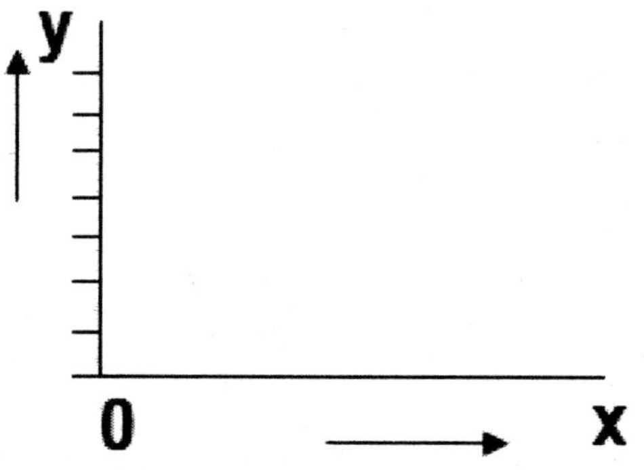

실습보고서

20 년 월 일 요일 장소:

제 목			
확 인		성 명	

실습[문제]내용

작성순서

결과 및 결론

특기사항 및 소감

학습평가		지도교수	

07 그래프 및 관리도

[1] 그래프

[1.1] 그래프의 개념

그래프는 TV, 신문, 잡지, 인터넷 등에서 우리가 수치를 비교하거나, 변화를 파악하는데 흔하게 사용하고 있는 품질관리수법 중 하나로, 숫자를 눈으로 볼 수 있고, 데이터를 비교할 수 있으며, 한눈에 데이터 전체를 파악할 수 있는 이점이 있어 수량의 차이와, 변화파악에 매우 유용한 도구로 사용된다.

또한, 손쉽게 만들 수 있으며, 보는 이가 흥미를 느낄 수 있고, 알아보기도 쉽기 때문에 일상에서 많이 사용되고 있다.

[1.2] 그래프 작성의 목적

그래프를 작성하는 이유는 데이터를 도형으로 나타내어 수량의 크기를 비교하거나 수량의 변화 상태를 쉽게 알기 위해서이다. 때문에 목적은 그때그때 필요에 따라 달라지만, 주로 크게 4가지 유형으로 분류하고 있다.

(1) 해석용

숫자의 의미는 그래프로 그렸을 때, 더 정확하게 드러난다. 또한 숫자만으로는 놓쳐버렸거나 깨닫지 못한 부분들이 그래프로 도식화되면 확실하게 드러난다. 따라서 현장의 관리나 개선을 추진해 나가는 경우에 데이터를 해석하여 원인을 조사하면 문제점을 파악하는데 도움이 된다.

(2) 관리용

시간이나 일자에 따른 수치의 변화를 그래프로 작성해 나가면 추후 변화방향을 예측하거나 경향을 확실히 할 수 있다. 따라서 공정관리나 일정관리에 도움이 된다.

(3) 설명용

데이터를 늘어놓고 설명을 하는 것보다는 한눈에 들어오는 그래프를 이용하여 설명할 때, 그 요점을 정확하게 알릴 수 있으며 설명효과도 높일 수 있다.

(4) 기록용

데이터를 그래프화 해두면 언제라도 즉석해서 데이터의 검토가 가능하다.

[1.3] 그래프의 종류와 작성방법

(1) 막대그래프

그림 4-8의 막대그래프는 수량의 크기를 비교하는 그래프로, 일정한 폭의 막대를 늘어놓아 그 막대의 길이에 의해 수의 차이를 알 수 있게 만든 그래프이다. 막대의 폭과 간격은 동일해야 하며, 간격의 경우 막대의 폭과 같거나 그 이하로 하는 것이 올바른 작성방법이다.

막대의 순서는 특별한 분류 기준이 없을 때는 크기순으로 나열하며, 기축선은 항상 0으로 정해놓는다. 눈금선은 읽기 좋은 간격으로 가는 선을 사용하고, 눈금 숫자는 좌측 바깥쪽에 눈금선 위치에 기재하며, 순자단위는 상부 또는 하부에 기입한다.

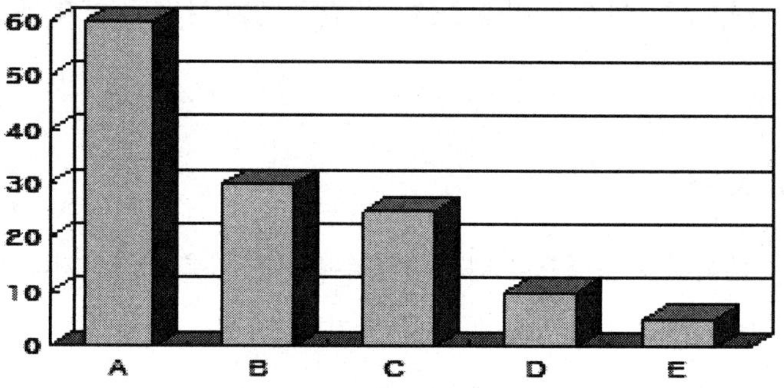

그림 4-8 막대그래프

(2) 원그래프

그림 4-9의 원그래프는 내역의 비율을 보는 그래프로 전체를 원으로 나타내고 내역에 해당하는 수량의 비를 부채꼴로 구분하여 나타낸다. 각 항목별 수량의 비교뿐만 아니라 전체대비 비율을 알 수 있는 것이 특징이다. 원그래프를 작성할 때에는 작도법을 이용하는데 그 방법은 다음과 같다.

① 적당한 크기의 원을 그린다.

② 전체에 대한 각 항목을 비율로 계산한다.

③ 360°에 해당하는 비율을 곱하여 항목별 각도를 산출한다.

④ 그래프의 시작은 정가운데 12시 방향을 기준으로 한다.

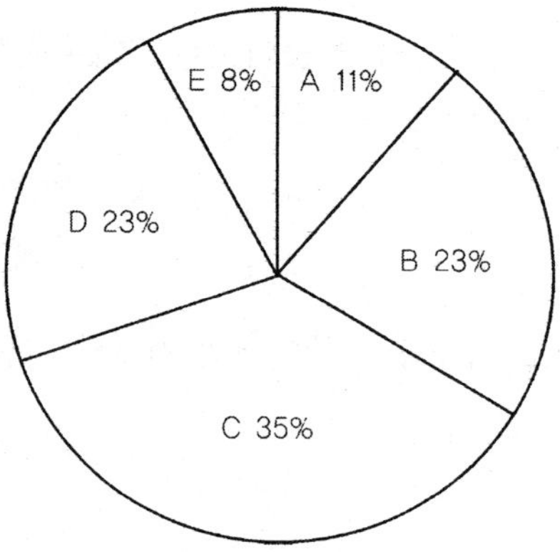

그림 4-9 원그래프

⑤ 각도기를 사용해 각 항목을 중심각으로 구분한다.

이때, 중심선에서 시계방향으로 그려나가며, 큰 수치에서 작은 수치로, 칸이 좁은 경우에는 지시선을 그어 원 밖에 필요한 내용을 적는 것이 원칙이다. 기타는 수치크기에 상관없이 반드시 마지막에 그리도록 한다.

(3) 띠그래프

원그래프와 마찬가지로 내역의 비를 보는 그래프로, 그림 10에서처럼 전체를 직사각형으로 나타내고, 내역의 구분에 해당하는 비를 직사각형의 길이로 구분한 것이다. 따로 분도기를 필요로 하지 않아 작성이 더 간편하며. 여러 개의 띠그래프를 통해 항목별 변화도 나타낼 수 있다.

띠그래프의 작성법은 전체 띠의 길이를 정하고 각 부분이 전체에서 차지하는 비율을 계산하여 표시하면 된다. 주의할 점은 크기순으로 좌 → 우 혹은 우 → 좌를 결정하여 순서대로 작성해야 한다.

A	B	C	D	E
37.5%	12.5%	25.0%	12.5%	12.5

그림 10 띠그래프

(4) 점그래프

점그래프는 점도표라고도 하며, 수량을 점으로 표시한 그래프이다. 일반적으로 단위 면적당 인구밀도, 보유현황 등을 나타낼 때 많이 사용된다.

(5) 꺾은선 그래프

선의 높낮이에 의해서 수치의 크기를 비교할 수 있는 꺾은선 그래프는 그림 4-11과 같이 동시에 시간의 경과에 따른 수치를 나타낼 수 있기 때문에, 수량의 변화 상태를 나타내기에 적합하다.

(6) 레이더차트

레이더차트는 측정목표에 대한 평가항목이 여러 개일 경우 사용한다. 항목 수에 따라 원을 같은 간격으로 나누고, 그 선위에 점을 찍고 그 점을 이어 항목별 균형을 한눈에 볼 수 있도록 해주는 도표이다. 여러 개의 측정목표를 동시에 겹쳐 표시하여 비교하기 편리하다. 또한, 각 항목들의 차지하는 비율과 균형을 눈으로 직접 볼 수 있다.

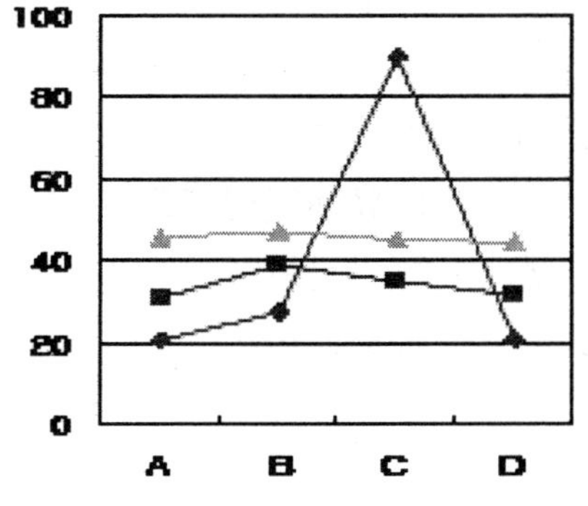

그림 4-11 꺾은선 그래프

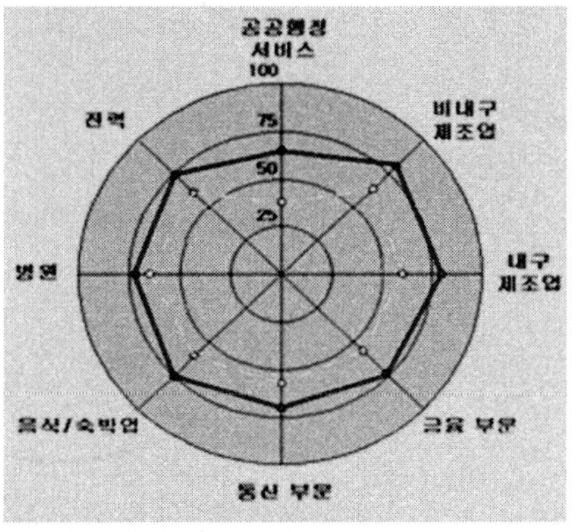

한국 – – –– – – – 미국 ————

그림 4-12 레이더차트

예제 08. 다음은 편의점에서 판매되는 용품의 부적합내용을 기록한 것이다. 부적합내용의 통계를 이용하여 제시된 그래프를 그려보시오.

2012년 1월 8일

편의점 판매용품 부적합 체크시트

데이터기간	12.1.1~1.7
조사자	홍길동

항목/일정	1/1	1/2	1/3	1/4	1/5	1/6	1/7	합 계
부패	////	//	///	/	//	///	////	19
용량부족	///	//	//	/	///	//	//	15
내용물파손	////	////	卌///	卌///	////	////	////	36
유통기한 경과	/	//	/	///	/	/	/	10
기타	///	//	////	///	///	//	///	20
포장파손	卌 卌	卌	卌/	卌//	卌//	卌/	卌//	50
합 계	25	19	24	23	20	18	21	150

① 막대그래프

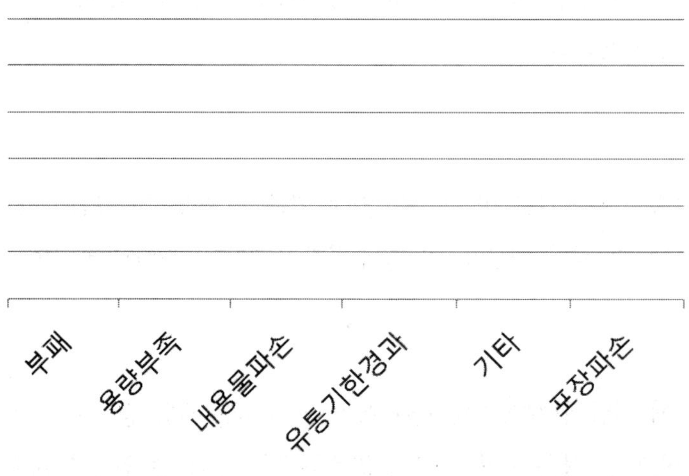

② 원그래프

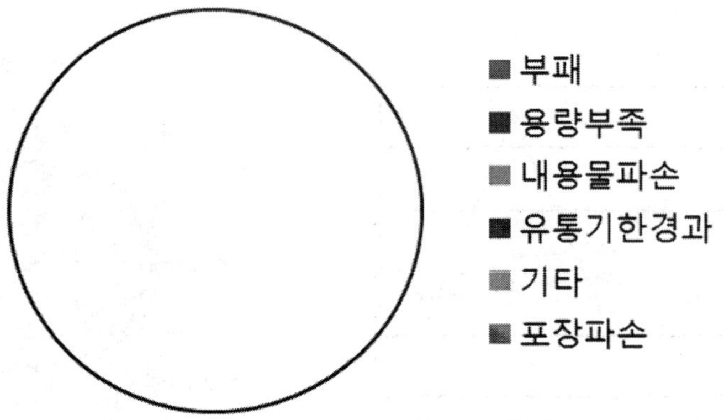

③ 띠그래프

④ 레이더차트

제품의 편리성, 가격, 애프터서비스, 디자인, 내구성의 만족도이다.

%	편리성	가격	A/S	디자인	내구성
H사	90	80	90	90	80
D사	80	70	70	60	90

[2] 관리도

[2.1] 관리도의 개요

관리도란 공정 상태를 나타내는 특성치에 대하여 시간적인 변화를 그린 그래프로 제고공정이 관리된 상태인가를 조사하기 위해 사용된다. 제조의 목표가 되는 품질의 기준을 정하고, 제조공정을 표준화하여도 제조된 제품의 품질에는 산포가 발생하기 마련이다. 이러한 산포발생의 원인을 제거하고 관리 상태를 항상 유지할 수 있도록 보완함으로 부적합품의 발생을 사전에 예방한다.

통계적 공정관리의 궁극적인 목표는 생산 공정에서 품질의 변동을 제거하는 것이다. 현실적으로 품질의 변동을 완전히 제거하는 일은 불가능 하지만, 관리도를 이용함으로써 품질의 변동한도를 최소화할 수 있다.

[2.2] 품질과 산포

동일한 재료, 동일한 환경, 동일한 공정을 사용하여 제품을 제작하였다고 하여도 만들어진 제품에는 크던 작던 반드시 차이가 생긴다. 이 차이의 범위를 산포라고 하고, 산포는

① 원재료, 설비 등의 품질이 허용차의 범위 내에서 변화하기 때문에

② 작업의 표준은 변하지 않았지만, 조건이 변하기 때문에

③ 표준대로 작업을 실시하지 않았기 때문에

④ 작업표준 자체가 불완전하기 때문에 발생하게 된다.

이와 같은 차이의 원인은 우리 눈에 보이는 것도 있으나 확인되지 않는 것도 있다. 이러한 산포의 원인이 발생하는 이유는 보통 두 가지로 분류를 하는데, 첫째는 공정에서 언제나 일어나고 있는 정도의 어찌할 수 없는 산포(불가피, 억제할 수 없는 원인)이고, 두 번째는 가피현상이자 이상 원인이다. 이때, 첫 번째의 원인만을 가지고 있는 상태를 '관리상태' 또는 '안정상태'라고 말한다.

[2.3] 관리도의 종류

어떠한 데이터를 써서 작성할 것인가, 즉 계량, 한계선, 양식의 차이에 따라서 적용하게 되는 관리도도 달라진다.

① $\bar{x}$ - R 관리도

공정에서 채취한 시료의 길이, 무게, 시간, 인장강도 등 계량값 데이터에 대해 $\bar{x}$와 R을 사용해 공정을 관리하는 관리도로 가장 대표적인 관리도이다.

② x 관리도

데이터를 군으로 나누지 않고 하나하나 측정치를 그대로 사용하여 공정을 관리할 경우 사용한다.

③ $\tilde{x}$ - R 관리도

이 관리도는 $\bar{x}$을 계산하는 대신에 $\tilde{x}$이라는 중앙값을 사용함으로서 시간과 노력을 줄인 관리도법이다. 작성법은 $\bar{x}$ - R 관리도와 거의 비슷하다.

④ pn 관리도

데이터가 계량치로서 나타나는 것이 아니고, 하나하나의 물품을 정상품, 혹은 부적합품으로 판정하여 전체 속에 부적합품이 어느 정도 있었는가를 판단하는 관리도로서 공정을 관리할 때 사용한다.

⑤ p 관리도

부적합률로서 공정을 관리할 때 사용한다.

⑥ c 관리도

일정한 양의 제품 가운데 나타나는 부적합품의 수에 의해 공정을 관리할 때 사용한다.

⑦ u 관리도

부적합품의 수에 의해 공정을 관리할 때 제품의 크기가 여러 가지고 변할 경우 사용한다.

실습보고서

20 년 월 일 요일 장소:

제 목			
확 인		성 명	

실습(문제)내용

작성순서

결과 및 결론

특기사항 및 소감

학습평가		지도교수	

CHAPTER 05

현장개선 활동

01 3정 5S

[1] 3정 5S활동의 개요

3정 5S활동은 예전부터 지혜로운 사람이라면 당연히 지켜왔던 것으로서 전혀 새로운 것은 아니다. 그러나 문제는 당연한 것을 지켜오지 않았다는 것에 있는 것이다. 따라서 이는 기본적으로 사고의 변화, 행동의 변화로 기업의 체질변화를 추구하고자 하는 의식 활동이라고 볼 수 있겠다.

기업의 품질과 생산성 향상은 기본적인 3정 5S활동의 철저한 시행으로부터 비롯된다. 즉, 3정 5S활동은 생산 활동의 기초이며 더 나아가 기업의 경쟁력을 높이기 위한 기본 원칙인 것이다. 3정 활동은 품질관리, 자재관리, 생산관리, 구매 등 관리 및 지원부서가 적극 참여하여야 하지만, 5S활동은 주로 생산부서에서 활동을 전개하여야 함을 잊어서는 안된다.

[2] 3정의 정의

3정은 정품, 정량, 정위치를 정의하는 것으로서 품질관리에서 가장 중요한 표준중시 사상에 근거하고 있다. 3정은 재료규격에 적합한 재료 및 부품을 구입하여 작업표준에 따라 정해진 부위에 정확한 양을 사용하여 제품을 만들고, 제품 생산에 사용되었던 모든 지그·공구들을 정해진 위치에 놓아서 다음 작업에 차질이 없도록 하는 것이며 아래 표와 같다.

이는 생산 활동을 하는데 있어서 가장 기본이 되는 것으로 기업은 3정 활동을 통해 낭비요소를 제거하여 원가절감을 이루고 또한 최고 품질의 실현으로 급변하는 경제상황에서 경쟁력을 갖추고자 하는 것이다.

표 5-1 3정의 내용

구 분	내 용	효 과
정품	• 재료규격에서 정한 재료·부품을 구입, 사용 • 작업표준 준수하여 제품규격에 적합한 완제품 생산	품질확보 (품질향상)
정량	• 필요로 하는 수량만큼만 재료·부품을 구입, 보관 • 정해진 수량만큼만 제품을 생산	낭비제거 (원가절감)
정위치	• 사용하는 지그·공구들을 정해진 위치에 놓는다. • 구입한 재료·부품을 지정된 장소(자재창고)에서 보관 • 생산된 완제품을 지정된 장소(제품창고)에서 보관	능률향상 (생산성향상)

[3] 5S의 정의

정리(Seiri), 정돈(Seidon), 청소(Seisoh), 청결(Seiketsu), 습관화(Shitsuke)

5S는 정리 · 정돈 · 청소 · 청결 · 습관화를 의미하는 첫 글자 'S'를 따서 만든 표현이다. 5S의 개념은 현장과 작업 속에 숨어있는 낭비요소를 철저히 제거함으로써 생산효율을 높임과 동시에 종업원의 개선의식을 고취시켜 현장개선의 활성화를 도모하는 것이다. 이와 같은 낭비제거 의식은 나아가 완전한 품질의 제품을 만들자는 기업의 목표를 달성하는데 중요한 역할을 하며 아래 표와 같다.

표 5-2 5S의 정의

구 분	내 용
정리	필요한 것과 불필요한 것을 구분하고 불필요한 것은 과감히 버린다.
정돈	언제고 필요한 것을 쉽게 꺼낼 수 있도록 가지런히 놓는다.
청소	현장 및 설비의 먼지, 이물, 오물 등을 제거하여 깨끗하게 한다.
청결	정리 · 정돈 · 청소 상태를 유지하여 쾌적한 현장 환경을 만든다.
습관화	정리 · 정돈 · 청소 · 청결을 습관적으로 몸에 배이게 일상 생활화한다.

따라서, 품질혁신활동을 본격적으로 추진하기에 앞서 활동 초기에 5S활동을 도입하여 현장에 낭비제거 의식과 개선의식을 확립하고, 이러한 의식이 확립된 후에는 종합적인 추진상황을 한눈으로 볼 수 있도록 눈으로 보는 관리를 도입하여 지속적인 개선과 예방관리를 해 나아가도록 한다.

[3.1] 5S활동의 목적 및 효과

5S활동은 전사적 생산보전(Total Productive Maintenance : TPM)활동의 기본을 이루는 것으로, 사내 각 부문에 있어 모든 낭비요소를 배제하여 생산에 임함으로써 생산의 효율을 높이는데 그 의의가 있다. 또한, 5S활동을 발전 · 심화시킴으로써 효율 높은 직장, 깨끗한 직장, 보람 있는 직장을 만들어 나가고 정해진 기준이 유지될 수 있도록 여러 가지 활동 방안을 강구하는데 그 근본 목적이 있다.

(1) 5S활동의 효과

① 낭비를 줄인다.

② 비용절감을 실현한다.

③ 품질을 향상한다.

④ 납기를 준수한다.

[3.2] 5S활동의 추진 순서

5S활동은 누구나 쉽게 실시하여 성공하는 것처럼 보이지만 인내심을 갖고 지속적으로 실시하지 않으면 성공할 수 없기 때문에 기업에서 조직적이고 체계적으로 추진하여야 한다.

(1) 실태조사

5S 활동을 추진하기 위한 조사를 위해 자체조사팀 혹은 추진팀(Task Force Team : TFT)을 구성하여 조사하거나 또는 모기업의 전문가나 외부 컨설팅기관의 자문을 받아서 실태를 파악하는 것이 무엇보다도 우선되어야 한다.

(2) 경영자의 추진의지

실태조사가 끝난 후 추진팀은 경영자 및 관리자에게 5S활동의 필요성과 효과 등을 설명하여 5S활동의 추진에 대한 확고한 의지를 갖도록 해야 한다.

(3) 추진 일정계획표 작성

경영자와 관리자가 5S활동을 추진하고자 하는 의지를 밝힌 후에는 우선 개선 가능한 목표를 세우고 개선항목 및 일정계획을 수립한다.

(4) 추진조직 편성 및 교육실시

5S활동을 주관하여 추진 · 관리할 수 있는 추진조직을 구성하고 또한 추진담당자가 효과적으로 5S활동을 전개할 수 있도록 5S활동의 본질과 운영에 대한 교육을 모기업 또는 전문 교육기관에서 받도록 한다. 그리고 교육받은 내용을 전사원에게 전달교육을 통해 알려주도록 한다.

(5) 분위기조성 및 결의대회

5S활동을 성공적으로 수행하기 위해서는 교육은 물론 회사의 분위기도 매우 중요하다. 따라서 5S활동에 대한 회사 전체의 공감대 형성과 아울러 전원이 참여할 수 있도록 결의대회를 개최하여 전체 분위기를 조성한다.

(6) 기초자료 수집 및 현상파악

개선의 포인트를 올바로 잡아 개선해 나가기 위해 현 상태를 그대로 묘사한 사진촬영이나 VTR 촬영자료 등을 활용하여 불량한 상태에 대해서는 같이 반성하고 잘된 부분은 보고 배울 수 있도록 현상파악을 한다.

(7) 개선 일정계획 수립

수집된 기초자료를 근거하여 개선에 대한 세부 일정계획을 수립한다.

(8) 5S 활동의 단계별 추진

5S활동을 효과적으로 추진하기 위해서는 단계별로 적절히 추진하여야 하는데 이에 대한 내용은 뒤에서 별도로 소개하겠다.

(9) 눈으로 보는 관리

5S활동을 추진할 때 눈으로 보는 관리방법은 매우 큰 효과를 가져 온다. 특히, 무엇이 낭비인지를 전원이 보게 함으로써 낭비제거 의식을 몸에 익히게 할 수 있다는 데에 큰 의의가 있다고 하겠다.

(10) 표준화

5S활동은 일시적으로 실천하다가 그치는 활동이 아니므로 개선을 진행하면서 각 항목에 관련된 사항을 표준에 반영하도록 한다. 그렇게 함으로써 개선효과가 지속될 수 있는 것이다.

(11) 효과파악

5S활동의 효과를 파악하는 방법은 다음과 같으며 개선 전 · 후를 비교하여 활동효과를 가시적으로 표현한다.

① 개선 전 · 후의 상태를 사진촬영하여 현장에 게시한다.

② 개선 사례 결과를 보고한다.

③ 개선 사례집을 발간한다.

④ 활동결과에 대한 평가를 실시한다.

(12) 성과 발표회

5S활동의 효과를 극대화시키고 동기부여를 위해 다음과 같은 것을 실시한다.

① 타 회사와의 교류회 및 우수업체 방문

② 5S활동의 개선사례 발표회

③ 우수팀 또는 우수부서의 표창

(13) 유지 및 사후관리

5S활동이 계속 유지될 수 있도록 사후관리 절차에 따라 지속적으로 실시한다.

[3.3] 5S 활동의 단계별 추진방법

(1) 준비단계(1단계)

5S활동을 전사적으로 추진하기 위한 분위기의 조성을 위하여 먼저 준비단계가 필요하며, 다음과 같은 사항들을 실시한다.

① 5S활동 추진의 필요성 및 방법을 설명하여 공장에 5S활동의 추진 분위기를 조성하고 전 직원에 대한 올바른 교육을 실시한다.

② 5S활동 담당구역을 설정한다.

③ 5S활동 추진 일정계획서를 작성하여 최고경영자에게 보고한다.

(2) 정리단계(2단계)

필요한 것과 불필요한 것을 구분하여 목록표를 작성하고 다음과 같은 사항을 점검한 후 정리 대상을 층별하여 불필요한 것은 처분한다.

① 전체

㉠ 불필요한 것이 아무렇게나 흩어져 있지는 않은가?

㉡ 필요 · 불필요가 분명치 않은 상태로 방치되어 있지는 않은가?

㉢ 불필요한 것의 처분방법이 명시되어 있는가?

② 옥외

불필요한 대차, 팔레트, 컨테이너의 미처분은 없는가?

③ 작업현장

㉠ 작업대, 기계 위에 불필요한 것은 없는가?

㉡ 불필요한 재공품은 없는가?

㉢ 캐비넷, 라커 속에 불필요한 것은 없는가?

④ 바닥

㉠ 구석이나 뒷면에 불필요한 것이 놓여 있지는 않은가?

㉡ 사용하지 않는 대차, 대형 지그 · 공구 등은 없는가?

㉢ 제품이나 공구가 바닥에 제대로 놓여 있는가?

⑤ 서랍, 선반

㉠ 필요한 서류, 공구류 외에 불필요한 것이 담겨 있지는 않은가?

㉡ 개인적인 사물이 담겨 있지는 않은가?

⑥ 서류

㉠ 원본이 다른 것이 있지는 않은가?

㉡ 한번 보면 그만인 것이 놓여 있지는 않은가?

(3) 정돈단계(3단계)

작업자별, 구역별로 보관 물품 및 보관 수량을 결정한 다음 물품보관 방법과 놓는 방법을 결정하여 다음과 같은 사항을 실시한다.

① 작업공구는 사용빈도가 높은 순으로 가까이에 둔다.

② 바닥에 두는 물건은 반드시 선으로 표시한다.

③ 선반에 두는 물건은 반드시 품명을 표시한다.

④ 서류 보관함은 내용물을 표시한다.

(4) 청소단계(4단계)

더러움이 방치되어 있는 현장에서는 제품의 불량이나 설비고장이 발생할 가능성이 높다. 따라서 청소를 업무의 일부로 생각하여 항상 쾌적하고 깨끗한 현장이 유지될 수 있도록 다음과 같은 사항을 실시한다.

① 매일 일과 전 · 후에 청소하는 시간을 정하여 청소를 업무의 일부로 한다.

② 청소 담당구역을 명확히 한다.

③ 청소방법을 표준화한다.

④ 청소용구를 준비한다.

(5) 청결단계(5단계)

청결은 정리 · 정돈 · 청소 상태를 유지하여 쾌적한 현장 환경을 만드는 것이다. 따라서 정리 · 정돈 · 청소 상태를 수시로 점검하여 늘 깨끗한 상태가 유지될 수 있도록 하고 특히 다음의 사항을 실시한다.

① 작업대의 철분, 기름, 물 등을 제거한다.

② 작업장의 소음이나 진동을 줄인다.

③ 자주 환기시켜 작업장의 먼지를 제거한다.

④ 박테리아나 유독균을 살균한다.

⑤ 작업복의 세탁과 머리손질을 자주 한다.

(6) 습관화 단계(6단계)

습관화는 정리 · 정돈 · 청소 · 청결을 습관적으로 몸에 배이게 일상 생활화하는 것이다. 이는 직장 생활의 규율을 의미하므로 아주 중요하다.

따라서 다음의 사항을 지켜가며 실시하도록 한다.

① 의식고취 및 지도 점검에 의한 생활화를 유도한다.

② 관리자, 감독자가 현장을 순회하며 잘못된 점을 지적하고 알려준다.

③ 지도 점검반을 구성하여 운영한다.

④ 눈으로 보는 관리의 실천을 통해 개선활동을 도모한다.

⑤ 직장 규율을 매뉴얼화하여 철저히 교육한다.

⑥ 정기적인 회의체를 통해 5S활동 결과를 보고 및 평가하도록 한다.

⑦ 5S추진 우수부서는 시상하고 추진사례를 발표하도록 한다.

눈으로 보는 관리란, 직장의 전원이 5S추진현황을 단번에 눈으로 보고업무의 진행상태가 어떤지 즉 계획대로 정상적인 활동이 이루어지고 있는지 아닌지의 판단을 빨리하여 필요한 제반 후속 조처로 연결하는 것을 말한다.

눈으로 보는 관리의 실시 사항은 다음 표와 같다.

표 5-3 눈으로 보는 관리의 실시사항

<table>
<tr><th>활동전 모습</th><th>눈으로 보는 항목</th><th>주요 실시사항</th></tr>
<tr><td rowspan="6">활동방법이나
규칙이 명확
하지 않았다.

실시의 필요성
을 느껴도
개별활동에
그치고
있었다.</td><td>1. 정리 · 정돈</td><td>① 금형보관
② 치공구, 게이지, 계량기의 노출보관
③ 보관선반, 보관함의 투명화
④ 예비품 관리
⑤ 문구류의 노출 보관
⑥ 화일링</td></tr>
<tr><td>2. 표시 · 명시운동
(상태 표시)</td><td>① 보관장소의 백선 표시
② 책임자의 성명표시</td></tr>
<tr><td>3. 생산량 관리</td><td>① 공정 내 간판
② 작업준비, 작업순 표시
③ 재공품 표시
④ 가공지연품 표시</td></tr>
<tr><td>4. 카렌다화</td><td>① 5S 카렌다
② PM 카렌다
③ 품질보전 카렌다</td></tr>
<tr><td>5. 맵핑화</td><td>① 5S 분담
② 고장발생 · 예방수리 상황
③ TPM교육실시 · 도전 상황</td></tr>
<tr><td>6. 물품착오 대책</td><td>① 품번 표시(용기, 재고선반)
② 착오표시 작전</td></tr>
</table>

실습보고서

20 년 월 일 요일 장소:

제 목			
확 인		성 명	

실습[문제]내용

작성순서

결과 및 결론

특기사항 및 소감

학습평가		지도교수	

02 분임조 활동

[1] 분임조 활동의 개념

분임조 활동은 품질관리를 목적으로 10인 이하의 소그룹이 관리자의 통제 없이 자발적으로 모여 문제해결을 하는 형태로, 집단 활동의 활력을 높이고 서로의 활동을 촉진하여 자기계발 및 상호발전을 통해 기업의 개선을 지속적으로 추구한다.

분임조 활동의 성과는 모든 구성원이 본인의 업무가 품질에 매우 중요한 영향을 미치고 있으므로 품질향상을 위해 주요역할을 할 수 있음을 인식시키고 품질향상 제안을 자유롭게 할 수 있도록 하는 것에 달려있다. 따라서 일상 업무와 분임조 활동을 구분하지 않아야 하며, 구성원 모두 적극적으로 참여할 수 있도록 하며, 분임조 활동을 통해 기업의 체질개선과 발전에 기여하고 행복한 일터를 스스로 구축할 수 있도록 지원하고 육성해야 할 것이다.

분임조 활동의 목적은 그 조직 감독자의 지도능력과 관리능력인 리더십을 높이고, 또 그것을 자기계발에 의해서 달성할 수 있도록 추진하며, 근로자를 포함한 구성원 전원이 QC서클(분임조) 활동을 통해서 직장의 사기를 높여 품질관리가 조직의 저변에서부터 행해지도록 한다. 또 그 기초로서 품질의식, 문제의식, 개선의식의 고양을 꾀한다. 또한 전사적 품질경영의 일환으로 직장에서의 핵으로서 활동하여 기업의 방침구현을 위한 활동, 직장에서의 관리 정착, 품질보증 달성 등의 면에서도 유효한 활동을 실시한다.

표 5-4 단계별 분임조 활동내용

단 계	실시 사항	세부 항목	사용기법
1단계 주제선정	1. 문제점 파악 2. 평가항목 선정 3. 적절한 주제 선정	1. 충분한 데이터 수집 2. 평가항목의 선별 3. 필요시 가중치 설정	층별, 파레토, 메트릭스
2단계 활동계획	1. 주담당자 설정 2. 조사자료와 실시사항 열거 3. 실시중 문제점 발생시 2차 계획	1. 설비에 직접관련자 2. 과거의 자료 및 안전보건 교육자료 확인 3. 기간 내 완료	스케쥴바
3단계 현상파악	1. 되도록 과거의 테이터 수집 2. 현상과 파악을 구분하여 조사 3. 주제와 맞는 현상	1. 층별하여 데이터 2. 문제점 고찰 3. 주제명의 결과 비교	체크시트, 층별, 파레토, 그래프
4단계 원인분석	1. 현상에 따른 특성으로 각 요인 분석 2. 브레인스토밍을 최대한 활용	1. 요인을 되도록 많이 추출 2. 타 분임원이 모를 경우 OPL 이용 3. 원인검토	특성요인도 PM분석 연관도법
5단계 목표설정	1. 현상파악에서 나온 데이터를 근거로 목표 설정 2. 과학적인 근거에 의한 설정	1. 현상파악에서의 소수중점 항목 2. 원인분석의 중요 요인 해결시 가능 정도	막대그래프

단계	실시 사항	세부 항목	사용기법
6단계 대책수립 및 실시	1. 대책안 강구 2. 대책안 실시시 PDCA활용	1. 대책안 작성시 평가항목을 설정 PLAN(계획)을 자세히 • Do : 실시시 보전요원 또는 실시 CYCLE에 입각 • CHECK : 목표대비 전 · 후 비교 • ACTION : 표준화 될 수 있는 안정 기준을 설정	계통도 PDCA
7단계 효과파악	1. 목표대비 전 · 후의 통합 확인 2. 유무형의 분명한 구분	1. 목표치에 근사하게달성한 것이 이상적 너무 많은 효과가 있을시 변화 예상 2. 율, 시간감소, 사고방지는 유형임	그래프
8단계 표준화	1. 표준의 제 · 개정 2. 분임조원의 관리방법 이해	1. 관리항목에 비중 2. 안전보건 교육자료를 이용하여 교육	전 · 후 비교표
9단계 사후관리	후속조치가 가능한 시스템 구축	관리용 그래프 이용	꺾은선 그래프 X바-R 관리도
10단계 향후계획	진행시 미진한 부분을 점층적으로 해결	과제제안 또는 소개선으로 해결	

[2] 분임조 활동 실습하기

주제 : 캡스톤디자인 작품제작

단계	실시 사항	세부 항목	사용기법
1단계 주제선정	1. 문제점 파악 2. 평가항목선정 3. 적절한 주제 선정		
2단계 활동계획	1. 주담당자 설정 2. 조사 자료와 실시사항 열거 3. 실시중 문제점 발생시 2차 계획		
3단계 현상파악	1. 되도록 과거의 데이터 수집 2. 현상과 파악을 구분하여 조사 3. 주제와 맞는 현상		
4단계 원인분석	1. 현상에 따른 특성으로 각 요인분석 2. BRAIN STORMING을 최대한 활용		
5단계 목표설정	1. 현상파악에서 나온 DATA를 근거로 목표설정 2. 과학적인 근거에 의한 설정		
6단계 대책수립 및 실시	1. 대책안 강구 2. 대책안 실시시 PDCA CYCLE 활용		
7단계 효과파악	1. 목표대비 전·후의 통합 확인 2. 유무형의 분명한 구분		
8단계 표준화	1. 표준의 제·개정 2. 분임조원의 관리방법 이해		
9단계 사후관리	1. FLOW-UP되는 SYSTEM을 구축		
10단계 향후계획	1. 진행시 미진한 부분을 점층적으로 해결		

작 성 일	분임조

주제선정명	

문 제 점	개 선 안	예상효과

주제선정 동기	

활동기간		정기 : 회, 임시 : 회
활동 계획	계획 ——→ 실시 ——→	

항목 \ 일정						주담당	예상수법	조사자료	실시사항 1차	실시사항 2차
P	현상파악									
	원인분석									
	목표설정									
D	대책수립 및 실시									
C	효과파악									
A	표준화									
	사후관리									
	반성및 향후계획									

지도내용	확인

실습보고서

20 년 월 일 요일 장소:

제 목			
확 인		성 명	

실습[문제]내용

작성순서

결과 및 결론

특기사항 및 소감

학습평가		지도교수	

03 가치공학

[1] 가치공학의 개요

가치공학은 미국 제너럴 일렉트릭사에서 구매업무를 담당하던 밀레스에 의해 창시되었다. 당시 제 2차 세계대전으로 인해 물자가 부족하였고, 원자재의 가격은 무척 비쌌다. 이러한 상황에서 밀레스는 기존에 사용하는 재료를 다른 재료로 대체하지 않으면 경쟁에서 살아남을 수 없다고 판단하여 대체품을 찾기 위해서 제품이나 부품의 기능을 분석하였고, 그 기능을 가장 저렴하게 달성할 수 있는 방법을 찾는 연구를 계속하였다.

그 연구결과로 인해 대폭적인 코스트 다운에 성공하게 되었는데, 그렇게 개발된 것이 바로 가치공학이다.

[2] 가치공학의 이해

[2.1] 가치공학의 개념

가치공학이란 최소의 수명주기 원가로 최상의 가치를 얻기 위하여 여러 전문분야의 협력을 통하여 기능분석을 수행하고 대안을 창출하는 프로세스이다. 이 프로세스의 목적은 고객의 입장에서 제품이나 서비스의 가치에 관한 문제를 추구하여 가치를 높이는 것으로, 그 주요가치는 다음 두 가지로 구분된다.

(1) 사용가치

사용가치는 실용가치라고도 하며, 사용하는 것 자체를 가치로 여기는 것을 말한다.

(2) 귀중가치

귀중가치는 매력가치라 하고 그것 자체가 갖는 아름다움, 매력, 귀중성을 말한다. 어떠한 가치라 할지라도 그 중요성은 고객의 입장에서 판단되며, 실제로 고객의 입장이 대단히 중요하다. 고객은 제품이나 서비스를 획득할 때, 그 물건을 사는 것이 아니고, 물건이 가지고 있는 기능을 구입한다는 것을 잊지 말아야 한다. 고객의 입장에서 서비스를 획득할 때 높은 가치에는 많은 비용을 지불하며, 낮은 가치에는 적은 비용을 지불하는 것이 바람직하다.

그러나 어떠한 경우에든, 같은 기능을 가지고 있는 것이라면 가격이 저렴할 때 구입하는 것이 고객의 입장에서는 이득이다. 이러한 개념이 바로 가치공학의 근원이 되는 것이다.

[2.2] 가치공학의 원리

고객은 제품을 구입하는 것이 아니고, 그 제품이 가지고 있는 기능을 구입하는 것이다. 이러한 논리로, 기능과 그 기능을 달성하기 위해 투입된 비용과의 관계에서 가치=기능/비용이라는 가치개념을 확립했다. 이것을 제품, 서비스를 제공하는 기업의 측면에서 보면, '고객이 요구하는 기능의 만족도 합계'는 그것을 구비해야하는 '기능'이 된다. 또 '고객이 취득하여 사용하기 위한 비용'은 '가격' 또는 '원가'이다.

	기업의 측면		고객의 측면
가치지수 =	$\dfrac{\text{기능}}{\text{가격 or 원가}}$	=	$\dfrac{\text{고객이 요구하는 기능의 만족도 합계}}{\text{고객이 취득하여 사용하기 위한 비용}}$

고객이 요구하는 기능에 대해서 비용을 싸게 한다든가, 혹은 같은 비용으로 기능을 크게 하여 그 가치를 높이는 것을 연구하는 것이 바로 가치공학이다. 결국, 제품개발을 성공시키는 것이 고객이 바라고 있는 가치 높은 제품을 만들어 내는 것이다. 즉, 설계 사양에서부터 제품을 다시 검토하여 가치지수를 높이기 위한 대안을 검색한다.

[2.3] 가치공학의 유형

가치공학에서 가치지수를 높이기 위해서는 동일한 원가로 기능을 높이거나, 동일한 기능을 유지하면서 원가를 낮추거나, 원가를 낮추면서 기능을 높이는 방법 등을 이용할 수 있다.

다음은 가치지수를 높이기 위한 다섯 가지 유형이다.

① 혁신형 : 원가를 줄이면서 기능을 향상시키는 가장 이상적인 유형

② 기능 향상형 : 원가를 일정하게 유지하면서 기능을 향상시키는 유형

③ 기능 강조형 : 비용이 증가하지만 기능이 그 이상으로 향상되는 유형

④ 비용 절감형 : 기능을 동일하게 유지하면서 비용을 낮추는 유형

⑤ 비용 강조형 : 기능을 낮추지만 비용이 그 이상으로 낮아지는 유형

[3] 가치공학의 수행절차

가치공학이 다른 경제성 평가기법들과 가장 큰 차이점은 대상을 중심으로 체계화하여, 가치공학 jop Plan에 따라 최적의 대안을 창출한다는 점이다.

[3.1] 준비단계

가치공학에서 준비단계의 주요 목적은 원활한 가치공학수행을 위하여 관련된 집단의 협력체계를 구축하고, 공동의 목표를 설정하여, 가치공학 분석단계에 요구되는 충분한 자료를 확보하는데 있다. 때문에 오리엔테이션, 미팅, 검토조직의 편성, 대상 선정, 기간결정 등과 같은 관련 자료를 충분하게 수집하여야 한다.

[3.2] 분석단계

분석단계에서는 가치공학의 job Plan에 따라, 선정한 대상의 정보수집, 기능분석, 아이디어 창출, 평가, 대안 구체화, 제안을 단계별로 수행하여야 한다.

① 정보수집의 단계

정보수집의 단계에서는 가치공학의 효율적인 실행을 위해 대상 프로젝트와 관련한 정보를 충분히 파악하고 검토하는 과정이다.

② **기능 분석단계**

기능 분석단계는 대상 시설물에 대하여 기능정의 및 분류, 기능정리, 기능평가의 세 단계를 수행하여, 프로젝트를 새 안목으로 관찰하는 것이다.

③ **아이디어 창출**

정보단계에서 수집된 정보와 기능분석을 통하여 선정된 개선대상 기능들을 달성할 수 있는 아이디어를 팀 구성원의 고민을 통해서 가능한 많이 창출하는 단계이다.

④ **아이디어 평가단계**

아이디어 창출단계에서 도출된 아이디어를 몇 가지 기준에 의해서 평가하는 단계이다. 이 과정에서 아이디어가 구체화 되고 집약된다.

⑤ **대안구체화 단계**

선정된 아이디어를 구체적으로 조사, 분석하여 제안서를 작성해 가는 과정이다. 팀 구성원들의 기술적 전문지식이 요구된다.

⑥ **제안단계**

의사결정권자와 대상사업의 설계팀에게 가치공학활동 결과에 대해 제시하고 대안을 받아들이도록 설득하는 단계이다.

[3.3] 실행단계

실행단계는 분석단계에서 제시된 각 가치공학의 제안의 실행에 대해 검토한 후, 최종 제안을 하는 단계로 일반적으로 분석단계가 끝나면 실질적인 가치공학 활동이 종료된다고 인식할 수 있으나 실행단계에서 처리계획을 수립하여 이를 반영한 제안서를 작성 제출한다.

① **제안 승인**

책임자는 워크숍 수행을 통해 개발된 제안을 정리하고 대안별로 가치분석을 수행하여 검토한 이후에 실행 회의를 개최한다.

② **제안서 작성**

실행절차에 따라 최종 승인된 제안내용을 포함하여 제안서를 작성한다.

③ **사후관리**

채택된 제안을 설계에 반영하고, 적용에 대한 효과를 종합적으로 검증한다.

실습보고서

20 년 월 일 요일 장소:

제 목			
확 인		성 명	

실습[문제]내용

작성순서

결과 및 결론

특기사항 및 소감

학습평가		지도교수	

04 제안활동

[1] 제안활동의 개요

제안활동은 대기업이나 중소기업 할 것 없이 모든 기업에서 매우 중요한 품질활동 중 하나로, 회사의 모든 직원들이 문제의식과 개선의식을 생활화하여 회사가 가지고 있는 난관을 극복하거나 새로운 시도를 할 때, 직원들의 의견을 적극 반영하는 방법이다. 특히, 중소기업은 대기업에 비해서 인력과 자본 면에서 열악하기 때문에 회사 내부사정을 잘 알고 있는 종업원들의 아이디어는 매우 가치가 있다.

일본 기업의 높은 생산성과 품질 향상은 전 종업원의 적극적인 제안활동 동참의 결과로 기업들은 끊임없이 직원들에게 제안을 유도하고, 회사는 제안된 아이디어를 채택하였다. 제안에 대한 내용은 효과가 큰 아이디어에서부터 사소한 환경문제까지 전 분야에 걸쳐서 이루어졌으며, 이를 모두 수용하여 신뢰를 얻었다.

이와 같은 제안활동은 생산 현장 속에 숨어있는 문제점들을 찾아내어 끊임없이 해결하는 것으로 그 문제에 가장 근접한 이들로부터 제안을 듣고 해결점을 찾아가기 때문에 근본적이면서도 효율적으로 문제를 해결할 수 있다.

[2] 제안활동의 목적

제안활동은 기업의 직원 전원이 개선목표를 세워 자주적으로 활동하고 협동적으로 노력하여 기술개발이나 문제해결에 도달할 수 있는 방법으로 다음과 같은 목적을 가지고 있다.

[2.1] 조직 유연화

제안활동은 상향적 의사소통의 도구로써 구성원으로 하여금 문제해결에 창의적인 의견을 제안하도록 기회를 주는 방법이다. 이를 통해 참여자의 창의 연구를 장려하고, 품질향상, 원가절감, 업무 개선 등을 결과로 도출함과 동시에 구성원의 경영참여 의식을 고양시켜 바람직한 직장 풍토를 조성하고, 회사의 발전에 기여하며, 조직의 유연화 될 수 있다.

[2.2] 경영능률의 향상

자신의 현재 진행하고 있는 업무에 대한 제안활동을 통해 창의적인 연구 의욕을 고취시키고, 업무개선을 촉진함으로써 경영 능률의 향상에 기여한다.

[2.3] 조직의 성장

제안활동에 참여하는 구성원들은 창의력을 발휘하고, 경영에 직접 참여함으로써 의식 고취와 회사업무의 향상을 통한 자긍심과 만족감을 느끼며, 경영능력과 사고능력이 향상될 수 있다.

[3] 제안활동의 효율적인 운영방법

[3.1] 제안활동의 전제조건

회사 내에서 제안활동이 원활하게 이루어지 지기 위해서는 구성원이 관리자 또는 감독자의 구속을 받지 않고 자유롭게 제안을 할 수 있어야 한다. 또한 심사를 거쳐 채용된 제안에 대해서는 충분히 보상을 해야 하며, 그에 대한 처리는 신속하고도 합리적이고 공정한 제도에 의해 이루어져야 한다. 무엇보다도 구성원에게 이 제도의 의의와 목적을 충분히 설명할 때 제안활동의 성과가 극대화될 수 있다.

[3.2] 제안활동의 실시 원칙

좋은 아이디어는 실행이 가능하여야 한다. 회사에서 실행 가능한 현장의 문제점에 대해 가장 잘 알고 있는 사람은 현장 작업자이며 이들이 직접 제안을 할 수 있도록 독려하면서, 그 제안을 받아들여줘야 한다. 또한, 회사는 회사가 실시 가능한 가장 작은 아이디어부터 실행에 옮기고, 실행에 대해서는 즉시 종업원들에게 알려야 한다. 실시할 수 없는 큰 아이디어보다는 작은 아이디어를 높게 평가하여, 직원들이 현실적인 문제에서부터 관찰, 발견하고 제안해 나갈 수 있도록 유도하는 것이 효과적이다. 실시는 민첩하게 해야 한다. 현장의 권한이 가능한 범위에서 바로 실시하는 것이 의욕이나, 효율적인 면에서도 효과적이기 때문이다.

제안의 지도는 실시할 수 있도록, 실시할 수 있는 방법으로, 실시할 수 있는 방향으로 지도하는 것이 전부이며, 제안 지도의 원칙은 세분화, 집중화, 국지화로 작은 일을 모두가 협동하여 해결하도록 하는 것이 좋다.

[3.3] 제안활동의 추진

제안활동의 추진단계는 아래와 같다.

① 1단계 : 아이디어와 개선할 내용을 제안서에 작성 및 제출한다.

② 2단계 : 제안 접수 및 전산입력을 관리한다.

③ 3단계 : 공정하고 투명하게 제안을 심사하고 판정한다.

④ 4단계 : 제안심사결과를 통보하고 시상한다.

⑤ 5단계 : 제안내용을 표준화하고 확대한다.

⑥ 6단계 : 제안이 지속적으로 실시될 수 있도록 사후관리를 한다.

제안활동은 회사 내 커뮤니케이션을 촉진하고, 사기를 높이며, 일체감과 신뢰의 증진으로 직원들의 주인의식을 향상시키는 효과를 가진다. 또한, 조직구성원에게 기대하는 제안은 추가적인 비용이나 인력투입이 이루어지는 것이 아니라 현재 있는 인력에 대한 활용으로 경제적인 효과를 가지며, 합리적이고 효율적인 경영관리 효과를 볼 수 있다.

더불어 직원들의 직무에 대한 자부심과 관심의 유발은 업무능률향상 뿐만 아니라 매사에 창의적이고 창조적인 사고를 하는 인재를 육성할 수 있는 활동이다.

실습보고서

20　　년　　월　　일　　요일　장소:

제 목			
확 인		성 명	

실습[문제]내용

작성순서

결과 및 결론

특기사항 및 소감

학습평가		지도교수	

PART 06

ESG 기초실무

CHAPTER 01

ESG는 선택이 아닌 필수

01 ESG의 개념

[1] ESG란?

ESG는 Environmental(환경), Social(사회), Governance(지배구조)의 첫 글자를 조합한 단어로 기업의 친환경 경영, 사회적 책임, 투명한 지배 구조 등을 의미한다. 실질적인 ESG는 기업이 '지속 가능한' 비즈니스를 달성하기 위한 세 가지 핵심 요소로, 재무제표에는 직접적으로 보이지 않아도 기업의 중장기 기업가치에 막대한 영향을 주는 비재무적 지표로 정의할 수 있다. ESG의 숨은 핵심 키워드는 바로 기업의 지속가능성, 기업가치, 그리고 비재무적 성과지표이다. (상기 내용을 정리하면 다음 내용과 같다.)

〈재무적 요소〉

기업 = 이윤 추구
⬇
기업 = 이윤 + ESG

〈재무적 요소 + 비재무적 요소〉

기업은 이제 비재무 요소인 ESG 경영을 더 이상 미룰수 없고 국가도 방치할 수 없는 시점으로 가고 있고, 이제 ESG는 선택이 아닌 필수로 하겠다.

If ESG 경영을 실현하지 못한다면!

1. 유럽 등 다른 나라에 제품판매가 어려워진다.(수출규제)
2. 탄소를 돈을 주고 사야한다.(탄소세)
3. 은행에서도 돈을 안 빌려준다.(평가)
4. 기업의 존망이 위태해진다.

If ESG 경영을 실현한다면!

지속성장 가능한 기업으로 발전!

[2] ESG 태동

이제 ESG 태동에 대해서 논의해 보고자 한다. 지구는 오랫동안 인간에 의해 무차별하게 수난을 받아 오면서 이제는 인간에게 되갚아 주고 있다.

ESG의 태동은 **2004년부터 등장**했으며 인간의 지구에 대한 무차별한 남용으로 지구에 이상현상이 나타나고 그 원인이 온실가스에 의한 지구온난화에 기인하며 그것의 주범은 탄산가스(CO_2)임에 이것을 <u>2050년까지 넷제로(Net Zero: 탄소중립)</u>로 해야 한다는 국제협의가 발의된 상태다.

2004년 **코피 아난 UN사무총장**의 요청에 의해 ESG 이슈를 자산관리, 유가증권 거래에 통합하기 위한 가이드라인과 권고안을 도출할 목적으로 UNGC(UN Global Compact)[1]와 스위스 연방 외무성이 공동 작성한 'Who cares wins' **보고서**가 발표되었다.

2005년 UNEP 재정 이니셔티브(UN Environmental Programme Finance Initiative)가 글로벌 로펌인 프레쉬필즈 브룩하우스 데링거(Freshfields Bruckhaus Deringer)와 협력하여 ESG와 투자의 기준 관계에 관한 법적 해석 보고서를 발간하였다. 이 보고서는 투자전략에 환경, 사회, 거버넌스 요소를 어떻게 내재화할 것인가에 대한 본격적인 논의로 투자 기준 분석에 ESG 요소를 포함하는 것이 정당할 뿐 아니라 투자를 위탁받은 이의 수탁의무에 해당한다는 규범을 정립하는 신호탄이 되었다. 이는 곧 글로벌 규범으로 해석되기 시작했고 기관 투자자들을 중심으로 ESG 중심의 투자가 가능케 되는 계기가 되었다.

ESG 개념의 등장과 함께 주요 진행사항은 다음 그림과 같다. 2004년 ESG 개념의 등장, 2014년 RE100발의, 2015년 파리기후협약, 2021 한국의 ESG 경영 확산 원년선포 등 진행되었다.

2025년 미국 트럼프 대통령 2.0이 시작되면서 파리협약 재탈퇴(트럼프 1.0기에 탈퇴를 했다가 바이든 행정부 들어서면서 가입됨) 등으로 전에도 그랬듯이 ESG가 다시 움츠려 들고 있고 ESG 관련 중요 정책들이 변경되고 있지만, 궁극적으로 지구를 살리는 것은 전세계가 가야 할 방향이기 때문에 여전히 유럽을 비롯하여 중국, 일본, 우리나라도 활발하게 진행되고 있다.

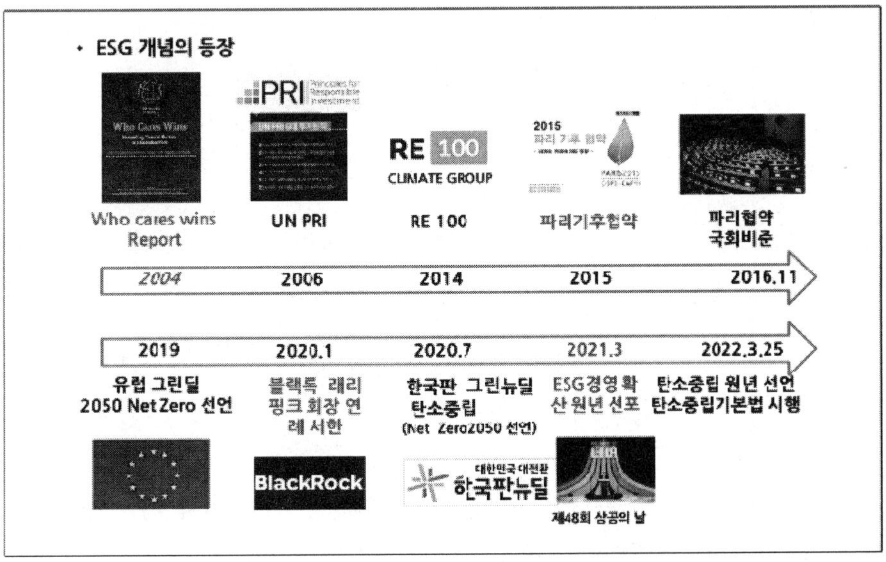

〈출처: 미국 캐롤라인 대학 교재, 2023〉

---

* UNGC(UN Global Compact): UN과 기업간 협력을 통해 유엔이 추진하고 있는 지속균형발전에 기업들의 동참을 장려하고 국제사회윤리와 국제환경을 개선하고자 발의한 유엔 산하 전문기구임.

[3] ESG 구성설명

앞에서 언급했지만 비재무적 요소인 ESG의 구성은 하기 그림과 같이 E(환경), S(사회), G(지배구조)로 좀 더 자세하게 기술하여 이해를 돕고자 한다.

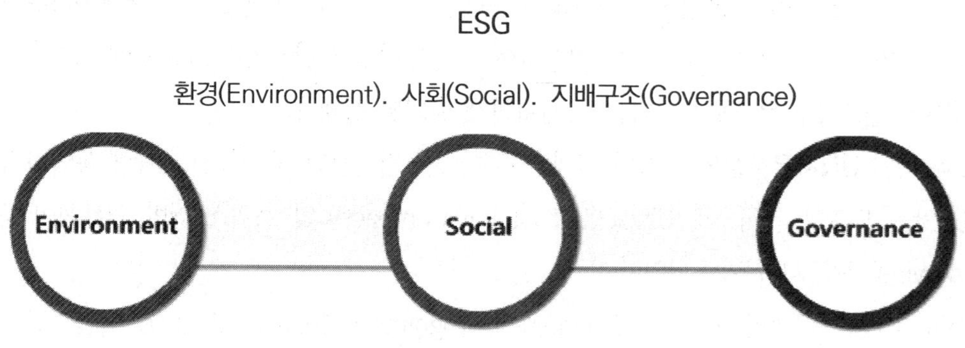

그림 ESG 구성

ESG가 태동 전에는 CSR(Corporate Social Resposibility)이라 하여 기업의 사회적 책임성이 강조되어 왔는데그 때는 환경, 사회, 경제적 측면으로 되어 있었고 'ESG 경영'이 대두되면서 환경, 사회, 지배구조로 변화되었다. 장기적인 관점에서 친 환경, 사회적 책임경영, 투명경영을 통해 지속성장가능한 발전을 추구하는 것이라 할 수 있다.

[3.1] 환경(Environmental)

환경 요소는 기업이 자연환경에 미치는 영향을 관리하고, 지속 가능한 방식으로 자원을 사용하는지 평가한다. 주요 항목은 다음과 같다.

- 온실가스 배출 : 탄소 배출량 감소 노력 및 기후 변화 대응
- 자원 효율성 : 에너지, 물, 원자재의 효율적 사용
- 오염 관리 : 공기, 수질, 토양 오염을 줄이기 위한 활동
- 재활용 및 폐기물 관리 : 폐기물 감소 및 자원 순환경제 실현 노력

RE100(Renewable 100)은 기업들이 자신들이 사용하는 전력을 100% 재생에너지(태양력, 풍력)로 충당하겠다고 약속하는 글로벌 캠페인이다. 2014년에 영국의 비영리단체인 더 클라이밋 그룹(The Climate Group)이 선언한 것으로 2024년 10월 기준으로 전세계 433개 기업이 RE100에 가입했으며 이중에서 36개가 대한민국 기업으로 되어 있다.

2024년 10월 한 국내 기사를 보면, **폭염이 북핵만큼 무섭다… "기후, 한국 가장 큰 위협" 1위라는 국민 여론조사가 있었다.** 해가 갈수록 기후변화와 환경문제를 위협으로 답한 응답자는 늘어나고 있는 실정이다.

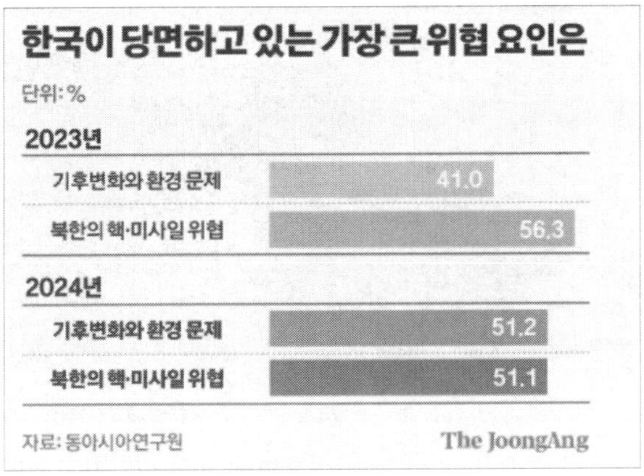

〈출처: 중앙일보 2024.10.07.〉

그리고 갈수록 인간에 의한 자연의 파괴는 커지며 결국은 지구 재앙으로 다가오고 있다. 우리나라도 이제 4계절 중에서 봄과 가을이 짧아지고 여름과 겨울이 길어지며 특히, 여름의 날씨는 이상 기후와 함께 점점 아열대 기후로 더워지고 있는 실정이라 하겠으며 우리가 다시 한번 ESG의 중요성을 인식해야 한다.

[3.2] 사회(Social)

사회적 요소는 기업이 사회적 책임을 다하는지, 이해관계자와의 관계가 공정하고 윤리적인지를 평가한다. 주요 항목은 다음과 같다.

- 노동권 및 근로 조건 : 근로자의 권리 보호, 안전한 근무 환경 제공
- 다양성 및 포용성 : 성별, 인종, 연령 등에서의 다양성 증진 및 차별없는 문화
- 커뮤니티 기여 : 지역 사회와의 관계, 사회적 기여 및 봉사 활동
- 소비자 보호 : 제품 안전성, 소비자 권리 보호 및 윤리적 마케팅

ESG 사회부문에서 가장 기업에 영향을 주고 있는 것이 최근에 적용되고 있는 **"중대재해처벌법"**이라 하겠다. 원래는 산업안전보건법 내에 일부 포함되어 있었지만 갈수록 기업에서의 근로자들의 산업재해에 대한 심각성이 커지면서 생긴 법이라 하겠다. 골자를 보면 상시 근로자 5인 이상 사업장에서 사망 등 중대한 인명 피해가 발생했을때, 사업주 또는 경영책임자에게 직접 형사책임을 물어 산업재해를 예방하고 노동자의 생명과 안전을 보호하기 위해 제정되었으며 **2024년 1월 27일부터 50인 미만 사업장 포함하여 전 사업장에 전격적으로 시행된 강력한 법이다.**

인권에 대한 ESG 사례로 1990년대, **나이키 하청공장에서 아동노동과 비인도적 착취문제로** 당시 나이키는 인도네시아, 베트남, 파키스탄 등지에서 저임금, 장시간 노동을 강요하였음이 전 세계 소비자, 언론, NGO의 거센 비판을 받고 브랜드 신뢰와 기업가치가 땅에 떨어지는 직접적인 타격을 입었다. 공급망 전반에 걸친 윤리적 경영과 함께 "ESG는 선택이 아니라 생존이다. 사람을 지키지 않으면 브랜드도 무너진다." 커다란 교훈을 준 사건이다.

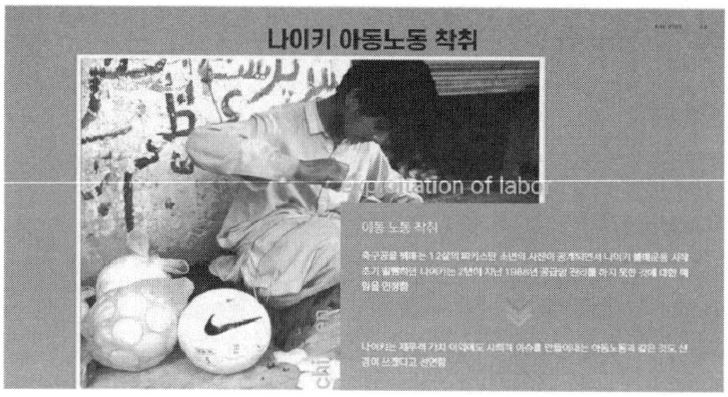

〈출처: 미국, 라이프지, 1996.06.〉

[3.3] 지배구조(Governance)

지배구조는 기업이 얼마나 투명하고 윤리적인 방식으로 운영되는지, 그리고 경영진의 책임감을 평가하며 앞의 환경과 사회에 대한 감시의 역할도 한다. 주요 항목은 다음과 같다.

- 이사회 구성 : 이사회의 독립성, 다각화 및 전문성
- 윤리적 경영 : 부패 방지, 공정한 거래, 내부통제 시스템의 효율성
- 주주권 보호 : 주주의 권리와 이해 관계를 고려한 의사결정
- 경영 투명성 : 재무 보고의 투명성, 이해관계자와의 소통

지배구조에 대한 사례로 **2014년 대한항공 조현아 전 부사장의 "땅콩회"사건**으로 기내 서비스 문제로 승무원과 사무장을 폭언, 폭행하고 비행기마저 회항을 지시하는 대한항공 총수일가의 갑질논란으로 국민적 분노와 함께 대한항공의 브랜드 이미지가 하루아침에 급락하는 사태를 초래하였다. 오너 경영리스크, 거버넌스 부실, 윤리경영의 실패의 한 모습이었다.

한국은 ESG 중 지배구조(Goverance) 즉, 기업의 윤리와 투명성이 가장 중요하다는 지적들이 나오고 있다. 사실상 지배구조는 앞에서 언급했듯이 '경제'에 대한 대응책으로 나왔고 기업의 ESG의 '환경', '사회'의 역할을 감시하는 **ESG의 결정판**이라 하겠다.

"한국은 ESG 중 G(지배구조)가 가장 중요하다"

입력 2020.11.16 15:50 수정 2020.11.16 15:50

세계적으로 환경·사회·지배구조(ESG) 관련 투자가 본격화하는 가
한국에서는 지배구조(G)에 가장 주목해야 한다는 주장이 나왔다.
대기업에서 경영권 승계 작업이 본격화 되는 등 '새로운 리더'의
기업들의 지배구조가 큰 변화를 겪을 것이라는 이유에서다.

16일 이상헌 하이투자증권 연구원은 'ESG 중 지배구조(G)가 으뜸'
보고서에서 기업 지배구조를 확인하는 것이 가장 중요하다고 강
기업지배구조가 투명한 기업일수록 새로운 기업가치를 창출하고
극대화 할 가능성이 높기 때문이다. 이 연구원은 "한국 상장기업
아직도 창업주나 그 후손이 직접 경영하는데 반해 자본시장이 발
국가에서는 그 비율이 현저히 낮다"며 "국내 주식시장에서도 지배
문제가 본격화 될 수 있는 단계"라고 판단했다.

수백억 횡령해도 징역 몇년.. 은행 금융사고, 막을 방법 없

우리은행에서 614억 가량을 횡령한 혐의를 받는 직원 A씨가 지난 5월6일 오전 서울 중구 남대문

〈*출처: 파이낸셜뉴스, 2020.11〉

ESG 전문가들도 ESG 3요소 중 거버넌스(G)를 가장 중요하다고 본다. 거버넌스가 바르게 작동되어야 기업주나 전문경영인이 사적이익 추구를 위한 독선적 경영을 방지하고, 사내외 이해관계자에 대한 갑질도 예방하며 자발적 참여와 협력도 얻을 수 있기 때문이다. ESG에 근거한 의사결정 및 투명성과 윤리성을 갖춘 거버넌스를 구축해 원칙을 준수하며 기업의 특성에 맞는 구조를 갖추어야 지속성 있는 경영을 할 수 있다.

다음은 ISO 26000은 거버넌스(G)에 대한 대표적인 국제 **사회적책임경영시스템**이다.

> 참고 ISO 26000(사회적책임경영시스템)이란?
>
> 세계화에 따른 빈곤과 불평등에 대한 국제사회의 문제 해결, 경제성장과 개발에 따른 지구환경 위기 대처 및 지속가능한 생존과 인류번영을 위한 새로운 패러다임의 요구에 따라, 2004년 국제표준화기구에서 표준개발이 결정되었고, 2005년 3월 1차 총회부터 2010년 5월 8차 총회까지 5년에 걸쳐 개발되었으며, 사회적 책임에 관한 7개 핵심주제를 담고 있는 국제표준이다.

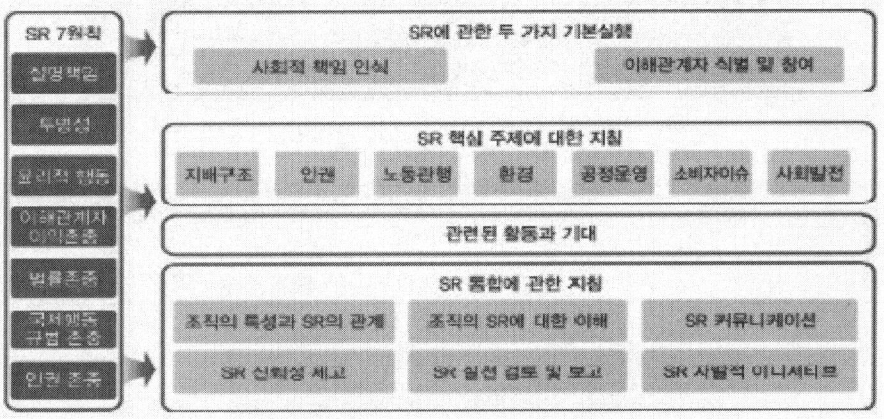

〈출처: 황상규, 『지속가능한 경영과 투자』, 2005〉

02 ESG 동향

[1] 해외 동향

트럼프 대통령은 취임 초기부터 기후변화와 환경문제에 대해 적극적인 반대 입장을 취해오고 있다. 특히 파리기후협정에서 두번째 탈퇴, 환경규제 완화 등의 조치를 취하며, ESG의 주요 요소인 '환경'측면에 대한 관심이 상대적으로 줄었다. 트럼프 정부는 기업이 사회적 책임을 지는 것보다는 경제 성장과 일자리 창출에 집중하는 방향으로 정책을 추진했다. ESG의 '사회'와 '지배구조' 측면에서는 기업이 자율적인 운영을 강조함에 기업들은 사회적 가치보다는 단기적인 이익을 추구하는 경향이 강화된 측면들이 있다.

트럼프 정부의 환경규제 완화와는 달리, 전세계적으로 ESG에 대한 관심은 계속해서 증가했다. **유럽연합**은 ESG와 관련한 법안을 강화하는 방향으로 나가갔다. 그 중 하나가 EU의 지속가능금융분류체계(택소노미)이다. 2020년 3월에는 EU가 지속 가능한 투자를 추진하기 위해 ESG 관련 투자에 대한 명확한 기준을 제시하였고 EU의 기후중립목표와 파리기후협정 목표를 달성하기 위해 적극적인 정책을 펴 오고 있다.

트럼프 대통령 1.0기 이후 조 바이든 대통령이 2021년 1월 취임하면서 파리 기후협약에 재가입 등 ESG 투자에 대한 글로벌 관심을 높였다. 그러다가 **2025년 1월 트럼프 대통령이 다시 취임하면서 파리기후협약에 탈퇴와 더불어 세계 기후는 다시 한번 위협을 받게 되었다.**

그림 트럼프의 파리기후협약 탈퇴선언, 2025.01

정책	개요
기후위기 관련 정책 완화	-파리협정 재탈퇴 선언(*美, 2017년 탈퇴 선언, 2021년 재가입) -인플레이션 감축법(IRA)에 따른 보조금 등 재정지출 중단 추진
화석연료 확대	-미국 내 화석연료 채굴 확대 -해상프로젝트 관련 프로젝트 중단
환경 규제 폐지	- 전기차 의무 판매 규제 폐지 등 - 내연기관차 관련 규제 철폐 등

표 트럼프 행정부의 ESG 관련 정책(출처: ESG 경제, 2025.01.21)

한국은 트럼프 2.0기의 ESG의 정책변화에 대해 전세계와 더불어 ESG 흐름에 잘 대응해 나가야 할 것이다. 무엇보다 ESG는 궁극적으로 인류의 생존과 번영과 직결함에 추진방향에 있어서 다소 장애물들이 있겠지만 2050년 "탄소중립선언" 대한 추진은 지속적으로 이루어지고 있다.

최근 우리나라 자동차산업의 글로벌 랭킹 상승과 국내 자동차 배터리 3사의 도약은 국내 자동차 부품사들에 글로벌 자동차 부품사로 성장할 기회를 가져오고 있다. 미국과 중국의 무역전쟁의 영향으로 해외 고객사에서는 한국의 자동차 부품사들과 신규거래가 급격히 증가하고 있으나, 국내 자동차 부품사들은 글로벌기업들의 ESG 경영 요구사항을 반영한 공급사 평가에 어려움을 겪고 있다. 품질, 가격 경쟁력을 갖춘 우리나라 자동차 부품사들에는 ESG를 활용한 Global Quality Management System으로 업그레이드가 필요한 시점이라 생각한다.

[2] 국내 동향

한국에서는 ESG 관련 논의가 본격적으로 확산된 것은 2020년 이후이다. 예전에는 ESG가 일부 대기업 중심으로 관심을 모았지만 최근에는 중소기업까지도 ESG를 중요하게 생각하고 있고 정부에서도 적극적으로 지원하고 있다. 특히 삼성. LG. 현대차 같은 대기업들은 공급망 관리 차원에서 자사 하청기업들의 글로벌 스탠더드 ESG 관리에 집중 투자를 하고 있다.

우리나라는 ESG 정책과 관련하여 향후 몇가지 주요 방향성을 가지고 추진해야 할 것으로 보인다. 즉, 탄소중립달성, 사회적 책임 강화, ESG 투자 확대 등으로 무엇보다도 정부와 기업이 협력하여 ESG 관련 정책과 제도를 강화하고 특히, 중소기업에 대한 지속가능성장을 위한 지속적인 지원과 협조가 있어야 할 것이다.

탄소중립은 주요 업종, 대기업뿐 아니라 모든 업종, 중소기업이 동참하여 탄소 배출 감축을 위해 노력해야 달성이 가능하다. 글로벌기업들이 저탄소 공급망을 구축하고, 주요국에서 탄소국경세 부과가 논의되는 등 이제 탄소중립은 중소기업 생존과 직결되고 있고, 더 나아가 신 경제질서에 맞춰 기업의 체질을 선제적으로 개선하고, 그린수소 등 탄소중립산업의 선점 기회로 적극 활용이 필요하다. 최근 들어 중소기업에 대한 ESG 경영 도입 및 성과창출 확대에 노력하고 있으나 아직도 미흡한 상태에서 대기업의 공급망 확보 차원의 중소기업은 그래도 나으나 그렇치 않는 중소기업들은 제대로 방향을 못잡고 있는 실정인 것은 사실이다.

이처럼 ESG 경영에 대해 중소기업에서 준비가 매우 저조하지만, 이 저조한 준비사항을 끌어올 수 있게 정부와 지자체에서 큰 노력을 하고 있다. 매스컴이나, 언론에서도 ESG 경영에 대해 홍보를 지속한다면 중소기업에서도 많은 참여와 발전이 기대된다고 할 것이다.

필자도 현재 중소기업에 몸을 담고 있으면서 ESG 경영과 품질 경영의 2축에서 브랜드 이미지 강화를 위하고 매출신장과의 연결성에서 ESG 경영에 대해 지도 및 실천을 해 오고 있다.

그림 ESG 경영 선언(출처: 대흥소프트밀(주) 2024.02.)

CHAPTER 02

ESG 공시 / 평가제도

[1] ESG 공시제도

ESG 공시는 기업이 환경(Environmental), 사회(Social), 지배구조(Governance) 관련 정보와 성과를 공개하는 것이다. 이는 기업이 지속 가능성 및 사회적 책임을 어떻게 관리하고 있는지를 투자자, 소비자, 규제당국, 기타 이해관계자들에게 투명하게 보고하는 과정이다. ESG 공시는 단순히 기업의 사회적 책임을 강조하는 것이 아니라, 기업의 장기적인 성장 가능성과 리스크를 평가하는 중요한 지표로 여겨진다. 이러한 공시는 기업이 지속 가능한 방식으로 운영되고 있는지 보여주는 지표이다. 또한 ESG 공시의 중요성은 투자자 신뢰, 리스크 관리, 법적요구, 브랜드 가치를 높여 고객을 타겟으로 한 마케팅에도 긍정적인 영향을 주고 있다.

주요 공시기관으로는 다음과 같다.

- **UNPRI** (United Nations Principles for Responsible Investment): 책임 있는 투자 원칙을 통해 기업들이 ESG 요소를 투자 결정에 반영하도록 유도하는 글로벌 네트워크이다. ESG 공시 및 투자의 기준을 제시한다.
- **GRI**(Global Reporting Initiative): 글로벌 기업들이 ESG 공시를 표준화 할 수 있도록 도와주는 지침을 제공한다. GRI의 표준은 환경, 사회, 지배구조에 대한 보고의 일관성을 높이는 데 중요한 역할을 한다.
- **SASB** (Sustainability Accounting Standards Board): 산업별로 중요한 ESG 요소를 정의하고, 기업들이 이를 공시할 수 있는 기준을 제시한다. 투자자들이 기업의 ESG 성과를 평가하는 데 도움이 된다.
- **TCFD** (Task Force on Climate-related Financial Disclosures): 기후 변화가 기업의 재무 성과에 미치는 영향을 공시하도록 권장하는 프레임워크를 제공한다. 특히, 기후 리스크와 기회에 관한 투명한 공시를 추구한다.

SDGs란? -2015년 'UN의 지속가능발전목표(Sustainable Development Goals/SDGs)'가 만장일치로 채택되고 경제, 사회 전반의 이슈에 대해 국제적으로 공유할 수 있는 일관성 있는 로드맵으로 제시되었다. SDGs는 향후 15년간 각국의 정부가 선진국이든 개발도상국이든 간에 세계적인 우선순위가 되는 목표를 정하고 노력해야 할 사항을 도출한 것이다.SDGs는 인간(People), 지구(Planet), 번영(Prosperity), 평화(Peace), 파트너십(Partnership)이라는 5개 영역에서 인류가 나아가야 할 방향성을 **17개 목표와 169개 세부목표**를 제시하였다. 다만 지속가능한 목표는 폭넓고 다소 추상적인 개념이다 보니 이를 달성하기 위한 구체화된 수단이 ESG라고 볼 수 있다.

그림 UN의 SDGs의 17개 의제, 2015 제정

[2] ESG 평가제도

ESG 평가는 기업이 환경(Environmental), 사회(Social), 지배구조(Governance) 측면에서 얼마나 잘 수행하고 있는지를 평가하는 과정이다. 일반적으로 다음의 세 가지 주요 항목을 기준으로 이루어진다. 환경(Environmental) 부문에 있어서는 온실가스 배출, 기후 변화 대응, 자원 효율성, 재활용, 에너지 사용 등의 항목을 평가한다. 사회(Social) 부문은 노동 조건, 인권 보호, 다양성과 포용성, 커뮤니티와의 관계, 소비자 보호, 사회적 기여도 등을 평가한다. 지배구조(Governance)로는 이사회 구성의 독립성, 경영 투명성, 윤리적 경영, 주주권 보호, 부패 방지 정책 등을 평가한다.

ESG 평가는 기업이 지속 성장 가능한 방식으로 운영되고 있는지를 판단하는 기준으로, 투자자와 기타 이해관계자들이 기업의 장기적 가치와 리스크를 평가하는 데 중요한 역할을 한다. 주요 목적은 기업은 투자 결정을 위한 정보제공, 투자자들은 기업의 장기적인 성장 가능성, 리스크 관리 능력, 사회적 책임 등을 평가한다.

- 리스크 관리 평가는 기업이 직면할 수 있는 환경적, 사회적, 정치적 리스크를 관리하는 능력을 평가한다.
- **기업 이미지와 평판 관리에 있어서의 높은 ESG 점수는 기업의 브랜드 가치와 평판을 높이며, 소비자와의 관계를 강화하는 데 도움이 된다.** 주요 평가기관으로는 기업의 지속 가능성과 리스크 관리 능력을 평가하는 중요한 도구로, MSCI, ecovadis, S&P Global, SASB, FTSE Russell, ISS ESG, CDP 등 다양한 글로벌 평가 기관들이 이 역할을 수행하고 있다. 각 기관은 평가 기준과 초점이 다르므로, 투자자들은 다양한 ESG 평가 결과를 종합적으로 고려하여 의사결정을 내리는 것이 중요하다. ESG 평가 결과는 기업의 장기적인 가치 창출 가능성에 대한 종합적 평가를 하는 것이다.
- MSCI는 ESG 리스크 관리기준을 평가하여 기업의 ESG 성과를 평가한다. 기업을 AAA부터 CCC까지 등급을 매기며, 기업의 환경, 사회, 지배구조 분야에서 평가한다.
- ecoVadis는 GRI, UN Global Compact 및 ISO 26000에 부합하는 21개 CSR 표준이 있는 영역, 50여 문항에 대해 온라인 평가한다.
- S&P Global은 기업들의 환경, 사회, 지배구조를 포함한 다양한 지표를 평가하여 ESG 점수를 제공한다.
- SASB는 산업별로 핵심 ESG 이슈를 정의하고 기업들이 이를 공시할 수 있도록 하는 표준을 제시한다. SASB는 산업별 ESG 요소를 구체적으로 평가한다.

- FTSE Russell은 글로벌 기업들을 대상으로 ESG 성과를 평가하고, 이를 바탕으로 FTSE4Good Index와 같은 지수를 제공한다. 이 지수는 기업의 ESG 수준을 측정하는 기준으로 사용된다.
- ISS ESG (Institutional Shareholder Services ESG) : 기업들의 ESG 성과를 평가하고, 주주 행동을 위한 데이터를 제공한다. 이사회의 독립성, 윤리적 경영 등을 주요 평가 항목으로 삼는다.
- CDP(Carbon Disclosure Project) : 기업들이 환경적 데이터를 공시하도록 촉진하는 비영리 기관이다. 기후변화와 관련된 데이터를 주로 수집하여 평가한다.
- KCGS(한국기업지배구조원) : 한국의 기업 지배구조 및 ESG 평가를 수행하는 기관이다. 한국의 상장 기업들을 대상으로 ESG 평가를 실시하고, 이 결과를 KCGS ESG 평가로 제공한다.
- RepRisk : RepRisk는 기업, 프로젝트, 국가 등의 ESG 리스크를 분석하고 평가하는 기업이다. 주로 리스크 관리에 집중하여 기업들이 ESG 이슈를 관리하고 있는지를 평가한다.

[3] K-ESG

처음 ESG를 접하는 중소기업에서는 무엇보다 K-ESG에 대한 탐구가 필요하다. K-ESG는 산업통상자원부 등 관계부처에서 2022년 12월 01일 국내외 ESG 평가시장 확산에 따라 다음과 같은 목적으로 개발되었다.

첫째, 확산되고 있는 ESG 시장에서의 여러 혼란을 해소하고 둘째, 각종 기관에서의 평가신뢰도 제고 셋째, 기업 대응부담을 축소를 위해 한국산업표준 ESG 기준지표로 개발된 것이다.

4개 영역 27개 범주 61개의 진단항목으로 구성되어 있다. 그 세부 진단항목에 대해서는 각 기업에서 그 기업의 특성에 맞게 평가시트를 하나하나 준비해 나가야 한다.

제정배경에 대해 좀 더 언급하면, 국내에서도 탄소중립, 'RE100 가입', 공급망 내 ESG 평가요구 증대, 금융기관의 ESG 평가 등 중소기업에 대한 영향이 가시화되고, 글로벌 기업은 이미 협력사에 강도 높은 ESG 경영을 요구하고 있는 실정이다. 중소기업에서도 친환경원료, 환경인증, 노동여건 등 요구받는 사례가 증가됨에 이와 같은 현실에 정부에서는 적극 대응할 필요가 있었기 때문이다. 또한 정부는 중소기업형 ESG 자가진단 플랫폼인 '중소기업 ESG 체크리스트'를 제정하여 **중소기업이 ESG 자가진단을 통하여 기업의 ESG 수준을 사전 진단하고 부족한 항목에 대한 개선대책을 수립해 ESG 경영에 성공할 수 있게 지원하고 있다.**

구분	주요 항목
정보고시 (5)	- ESG 정보공시 방식, 주기, 범위 등
환경 (17)	- 환경경영 목표 및 추진 체계, 친환경 인증, 환경 법규위반 등 - 온실가스 배출량, 폐기물-오염물질 배출량, 재활용률 등
사회 (22)	- 사회책임경영 목표, 채용, 산업재해, 법규위반 등 - 채용, 정규직, 산업안전, 다양선, 인권, 동반성장, 사회 공헌 등
지배구조 (17)	- 이사회 전문성, 이사회 구성, 주주권리 등 - 윤리경영, 감사기구, 지배구조 법규위반 등

〈출처: 산업통산부 보도자료 2021.12〉

[4] 지속성장보고서

ESG 규제와 제도 지침에 관한 집중도가 날로 높아지고 있는 상황에서 우리나라 정부정책에 이를 적극 반영하고, 이에 대기업에서는 내부조직을 정비하면서 상당히 진척되고 있다. 하지만 자금, 인력, 조직이 열악한 중소기업에서는 수출, 공급망 관리, 등의 어쩔 수 없는 상황이 아니면 ESG 지속가능성장에 적극적이지 않을 뿐 아니라 어떻게 해야 할 것인가에 대해 모르는 경우가 많다. 이에 **중소기업 ESG 지속성장경영보고서를 작성하는 방법에 대해 전문적인 지식을 습득하고 대기업에서 작성한 보고서를 참조하는 등 역량을 키워 나가야 한다.**

경영학의 구루 피터 드러커의 " 측정하지 않으면 관리 할 수 없다" 라는 말처럼 보고서를 작성하지 않으면 그 회사를 알 수 없다. 보고서를 통해 투자유치도 가능할 뿐 아니라 은행권의 대출심사에서도 ESG 경영수준을 반영하는 추세이다. **기업에서 가장 잘 할 수 있는 분야부터 우선으로 시행하고 우수 동종업체를 벤치마킹하면서 최고 경영자의 확고한 의지와 전사적인 직원들의 교육과 훈련을 통해 적극적으로 추진해야 한다.**

다음은 현대자동차(주)와 삼성전자(주) 사례를 소개하고자 한다.

**현대자동차 사례
기업의 최종 ESG 결과물로 지속성장보고서를 작성하며 투자자들과 이해관계자들의 비재무 부문의 객관적인 판단 자료로 활용된다.

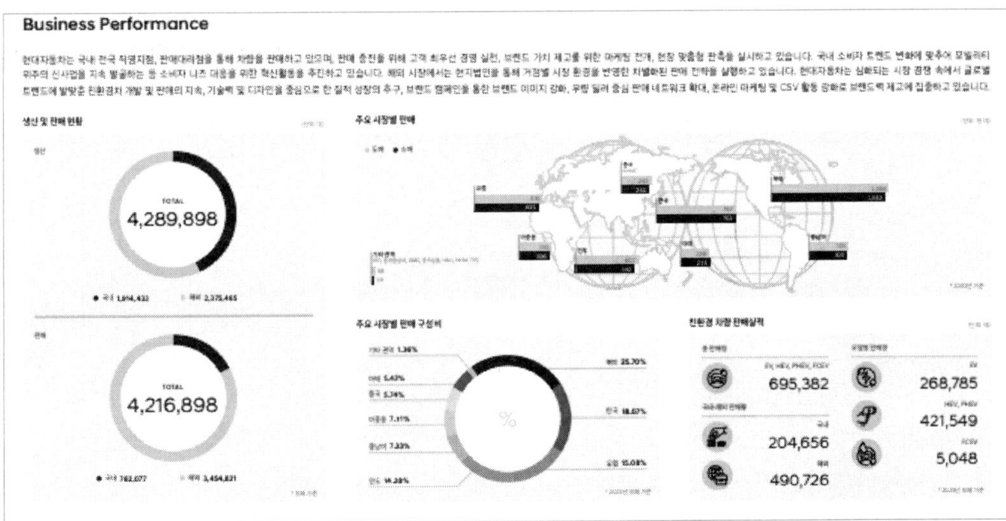

〈출처: 2024년 현대차 지속가능 보고서, 2024.〉

**삼성전자 사례

투자자들은 지속성장보고서로 기업을 최종 평가하게 되며 투자의 타당성과 기업의 CSR(Corporate Social Responsibility)관점의 등급을 정하게 된다.

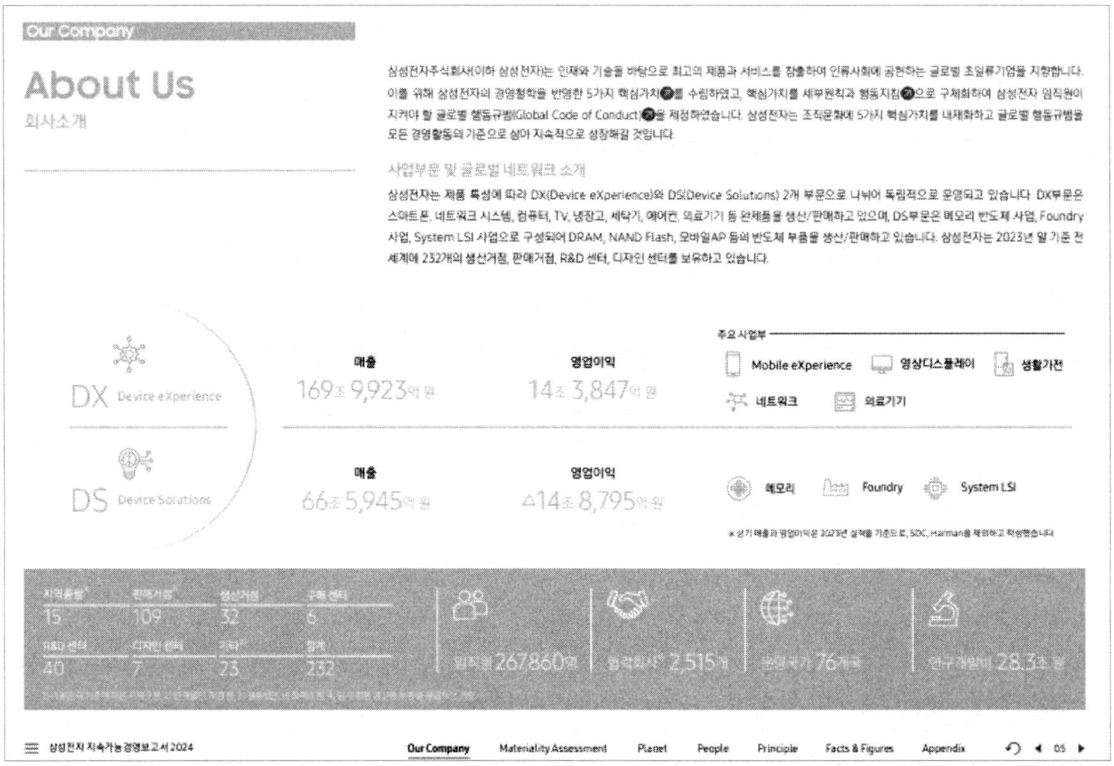

<*출처: 2024년 삼성전자 지속가능 보고서, 2024.>

CHAPTER 03

탄소배출과 인벤토리

[1] 탄소 인벤토리(Carbon Inventory)

탄소 인벤토리는 조직이나 기업이 온실가스(Greenhouse Gases, GHG) 배출량을 체계적으로 측정하고 기록하는 프로세스를 의미한다. 조직이 온실가스를 얼마나 배출하는지 파악하고, 이를 관리하며 줄여 나가는 데 필요한 기초 데이터를 제공하며 기후 변화 대응 및 탄소 배출 감소 목표 설정에 필수적인 도구이다.

탄소 인벤토리의 목적은 다음과 같다.

① 배출량 측정: 기업이나 조직이 배출하는 온실가스의 양을 정확하게 측정하여 환경 영향을 평가한다.

② 리스크 관리: 온실가스 배출량을 파악함으로써 규제나 세금, 시장의 변화 등에 대응할 수 있다.

③ 배출 감소 목표 설정: 탄소 배출을 줄이기 위한 목표를 설정하고, 이를 위한 전략을 개발하는 데 중요한 기준을 마련한다.

④ 투명성 확보: 탄소 배출에 대한 투명한 정보를 제공하여 이해관계자 (투자자, 소비자 등)에게 신뢰를 제공한다.

⑤ 기후 리더십 및 규제 준수: 탄소 배출 정보를 보고함으로써 정부의 규제나 국제적 기준을 준수하고, 기후 변화 대응을 위한 리더십을 발휘할 수 있다. 구체적으로 측정, 보고, 관리하기 위한 프로세스로, 일반적으로 "배출범위(Scope)"를 기준으로 분류한다. 직접 배출과 간접 배출을 구분하여 각각을 측정하며 Scope1(직접 배출), Scope2(간접 배출), Scope 3(간접 배출) 등의 3방법이 있다.

*Scope 1(직접배출) : 기업이 소유하고 통제하는 발생원에서 발생한 온실가스
*Scope 2(간접배출) : 기입이 구입하여 소비한 전기와 스팀으로 발생한 온실가스
*Scope 3(기타 간접배출) : 기업 활동의 결과나 기업이 소유하거나 통제하지 않은시설에서 발생한 온실가스

다음 그림은 온실가스 발생원에 대한 전체적 관리범위를 표시했다. 아주 중요한 개념이며 기업이 궁극적으로 추구해야 할 사항이다.

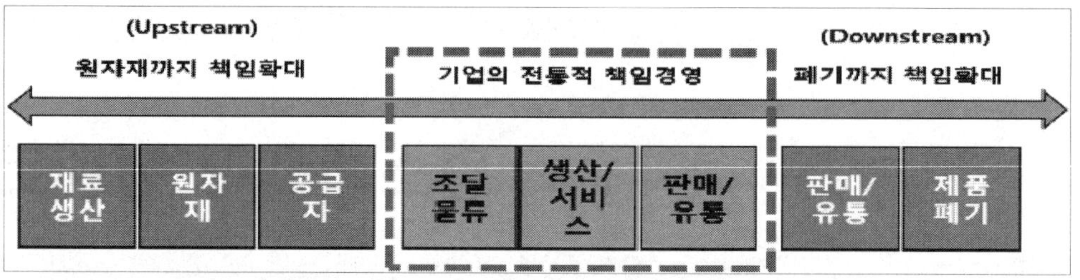

그림 탄소배출 발생원 관리(출처: 윤여상 ESG 실행, 2023)

[2] 온실가스의 종류

탄소 인벤토리에는 여러 종류의 온실가스를 포함해야 한다. 대표적인 온실가스 다음과 같다.

- **이산화탄소(CO_2)**: 가장 주요한 온실가스이며, 에너지 사용과 관련된 배출에서 발생한다.
- **메탄(CH_4)**: 농업, 폐기물 관리, 화석 연료 채굴 등에서 발생하며, CO_2 보다 온실효과가 강하다.
- **아산화질소(N_2O)**: 농업, 산업 과정, 화석 연료 연소 등에서 발생한다.
- **기타 온실가스**: HFCs, PFCs, SF_6 등의 다양한 화학 물질들도 온실가스에 포함된다.

[3] 탄소 인벤토리 구축과정

탄소 인벤토리를 구축하는 과정은 여러 단계로 이루어진다. 각 단계에서 수집된 데이터는 이후 배출량 산정과 목표 설정에 중요한 역할을 한다.

① **계획 및 범위 설정**

- 탄소 인벤토리의 *범위(Scope)*를 정의한다. Scope 1, Scope 2, Scope 3에 해당하는 배출원들을 명확하게 파악하고, 이를 토대로 측정 대상을 선정한다.
- 기업의 활동 영역(시설, 사무소, 물류 등)에 대한 범위를 설정하고, 어떤 부문이 포함될지 결정한다.

② **데이터 수집**

- 배출원 데이터를 수집한다. 이를 위해 전력 사용량, 연료 소비량, 생산량 등의 데이터를 수집해야 한다.
- 활동 데이터를 기반으로 온실가스 배출량을 추정한다. 예를 들어, 연료 사용량에 따른 CO_2 배출량 계산이나, 전력 소비에 따른 Scope 2 배출량 추정 등이 있다.

③ **배출량 계산** : 수집한 데이터를 바탕으로 배출 계수(Emission Factors)를 적용하여 배출량을 계산한다. 배출 계수는 각 활동(예: 연료 사용, 전력 소비 등)이 얼마나 많은 온실가스를 배출하는지 나타내는 지표이다. 예: 1리터의 휘발유가 CO_2 를 얼마나 배출하는지에 대한 계수

④ **배출량 보고**

- 계산된 배출량을 ESG 보고서나 탄소 보고서에 포함시켜 투명하게 공개한다.
- 기업은 국제적 기준(예: GHG 프로토콜, ISO 14064)에 따라 보고할 수 있으며, 이는 투자자와 규제 당국이 평가할 수 있도록 한다.

⑤ **배출 감소 목표 설정 및 전략 수립**

탄소 배출 목표를 설정하고, 이를 달성하기 위한 전략을 수립한다. 목표는 단기, 중장기 목표로 나누어 설정할 수 있다. 목표 설정에 따라, 기업은 배출량 감소, 에너지 효율성 향상, 재생 가능 에너지 사용

등의 전략을 채택할 수 있다.

⑥ **기후 변화 대응 및 규제 준수**

탄소 인벤토리는 각국의 기후 변화 관련 법규나 온실가스 배출 규제를 준수하는 데 필수적인 자료이다. 예를 들어, EU에서는 탄소 배출권 거래제(EU ETS)와 같은 제도가 운영되고 있다. ESG 보고서 및 투자자 대응 측면에서 ESG 공시와 관련하여 탄소 인벤토리 정보를 제공하면 투자자들에게 투명하고 신뢰성 있는 정보를 제공할 수 있다. 이는 기업의 사회적 책임과 지속 가능성을 강조하는데 유리하다.

[4] CBAM(탄소국경조정제도: Carbon Border Adjustment Mechanism)

CBAM은 유럽연합(EU)이 기후변화 대응을 위해 도입한 제도이다. 이 제도는 수출입 상품에 탄소 배출에 대한 세금을 부과하는 방식으로, 탄소 배출이 많이 발생하는 제품에 대한 수입 세금을 조정하는 것이다. ESG 관점에서 CBAM은 환경적 지속 가능성을 촉진하는 중요한 정책이다. CBAM의 핵심 개념은 탄소 배출이 많은 산업에서 발생하는 환경적 불평등을 해소하기 위해 설계되었다. 유럽연합은 자국 내에서 온실가스 배출 감소를 목표로 탄소 가격제(Carbon Price)를 시행하고 있다. 그런데, 다른 국가들이 이와 같은 제도를 시행하지 않으면, 비용 차이 때문에 유럽 기업들이 경쟁에서 불리할 수 있다. 이를 해결하기 위해 CBAM이 도입된 것이다. CBAM의 작동 원리는 유럽연합(EU) 외부에서 들어오는 상품에 대해 탄소 배출량에 상응하는 세금을 부과하는 시스템이다. **예를 들어, 철강, 시멘트, 화학 제품 등 탄소 배출이 많은 산업 제품이 EU로 수입될 때, 이 제품들이 원래 생산지에서 발생한 탄소 배출량을 기준으로 탄소 세금을 부과한다.**

- 왜 탄소 세금을 부과할까?

  EU 내에서 탄소 배출을 줄이기 위한 규제를 강화하고 있는데, 외부에서 들어오는 제품이 탄소 배출 규제를 따르지 않으면 불공정 경쟁이 발생할 수 있다. CBAM은 이를 해결 하기 위해, 외국에서 생산되는 제품의 탄소 배출량에 맞춰 세금을 부과하여 균형을 맞추는 역할을 한다.

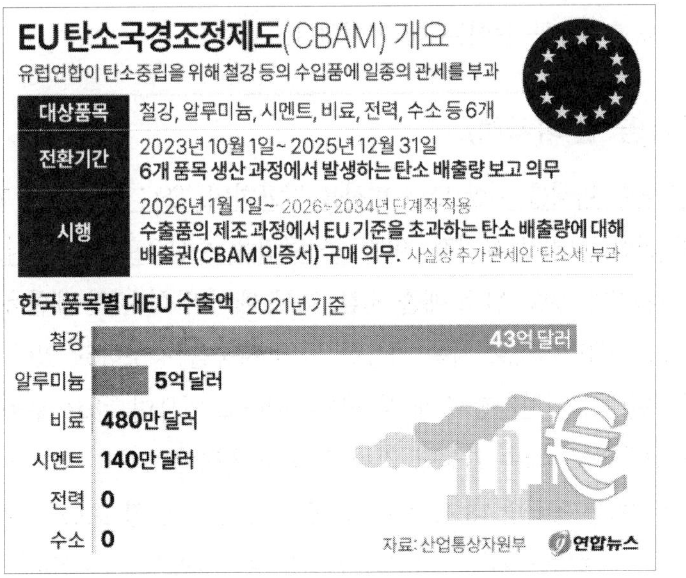

〈출처: CBAM 개요, 산업통상자원부, 2023.〉

CHAPTER 04

제조업의 ESG 실행

[1] 공급망 관리

ESG 공급망 관리는 기업이 공급망 내에서 환경, 사회적 책임, 그리고 투명한 지배구조를 준수하도록 관리하는 과정이다. 이 접근법은 단순히 법적 요구사항을 충족하는 것을 넘어서, 기업의 장기적인 지속 가능성을 위한 전략적요소로 작용한다.

ESG 공급망 관리의 중요성을 제시하면 다음과 같다.

- 법적 및 규제 준수: ESG에 관한 규제가 점차 강화되고 있어, 이를 준수하는 것이 필수적이다.
- 리스크 관리: ESG 요인에 대한 관리가 부족할 경우 공급망 리스크가 증가하고, 기업 평판에 부정적인 영향을 미칠 수 있다.
- 지속 가능한 경쟁력 확보: ESG 원칙을 충실히 따르는 기업은 소비자, 투자자, 파트너사로부터 긍정적인 평가를 받을 가능성이 높다.
- 사회적 책임: 기업은 단기적인 이익을 넘어서 사회와 환경에 대한 책임을 다해야 한다. 이는 장기적으로 브랜드 가치와 소비자 충성도를 높이는 데 기여한다.

[2] 현대자동차 공급망 관리(사례)

현대차는 2030 지속가능한 미래를 위한 ESG 비전을 발표하며, ESG 경영을 강화하고 있다. 주요 목표는 환경 보호, 사회적 책임 실현, 그리고 윤리적 지배구조 확립을 중심으로 이루어지고 있다.

- 환경(E): 현대차는 친환경차 개발, 탄소 배출 저감, 리튬 배터리 회수 및 재활용 등 환경친화적인 기술을 적극적으로 개발하고, 공급망에서도 지속 가능한 자원 사용을 강조하고 있다.
- 친환경 공급망 구축: 현대차는 친환경 소재 사용을 확대하고 있으며, 주요 부품 공급업체에 환경 영향을 최소화하는 방법을 교육하고, 지속 가능한 자원 사용을 촉진한다.
- 사회적 책임 강화: 현대차는 공급망 내 노동자들의 근로 환경과 인권 보호를 철저히 모니터링한다. 또한, 공급업체가 성희롱 방지, 차별 금지 등 사회적 책임을 준수하도록 요구한다.
- ESG 지표 관리 및 보고: 현대차는 ESG 성과를 지속적으로 추적하고 공개 보고 한다. 이를 통해 ESG 성과를 관리하고, 주요 이해관계자에게 투명하게 소통한다.

- 친환경 부품 및 재활용 재료 사용: 현대차는 공급망에서의 친환경 부품을 적극적으로 도입하고 있다. 예를 들어, 전기차 배터리 제조에 필요한 원자재(리튬, 코발트 등)의 지속 가능성을 확보하고, 이를 공급하는 업체에 대한 환경 기준을 강화하고 있다.
- 공급업체와의 협력 및 교육: 현대차는 공급망 파트너에게 ESG 기준을 교육하고, 공급업체 평가 시스템을 통해 공급업체가 ESG 원칙을 준수하는지 주기적으로 평가한다. 또한, ESG 성과를 달성한 공급업체에게는 인센티브를 제공하기도 한다.
- 윤리적 조달 정책: 현대차는 윤리적 조달 정책을 수립하고, 공급망 내에서 부패 방지, 법적 준수를 철저히 요구한다. 이를 통해 비즈니스 파트너와의 신뢰를 쌓고, 투명하고 윤리적인 공급망을 유지하고 있다.
- 친환경차의 시장 점유율 증가: 현대차는 ESG 경영의 일환으로 전기차 및 수소차 시장에서 경쟁력을 강화하고 있으며, 이를 통해 친환경차 시장에서 점유율을 증가시키고 있다.
- 글로벌 인증 획득: 현대차는 ISO 14001(환경 관리) 및 ISO 45001(직장 건강 및 안전 관리) 인증을 보유하고 있으며, 지속 가능한 공급망 구축을 위한 국제 표준을 준수하고 있다.
- 사회적 책임 실현: 현대차는 공정 노동 및 인권 보호와 관련하여 국제적 기준을 충족하는 공급업체를 선정하고 있으며, 공급망 내 노동자들의 권리를 보호하는 데 중점을 두고 있다.

현대차의 ESG 공급망 관리 사례는 이론과 실제를 잘 결합한 좋은 예시이다. 기업이 지속 가능한 공급망을 구축하기 위해서는 ESG의 각 요소를 균형 있게 관리하고, 공급업체와의 협력 및 투명한 의사결정 과정이 필수적이다. 현대차는 ESG 경영을 통해 친환경차 개발뿐만 아니라 사회적 책임과 윤리적 지배구조를 강화하며, 글로벌 시장에서 경쟁력을 유지하고 있다.

현대차의 ESG 공급망 관리 사례를 통해 이론뿐만 아니라 실제 기업이 ESG를 어떻게 실천하고 있는지 이해할 수 있을 것이다. **ESG가 단순히 사회적 책임을 다하는 것이 아니라, 기업의 지속 가능성 및 경쟁력 강화와 밀접하게 연결되어 있다는 점을 인식해야 한다.**

[3] 중소 제조기업의 ESG 추진 방법

이제부터 중소 제조기업에서의 ESG 도입 및 추진방법에 대해 살펴보도록 한다. 다음 그림과 같이 제일 먼저 기업내 추진조직 구성을 한다. 물론 그 기업의 최고 경영자와의 충분한 협의를 거쳐 지속적 추진인원을 선정하여 발대식 형태로 전체 공지한다.

그 다음으로 K-ESG 기준으로 자체 추진항목을 설정하여 수준점검을 하고 나서 전문 컨설팅을 받아보며 일련의 진행한다. 전문 컨설턴트의 진단이 끝나면 진단분석 결과를 가지고 해당 기업의 최고 경영자에게 보고한다.

보고 후 최종 그 기업에서의 향후에 지속적으로 추진할 실행항목을 설정하여 지속적 개선을 추진한다. 그리고 추후 개선의 진척도를 확인하면서 신뢰할 수 있는 평가기관에 의뢰하여 평가를 받아보면서 글로벌 기업으로서의 위치와 해외로의 진출성을 확인하게 된다.

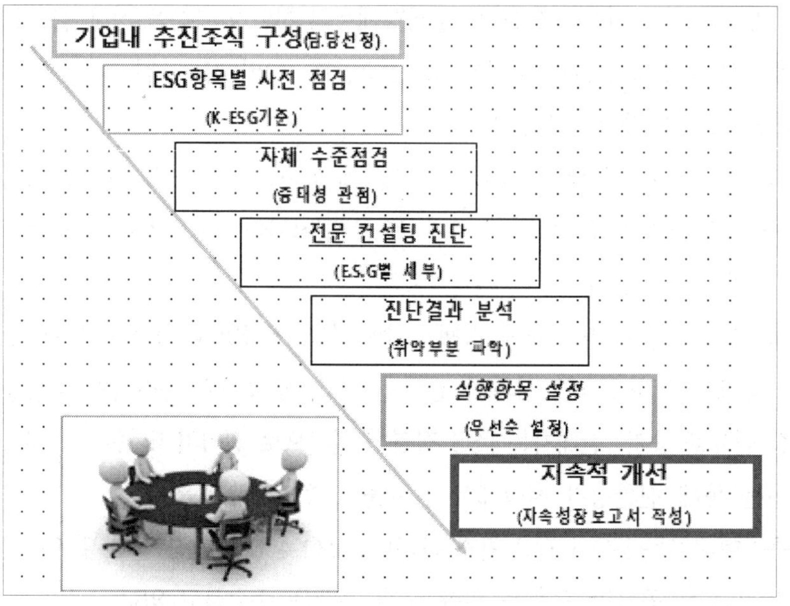

그림 중소 제조기업에서의 ESG 추진 절차, 2024

- 기업내 ESG 조직 구성

다음과 같이 기업에서는 ESG 추진하기 위한 혁신위원회를 구성하고 주기적인 회합을 통하여 외부 전문 컨설팅을 통해 도출한 실행항목에 대하여 하나하나 실천해 나가야 한다. 이때 유의할 사항은 위원장은 반드시 그 기업의 최고 책임자로 선임하여 운영해 나가야 방향설정과 인원지원, 물자 지원들이 수월해 진다.

필자의 생각은 기업 내에서 ESG 경영추진에 가장 큰 장애요인은 인식의 문제로 종업원들의 ESG가 무엇이고 왜 해야 하는가에 대한 확실한 교육과 함께 추진방향과 추진사항에 대해 의사소통과정을 통해서 공유를 해야 한다.

다음은 한 기업의 ESG 조직구성 사례이므로 해당 기업의 특징에 맞게 유연하게 조직을 구성하면 된다.

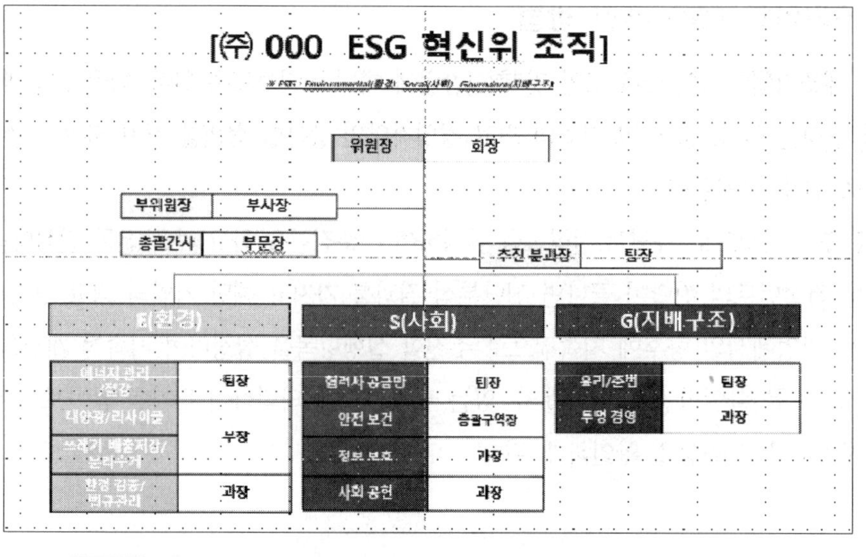

그림 중소 제조기업에서의 ESG 추진 조직도 구성 사례, 2024

- **ESG 항목별 사전 점검(중소 제조업 기준)**

  K-ESG 항목 중 중소 제조업에 해당하는 항목을 기업특성에 따라 선정하여야 하며, 해당 기업은 생산하는 제품과 서비스에 기본하여 40항목을 중점관리 항목으로 선정하였고, ESG 특위에서 개선 추진 진행된다. 무엇보다 중요한 것은 항목 선정에 있어서 기업내 각 부문에서는 K-ESG 여러 항목 중에서 중대성 관점에서 관련 부문 의사결정을 통하여 선정한다.

[제조업 기준 : 40항목 선정]

공시정보	환경 (Enviornmental)	사회성 (Social)	지배구조 (Governance)
정보공시 형식	환경경영 추진체계	제품 서비스 책임	주주의 권리
정보공시 내용	환경관리	공급망 관리	이사회 구성
정보공시 검증	자발적인 친환경 활동	인적자원 관리	이사회 활동
지속 가능 경영보고서	환경위험(법)관리	인권보호	감사기구
	친환경 제품개발	정보 보호	관계사 위험
	환경물질 개발	산업안전	배당
	제조 프로세스 관리	안전경영	정보의 투명성
	원부자재	안전활동	지속가능경영 인프라
	온실가스	동반성장	
	에너지	지역사회공헌	
	용수 및 폐수	위험물질관리	
	폐기물	Alarm-인터록 관리	
	오염 및 유해물질	비상대응 시나리오 관리	
	소음 및 진동	중대사고 대응관리	
	협력사 관리	과거사고 관리	
	지역사회와의 관계	위험성 평가	

〈출처 : K-ESG, 2022〉

그림 중소 제조기업에서의 ESG 실행 항목

CHAPTER 05

ESG 용어 / 사례

[1] 용어정리

앞에서 학습한 내용 및 연관이 있는 ESG 관련 용어를 다음과 같이 정리했다.

용어	의미
탄소중립(CO2 Net – Zero)	대기로 들어가는 온실가스가 대기중에서 제거되어 균형을 이루는 상태 - 지구 온난화가 멈춘 상태
RE 100(Renewable energy 100)	사용전력의 100%를 재생에너지로 충당(풍력,태양열)
24/7 CFE(Carbon-Free Energy)	하루24시간, 주7일동안 사용하는 모든 전기를 탄소 배출하지 않는 에너지 사용(원자력 포함)
CSR(Corporate Social Responsibility)	기업이 매년 발행하는 지속가능보고서
CSV(Creating Shared Value)	공유가치 창출- 경제, 사회적 조건 개선, 비즈니스 핵심 경쟁력 향상
K –ESG(Korea – ESG, 2022년)	국내기업의 ESG 경영 및 평가에 대한 지침
GRI(Global Reporting Initiative)	기업이 지속가능서에 관한 정보를 투명하게 공개하도록 하는 비영리 단체
SDGS(Sustainable Development Goals)	유엔이 2015년에 채택한 17가지 국체적인 목표
TCFD (Task-Force on Climate-related Financial Disclosures)	기업이 기후 관련 위험과 기회를 재무보고서에 통합하도록 장려하는 국제기구
SASB Standards (Sustanability Acouniing Standards)	기업의 자산,부채,수익 등 재무정보와 비 재무정보, 지속가능보고서를 제때에 볼 수 있게 표준을 개발
CDP(Carbon Disclosure Project)	기업,지방정부,투자자등에게 기후변화와 관련된 정보를 수집하고 공개토록 장려하는 비영리 기구
MSCI (Morgam Stanley Capital International)	글로벌 투자관련 서비스를 제공 및 기업의 환경,사회,거버넌스 측면에서의 성과를 평가
EcoVadis	기업의 지속가능성 평가/등급서비스를 제공
S&P(Standards & Poor's)	기업의 금융정보/분석을 제공하는 글로벌 금융서비스 기업.
ISO 26000	ISO가 개발한 기업의 사회적 책임(CSR)의 세계적인 표준
그린워싱(Greenwashing)	위장 환경주의, 과장된 지속가능주의
Moody's	무디스 : 글로벌 ESG평가기관
COP(Conference of the Parties) 기후변화협약	지구 온난화로 인한 장기적 피해를 줄이기 위해 매년 개최되는 당사국들의 회의

표 최신 ESG 용어 정리, 2025

[2] 사례

기업에서 배출하는 쓰레기(폐기물)을 수거, 분리하여 배출하는 환경을 개선하고 원가도 줄이는 **쓰레기 분리 방법 개선**, 에너지 절약, 환경개선형 **특허 제품개발**, 직원들의 건강과 휴식을 취할 수 있는 **컨디션 센터 운영**, **태양광 에너지**를 이용한 생산전력 공급 추진, **전 사원 ESG 함양 교육 실시 등은 한 기업의 좋은 사례라 할 수 있다.**

〈출처: 대흥소프트밀(주), 2024〉

그림 중소 제조기업에서의 ESG 실행 사례

우리 주변에서도 지구 이상기후 변동에 따른 ESG 관심의 증가와 더불어 각 지자체에서 **ESG 관련 캠페인, 교육, 환경개선, 상품개발** 등이 활발하게 진행되고 있다. 서울 지자체 등에서의 사례를 하기와 소개하고자 한다. ESG는 기업뿐만 아니라 사회, 국가, 세계 전반에 걸쳐서 이루어져야 효과적으로 진행되며, 현실의 생활도 어려운데 부가적인 측면도 있는 것도 사실이다. ESG 실행은 아픔도 있지만 희망도 많다고 생각한다.

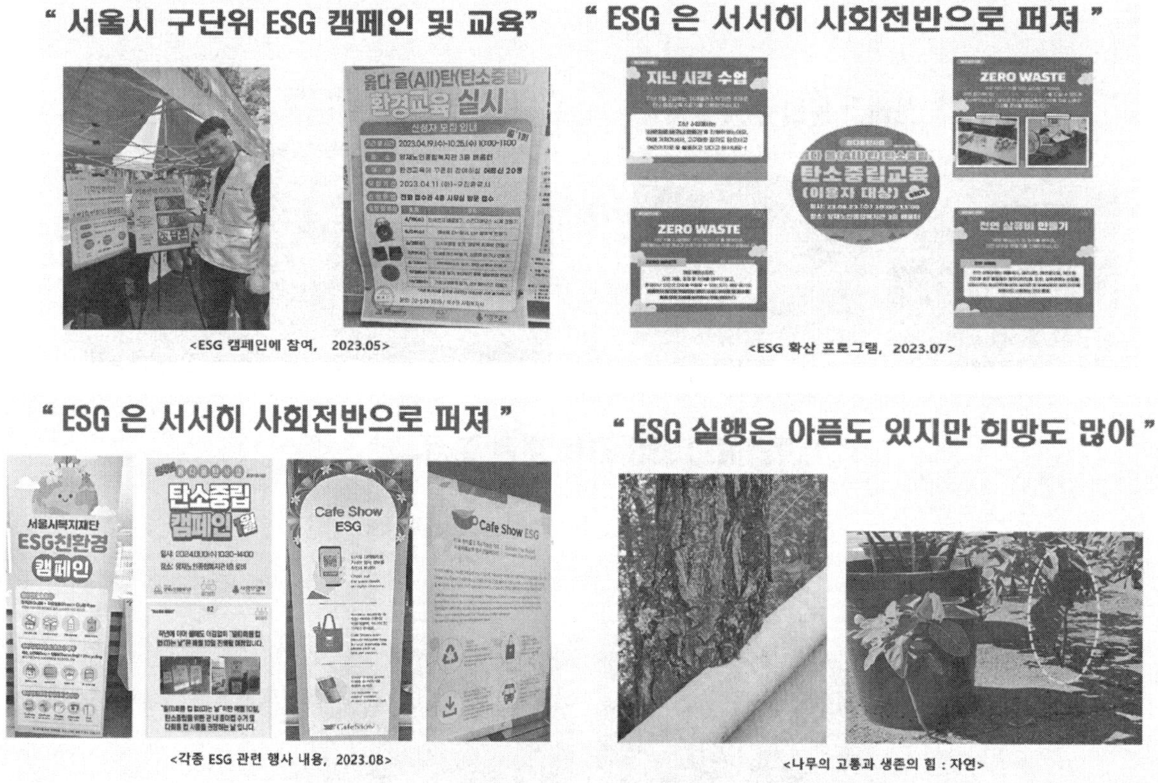

그림 우리 사회에서 일어나고 있는 ESG 활동, 서울시 2023

참고문헌

최진욱 외(2010), TPM추진활동중심 공장관리와 설비관리, 한올출판사
황석렬 외(2011), 경영환경 변화와 품질관리, 미전사이언스
김수영 외(2020), 스마트제조혁신을 위한 스마트공장 FOMs Package 및 그 방법, 특허기술
김수영 외(2020), FOM-Project 가상공장1 실습, 디지털팩토리
장석남 외(2009), 효율적인 설계VE기법 운용을 위한 기능평가 및 아이디어 발상방법 개선, 대한건축학회 학술발표대회 논문집 구조계 제29권 제1호
주상윤(2007), 창의적 발상의 원리와 기법, UUP
김형준, 김혜정 공저(2018), 혁신 생산관리, 형설출판사
이순룡 (2012), 제품,서비스 생산관리, 법문사
박상법, 길종구(2012), 품질관리, 탑북스
이순룡(2013), 현대품질경영, 법문사
최진택(2014) 생산관리, GMC교육원
KAP 자동차부품산업진흥공단(2022), 현대자동차 협력사 동반성장 실무자과정 자료집(3차)
사단법인 한국ESG경영개발원(2024), 2025 ESG 이슈와 대응방안
캐롤라이나대학 강신봉(2023), Global ESG 경영 실무
자동차부품산업진흥재단(2022), 중소기업 ESG 평가실무
KOSME 컨설턴트변성호(2024), ESG 실사대응 및 도우컨개선활동 결과 보고서
한스미디어김재필(2021),ESG혁명이 온다
대한민국ESG위원회(2023), ESG 실무전문가 인증 실무
한국품질재단(2022), ESG 플러스 실무
한국스마트컨설팅협회(2025), 경기도중소기업ESG 사내전문가 과정 실무
POSRI보고서(2014), 인더스트리4.0, 독일의 미래제조업청사진, 포스코경영연구소
Shaq Arif, "An Overview of the Rise and Fall of Expert Systems," Medium, 2020. (전문가 시스템 시대의 부흥과 한계에 대한 개괄적인 논의)
Ferhat Sarikaya, "The Cycles of AI Winters: A Historical Analysis and Modern Perspective," Medium, 2023. (AI 겨울의 원인과 역사적 맥락에 대한 분석)
Stacy Leona Stigers, "Evolution of AI: Unveiling the Journey from Expert Systems to Modern Machine Learning," LinkedIn Pulse, 2023. (전문가 시스템에서 머신러닝으로의 진화 과정 정리, Feigenbaum의 견해 포함)
Jason Brownlee, "Neural Networks are Function Approximation Algorithms," Machine Learning Mastery, 2020. (머신러닝에서 함수 근사 개념 및 신경망의 역할 설명)
Geoffrey Hinton et al., "A Fast Learning Algorithm for Deep Belief Nets," Neural Computation, 2006. (딥러닝 부활의 계기가 된 깊은 신뢰망 학습 알고리즘 논문)
Alex Krizhevsky et al., "ImageNet Classification with Deep Convolutional Neural Networks," NIPS, 2012. (딥러닝이 이미지넷 대회에서 우승한 획기적인 연구)
Dartmouth Summer Research Project Proposal, 1955 – "...every aspect of learning or any other feature of intelligence can in principle be so precisely described that a machine can be made to simulate it." home.dartmouth.edu

Russell, S., & Norvig, P. (2020). Artificial Intelligence: A Modern Approach (4th Ed.) – 인공지능의 정의, 철학적 배경, 투명성/의식 논의를 폭넓게 다룬 교과서.

Rosenblatt, F. (1958). The Perceptron: A Probabilistic Model for Information Storage and Organization in the Brain. Psychological Review, 65(6): 386–408.

Rumelhart, D. E., Hinton, G. E., & Williams, R. J. (1986). Learning representations by back-propagating errors. Nature, 323(6088): 533–536.

World Economic Forum, "The Future of Jobs Report 2020 – Insight Report," Oct. 20, 2020.

NumberAnalytics Blog, "5 Key Ways Generative AI Revolutionizes Modern Manufacturing in 2023," Sept. 13, 2023.

ISO 10218-1/2: Robots and robotic devices — Safety requirements for industrial robots

ISO/TS 15066: Robots and robotic devices — Collaborative robots

IEC 61131-3: Programmable Controllers — Part 3: Programming Languages

McKinsey & Co., Deloitte, IFR(International Federation of Robotics) 보고서